普通高等教育土建类系列教材

道路与桥梁施工技术

主　编　王修山　王　波
副主编　朱洪庆　王思长　郭　飞
参　编　张宏国　郭　伟　赵永胜
　　　　高　荣　桂　学　侯　宁
主　审　黄晓明

机械工业出版社

本书系统地介绍了路基、路面、涵洞、桥梁及公路沿线设施等方面施工的基本理论及其工程应用。本书紧密结合道桥实际，突出施工特点，注重实用性，各章节施工技术要点及技术数据均反映了现行相关施工技术规范的最新理论研究成果，内容深入浅出，便于学生理解。

本书可作为高等院校土木类专业教学用书，也可作为从事土木工程勘察、设计、施工、科研和管理工作的专业人员的参考书。

图书在版编目（CIP）数据

道路与桥梁施工技术/王修山，王波主编. —北京：机械工业出版社，2015.12（2021.7 重印）

普通高等教育土建类系列教材

ISBN 978-7-111-52052-8

Ⅰ. ①道… Ⅱ. ①王…②王… Ⅲ. ①道路施工—工程技术—高等学校—教材②桥梁施工—技术—高等学校—教材 Ⅳ. ①U415.6②U445.4

中国版本图书馆 CIP 数据核字（2015）第 259696 号

机械工业出版社（北京市百万庄大街 22 号 邮政编码 100037）
策划编辑：马军平 责任编辑：马军平 吴苏琴 臧程程 林 辉
版式设计：霍永明 责任校对：张 征
封面设计：张 静 责任印制：单爱军
北京虎彩文化传播有限公司印刷
2021 年 7 月第 1 版第 7 次印刷
184mm×260mm · 15 印张 · 368 千字
标准书号：ISBN 978-7-111-52052-8
定价：32.00 元

电话服务	网络服务
客服电话：010-88361066	机 工 官 网：www.cmpbook.com
010-88379833	机 工 官 博：weibo.com/cmp1952
010-68326294	金 书 网：www.golden-book.com
封底无防伪标均为盗版	机工教育服务网：www.cmpedu.com

前　言

随着21世纪我国交通工程建设的加快，特别是经济全球化大发展和我国加入WTO以来，国家对路桥工程建设的投资规模逐年加大，而这种加大又主要体现在对应用型人才的需求上。这使得高校工程技术人才的教育培养面临新的挑战与机遇，本书是根据新世纪土木工程和现代交通类专业对培养学生具备施工方面专业技能的教学需要，以及教学特点、要求和编者多年的教学经验而编写的，符合高等教育的方向和社会对应用型人才的需求。

本书采用《公路工程技术标准》（JTG B01—2014）、《公路路基施工技术规范》（JTG F01—2006）、《公路沥青路面施工技术规范》（JTG F40—2004）、《公路水泥混凝土路面施工技术规范》（JTG F30—2003）、《公路桥涵施工技术规范》（JTG F50—2011）、《公路隧道施工技术规范》（JTG F60—2009）与《公路工程质量检验评定标准》（JTG F80—2004）等最新国家标准和行业规范，内容充实，行文深入浅出，阐述重点突出；此外，书中采用了一些实例图片，生动形象。全书注重与工程实践相结合和对学生技能的培养，体现了加强实际应用、服务专业教学的宗旨，符合相关专业教学对学生能力培养的要求。

本书由王修山和王波担任主编，由朱洪庆、王思长和郭飞担任副主编；由王修山统稿并校审，承东南大学黄晓明教授主审。全书共5章，具体编写分工是：第1章由浙江理工大学王修山编写；第2章由大连大学王波编写；第3章由重庆科技学院王思长、高荣编写；第4章由浙江交通规划设计研究院郭飞编写；第5章由浙江沪杭甬高速公路股份有限公司朱洪庆编写。吉林省高速公路管理局张宏国、云南辰龙公路勘察设计有限公司赵永胜、江苏省交通科学研究院股份有限公司侯宁、陕西中霖集团工程设计研究有限公司桂学和山东省枣庄市公路管理局郭伟提供了相关资料并参与了相关章节的编写。

本书在编写过程中参考了有关专家、学者的论著、文献和教材，吸取了一些最新的研究成果，在此表示衷心的感谢！

限于编者水平，书中难免存在不妥之处，敬请读者批评指正。

编　者

目　录

第1章　路基施工技术

1.1　概述

1.1.1　路基施工的意义及要求

1. 路基施工的意义

路基是道路的主体和路面的基础，必须具有足够的强度和整体稳定性。路基施工质量的好坏，直接影响路面的使用效果。因此，提高路基的强度和整体稳定性，保证路基施工质量，是关系到道路施工质量的关键。

路基工程涉及范围广、影响因素多、灵活性大，尤其是岩土内部结构复杂多变，设计阶段难以尽善尽美，因此需要在施工过程中进一步完善。根据耗费人力、资源和财力，以及快速、高效与安全的要求，路基施工比路基设计更为重要，更为复杂。

路基土石方工程量大、分布不均匀，且工序较多，施工方法与技术操作方面各具特点。不仅与路基工程相关的设施，如路基排水、防护与加固等相互制约，而且同道路工程的其他工程项目，如桥涵、隧道、路面及附属设施相互交错。因此，路基施工在质量标准、技术操作、施工管理等方面都具有特殊性，必须予以研究和不断改进；就整个道路工程的施工而言，路基施工往往是施工组织管理的关键环节。

路基的隐蔽工程较多，质量不合标准会给路面及自身留下隐患，一旦产生病害，不仅损坏道路使用品质，妨碍交通及经济损失，而且会后患无穷，难以根治。因此，要确保工程质量，实现快速、高效、安全施工，必须重视路基施工。

2. 路基施工的要求

路基品质的好坏主要取决于路基自身的强度、整体稳定性，以及各种自然因素对路基强度、整体稳定性的影响，所以，路基要满足以下几个方面：

（1）具有足够的强度　路基的强度是指在车辆荷载的作用下，路基抵抗变形和破坏的能力。在行车荷载及路基路面的自重作用下，路基受到一定的压力，这些压力可能使路基产生过大的变形，造成路基的破坏。因此，为保证路基在外力作用下，不致产生超过允许范围的变形，要求路基应具有足够的强度。

（2）具有足够的整体稳定性　路基通常是直接在地面上填筑（或挖去）一部分土体修建而成的。建成后的路基，改变了原地面的自然平衡状态，有可能导致挖方路基两侧边坡因失去支撑而滑移（或填方路基因自重增大而滑移），使路基失去整体稳定性。为防止路基结构产生过大变形或破坏，必须因地制宜地采取一定的措施来保证路基整体结构的稳定性。

（3）具有足够的水温稳定性　路基的水温稳定性主要是指路基在水和温度的作用下保持其强度的能力。路基在地面水及地下水的作用下，强度将发生显著降低。特别是季节性冰冻地区，由于水温状况的变化，路基会发生周期性冻融作用，形成冻胀与翻浆，使路基强度急剧下降。因此，对于路基，不但要求有足够的强度，而且还要保证在最不利的水温状况下，强度不致显著降低，必然要求路基具有足够的水温稳定性。

1.1.2 路基施工的基本方法

路基施工的基本方法，按其技术特点大致可分为：人力施工、机械化施工和综合机械化施工、水力机械化施工和爆破法等。

（1）人力施工　人力施工作为传统的施工方法，具有使用手工工具、劳动强度大、功效低、进度慢、工程质量难以保证等特征，但限于具体条件，短期内还必然存在。该法适用于地方道路和某些辅助性工作。为了加快施工进度，提高劳动生产率，实现高标准、高质量的施工，对于劳动强度大和技术要求高的工作，应配以数量充足、配套齐全的施工机械。

（2）机械化施工和综合机械化施工　该法是保证高等级公路施工质量和施工进度的重要条件，对于路基土石方工程来说，更具有迫切性。实践证明，单机作业的效率，比人力及简易机械施工要高得多，但需要大量的人力与之配合，由于机械和人力的效率差距过大，难以协调配合，单机效率受到限制，势必造成停机待料，机械的生产率降低，如果对主机配以辅机，相互协调，共同形成主要工序的综合机械化作业，工效才能大大提高。以挖掘机开挖土路堑为例，当出现没有足够的拉土车配合运输土方；或者拉土车运土填筑路基，没有相应的摊平和压实机械配合；或者没有相应的辅助机械为挖掘机松土和创造合适的施工面时，整个施工进度就无法协调，难以紧凑作业，功效也难以达到应有的要求。所以，实现综合机械化施工、科学地严密组织施工，是实现路基施工现代化的重要途径。

（3）水力机械化施工　水力机械化施工也是机械化施工的方法之一，它是运用水泵、水枪等水力机械，喷射强力水流，冲散土层并流运至指定地点沉积。水利机械适用于电源和水源充足，挖掘比较松散的土质及地下钻孔等。对于砂砾填筑路堤或基坑回填，还可起到密实作用（称为水夯法）。

（4）爆破法　爆破法是石质路基开挖的基本方法，如果采用钻岩机钻孔与机械清理，也是岩石路基机械化施工的必备条件。除石质路堑开挖面外，爆破法还可用于冻土、泥沼等特殊路基施工，以及清除路面、开石取料与石料加工等。

上述施工方法的选择，应根据工程性质、施工期限、现有条件等因素而定，而且应因地制宜和综合使用各种方法。

高速公路、一级公路以及在特殊地区或采用新技术、新工艺、新材料进行路基施工时，应采用不同的施工方案做试验路段，从中选出路基施工的最佳方案指导全线施工。试验路段位置应选择在地质条件、断面形式均具有代表性的地段，路段长不宜小于100m。

1.2 施工准备

施工单位接受施工任务后，即可着手进行施工准备工作。路基施工的一般程序和内容如图1-1所示。

施工准备工作一般包括以下几个方面的内容：

1. 组织准备

组织准备包括建立健全施工队伍和管理机构、明确施工任务及预期目标、制定必要可行的规章制度。组织准备是做好一切准备工作的前提。

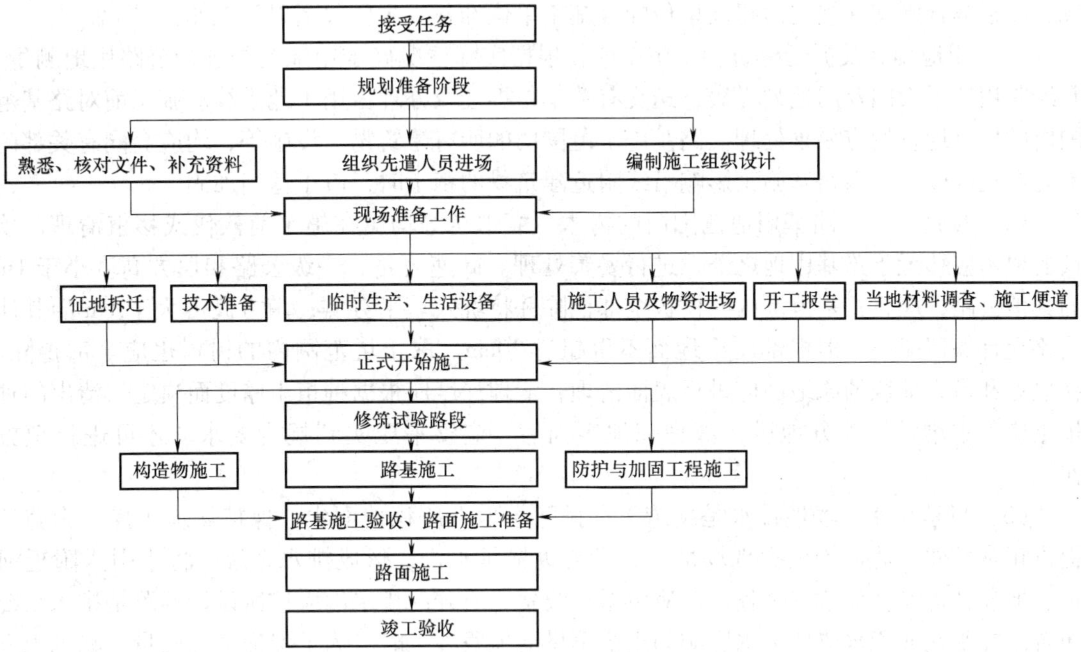

图 1-1　路基施工的一般程序和内容

2. 技术准备

路基开工前，施工单位应在全面熟悉设计文件和设计交底的基础上，进行施工现场的勘查，设计文件的核对，并在必要时进行一定的修改，发现问题应及时根据有关程序提出修改意见并报请变更设计，编制施工组织计划，恢复路线，施工放样与清除施工场地，搞好临时工程的各项工作等。现场勘查与设计文件核对，是熟悉和掌握施工对象特点、要求和内容，是整个施工的重要步骤。

施工组织计划包括选择施工方案、确定施工方法、布置施工现场（施工总平面布置）、编制施工进度计划、拟订关键工程的技术措施等，它是整个工程施工的指导性文件，也是其他各项工作的依据。在当前强调加强施工管理，实现现代化施工管理的时期，如何抓住施工组织计划这一环节，更具有现实意义。

临时工程，包括施工现场的供电、给水、修建便道、便桥，架设临时通信设施，设置施工用房（生活和生产所必需）等，这些均为开展基本工作的必备条件。路基恢复定线、清除路基用地范围内一切障碍物等，是施工前的技术准备工作，也是基本工作的一个组成部分，宜协调进行。

3. 物质准备

物质准备工作包括各种材料与机具设备的购置、采集、加工、调运与储存，以及生活后勤供应等。为使供应工作能适应施工的需要，物质准备工作必须制订具体计划。其中，有的计划内容，如劳动力调配、机具配置及主要材料供应计划等，必须服从于保证上述施工组织计划顺利实施，也常被列为施工组织计划的一个组成部分。

4. 场地准备

施工场地的准备是路基工程施工前的一项重要准备工作，一般由建设单位（业主）完成，或根据合同文件规定由建设单位配合施工单位准备。主要包括以下工作：

（1）用地划界及拆迁建筑物　施工前，根据实际情况确定用地范围进行公路用地测量，并绘制用地平面图及用地划界表，送交有关单位拆迁及办理占用土地手续。施工前对路基范围内的所有地物均应妥善处理。路基施工范围内的所有建筑物、设施等，均应会同有关部门事先拆迁或改造。因路基施工影响沿线附近建筑物的稳定时，应予适当加固。

（2）场地清理　路基用地范围内的树木、灌木丛等均应在施工前砍伐或移植清理，砍伐的树木应移置于路基用地之外，进行妥善处理。高速公路、一级公路和填方高度小于1m的其他公路，应将路基范围内的树根全部挖除并将坑穴填平夯实；填方高度大于1m的其他公路允许保留树根，但根部露出地面不得超过20cm。取土坑范围内的树根也应全部挖除。在填方和借方地段的原地面应进行表面清理，清理深度应根据种植土厚度而决定，清出的种植土应集中堆放。填方地段在清理完地表面后，应整平压实到规定要求，才可进行填方作业。

（3）场地排水　场地排水是指疏干、排除场地上所积地面水，保持场地干燥，为施工提供正常条件。通常是根据现场情况，设置纵横排水沟，形成排水系统，将水引入附近河渠、低洼处排除。为节省工程量，避免返工浪费，所开的排水沟应按所设计的路基排水系统布置。在受地面积水或地下水影响的土质不良的地段施工时，为了保证工程质量，减少土方挖掘、运送和夯实的困难，施工前也应切实做好场地排水工作并齐全有效。

5. 修筑试验路段

修筑试验路段的目的是取得施工经验，检验施工机械组合，根据压实机械情况及施工技术规范准许情况下的压实厚度、松铺系数，以确定松铺厚度、土的最佳含水量、达到设计要求密实度的碾压遍数，作为以后施工的经验资料，以指导大面积路基施工。路基的铺土厚度、压实遍数、含水率大小，以及采用“四新”（新技术、新工艺、新设备、新材料）进行施工时，均要通过试验进行确定。因此，在路基工程正式施工前，应按有关规定划出一定的路段进行试验。

1）高速公路、一级公路以及在特殊地区或采用新技术、新工艺、新设备、新材料进行路基施工时，应采用不同的施工方案做试验路段，从中选出路基施工的最佳方案用以指导全线的施工。

2）试验路段的位置应选择在地质条件、断面形式等方面均具有代表性的地段，试验路段的长度不宜小于100m。

3）试验所用的材料和机具应当与路基全线施工所用的材料和机具相同。通过试验来确定不同机具压实不同填料的最佳含水率、适宜的松铺厚度和相应的碾压遍数、最佳的机械配套和施工组织。对于高速公路和一级公路应按松铺厚度30cm进行试验，以确保压实层的均匀性。

4）试验路段施工过程中及完成试验后，应加强对有关压实指标的检测；在完成试验以后，应及时写出试验报告。当发现路基在设计方面存在缺陷时，应提出变更设计的意见报审。

6. 临时工程

（1）工地临时供电（保证施工用电和生活用电）　生活用电主要是照明用电；施工用电

包括施工设施用电、主体工程施工用电及其他临时设施用电。工地临时供电设施的主要任务是确定用电量及其分布，选择电源，设计供电系统。用电量分动力用电和照明用电，并考虑最高用电负荷。电源应尽量使用外供电，没有或不能使用外供电时才考虑自己发电。

（2）工地临时供水（保证施工用水、生活用水及消防用水） 水源选择可分为江水、湖水、水库蓄水等地面水，泉水、井水等地下水及现有的供水管道。选择应考虑以下因素：

1）水量充足、可靠。

2）取水、输水等设施安全经济。

3）施工与运输管理及维护方便。

4）施工用水与生活饮用水应符合水质标准。

（3）临时交通 路基工程大部分处在野外，交通不便。为保证施工期间工地与外界的正常沟通，施工机具、材料、人员和给养能够顺利运送，在正式施工前，必须修筑临时交通道路（便道和便桥）。临时交通道路工程通常不包含在标书内。因此，工地在布设临时交通道路时应根据实际情况，尽可能利用现有的交通道路运输系统，以降低工程成本。

（4）施工设施用房 施工设施用房包括行政办公用房、宿舍、文化生活设施、仓库、机械维修用房和材料物资堆放用房。一般要求有：布置紧凑，便于管理，充分利用非耕地，尽量利用施工现场或附近既有建筑物。必须修建的临时房屋，应以经济、实用为原则。

（5）预制场地准备 如果有预制工程，应做好台座、锚夹具、钢筋加工、木加工等场地的准备工作。

1.3 一般路基施工技术

1.3.1 土方路基施工

为保证路基具有足够的刚度、强度、稳定性和耐久性，在路基施工过程中，必须从基底处理、填料选择、压实、排水、防护等各方面加以重视。

1. 填方路堤施工特点

路基工程的特点是路线长，通过的地带类型多，技术条件复杂，受环境因素影响很大（气候、地形、水文地质条件等）。除了一般的施工技术外，还要考虑边坡稳定、软土压实、挡土墙和其他人工结构物等。此外，路基工程还具有以下特点：

1）由于路堤存在沉降和稳定性问题，特别是高路堤可能发生的稳定性问题，要求其施工质量高。因此，无论对基底的处理，填料的选择，排水措施，压实标准的控制等方面都有较高的要求。

2）公路路堤，尤其是高等级公路，一般都比较高，所需土方量很大，因此大多采用机械化作业，从基础的处理，填料的开挖、运送、摊铺、压实均采用一系列的机械进行施工。

3）为尽量减少路堤沉降，提高路堤稳定性，必须广泛采用新材料、新施工设备和新的检测手段，如采用粉煤灰材料填筑路堤，采用重型压实标准等。

4）公路施工中必须做好环境保护和绿化工作，而这一点在路堤施工中是相当重要的，施工中存在的水土、植被地貌都不应由于施工而遭到破坏，填料不能含有害物质，防止环境受污染。

2. 基底处理及填料的选择

路堤是在天然地基上人为构造的结构土体，一般都是就地取材，按一定方案在原地面上填筑起来的。相关实践经验表明，为保证路堤填料的质量及其强度和稳定性的要求，必须注意路堤基底的处理和填料的选择。

(1) 路堤基底的处理 路堤基底是指路堤填料与原路面的接触部分。为避免路堤沿基底发生滑动，防止路堤沉陷，需根据地基的土质、水文、坡度和植被情况及填筑高度采取相应的处理措施。路堤表土清理压实工序如图1-2所示。

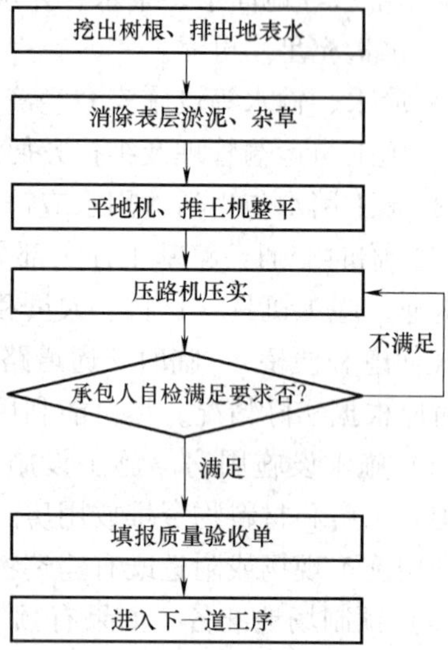

图1-2 路堤表土清理压实工序

1) 伐树、除草及表土处理。路堤填筑时须清除原地面上的草木等杂物，以防发生地基松软和不均匀沉陷等现象。特别当路基填筑高度小于1.0m时，应注意将路基范围内的树根、草丛全部挖除，该作业可以采用人工法或机械法施工。

如基底的表层土是腐殖土，则需用挖掘机或人工将其表层土清除换填，厚度视具体情况而定，一般以不小于30cm为宜，并予以分层压实，压实度应符合规范要求。如发现鼠洞裂缝、溶洞等，都必须处理好，以防引起路堤塌陷。有些清除物（如腐殖土），路堤修筑后，可取回作为护坡保护层使用，也可作为中央分隔带及绿化带的回填土，这时应注意堆弃位置以便取回。路堤通过耕地时，填筑施工之前，必须预先填平压实，如其中有机质含量和其他杂质较多时，碾压时因弹性过大，不易压实，应换填干土。

2) 坡面基底的处理。填方路堤，如基底为破坏面时，在荷载作用下，粒料极易失稳而沿坡面产生滑移，因此在施工前必须注意对基底坡面进行处理后方能填筑。经验表明，当坡度（坡面的垂直高度与水平距离的比）不大于1∶5时，只需清除坡面上的树、草等杂物，将翻松的表层压实后即可保证坡面的稳定。但当坡度大于1∶5时，应将坡面做成台阶形，一般宽度不宜小于2.0m，高度最大为1.0m，而且台阶顶面应做成向堤内倾斜2%～4%的坡度（见图1-3）。如果基底坡度大于1∶2.5时，则应采用护墙、护坡等对外坡脚进行特殊处理。

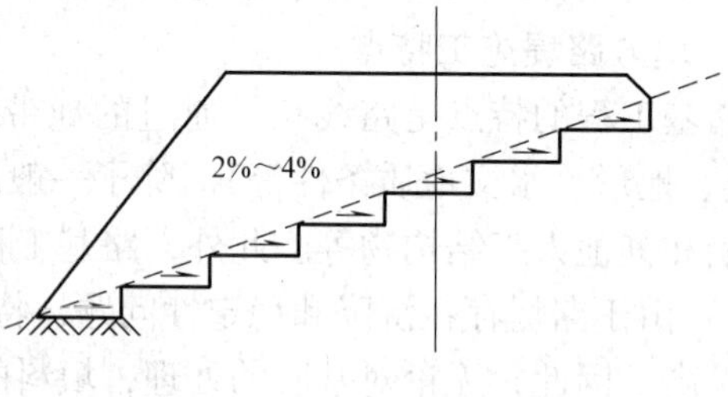

图1-3 坡面基底的处理

(2) 路堤填料的选择 路堤填料尽可能就地取材，选择稳定性良好并具有较好强度的土石作填料。一般情况下，路堤填方材料的最小强度和最大粒径须符合表1-1的要求。路堤基底原状土的强度不符合要求时，应进行换填，换填深度，应不小于30cm，并予以分层压实，压实度应符合填方地段基底的压实规定。

表1-1　路堤填方材料最小强度和最大粒径

路面底面以下深度/cm		填料最小强度 CBR⊖（%）		填料最大粒径/cm
		高速公路及一级公路	二级及二级以下公路	
路堤	上路床（0~30）	8.0	6.0	10
	下路床（0~30）	5.0	4.0	10
	上路堤（0~30）	4.0	3.0	15
	下路堤（0~30）	3.0	2.0	15
零填及路堑路床		8.0	6.0	10

注：1. 二级及二级以下公路作高级路面时，应按高速公路及一级公路的规定。
2. 表中填料最小强度按 JTG E40—2007《公路土工试验规程》对试样浸水 96h 的 CBR 试验的方法测定。
3. 黄土、膨胀土及盐渍土的填料强度，按规范规定处理。

1）最稳定的填料。最稳定的填料主要有石质土（漂石土、卵石土、砾石土、中砂和粗砂等）和工业矿渣（钢渣、建筑废料等）两大类。这两种材料摩擦系数大，不易压缩，透水性好，其强度受水影响较小，是填筑路堤的最佳材料。

2）密实后可以稳定的填料。这类材料可分为一般填土和工业废料两类。前者通常是指粉土质砂以及砂和黏土所组成的混合土；后者主要有粉煤灰、电石灰等。这些材料经压实后能获得足够的强度和稳定性，是较好的、常用的填筑材料。但在使用时应注意：

① 土中的有机质含量不可超过5%。

② 土中易溶盐含量不得超出规定的标准。

③ 填土施工要在最佳含水量状态下进行。

④ 必须按照一定的厚度铺设，按要求分层压实。

⑤ 砂的黏性小，易松散，有条件时应适当掺杂一些黏性大的土或将路堤表面予以加固，以提高路堤的稳定性。

⑥ 用粉煤灰填筑路堤应符合有关规定的要求，其他工业废渣在使用前应进行有害物质的含量试验，避免有害物质超标，污染环境。

3）稳定性差的填料。稳定性差的填料主要有高液限黏土、粉质土等。一般液限大于50%，塑性指数大于26的土，不宜作为公路路基填料。在特殊情况下，受工程作业现场条件限制必须使用时，通常应做如下处理后方能使用。

① 调节含水量，使填料保持最佳含水量状态。如果填料含水量过高，应翻晒或降低地下水位，以降低填料的含水量；如含水量过低时，常在填料上人工洒水，使其润湿均匀。同时还须注意预计润湿时间，绝不可洒水后立即碾压。

② 掺加外加剂改良，即利用石灰、水泥工业废料或其他材料做稳定剂（或凝固剂）对填料的性质进行改良，使其达到填筑要求。这种方法对含水量大、塑性高的土或强度不足的其他填料（如含有大量细粒砂的砂质土）都有较好的效果。

采用外加剂改良填料的施工方法，是将填料和外加剂按一定比例拌匀后铺平压实，一般采用路拌式稳定土（灰土）拌和机与平地机等进行作业，也可由设在专门场地的厂拌设备

⊖ CBR 是 California Bearing Ratio 的缩写，称为加州承载比。CBR 值是试料贯入量达 2.5mm 或 5mm 时的单位压力与标准碎石压入相同贯入量时的标准荷载（7MPa 或 10.5MPa）的比值，用百分数表示。

制备。

3. 土质路堤填筑

（1）路堤填筑的基本方案　路堤填筑是把填料用一定方式运送至堤上进行铺平、碾压密实的过程。填土宽度应大于填土层设计宽度，压实宽度不得小于设计宽度，最后削坡。填筑方法分为水平分层填筑法、纵向分层填筑法、竖向填筑法和混合填筑法四种方法。

1）水平分层填筑法。填筑时按照横断面全宽分成水平层次，逐层向上填筑，如原地面不平，应由最低处分层填筑，每填一层，经过压实至规定要求之后，再填上一层，依此循环进行，直至达到设计高程。这是最常用的一种填筑方法，如图 1-4 所示。

2）纵向分层填筑法。它适用于推土机从路堑取土，填筑距离较短的路堤，依纵坡方向分层，逐层向上填筑，如图 1-5 所示。原地面纵坡大于 12% 的地段常采用此法。

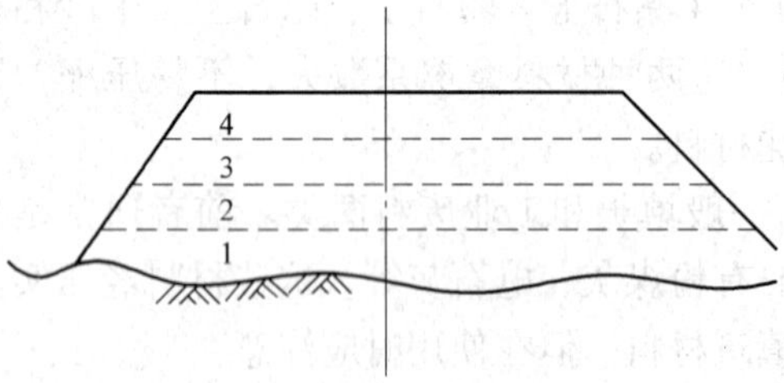

图 1-4　水平分层填筑法

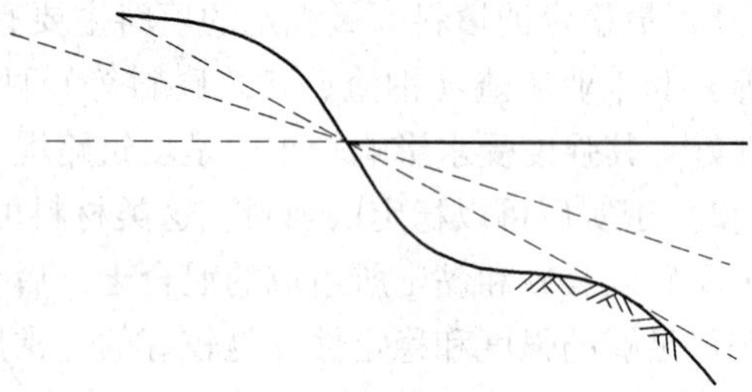

图 1-5　纵向分层填筑法

3）竖向填筑法。从路基一端或两端同时按横断面的全部高度，逐步推进填筑，仅用于无法自下而上填筑的深谷、陡坡、断岩、泥沼等运土和机械无法进场的路堤，如图 1-6 所示。竖向填筑因填土过厚不易压实，施工时需采取必要的技术措施：

① 选用振动式或夯击式压实机械。

② 选用沉陷量较小、透水性较好及颗粒粒径均匀的砂石材料或附近开挖路堑的废石方，并一次填足路堤全宽度。

③ 暂时不修建较高等级的路面，允许短期内自然沉降。

4）混合填筑法。在深谷陡坡地段填筑路堤，尽量采用混合填筑法，即在路堤下层竖向填筑，上层水平分层填筑，使上部填土经分层压实获得需要的压实度，如图 1-7 所示。

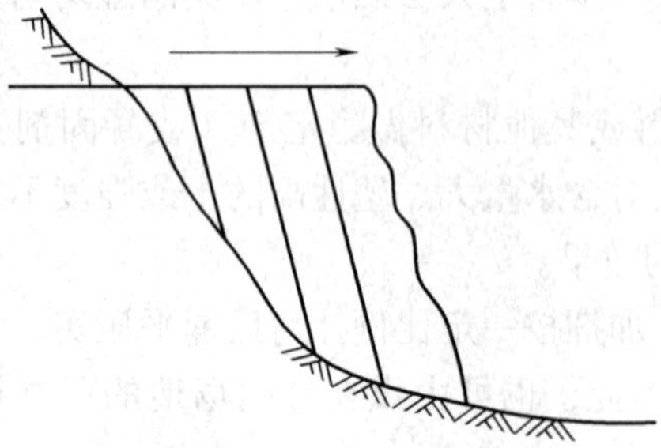

图 1-6　竖向填筑法

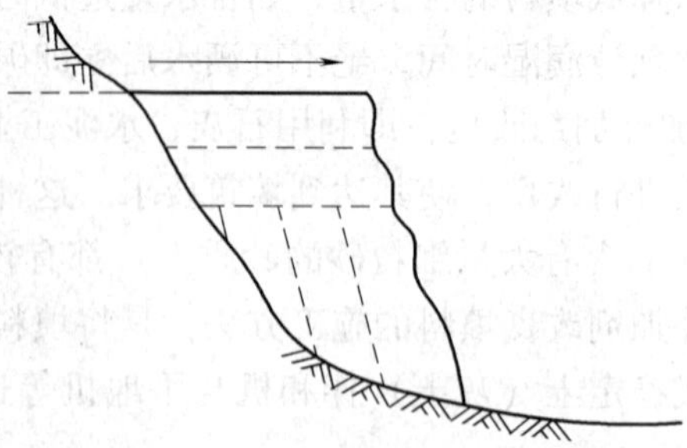

图 1-7　混合填筑法

混合填筑法适用于因地形限制或填筑堤身较高，不宜完全采用水平分层法和竖向填筑法进行填筑的情况。该法可以单机作业，也可多机作业，一般沿线路分段进行，每段距离以20～40m为宜，多在地势平坦，或两侧有可利用的山地土场的情况下采用。

① 在路堤单侧取土时，推土机可采用穿梭法进行作业。作业时，推土机铲满土料，推送至路堤的坡脚，卸土后按原路返回到铲挖位置，如此往复在同一路线上，采用槽式作业法送两三刀就可挖到0.7～0.8m深，做斜线倒退，向一侧移位，同样方法可推送相邻土料。整个作业区段完成后，可以沿作业时相反方向侧移，可推净遗留土埂，整平取土坑。

② 当推土机由路堤两侧取土场取土时，每侧作业方法与上述方法相同，所不同的是路堤用土由两侧运来，分别推至路基中心线即可，作业时，为使中心线两侧运土的结合处能充分压实，两侧运来土料均应推送超过中线。采用这种作业方法的，每个作业区段两侧最好有相同台数的推土机，面对面地同步进行，这样可使路堤均衡对称地形成。采用推土机两侧取土填筑路堤，适用于取土距离较短、路堤较低的情况。一般在1m以下，作业时要分层有序地进行，每层厚视土质及压实特性而定，一般为20～30cm，并需随时分层压实。

（2）路堤填筑的注意事项　采用不同土质填筑路堤，在高等级公路施工中是十分常见的，若将不同性质的土任意混填，会造成路基病害，因此必须注意下列几点：

1）不同土质应分层填筑，层次应尽量减少，每层总厚度最好不小于0.5m。不得混杂乱填，以免形成水囊或滑动面。

2）透水性差的土填筑在下层时，其表面应做成一定的横坡（一般为双向4%横坡），以保证来自上层透水性填土的水分能够及时排出。

3）为保证水分蒸发和排除，路堤不宜被透水性差的土层封闭，也不应覆盖在透水性较大的土所填筑的下层边坡上。

4）根据强度与稳定性要求，合理地安排不同土质的层位，一般地，凡不因潮湿及冻融而变更其体积的优良土应填在上层，强度（形变模量）较小的土应填在下层。

5）为防止用不同土质填筑的相邻两段路堤在交接处发生不均匀变形，交接处应做成斜面，并将透水性差的土填在斜面的下部。用不同土质填筑路堤的正确和错误方式如图1-8所示。

6）若填方分几个作业段施工，两段交接处不在同一时间填筑，则先填地段，应按1∶1坡度分层留台阶。若两个地段同时填，则应分层相互交叠衔接，其搭接长度不得小于2m。

4. 土质路堑开挖

（1）基本开挖方案　路堑开挖方式应根据路堑的深度和纵向长度，以及地形、土质、土方调配情况和开挖机械设备条件等因素确定，以加快施工进度和提高工作效率。路堑开挖方式可分为全断面横挖法、纵挖法和混合式开挖法三种。

1）全断面横挖法。从路堑的一端或两端按横断面全宽逐渐向前开挖，称为全断面横挖法。这种开挖方法适用于较短的路堑。路堑深度不大时，可以一次挖到设计标高，称为单层横挖法，如图1-9a所示；路堑深度较大时，可分成几个台阶进行开挖，称为分层横挖法，如图1-9b所示，各层要有独立的出土道和临时排水设施。用人力按分层横挖法开挖路堑时，每层深度视工作与安全而定，一般宜为1.5～2.0m，无论自两端一次横挖到路基标高或分台阶横挖，均应设单独的运土通道及临时排水沟。分层横挖使得工作面纵向拉开，多层多向出土，可以容纳较多的施工机械，加快了开挖速度。若用挖掘机配合自卸汽车进行，台阶高度可采用3～4m。

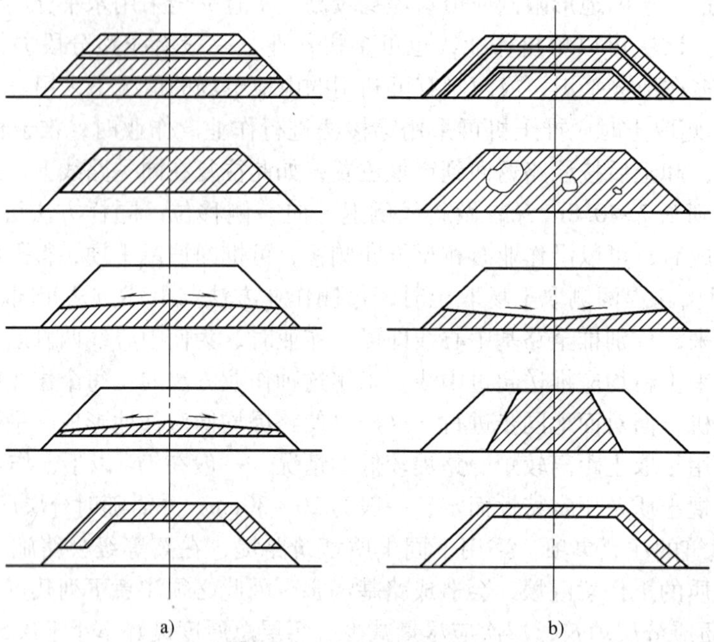

图 1-8 不同土质填筑路堤的正确和错误方式

a）正确方式 b）错误方式

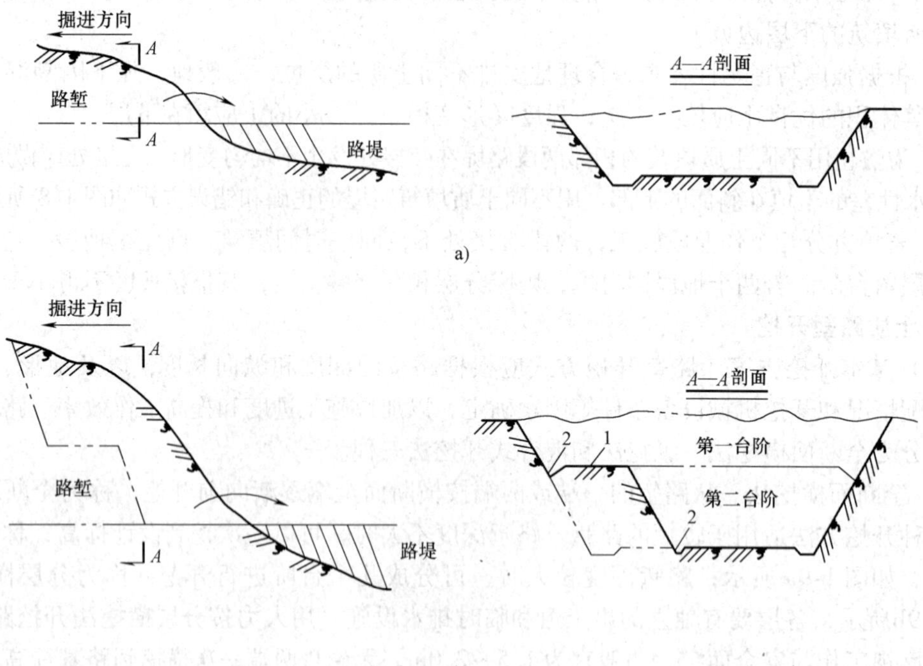

图 1-9 横挖法开挖路堑示意图

a）单层横挖法 b）分层横挖法

2）纵挖法。沿路堑纵向将高度分成不大的层次依次开挖。纵挖法适用于较长的路堑。如果路堑的宽度及深度都不大，可以按横断面全宽纵向分层挖掘，称为分层纵挖法，如图 1-10a所示。如果路堑的宽度及深度都比较大，可沿纵向分层、每层先挖出一条通道，然后开挖两旁，称为通道纵挖法，如图 1-10b 所示。通道可作为机械通行或出口路线，以加快施工速度。分段纵挖法是沿路堑纵向选择一个或几个适宜处，将较薄一侧路堑横向挖穿，使路堑分成两段或数段，各段再进行纵向开挖的方法，如图 1-10c 所示。分段纵挖法适用于路堑较长，运距较远的路堑。

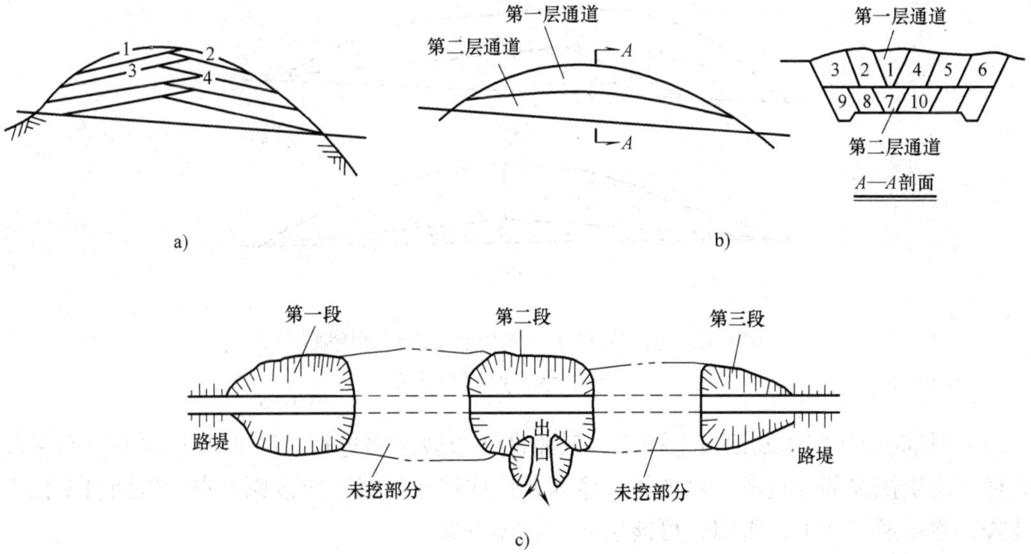

图 1-10　纵挖法开挖路堑示意图

a）分层纵挖法　b）通道纵挖法　c）分段纵挖法

3）混合式开挖法。混合式开挖法是将全断面横挖法、纵挖法混合使用，先沿路堑纵向开挖通道，然后沿横向开挖横向通道，再双通道沿纵横向同时掘进，每一坡面应设一个施工小组或一台机械作业，如图 1-11 所示。

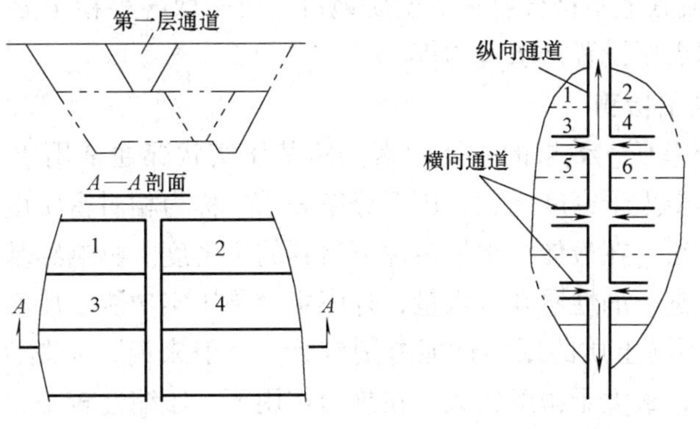

图 1-11　混合式路堑开挖法示意图

a）横面和平面　b）平面纵、横通道示意图

（2）路堑开挖注意事项　路堑挖掘应保证施工过程中或竣工后的有效排水。一般应先开挖排水沟槽，并要求与永久性构造物相结合，并设法排除一切可能影响边坡稳定的地面水和地下水，作业时应注意以下几点：

1）由于水是造成路堑各种病害的主要原因，所以，采取任何开挖方法均应保证开挖过程中及竣工后的有效排水，如图1-12所示。施工时均应开挖截水沟，并设法引走一切可能影响边坡稳定的地面水和地下水。开挖路堑时，要在路堑的线路方向保持一定的纵坡度，以利于排水和提高运输效率。

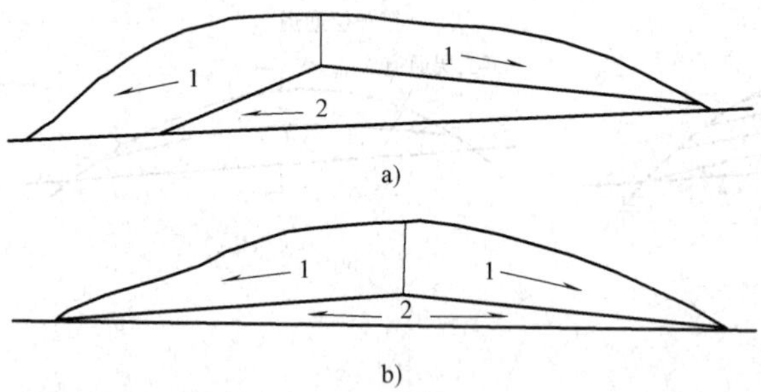

图1-12　施工时排水（图中数字表示开挖顺序）

a）纵坡路堑　b）平坡路堑

2）开挖时应按照横断面自上而下，依照设计边坡逐层进行，防止因开挖不当而引起边坡失稳。由于挖削部分较薄，对坡体失稳问题往往容易忽视，应按原有自然坡面自上而下挖至坡脚，不可逆转施工，否则，可能引起滑坡体滑塌。

3）在地质不良拟设挡土墙的路堑中，路堑应分段挖掘，同时修筑挡土墙或其他防护设施的方法为宜，以保证安全。

4）路堑弃土应按要求，整齐地堆在路基一侧或两侧。弃土堆内侧坡脚（靠路堑一侧），至路堑边坡顶端距离不得小于规定限度。

5）弃土运往他处时，要及时清除散落在挖掘工作面的运输土料，尤其是每个工作日作业结束时，要注意及时用推土机将散落土清除干净，以防降雨积水，造成滑坡损害。

6）松软土地带或其他不符合要求的土质地段，要采取各种稳定处理措施，并注意地下水的上升情况，根据需要设置排水盲沟等。

5. 填土压实与质量检测

（1）影响土质路基压实效果的主要因素　路基压实状况通常用压实度来表征，即土压实后的干密度与标准最大干密度之比，用百分率表示，称为相对密实度。标准最大干密度是指用标准击实试验方法，在最佳含水量条件下得到的干密度。影响路基压实效果的因素有内因和外因。内因主要是土的性质和含水量，外因主要是压实功能、压实方法和压实机具。

1）土的性质。不同土质的压实性能差别较大。一般来说，非黏性土的压实效果较好，而且最佳含水量较小，最大干密度较大，在静力作用下，压缩性较小，在动力作用下，特别是在振动作用下很容易被压实。黏质土、粉质土等分散性土的压实效果较差，主要是由于这些细分散性的土颗粒的比表面大、黏聚力大、土粒表面水膜需水量大，最佳含水量偏高，而最大干密度反而偏小。

2）土的含水量。任何有黏结力的土，在不同的湿度下，用同样压实功能来挤压将获得不同的密实度和不同的强度。如图 1-13 所示为压实土的密度、变形模量与含水量的关系曲线。

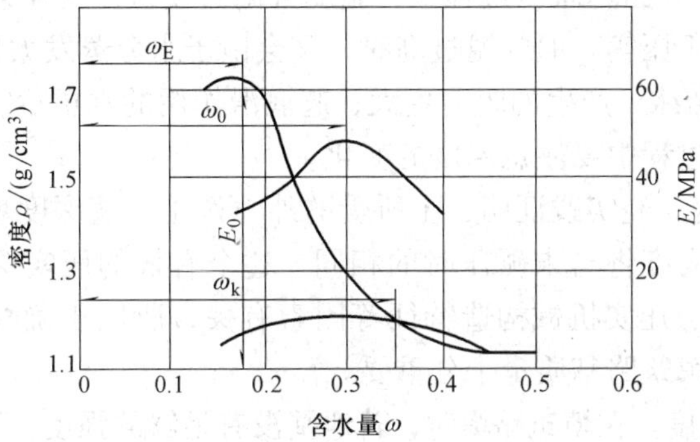

图 1-13　压实土的密度、变形模量与含水量的关系

从图 1-13 中可以看出土中水在压实过程中对土的影响。压实开始时，原状土相对湿度低，土颗粒之间的内摩擦力大，因而外力难以克服，故压实的干密度小，表现出土的强度高、密度低；当相对湿度缓慢增加时，水分在土粒间起润滑作用，压实的结果是被压材料（土粒）得以重新调整其排列位置，达到较紧密的程度，密度增大，但与此同时，由于水的作用，内摩擦力减小，因而强度继续下降。当含水量继续增加，超过图 1-13 中曲线顶点的最佳值时，水的润滑作用已经足够，水分过多，使起润滑作用以外多余水分进入土粒孔隙中，反而促使土粒分离而不易得到良好的压实效果，从而降低了土的干密度；又由于土粒间距增大，内摩擦力与黏结力减小，使土的强度也随之减小，在压实曲线中出现驼峰形式。在一定功能的压实作用下，含水量的变化会导致土的干密度随之变化，在某一含水量（最佳含水量）下，干密度达到最大值（最大密度）。各种土的最佳含水量大小不同，见表 1-2。一般情况下，土在天然状态下的含水量值接近最佳含水量，因此在施工作业中，新卸填土应当立即推平压实。

表 1-2　不同最大干密度和最佳含水量的变化范围

土类名称	塑性指数	重型标准		轻型标准	
		最大干密度/（g/cm^3）	最佳含水量（%）	最大干密度/（g/cm^3）	最佳含水量（%）
S. SF	<1	1.94～2.02	7～11	1.80～1.98	8～12
SM	1～7	1.99～2.28	8～12	1.85～2.08	9～15
ML	1～7	1.77～1.97	15～19	1.61～1.80	16～22
SC、CLS	7～17	1.83～2.16	9～15	1.67～1.95	12～20
SCH、CHS、CH	>17	1.75～1.90	16～20	1.58～1.70	19～23

3）压实功能。压实功能是由碾压（或锤击）次数及其单位压力（或荷重）所决定的。土在不同压实功能作用下的压实性质，是决定压实工作量和选择机具、选择施工方法的依

据。事实上，对任何一种土，当密实度超过某一限值时，要继续提高其密实度，降低其含水量值，往往需要增加很大的压实功能。而过分加大压实功能，不仅密实度增加幅度小，还往往因所加荷载超过土的抵抗力，即土受压部位承受压力超过土的极限强度，而导致土体破坏，因此，对路基填土的压实，在工艺方法上要注意不使压实功能太大。

4）碾压时的温度。在路基碾压过程中，温度升高可使被压土中水的黏度降低，从而在土粒间起润滑作用，易于压实。但气温过高时，又会由于水分蒸发太快而不利于压实。温度低于0℃时，因部分水结冰，产生的阻力更大，起润滑作用的水更少，因而也得不到理想的压实效果。因此，碾压过程中要注意温度的变化。

5）压实土层的厚度。经实践证明，土所受的外力作用，随深度增加而逐渐减弱，当超过一定范围时，土的密实度将与未碾压时的相同，这个有效的压实深度（产生均匀变化的深度）与土质、含水量、压实机械构造特征等因素有关，所以正确控制碾压层厚度，对于提高压实机械生产率和填筑路基质量十分重要。

6）地基或下承层强度。在填筑路堤时，若地基没有足够的强度，路堤的第一层难以达到较高的压实度，即使采用重型压路机或增加碾压遍数，也很难达到压实标准，甚至使碾压土层起“弹簧”。因此，对于地基或下承层强度不足的情况，填筑路堤时通常采取适当处理措施。

7）碾压机具和方法。为了能以尽可能小的压实功获得良好的压实效果，压实机械应先轻后重，以便能适应逐渐增长的土基强度；碾压速度宜先慢后快，以免松土被机械推走，形成不适宜的结构，影响压实质量，尤其是黏性土，高速碾压时，压实效果明显下降。通常压路机进行路基压实作业，行驶速度在4km/h以内为宜。施工中，要根据不同的土质来选择压实机具和确定压实遍数。

（2）土质路基压实标准　土质路基压实标准包括两个方面：一是确定采用标准干密度的方法；二是要求的压实度。关于标准干密度的确定方法，目前推行的主要是与国外公路压实要求相同的重型击实试验。

1）最大干密度。土的最大干密度是土压实的主要指标，与路基强度稳定性有密切的关系，一般作为压实质量评价的依据。在路基压实施工中，由于受各种因素的影响和限制（气候、土的天然含水量等），所施工的路基实际干密度不能达到室内的重型击实试验求得的最大干密度。但是为了保证压实质量的基本要求，必须规定压实后路基的压实度范围。

2）压实度。所谓压实度，即现场检查测得的路基土干密度ρ_d与室内求得的最大干密度ρ_{max}之比，常用K表示。

$$K = \frac{\rho_d}{\rho_{max}} \times 100\% \tag{1-1}$$

（3）土质路基压实度质量检测方法　土质路基压实度质量检测方法有环刀法、灌砂法、灌水法（水袋法）和核子密度仪法。环刀法适用于细粒土，灌砂法适用于各类土。核子密度仪应与环刀法、灌砂法等进行对比标定后才可应用。

1.3.2　石质路基施工

1. 填石路堤施工

填石路堤一般是指用粒径大于40mm，含量超过70%的石料填筑的路堤。用于填石路堤的石料强度不应小于15MPa，用于护坡的石料强度不应小于20MPa，填料最大粒径不大于

500mm，并不宜超过分层压实厚度的2/3；石料性质差异较大时，不同性质的石料应分层或分段填筑。暴露在大气中风化速度较快的石块不应作填石路堤的填料，必须用这种强风化石料或软质岩石填筑路堤时，应先检验其CBR值是否符合土质路堤的填土质量要求，CBR值符合要求的按土质路堤相关技术要求进行填筑，不符合要求的不得使用。高速公路和一级公路填石路堤路床顶面以下500mm范围内用符合路床要求的土填筑，土的最大粒径不得超过100mm，分层压实。其他公路填石路堤路床顶面以下300mm范围内用符合路床要求的土填筑，填料粒径不大于150mm。

（1）基底的处理

1）基底土密实稳定，地面横坡不陡于1∶5时，清除原地面的草皮杂物腐殖土后，基底可不做处理，路堤直接填筑在天然地面上。地面横坡为1∶5～1∶2.5时，清除草皮杂物腐殖土后，还应将原地面挖成台阶状，台阶宽应不小于2m。当基岩面上的覆盖层较薄时，宜先清除覆盖层再挖台阶。当覆盖层较厚时，可予保留。当横坡陡于1∶2.5时，应采用相应的稳定措施。

2）基底为耕地或松土时，应先将原地面压实后再填筑，若松土厚度较大，应翻挖至紧密土层，将土块打碎，分层回填、找平、压实。对路线经过水田、池塘或洼地时，应根据具体情况采取排水疏干、挖除淤泥、换土、打砂桩和抛填砂砾石等处理措施，将基底加固后再进行填筑。

3）当路基稳定受到地下水影响时，应予拦截或排除，将地下水引至路堤基底范围以外。基底排水清淤、软地基、斜坡地和泉眼等处理，经检验合格才能填筑。

（2）填料选择　路堤填料大多是就地取材，而公路沿线石料的类别和性质不同，修筑路基后的稳定性也有很大差异，应尽可能选择当地强度高、稳定性好并便于施工的石料作为路基填料。路堤堤身的稳固和填料的种类与压实度有很大关系，在填料种类可以选择的条件下，应选用优质填料，并在施工中压实到规定的标准。根据石料饱和抗压强度指标，可将石料分为硬质岩石、中硬岩石和软质岩石（见表1-3）。不同种类填料按其在路堤堤身不同部位，有不同要求，具体见表1-4～表1-6。

表1-3　岩石分类表

岩石类型	单轴饱和抗压强度/MPa	代表性岩石
硬质岩石	≥60	1. 花岗岩、闪长岩、玄武岩等岩浆岩类 2. 硅质、铁质胶结的砾岩及砂岩、石灰岩、白云岩等沉积岩类 3. 片麻岩、石英岩、大理岩、板岩、片岩等变质岩类
中硬岩石	30～60	
软质岩石	5～30	1. 凝灰岩等喷出岩类 2. 泥砾岩、泥质砂岩、泥质页岩、泥岩等沉积岩类 3. 云母片岩或千枚岩等变质岩类

表1-4　硬质石料压实质量控制标准

分区	路面底面以下深度/m	摊铺层厚/mm	最大粒径/mm	压实干密度/（kN/m^3）	孔隙率（%）
上路堤	0.80～1.50	≤400	小于层厚2/3	由试验确定	≤23
下路堤	>1.50	≤600	小于层厚2/3	由试验确定	≤25

表1-5 中硬石料压实质量控制标准

分区	路面底面以下深度/m	摊铺层厚/mm	最大粒径/mm	压实干密度/（kN/m³）	孔隙率（%）
上路堤	0.80～1.50	≤400	小于层厚2/3	由试验确定	≤22
下路堤	>1.50	≤500	小于层厚2/3	由试验确定	≤24

表1-6 软质石料压实质量控制标准

分区	路面底面以下深度/m	摊铺层厚/mm	最大粒径/mm	压实干密度/（kN/m³）	孔隙率（%）
上路堤	0.80～1.50	≤300	小于层厚	由试验确定	≤20
下路堤	>1.50	≤400	小于层厚	由试验确定	≤22

（3）路堤填筑方法　膨胀岩石、易溶性岩石不应直接用于路堤填筑，强风化石料崩解性岩石和盐化岩石等不得直接用于路堤填筑，为了保证路堤的施工质量，必须根据不同填料采用适当的填筑方法。

1）用细粒土、粗粒土及卵石、碎石类岩块填筑路堤时，应按路堤横断面全宽，水平分层填筑，每层厚度约0.3m。填筑时由基底地面最低处起，自下而上分层填筑，逐层夯压密实。

2）用不易风化的石块填筑路堤时，基床部分应分层填筑，基床以下部分可以倾填。边坡一般以较大石块（粒径大于25cm）进行台阶式码砌。

3）用易于风化石块填筑路堤，应分层填筑，每层厚度约0.5m，石块要摆平放稳，石块间的空隙用小石块、石屑填塞。对于可压碎的风化石块应尽量分层压实。

4）二级及二级以上公路的填石路堤应分层填筑压实。二级以下砂石路面公路在陡峻山坡地段施工特别困难时，可采用倾填的方式将石料填筑于路堤下部，但路床底面以下不小于1m范围内仍应采用分层填筑压实，以提高密实度，减少不均匀沉陷。

5）用不同填料填筑路堤，应将不同填料分层填筑，即在路堤的每一水平分层中只采用同一种填料填筑。不得将各类填料混合填筑，以免在不同填料接触处形成滑动面或在路堤内形成水囊；也不得在同一分层上一侧用一种填料，另一侧用其他填料填筑，以免在同一分层上形成不均匀的沉降。

6）高填方路堤（边坡高度超过20m，填粗砂、中砂者为12m），用不宜风化石块填筑时，边坡表层通常码砌，采用折线形边坡；填料为中砂、粗砂、砾石土及易风化岩块时，宜在边坡中部适当位置设宽1～2m的平台。通常上部高度不超过20m（填粗、中砂者为12m）部分，仍采用规范规定坡度，以下部分的边坡坡度或加设平台的宽度要另行确定。

（4）路堤压实　填石路堤在施工前，应通过试验路段，确定填石路堤合适的填筑层厚、压实工艺以及质量控制标准。路堤压实既可提高堤身的稳固性，在竣工之后又是减少堤身沉降的重要措施，所以必须十分重视。填料的压实不仅和压实工具的压实功能有关，也和各种填料的粒径级配、压实层厚度、压实标准有关。

岩块类填料如果粒径很大，一般无法压实。所以，以块石作填料时，应将大块石剔除，或者以爆破方法使之破碎。粒径大于25cm的块石应用人工铺砌。填料粒径不应大于30～45cm且大块石不应大于填筑厚度的2/3。压实前需用大型推土机将层面推平，其孔隙应用小片石填塞、找平。用12t以上的振动压路机碾压或用2.5t以上的夯锤夯击，碾压或夯击的遍数可通过试验确定，以达到要求密实度为准。压实后通过12t以上振动压路机进行压实试验，当压实层顶面稳定，不再下沉（无轮迹）时，可判为密实状态。

填石路堤施工质量标准应满足 JTG F10—2006《公路路基施工技术规范》要求。

（5）路堤预留沉降量 当路堤填料按压实要求压实后，仍可在路堤竣工后产生一定的沉降量，为此，应在路堤施工中对路堤的施工断面做一些改动，在线路纵断面设计允许的情况下，可以按预留沉降量计算，日后路堤沉降，便可使线路纵断面恢复为设计纵断面。但是，路堤的沉降常常也因基底的沉降变形而形成，所以应一并考虑。

路堤土体的沉降和施工碾压质量、填土高度和填料土质等因素有关。在正常情况下按路堤高的 1% ~3% 预留。高路堤则应将地基和堤身分开考虑并应有设计。施工期要加强沉降量观测工作。施工加强质量管理，边坡要夯拍密实，尽早密铺草皮及其他必要的防护。此外，还可以加大压实密度，以减小堤身的沉降。

2. 石质路堑的开挖

石质路堑的开挖方案应根据岩石的类型、风化程度、岩层产状、岩体断裂构造和施工环境等因素确定。爆破法施工是石质路基施工最有效的方法之一。此外，爆破还可以爆松冻土、爆除淤泥和开采石料等。山区公路路基石方工程量大且集中时，采用爆破法施工不但可以提高功效、缩短工期和节约劳动力，而且可以改善线形，提高公路使用质量。

（1）常见爆破参数

1）最小抵抗线 W。药包中心至地表（临空面）的最小距离。

2）爆破作用指数 n。

$$n=\frac{r}{W} \tag{1-2}$$

式中 r——爆破漏斗口半径，当地面坡度等于零时，用 r_0 表示。

n 大，则爆破漏斗浅而宽；n 小，则漏斗深而窄。爆破作用指数 n 值是决定破坏范围大小及抛掷距离远近的主要参数，可根据抛掷率 E 与地面坡角 α 按下式计算

$$n=\left(\frac{E}{55}+0.51\right)\sqrt[3]{f(\alpha)} \tag{1-3}$$

在半路堑抛坍爆破中，$n=1$。

3）单位耗药量 K。单位耗药量 K 值是在水平边界条件下，形成标准抛掷漏斗时，爆破单位体积介质所需要的炸药用量。它是衡量岩石爆破性能的综合性指标。

4）炸药换算系数 e。以标准炸药为准，令其换算系数 $e=1$，若所用炸药不是标准炸药，则按下式换算

$$e=\frac{300}{\text{所用炸药的实际爆力}}\text{或}\ e=\frac{11}{\text{所用炸药的实际猛度}} \tag{1-4}$$

5）堵塞系数 d。导洞至药室的转弯长度小于 1.5m 或堵塞长度小于 1.2m 时，d 取1.0 ~ 1.4，一般取 $d=1$。

6）抛掷率 E。抛掷率（即爆破后抛出石方体积与爆破漏斗总体积之比）不但是爆破设计的主要参数，同时也是检查爆破效果的主要指标，应根据地形、地质条件，结合工程的要求来确定。

7）药包间距。在工程中，为了使爆破能形成所需要的路堑形状，必须采用药包群。如药包间距太大，爆破后将形成一个个互不联系的爆破漏斗，其间残留一部分没有破碎的岩

埂；药包间距太小，则爆破作用的重复性太大，增加导洞药室开挖工作量，浪费大量炸药，影响边坡稳定性，飞石安全距离也无法保证。因此，必须确定一个适合的药包间距，保证药包爆破时互相产生比较理想的共同作用。

8）爆破区安全距离。爆破区安全距离是指爆破时的飞石、地震波、空气冲击波可能伤及人、畜、建筑物的距离。在这个距离内是危险区。飞石距离、地震安全距离、空气冲击波安全距离的确定可参见相关资料。

（2）炸药种类和起爆方法　为了爆破某一岩体，在其中或表面放置一定数量的炸药，称为药包，按其形状或集结程度的不同，可以分为集中药包、延长药包和分集药包三种。药包形状接近球形或立方体，以及高度不超过直径4倍的圆柱体和最长边不超过最短边4倍的直角六面体，均属于集中药包；相反，药包的长度或高度超过上述情况的，属于延长药包。分集药包是提高炸药有效能量利用率的新型装药方式，是将一个集中药包分为两个保持一定距离集中的子药包，如图1-14所示。

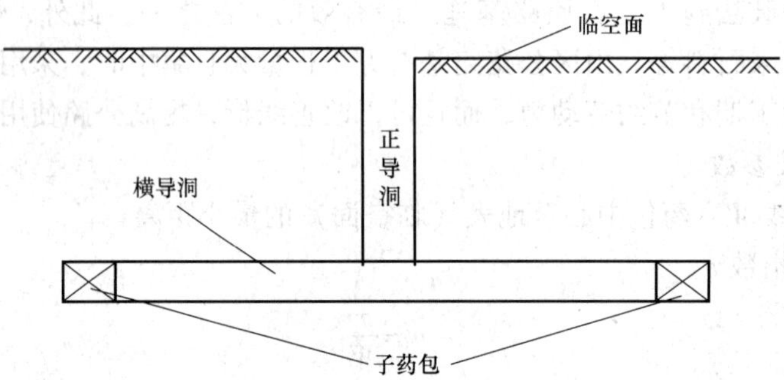

图1-14　分集药包示意图

1）炸药种类。炸药种类繁多，在爆破工程中常用的可分下列两类。

① 起爆炸药。起爆炸药是一种爆炸速度极高的烈性炸药，爆速可达2000～8000m/s，用以制造雷管。起爆炸药可分为正起炸药和副起炸药。正起炸药对热能和机械冲击能均具有强烈的敏感性；副起炸药须由正起炸药起爆，其爆速很高，可加强雷管的起爆能量。

② 主要炸药。用以对岩石或其他介质进行爆炸的炸药称为主要炸药，它的敏感性较低，要在起爆炸药强力的冲击下才能爆炸。

道路工程中常用的炸药主要有TNT、黑火药、硝铵等。

2）起爆材料及起爆方法。

① 雷管。雷管是常用的起爆器材，黄色炸药和硝铵炸药一般用直接火花不能引起爆炸，而用雷管来引爆。按照引爆方式可将雷管分为火雷管和电雷管两种。火雷管也叫普通雷管，是用导火索来引爆的。火雷管由雷管壳、正副装药和加强帽三部分组成，其管壳开口的一端留有15mm长的空隙，以便插入导火索，另一端做成窝槽状。电雷管是用电流点火引爆炸药的。电雷管的构造与火雷管的构造基本相同，不同的是在管壳上的一段有一个电气点火装量，通电时，电流通过电桥丝，灼热的电桥丝就能将引燃剂点燃，使起爆药爆炸。电雷管又可分为即发电雷管和迟发电雷管，即发电雷管用于同时点火同时起爆的电点火线路中；迟发电雷管用于同时点火，但不同时爆炸的电点火线路中。迟发电雷管构造与即发电雷管基本相

同，只是在引火药与起爆药之间，装有燃烧速度相当准确的缓燃剂。

② 起爆方法。

a. 导火索及火花起爆法：导火索是点燃火雷管的配置材料，外形为圆形索线，索芯内装有黑火药，中间有纱导线，芯外紧缠着数层纱与防潮纸（或防潮剂）以防潮变质。对导火索的要求是燃烧完全，燃速恒定。根据使用要求，导火索的正常燃烧速度有两种规格，一种为10mm/s，另一种为5mm/s。

b. 电力起爆法：电雷管是用点火器，通过电爆导线通电发热燃爆起爆的。点火器即为产生电流的电源，如干电池组、蓄电池和手摇起爆机等。

c. 传爆线及传爆线起爆法：传爆线又称导爆线，其索芯用高级烈性炸药制成，内有双层棉织物，一层为防潮层，一层为缠绕着的纱线。为了与导火索区别，其表面涂成红色或红黄相间等色。我国制造的传爆线是用黑索金或泰安为索芯的，爆速为6800～7200m/s。

（3）综合爆破方法

1）中小型爆破。

① 钢钎炮（眼炮）。在路基工程中，钢钎炮通常指炮眼直径和深度分别小于70mm和5m的爆破方法。因其炮眼浅、用药少和工效低，一般情况下，单独使用钢钎炮爆破石方是不经济的，但由于其比较灵活，仍不失为一种重要的炮型，在地形艰险及爆破量较小地段（如打水沟、开挖便道、基坑等）仍属必需。在综合爆破中是一种改造地形，为其他炮型服务的辅助炮型。

② 药壶炮（烘膛炮）。药壶炮是指在深2.5m以上的炮眼底部用少量炸药经一次或多次烘膛，使眼底成葫芦形，将炸药集中装入药壶中以提高爆炸效果的一种炮型，如图1-15所示，用在XI级岩石以下，不含水分，阶梯高度（H）小于20m，自然地面坡度在70°左右的地段。

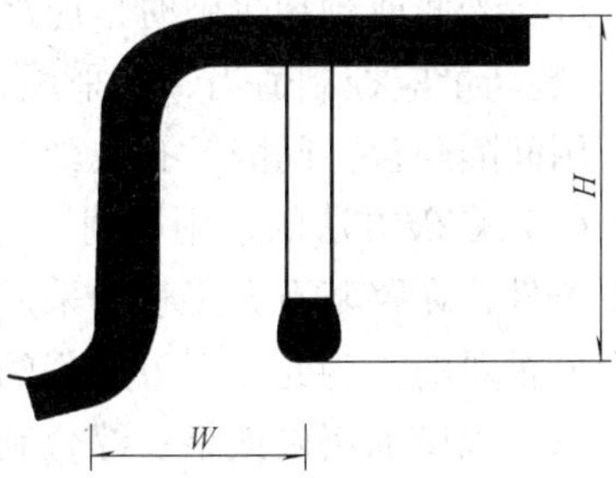

图1-15　药壶炮

③ 猫洞炮（蛇穴炮）。猫洞炮是指炮洞直径为0.2～0.5m，洞穴成水平或略有倾斜（台眼），深度小于5m，用集中药包在炮洞中进行爆炸的一种方法。其特点是充分利用岩体本身的崩塌作业，能用较浅的炮眼爆破较高的岩体，一般爆破可炸松15～150m^3。采用这种爆破方法，可以获得好的爆破效果。

2）大爆破。大爆破是指采用导洞和药室装药，用药量在1000kg以上的爆破，主要用于石方大量集中，地势险要或工期紧迫的路段。

3）洞室炮。为使设计断面内的爆破岩体大量抛掷（抛坍）出路基，减少爆破后的清方工作量，确保路基的稳定性，可根据地形和路基断面形式，采用以下不同性质的洞室炮爆破方法。

① 抛掷爆破。当自然地面坡角小于15°，路基设计断面为拉沟路堑，且石质大多是软石时，为使石方大量扬弃到路基两侧，通常采用稳定的加强抛掷爆破。但此法在公路工程中采用很少。自然地面坡角为15°～50°，岩石也较松软时，可采用斜坡地形半路堑的抛坍爆破。

② 抛坍爆破。当自然地面坡度大于30°，地形、地质条件均较复杂，临空面大时，宜采用这种爆破方法。在陡坡地段，岩石只要充分被破碎，就可以利用岩石本身的自重坍滑出路

基，从而可提高爆破效果。而且由于爆后路堑边坡稳定，单位耗药量降低，还可降低路基工程造价。

③ 多面临空地形爆破。路线通过波浪起伏的峡谷或鸡爪地形地段，因地形状况的限制，出现临空面较多，采用这种方法则有利于爆破。

④ 定向爆破。这是利用爆能将大量土石方按照指定的方向，搬移到一定的位置并堆积成路堤的一种爆破施工方法。它减少了挖、装、运、夯等工序，生产率极高。采用定向爆破，一次可形成百米至数百米路基。

⑤ 松动爆破。大型松动爆破主要用于不宜采用抛掷爆破的次坚石、软石路基，或配合机械化清方的地段。在坚石中，宜采用深孔炮。

4）微差爆破。两相邻药包或前后排药包以毫秒的时间间隔（一般为15～75ms）依次起爆，称为微差爆破，也称毫秒爆破。它的优点是可减振1/3～2/3，提高爆破效果，节省炸药20%，有利于挖掘机作业。

5）光面爆破和顶裂爆破。光面爆破是在开挖限界的周边，适当排列一定间隔的炮孔，在有侧向临空面的情况下，用控制抵抗线和药量的方法进行爆破，使之形成一个光滑平整的边坡。预裂爆破是在开挖限界处按适当间隔排列炮孔，在没有侧向临空面和最小抵抗线的情况下，用控制药量的方法，预先炸出一条裂缝，使拟爆体与山体分开，作为隔振减振带，起保护和减弱开挖限界以外山体或建筑物的振动破坏作用。光面与预裂爆破后，在边坡壁上通常均留下半个炮孔的痕迹。

进行光面或预裂爆破时，应严格保持炮孔在同一平面内，炮孔间距和抵抗线之比应小于0.8。装药量应控制适当，并采用合理的药包结构，通常使炮孔直径大于药卷直径1～2倍，或采用间隔药包、间隔钻孔装药。

（4）爆破方法的选用原则　为了充分发挥各种爆破方法的特点，利用微地形和地质的客观条件，在路基石方工程中采用综合爆破，组织炮群，有计划、有步骤地爆破拟开挖石方是十分重要的。为此，石方工程的施工方案应按全面规划，重点设计；由路基面开挖，形成高阶梯，以增加爆破效果；综合利用小炮群，分段分批爆破的原则进行爆破。

1.3.3　路基季节化施工

公路是修建在地表，暴露在大气环境中的线形构筑物。公路工程施工属于露天作业，受气候条件的影响很大，季节性强，一般难于实现常年连续施工作业。这在很大程度上影响了高等级公路建设投资效益的发挥。因此，根据冬、雨期施工特点，采取一些相应的施工技术措施，具有不可忽视的重要意义。

1. 雨期施工

雨期施工能否顺利进行，关键在于施工计划与措施是否符合客观要求，因此在施工前须深入现场进行实地勘察，根据工程的特征与实际情况，针对不同项目采取切实可行的措施。

（1）雨期施工适宜安排的项目　路基施工，在雨期一般可安排如下施工项目：

1）路基石方的填挖。

2）碎砾石土、砂类土路堤的填筑和路堑开挖。

3）挖方高度小，运输距离较短的土质路堑开挖。

4）各种路基排水、防护和加固工程。重黏土、膨胀土及盐渍土地段不宜在雨期施工，平原地区排水困难，也不宜安排雨期施工。

（2）雨期路基施工

1）施工前的准备。雨期施工前应做好下列准备工作：

① 对选择的雨期施工地段进行详细的现场调查研究，编制实施性的雨期施工组织计划。

② 修好施工便道，并保证晴雨畅通。

③ 住地、仓库、车辆机具停放场地和生产设施，都应设在最高洪水位以上地点，并应与泥石流沟槽冲积堆保持一定的安全距离。

④ 修建临时排水设施，保证雨期作业的场地不被洪水淹没，并能及时排除地面水。

⑤ 储备足够的工程材料和生活物资。

2）施工的主要内容包括路堤填筑、路堑开挖和注意事项。

① 路堤填筑的内容如下：

a. 场地处理。在填筑路堤前，应在填方坡脚以外挖掘排水沟，保持场地不积水。如果原地面松软，还应采取换填等措施进行处理。

b. 填料选择。在路堤填筑时，应选用透水性好的碎石土、卵石土、砂砾、石方碎渣和砂类土作为填料。利用挖方土做填方时，应随挖随填及时压实。含水量过大无法晾干的土不得用作雨期施工填料。

c. 填筑方法。路堤应分层填筑。每一层的表面，应做成2%～4%的排水横坡。当天填筑的土层应当天完成压实。防止表面积水和渗水，将路基浸软。如需借土填筑时，取土坑距离填方坡脚不宜小于3m，平原区顺路基纵向取土时，取土坑的深度不宜大于1m。

d. 路床排水。路堤填筑完成后，为防止路床积水，应在路肩处每隔5～10m挖一道横向排水沟，将雨水排出路床。

② 路堑开挖的内容如下：

a. 场地处理。路堑开挖前应在路堑边坡坡顶2m以外修筑截水沟，并做好防漏处理。截水沟应接通出水口。

b. 土方开挖方法。雨期开挖路堑宜分层开挖，每挖一层均应设置排水纵横坡。挖方边坡不宜一次挖到设计位置，应沿坡面留30cm厚，待雨期过后再整修到设计坡度。以挖方做填料的，挖方应随挖、随运和随填。开挖路堑至路床设计高程以上30～50cm时应停止开挖，并在两侧挖排水沟。待雨期过后再挖到路床设计高程后压实。如果土的强度低于规定要求时，应超挖30～50cm（高速及一级公路取大值，其他公路取小值），并用粒料分层回填并按路床要求压实。

c. 石方开挖方法。雨期开挖石方路堑，炮眼应尽量水平设置，以免炸药受潮发生瞎炮。边坡应按设计坡度自上而下层层刷坡，并应随时核对其坡度是否符合设计要求，使边坡在雨水冲刷时，能保持稳定。应尽量利用挖出的石渣，石渣必须废弃时，弃土堆应符合规定要求。

d. 弃土堆。雨期施工开挖路堑的弃土要远离路堑边坡坡顶堆放。弃土堆高度一般不应大于3m。弃土堆坡脚到路堑边坡顶的距离一般不应小于3m，深路堑或松软地带应保持5m以上。弃土堆应摊开整平，严禁把弃土堆放在路堑边坡顶上。

③ 注意事项内容如下：

a. 雨期安排计划，应根据施工现场情况，对因雨水易翻浆地段优先安排施工。对地下水丰富及地形低洼等不良地段，优先施工的同时，还应集中人力和机具，采取分段突击的方法，完成一段再开一段，切忌在全线大挖大填。

b. 施工坚持“两及时”，即遇雨要及时检查，发现路基积水尽快排除；雨后及时检查，发现翻浆要彻底处理，挖出全部软泥（大片翻浆地段尽量利用推土机等机械铲除；小片翻浆相距较近时，应一次挖通处理），填筑透水性好的砂石材料并压实。

2. 冬期施工

（1）冬期施工适宜安排的项目　在反复冻融地区，昼夜平均气温在 -3℃以下，连续10d以上时，进行路基施工，称为路基冬期施工。

路基工程冬期施工要抓住防冻这一关键。在施工部署上应尽量压缩土方工程施工；在计划安排上要集中劳力突击重点，在现场施工操作上要突出两个“防”字，即防冻胀和防下沉。

（2）冬期施工准备　冬季到来之前，应根据通车要求、经济效益、气候、地质情况及物资供应、施工能力等，充分做好冬期施工准备工作，其内容如下：

1）拟定施工计划及各步措施，包括工程数量、施工方法等。

2）完成路基及人工构造物的放样工作，并做好明显标志，妥善保护，预防被雪掩埋。

3）在预定填筑路堤的斜坡上，清除草皮、挖台阶等，并加以掩盖，防止冻结。

4）做好排除地面水及降低地下水位工作。

5）清除预定开炸的石方路堑上的覆盖杂物。

6）冬季用爆破方法开挖的土方工程，当炮眼内不易进水时，应在冻结前钻好炮眼。

7）小面积的基坑土方，可采用砂、干松土或草帘等保温材料覆盖。大面积土方可用豁路机先将土壤表面豁松30cm左右，以减小冻结深度。

8）修筑高路堤或泥沼地区的路堤，应预先找好取土场地，做好排水工作，并清除地表覆盖层，修好运输便道；最好采用松土或草袋覆盖。

9）做好筑路机械及附属设施的防冻、防火工作。

10）做好施工人员的防冻、防火工作。

路基冬期施工适宜安排的项目见表1-7。

表1-7　路基冬期施工适宜安排的项目

适宜冬期施工的项目	不适宜冬期施工的项目
1. 泥沼地区，当冻结深度能承载施工机具设备安全通过时，可安排修筑运输便道，填筑路堤；当路堤基底需要挖除时，可在冬季冻结后挖除 2. 在含水量过高或流动的土质中，可利用冬季冻结开挖路堑 3. 河滩地段，可利用冬季水位较低的条件，安排取土或修建防护工程、开挖基坑 4. 在岩石、干燥砾石、卵石及砂性土中，冬季可开挖路堑或用上述材料填筑路堤 5. 可安排开炸石方和开挖多年冻土 6. 清除场地时，可安排砍伐不需挖除树根的树木和灌木丛	1. 清除已冻结的草皮和挖台阶 2. 小型水沟、承渠、护坡道、导流堤等的填挖 3. 整修潮湿砂、砾石路基和黏质土质路基及边坡 4. 用含水量大的黏土填筑路堤 5. 在不良地质地段的陡坡上修筑路基 6. 在河边低地用冻结及融解的黏土，分层填筑水淹工程

（3）路堤填筑的冬期施工

1）路堤基底的处理与填料的选择如下：

① 在填筑路堤之前，应将基底范围内的积雪和冰块及其他杂物清除干净，并将冻层耙松，坑洼处应填以与基底相同的未冻土，并进行夯（压）实。

② 冬季筑堤用土，除按一般路堤填料规定外，不得使用含有草皮的土，以及含水量过高的未冻结土或冻结土作为填料，不得将冰雪混在土石内填筑。

③ 用冻土填筑路堤时，冻块周围应填以未冻土，冻土块的尺寸不得大于5cm，填土后施工路面时，冻土含量应小于15%，填土沉降后再施工路面时，冻土含量应小于30%。

④ 距路床面层1m以内的路堤、涵洞两侧及涵顶1m内、桥头锥形护坡、管沟回填等均不得填筑冻土，应用未冻结土或透水性良好的土填筑。使用黏土填筑时，施工前需预测土壤含水量。

⑤ 加宽路堤两侧时，不得填筑冻块，应使用渗水性土填筑，施工中应不断清除边坡和台阶上的冰雪，分层填筑夯实。

2）路堤的填筑与压实如下：

① 冬季筑堤时，每天下班前应将当天的填土平整夯压完毕，如遇降雨，应及时清除干净，如中断工作时间较长时，工作面应铺盖以防积雪。

② 填土厚度。冬季填筑路堤，要水平分层，按横断面全宽铺筑碾压，其分层厚度应根据冻块大小、夯压机具及运土方法等决定，一般来说，填土厚度应比正常施工减少20%～30%且松铺厚度不得超过300mm（压路机与动力打夯机每层松铺厚度23～24cm，人工打夯每层松铺厚度15～16cm）。层铺厚度见表1-8。还应增加重叠夯压遍数，保证压实度不低于一般路堤的标准。

表1-8　层铺厚度

土质种类 ＼ 运土方法 ＼ 分层厚度/m	人工运送	汽车运送
砂、粉土质砂	0.25	0.50
黏质土	0.20	0.20

③ 填土高度。用非渗水性土填筑路堤时，应按冬期施工期间室外平均气温控制其填筑高度，当气温在－5℃以上时，填土高度不受限制；在－5℃以下时，应不得超过表1-9中的数值。

表1-9　路堤填筑高度

期间平均温度/℃	－15～－20	－10～－15	－5～－10
路堤最大高度/m	2.5	3.5	4.5

④ 预留下沉高度。冬季用含冻土的土料填方时，其预留下沉高度应较常温填方的数值增大，其系数见表1-10。预留下沉量还可以根据土的性质、冻土含量、填土高度以及施工方法而定，见表1-11。

表 1-10 冬季填方预留下沉高度系数

填土种类	冻土占填方总体积的百分数（%）			
	10 ~ 20	20 ~ 40	40 ~ 50	50 ~ 60
砂土	1.5	2	2.5	
黏土	2	2.5	3	3.5

注：冬季含冻土料填方预留 F 高度 = 暖季沉降的数值 × 本表的系数

表 1-11 冬期施工填筑路堤的预留下沉量（以路堤高度% 计）

冻土含量（%）/ 路基高度/m / 土的种类	0 ~ 15			15 ~ 20			备注
	<4	4 ~ 10	>10	<4	4 ~ 10	>10	
砂性土	1.5/1	1/0.5	1/0.5	2.5/1.5	2.0/1	1/0.5	①表中数值、分子、分母分别表示用汽车，推土机或铲运机运填时的沉降量；②如冻土含量超过 20% 以及用人工夯时，预留下沉量可比照表列数值的量提高
粉质土	4/1	3/1	1.5/0.5	1.5/0.5	7/2	不允许	
黏性土	6/1.5	4/1	3/1	3/1	12/3	不允许	

⑤ 路基土方工程的填挖分界处，填土低于 1m 的路堤不应在冬季填筑，应在冬季前做完，或留在天暖后用解冻土填筑夯实。路基分段的连接部分应按阶梯形进行，每层阶梯宽度不得小于 1m。

⑥ 当路堤填至距路基设计高程 1m 时，应碾压密实后停止填筑，在上面铺一层松土保温，待冬季过后整理复压，再分层填至设计高程。

⑦ 冬期施工取土坑应远离填方坡脚，如条件限制需在路堤附近取土时，取土坑内侧到填方坡脚的距离应不小于正常施工护坡道的 1.5 倍。

⑧ 冬季填筑的路堤，每侧应超填（并压实）0.5m，待冬季过后修整边坡，削去多余部分并拍打密实或加固。

（4）路堑开挖冬期施工

1）冬季路堑开挖应注意的问题。冬季开挖路堑，在开挖前应采用人工钢钎破碎、豁路机豁开、夯板和夯锥冲击破碎、加热融化或爆破等方法先把上面冻层去掉，冻土破碎后，一般用推土机将冻块撤走，即可进行下一工序，但要注意以下几点：

① 缩短路线，不可大面积铺开；推出一段路床就要及时找平碾压，做到当天推土，路床当天碾压，以免再冻。

② 挖土尽量做到当日挖至规定深度，不可能时则需要采取措施，防止当夜再冻。

③ 遇到冻层较厚，去掉冻层出现超挖情况时，对超挖部分应选用未冻的好土填入并及时碾压。

④ 冬季开挖土质路堑，应严禁采用先掏挖底层未冻土、再崩打上层冻土的挖方方法（俗称挖“神仙土”）。留在边坡上的遮檐应随时除去。冬季开炸石方，应注意随时将放炮人员行走道路的冰雪清扫干净，以保证施工操作的安全。

2）冬季路堑施工作业方法如下：

① 开挖干路堑，若深度不超过 3m 时，底部可按全宽开挖，边坡按 1∶0.2 进行施工；开

挖湿土路堑或深度超过3m的路堑，边坡可挖成垂直台阶，每阶高度不应超过1.5m，台阶宽大于1.0m，留下的边坡台阶待天暖时再修挖。

② 路堑挖至路床面以上1m时，应停止开挖并在表面覆以松土，待到正常施工时，再挖去其余部分。

③ 为便于春融期排除地面水，对纵坡等于或小于0.5%的路堑，其路床应留有不少于4%的横坡，同时要求间隔6～10m要预留排水孔。

④ 开挖或松碎冻土，宜采用爆破法；冻土爆破宜采用炮眼法或蛇穴法。当冻土层厚度小于1m时，炮眼深度为冻土层的0.75～0.90倍，炮眼间距约为冻土层厚的1.3倍，并应按梅花式排列；冻层厚度小于0.7m时，宜将炮眼钻到冻结层下0.15～0.20m。当采用蛇穴法时，蛇穴长度为爆破层厚度的1.0～1.2倍，蛇穴应设在未冻结土的下层土中。

⑤ 当土方量不大，冻结不深时，可用铁镐、钢楔、撬棍、大锤、楔形锥等手工工具或其他半机械化工具松碎冻土；厚度大于0.6m的冻土，宜采用打桩机、挖掘机等机械吊起各种落锤打碎冻土，或将钢楔打入土中崩土；若选用正铲挖掘机开挖冻结厚度为0.15～0.25m的冻土时，或选用拉铲挖掘机开挖冻结厚度小于0.1m的冻土时，均不必先打碎。

⑥ 冬期施工开挖路堑的弃土要远离路堑边坡坡顶堆放，其具体要求与雨期施工相同。

1.3.4　路基防护加固设施施工

1. 坡面防护

路基边坡坡面防护，主要通过将坡面封闭隔绝或隔离，免受雨水冲刷。减小温差及湿度变化影响，防止和延缓软弱岩土表面的风化、碎裂、剥蚀演变过程，从而保护路基边坡的整体稳定性，在一定程度上还可兼顾路容美化和协调自然环境。

（1）植物防护　植物防护又称为“生命防护”，主要适用于较缓的土质边坡。植物防护可美化路容，协调环境，调节边坡土的湿度，起到固结和稳定边坡的作用。不同的植被，还可起到交通诱导、安全、防眩、吸尘以及吸附噪声的作用。植物防护的方法有种草、铺草皮和植树。

1）种草。种草适用于边坡稳定、坡面冲刷轻微的路堤或路堑边坡。一般要求边坡坡度不陡于1:1，边坡地面水径流速度不超过0.6m/s。长期浸水的边坡不宜采用。采用种草防护时，一般选用根系发达、茎干低矮、枝叶茂盛、生长力强、多年生长的草种，并尽量用几种草种混种，使之生成一个良好的覆盖层。

种草应在温度、湿度较大的季节播种。播种的坡面应平整、密实和湿润。播种方法有撒播法、喷播法和行播法等。采用撒播法时，草籽应均匀撒布在已清理好的土质边坡上，同时做好保护措施。对不利于草类生长的土质，应在坡面上先铺一层5～10cm的种植土。路堑边坡较为高陡时，可通过试验采用草籽与含肥料的有机质泥浆混合，用喷播法将混合物喷射于坡面。采用行播法时，草籽埋入深度应不小于5cm，行距应均匀。播种后，应适时进行洒水施肥、除杂草等养护管理，直到植物覆盖坡面。

2）铺草皮。适用于边坡较陡、冲刷严重、径流速度大于0.6m/s，附近草皮来源较易地区的路基。草皮铺种形式有平铺、水平叠铺、垂直叠铺、斜交叠铺及网格式等。铺草皮须预先备料，草皮可就近培育，草皮规格以不过于损坏根系，便于成活及运输而定，一般为20cm×40cm，厚6～10cm。铺草皮应尽可能在春秋季或雨期进行，并随挖随铺，铺时自下而上，每块草皮用2~4根竹木小桩定在坡面上，使之稳定。

3）植树。主要作用是加固边坡、防止和减缓水流冲刷。林带可以防汛、防砂和防雪，调节气候、美化路容，增加木材收益。在坡面上植树与铺草皮相结合，可使坡面形成一个良好的覆盖层。植树品种，以根系发达、枝叶茂盛、生长迅速的低矮灌木为主。沿河路堤植树，则以喜水、根深、杆粗的树种，并多排成行栽种，以起到导流、拦流，促使泥砂淤积，加固堤岸的作用。植树的平面布置，应根据植树品种和作用，结合当地经验而定，城市或风景区的植物防护，应与有关部门协调配合。

（2）浆（干）砌片石或混凝土预制块

1）浆（干）砌片石。对较陡的土质边坡（坡度为1:0.75~1:1）或易风化破碎的岩石边坡，以及桥涵附近坡面，可采用浆（干）砌片石防护。易遭受雨、雪、水流冲刷，流速不大于2~4m/s，易发生泥石流、溜坍或严重剥落的路基边坡，以及受水冲刷较轻的河岸和路基，均可采用干砌片石护坡。干砌片石护坡一般可分为单层铺砌和双层铺砌两种，单层厚度为0.25~0.35m。为提高路基整体强度，防止水分浸入，干砌片石宜用砂浆勾缝。当水流流速较大，波浪作用强，有漂浮物等冲击时，不宜采用干砌片石护坡的边坡，宜采用浆砌片石护坡，其厚度一般为0.25~0.40m。无论是干砌片石或浆砌片石均应在片石下面设置0.10~0.15m厚的碎（砾）石或砂砾混合物垫层，以起到整平作用，并可防止水流将干砌片石层下面的边坡细土粒带走。

石砌护坡坡脚应修筑墁石基础，基础尺寸及埋置深度应符合设计要求。砌石由下而上，错缝嵌紧，表面平整，周围用砂浆密封，以防渗水。对浆砌片石护坡，每隔10~15m设缝宽2cm的伸缩缝，缝内填塞沥青麻筋或沥青木板等材料；护坡的中、下部设10cm×10cm的矩形或直径为10cm的圆形泄水孔，其间距为2~3m，孔后0.5m范围内设反滤层。路堤边坡上的浆砌片石护坡，应在路堤沉实或夯实之后施工，以免因路堤沉降而引起护坡的破坏。

2）浆砌（干砌）混凝土预制块。在缺乏片石、块石材料的地区，对缓于1:1的边坡常采用混凝土预制块防护路基边坡（干砌高度不宜超过3m），可同时起到美化路容的效果，但必须设置砂砾或碎石垫层。混凝土块一般采用C15混凝土（严寒地区可提高到C30）预制成边长不大于1m，厚度不小于6cm的方块。方块尺寸以搬运方便并适合施工为准，厚度以满足构造要求、不易破碎、不产生裂缝为准。混凝土预制块护坡应按反滤层要求设置砂砾或碎石垫层，厚度为3~5cm。

采用混凝土预制块护坡时应与浆砌片石等同效果防护形式做经济比较分析，反复论证以节约投资。

（3）坡面处治　对易于风化的软质岩石、破碎岩石路堑边坡，可以采用抹面、勾缝、灌浆、喷浆及护面墙等进行防护。

1）抹面。抹面适用于易风化面表面平整、尚未剥落的岩石边坡，如页岩、泥岩、泥灰岩、千枚岩等软质岩层。一般选用石灰炉渣灰浆、石灰炉渣三合土、四合土等复合材料较为经济。抹面可以分片或满布，面积较大时，每隔5~10m设缝宽2cm的伸缩缝一道，用沥青麻筋或油毛毡填塞密实。必要时坡顶设截水沟，并用相同材料对沟壁抹面。为防止灰体表面开裂，增强抗冲蚀能力，可在表面涂沥青保护层，其沥青软化点宜稍高于当地最高气温，用量为3kg/m^{2}左右。

2）勾缝与灌浆。勾缝适用于质地坚硬，不易风化，但节理裂缝多而细的岩石边坡，以防水分渗入岩层内造成病害。勾缝可用质量比为 1∶2～1∶3 的水泥砂浆，或体积比为 1∶0.5∶3或1∶2∶9 的水泥石灰砂浆。灌浆适用于质地坚硬，局部存在较大、较深的缝隙或洞穴，并有进一步扩展而影响边坡稳定性的岩石路堑边坡。其目的是借助灰浆的黏结力把裂开的岩石黏在一起，保证边坡稳定。水泥砂浆按质量比为 1∶4 或 1∶5，必要时可用压浆机灌注。裂缝或洞穴较宽则可用混凝土灌注。灌浆和勾缝前应先用水冲洗，并清除裂缝内的泥土、杂草。勾缝时要求砂浆应嵌入缝中，与岩体牢固结合。灌浆时要求插捣密实，灌满缝口并抹平。

3）喷浆与喷射混凝土。喷浆适用于易风化的新鲜平整的岩石坡面。通过喷涂一层厚度 5～10cm 的砂浆，岩石坡面被封闭，形成一个保护层，达到阻止岩面风化，防止边坡剥落与碎落。砂浆可用水泥浆或水泥砂浆，甚至水泥石灰砂浆。其质量配合比为水泥∶石灰∶河沙∶水 = 1∶1∶6∶3。喷浆前应将坡面整平，去除已经风化的表层，洒水湿润，一次喷成。为了增加喷浆与坡面的黏结，防止脱落或剥落，可采用锚喷混凝土防护，先在挖出并清理的密实、稳定的新鲜坡面上，钻孔、安装锚杆、灌浆，然后挂上纤维网或钢丝网，最后用高压泵喷射厚度 4～6cm 的 C20 混凝土，喷层厚度应均匀，喷后应养护 7～10d。

4）护面墙。护面墙由浆砌片石砌筑而成。适用于严重风化破碎，容易产生碎落塌方的岩石路堑边坡或易受冲刷，膨胀性较大的不良土质路堑边坡。其目的是使边坡免受自然因素影响，防止雨水下渗，从而保护边坡。护面墙沿着边坡坡面修建，不能承受土侧压力。因此，要求边坡必须稳定，且边坡不宜陡于 1∶0.5。墙基要求稳固，冰冻地基墙基应埋置在冰冻线以下 0.25m；若为软基，可设拱形结构物跨过。

墙体纵向每隔 10～15m 设缝宽 2cm 的伸缩缝一道，缝内用沥青麻筋填塞。墙身上下左右每隔 2～3m 设 10cm×10cm 的矩形或直径为 10cm 圆形泄水孔，孔后设砂砾反滤层。为增加墙体稳定性，墙背每 3～6m 高设一级宽度为 0.5～1.0m 错台。根据边坡基岩或土质的好坏，每 6～10m 高为一级，设宽度不小于 1.0m 的平台。在缺乏石料地区，墙身可采用片石铺砌成方格或拱式边框，方格或拱式边框内用石灰炉渣、三合土或四合土等混合料抹面。

（4）综合防护　综合防护主要包括框格防护、土工合成材料种草以及植物、圬工分区防护三种形式。

1）框格防护。框格防护可采用混凝土、浆砌片（块）石、卵（砾）石等做骨架，框格内宜采用植物或其他防护措施。框格防护多被采用于下述路段：受雨水侵蚀和风化严重易产生沟槽的土质路段，不适宜植物生长和由于周围环境需要绿化的路段，仅用植物防护不足以抵抗侵蚀、冲刷的黏土路基或高填方路段。由于该防护方法适用 1∶1 以上的缓坡路段，不能承受土压力，造价高于植物防护且施工较麻烦，故设计时应反复论证。网格填土后应整平、压实。严格的施工管理是框格防护成败的关键。

2）土工合成材料种草。近年来，国内外开始采用土工合成材料等先进技术产品结合种草，进行边坡防护和绿化。这种新型的土工合成材料与种草绿化相结合的方法，不仅提高单纯种草边坡的防护能力，而且与传统的浆砌片石或混凝土预制块防护方法相比，具有造价低、工业化生产程度高、施工进度快、美化环境和减小环境污染等优点。应用于路基边坡防护的土工合成材料主要有草籽无纺布、土工格栅、固格网等，可单独埋入土中，也可直接覆盖边坡表面，以提高边坡的防护能力。

3）植物、圬工分区防护。对于高填方路堤和深挖路堑边坡，可采用顶部种草，坡脚浆砌片石（或混凝土预制块）的植物、圬工分区防护形式。这种防护形式不仅可以达到综合防护的效果，而且节约造价，美化环境，在路基边坡防护中被广泛应用。种草段与浆砌片石（混凝土预制块）上沿应填实，做好防水处理，严防圬工体浸水坍塌。

2. 冲刷防护

（1）直接防护　直接防护是在稳定的边坡上直接加固的一种措施，其特点是不干扰或很少干扰原来的水流性质。除了坡面防护和砌石护坡外，抛石、石笼、驳岸及浸水挡墙均属直接防护。当水流流速为 3.0 ~ 5.0m/s 时，宜采用抛石防护；流速 >5.0m/s，或过多压缩河床，造成上游壅水时，则改用石笼防护或设置驳岸、浸水挡土墙等支挡结构物。

1）抛石防护。如图 1-16 所示为抛石防护示意图，类似于陡坡路堤在坡脚处设置石垛，其中，图 1-16a 适用于新建公路，图 1-16b 适用于旧路路堤抛石垛。抛石块径应大于 0.3m 并小于设计厚度的 1/2。流速大、水很深、波浪高的路段，抛石应采用粒径较大的石块。

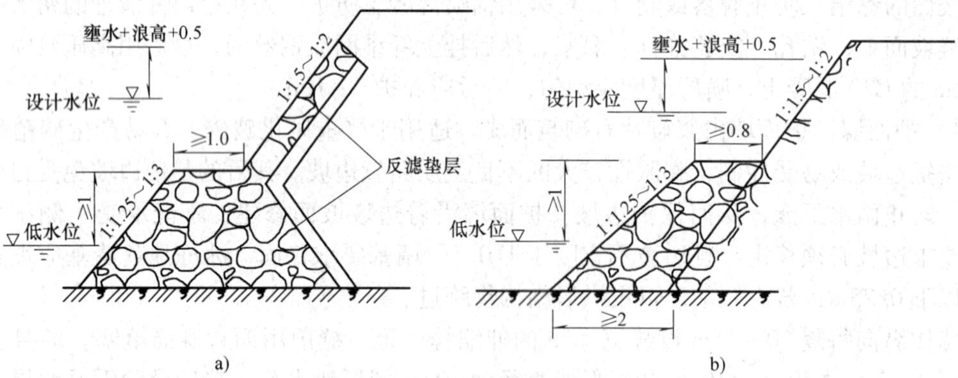

图 1-16　抛石防护示意图（单位：m）

2）石笼防护。石笼防护主要用于缺乏大石块的地区，是用钢丝编织成长方体或圆柱体框架，内装石料，设置在坡脚处。笼内填石粒径不小于 4cm，一般为 5 ~ 20cm，外层石料要求有棱角，内层用较小石块填充。编制石笼时，应注意各部分尺寸正确，以利于石笼与石笼之间紧密连接。安置石笼时，用于防止冲刷淘底的石笼，应与坡脚线垂直，且堤岸一端固定。用于防止堤岸边坡冲刷时，则垒码平铺成梯形，单个石笼的大小，以不被相应速度的水流冲动为宜，铺设时须用厚 0.2 ~ 0.4m 的碎（砾）石垫层铺平，底层各角可用钢管固定于基底。

（2）间接防护。采用导流或阻流的方法，改变水流性质，消除或减缓水流对路基边坡的直接冲刷和淘刷；或者迫使主流流向偏离被防护的路段，改变河槽中冲刷和淤积的部位；以及必要的改河工程，均属于间接防护。一般地，河床宽阔，冲刷和淤积基本相等，防护路段较长，流速较低的河段采用间接防护较直接防护经济。常用的导流构造物有丁坝、顺坝、格坝，及必要的改河工程。

丁坝是指坝体轴线与导线（河岸）正交或成较大角度的斜交的导流构造，其作用是将水流挑离河岸。丁坝形式较多，按长短分为短丁坝、长丁坝。短丁坝只干扰其附近局部水流，使水流流向河心；长丁坝则使水流冲向对岸。丁坝可由乱石堆砌而成，其横断面为梯形，坝身顶宽为 2 ~ 3m，坝头顶宽为 3 ~ 4m，上游边坡为 1∶1 ~ 1∶1.5，下游边坡为

1∶1.5～1∶2。为达到良好的防护效果，要求设置多个丁坝以形成坝群共同工作。

顺坝指坝轴线基本沿导流线边缘布置，使水流较顺缓地改变流向，起疏导水流作用。顺坝坝长与被防护段长度基本相等，构造与丁坝大体相同。当顺水坝较长，距离河岸间距较大时，为防止水流冲走沉积泥沙，在顺水坝与河岸之间设置一道或几道横格，形成格坝。格坝一端与顺坝相连，另一端嵌入河岸。

1.3.5 路基排水设施与施工

水是使路基产生病害的主要原因之一。路基内水分过多，会降低其承载力。为了保证路基及边坡的坚固与稳定，必须设置必要的排水设施，同沿线的桥梁、涵洞共同形成一个完好的排水系统。

1. 路基地表排水设施施工

路基地表排水设施包括边沟、截水沟、排水沟、急流槽、拦水带、蒸发池等。施工排水设施应做到位置、断面、尺寸、坡度准确，所用材料符合设计文件及规范要求。

(1) 边沟　为了排除降落在坡面和路面上的地表水，在挖方路段的边坡坡脚和填土高度小于边沟深度的填方边坡坡脚应设置边沟。边沟断面一般为梯形，边沟内侧坡度按土质类型取1∶1.0～1∶1.5。在较浅的岩石挖方路段，可采用矩形边沟，其内侧沟壁用浆砌片石砌成直立状。矩形和梯形边沟的底宽和深度不应小于0.4m。挖方路段边沟的外侧沟壁坡度与路堑下部边坡坡度相同。边沟的纵坡与路线纵坡保持一致，纵坡为最小值时应缩短边沟出水口间距。一般地区边沟长度不超过500m，多雨地区不超过300m，三角形边沟不超过200m。边沟横断面形式如图1-17所示。

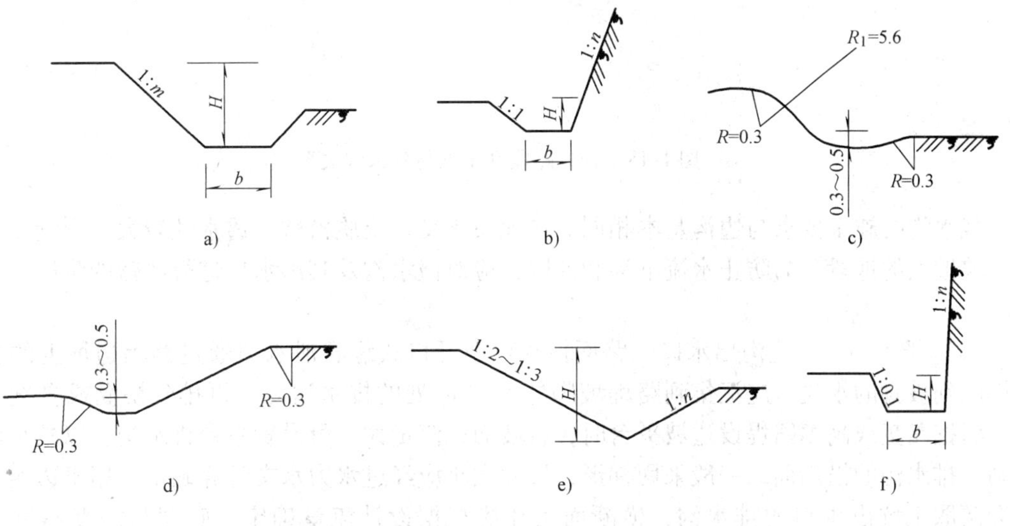

图1-17 抛石防护示意图（单位：m）
a)、b) 梯形 c)、d) 流线型 e) 三角形 f) 矩形

施工边沟时，其平面位置、断面尺寸、坡度、高程及所用材料应符合设计文件和施工技术规范要求。修筑的边沟应线形美观、直线顺直、曲线圆滑，无突然转弯等现象；纵坡顺适、沟底平整、排水畅通，无冲刷和阻水现象，而且表面平整美观。土质边沟纵坡大于3%

时应采用浆砌片石、干砌片石、水泥混凝土预制块等进行加固。采用浆砌片石铺砌时，片石应坚固稳定，砂浆配合比符合设计要求，砌筑时片石间应咬扣紧密，砌缝砂浆饱满、密实，勾缝应平顺，无脱落且缝宽一致，沟身无漏水现象。采用干砌片石铺筑时，应选用有平整面的片石，砌筑时片石间应咬扣紧密、错缝，砌缝用小石子嵌紧，禁止贴砌、叠砌和浮塞。采用抹面加固土质边沟时，抹面应平整压光。

（2）截水沟　截水沟又称天沟。当路堑边坡上侧流向路基的地表径流流量较大，或者路堤上侧倾向路基的地面坡度大于1∶2时，应在路堑或路堤上方设置截水沟，以拦截流向路基的地面径流。在坡面汇流长度大的山坡上，应酌情设置两道以上大致平行的截水沟。边坡稳定性差或有可能形成滑坡的路段，应考虑在滑坡周界外设置截水沟，以减轻水对坡面的渗透和冲刷等不利影响。截水沟应设置在路堑边坡顶5m以上或路堤坡脚2m以外，并结合地形和地质条件顺等高线合理布置，使拦截的坡面水顺畅地流向自然沟谷或排水渠道。截水沟长度以200～500m为宜。一般采用梯形断面，沟壁坡度为1∶1.0～1∶1.5，断面尺寸可按设计流量计算确定，但底宽和沟深不宜小于0.5m。路堑上方设置弃土堆时，截水沟的位置及横断面尺寸如图1-18所示。

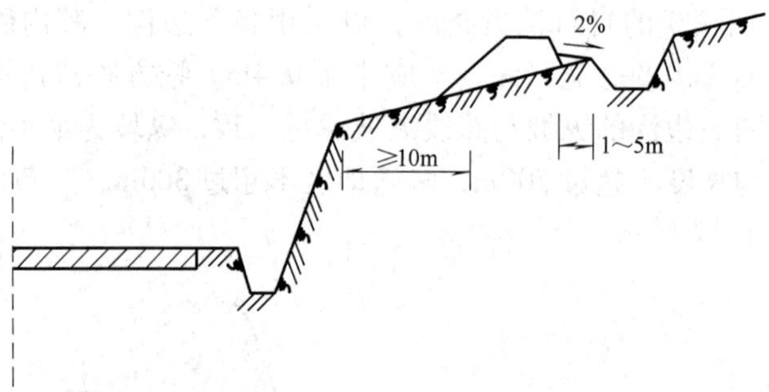

图1-18　挖方路段弃土堆与截水沟关系

截水沟的施工要求与边沟基本相同。在地质不良、土质松软、透水性较大、裂缝多及沟底纵坡较大的地段，为防止水流下渗和冲刷，应对截水沟及其出水口进行严密的防渗处理和加固。

（3）排水沟　由边沟出水口、路面拦水堤或开口式缘石泄水口通过路堤边坡上的急流槽排放到坡脚的水流，应汇集到路堤坡脚外1～2m处的排水沟内，再排到桥涵或自然水道中。深挖路堑或高填路堤设边坡平台时，若坡面径流量大，可设置平台排水沟，以减小坡面冲刷。排水沟的横断面，一般采用梯形，尺寸大小应经过水力水文计算确定。用于边沟、截水沟及取土坑出水口的排水沟，横断面尺寸应根据设计流量确定，底宽与深度不宜小于0.5m，土沟的边坡坡度为1∶1～1∶1.5m。

排水沟的断面形式和尺寸以及施工要求等与截水沟基本相同。

（4）急流槽与跌水　在路堤、路堑坡面或从坡面平台上向下竖向排水，或者在截水沟和排水沟纵坡较大时，应设急流槽。急流槽的构造如图1-19所示。构筑急流槽后使水流与涵洞进出口之间形成一个过渡段，可减轻水流的冲刷。急流槽可由浆砌片石或水泥混凝土铺筑成矩形或梯形断面。

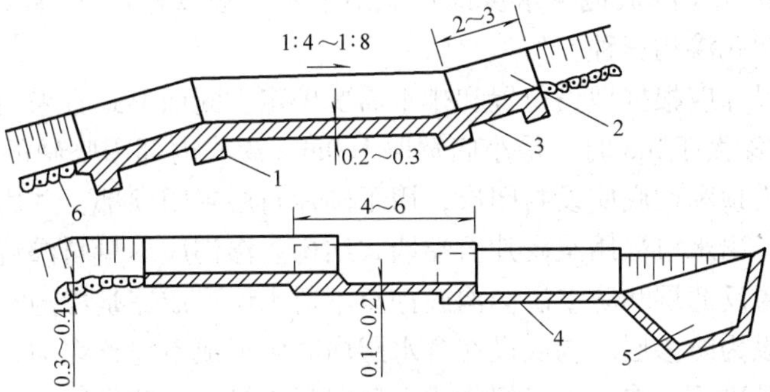

图 1-19　急流槽构造示意图（单位：m）
1—耳墙　2—消力池　3—混凝土槽底　4—钢筋混凝土槽底　5—横向沟渠　6—砌石护底

浆砌片石急流槽的底厚为 0.2～0.4m。施工时做成粗糙面，壁厚 0.3～0.4m，底宽至少 0.25m。槽顶与两侧斜坡齐平，槽底每隔 5m 设一凸榫，嵌入坡面土体内 0.3～0.5m，以防止槽身顺坡面下滑。

在陡坡或深沟地段的排水沟，为避免其出口下游的桥涵、自然水道或农田受到冲刷，可设置跌水。跌水的构造如图 1-20 所示。跌水可带消力池，也可不带，按坡度和坡长不同可设成单级或多级跌水。不带消力池的跌水，台阶高度为 0.2～0.4m，高度与长度之比应与原地面坡度吻合。带消力池的跌水，单级跌水墙的高度为 1m 左右，消力槛的高度宜为 0.5m。消力池台面设 2%～3% 的外倾纵坡，消力槛顶宽不宜小于 0.4m，槛底设泄水孔。跌水的槽身结构与急流槽相同。急流槽与跌水都属圬工砌体结构，石砌圬工与边沟的砌筑要求一致。水泥混凝土急流槽施工与混凝土结构施工要求一致。

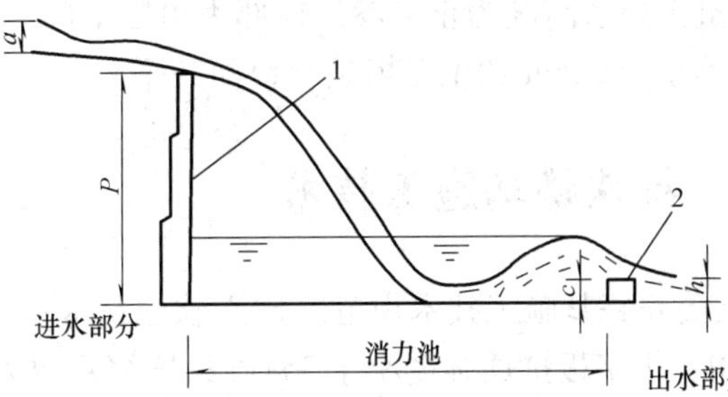

图 1-20　跌水的构造示意图
1—护墙　2—消力槛

2. 地下排水设施施工

路基地下排水设施有暗沟、渗沟、检查井等，应根据工程地质和水文地质条件选择、确定其类型、位置及几何尺寸，施工时严格按设计文件和施工技术规范进行。

（1）暗沟　当路基基底遇有裂隙水或层间水时，无论水流量大或小均应设置暗沟将水引至路基坡脚以外或排入路堑边沟。暗沟可采用矩形断面，沟宽和沟深按出水口大小确定，沟壁应采用浆砌片石或混凝土砌筑，沟顶设置盖板，盖板上的填土厚度不应小于 500mm。暗沟的纵坡不宜小于 0.5%，出水口应防止冲刷填土边坡，引入边沟时，沟底高程应高出边沟常水位 200mm 以上。

暗沟应能保证通畅地排除影响路基的地下水，它的构造、位置、高程、断面形式和尺寸必须满足其功能要求。该种排水设施为圬工砌体结构，施工方法和质量要求与浆砌片石边沟和混凝土结构的施工一致。

（2）渗沟　渗沟用于降低地下水位或拦截地下水，被设置在地面以下。渗沟分为填石渗沟、管式渗沟和洞式渗沟三种。

渗沟的各部位尺寸应根据埋设位置和排水需要确定。断面形式宜采用槽形断面，最小底宽一般为0.6m；沟深大于3m时，最小底宽取1.0m。渗沟内部用坚硬的碎、卵石或片石等透水性材料填充。沟顶和沟底应设封闭层，用干砌片石层封闭顶部，并用砂浆勾缝；底部用浆砌片石作封闭层，出水口采用浆砌片石端墙式结构。渗沟应尽量与渗流方向垂直。

渗沟沟壁应设置反滤层和防渗层。沟底挖至不透水层形成完整渗沟时，迎水面一侧设反滤层，背水面一侧设为防渗层。沟底设在含水层内时则形成不完整渗沟，两侧沟壁均设置反滤层，反滤层可用砂砾石、渗水土工织物或无砂混凝土板等。防渗层采用夯实黏土、浆砌片石或土工薄膜等防渗材料。管式渗沟的排水管采用带渗水孔的混凝土圆管，管径不宜小于200mm，管壁交错设置渗水孔，间距不大于200mm，孔径可为15～20mm。洞式渗沟采用浆砌片石做沟洞，孔径大小根据设计流量定，洞顶用混凝土板搭盖，盖板间留缝隙，缝宽20mm。深而长的渗沟应设检查井以便检查维修。

渗沟的位置、断面形式和尺寸应符合设计规定，材料质量要求等均应严格按设计和上述构造要求精心施工。渗沟采用矩形断面时，施工应从下游向上游开挖，并随挖随支撑，以防坍塌。填筑反滤层时，各层间用隔板隔开，同时填筑，至一定高度后向上抽出隔板，继续分层填筑至要求高度为止。渗沟顶部用单层干砌片石覆盖，表面用水泥砂浆勾缝，再在上面用厚度不小于0.5m的土夯填到与地面齐平。

1.4　特殊路基施工技术

《公路路基施工技术规范》定义软土路基：天然含水量不小于35%；天然孔隙比大于等于1.0；十字板抗剪强度小于35kPa；压缩系数大于0.5MPa^{-1}。其性质一般为：高含水量和高孔隙比、渗透性低、压缩性高、不均匀（常夹有厚薄不均的砂性土）、稳定历时长、抗剪强度低、具有显著的触变性和蠕变性、取样困难（一般采用静力触探试验、十字板剪切试验确定其性质）等。

软土在我国滨海平原、河口三角洲、湖盆地周围及山涧谷地均有广泛分布。在软土地基上修筑公路，若不加以处治或处治不当，往往会导致路基失稳或过量沉陷，造成公路不能正常使用。

1.4.1　软土地区路基施工

1. 软土地基处置方法

软土地基处置方法可按滑动破坏（按稳定性）处置与按沉降计算处置（按沉陷）来区分。

滑动破坏处置的有效方法大致有垫层处理法（表层排水、砂垫层、土工聚合物、加固土），反压护道法，慢速加载法（控制路堤填筑速度）等。沉降计算处置的有效方法有路堤加载法（等载或适载）和垂直排水法（砂井、袋装砂井、塑料排水板）等。

在滑动破坏处置和沉降计算处置两方面都有效的方法有挤密砂桩法、振冲置换法（碎石桩、钢渣桩）和加固土桩（水泥粉喷桩）等。

（1）垫层处理法　垫层处置施工通常用于松软过湿地表面，由于地基表面采用排水、铺设填料或以掺加剂加固使地表层强度增加，防止地基局部剪切变形，从而保证重型机械通行，使填土荷载均匀分布在地基上。

1）砂（砾）垫层。在软、湿地基上铺以厚度为 0.3～0.5m 的排水层，有利于软湿表层的固结，并形成填土的底层排水，在一定程度上能提高地基强度，使施工机械可以通行。

2）碎石、岩渣垫层。一般厚度为 0.4m 左右，并铺设单层或双层土工织物，或土工网格。有利于均匀支承填土荷载，提高地基承载力，减少地基的沉降量。

3）掺和料垫层。利用掺和料（石灰、水泥、土、加固剂）以一定剂量混合在填料土中，可改变地基的压缩性和强度特性，从而保证施工机械的通行，若垫层大部分松散，应进行大部分或局部防护。

（2）反压护道法　在施工过程中，如果填土后土基的抗滑稳定性未达到要求，在填方路堤两侧一定宽度范围内要进行平衡反压填，以使填土的稳定。但是，这种方法用地宽度显著增加，并且需要大量的土方。在用地困难、征地费高以及难以得到价廉填土材料的情况下是很不经济的。因此，这种方法大多是用在施工过程中已经明显出现不稳定的填方或发生了滑坍破坏的填方，作为应急措施和修复措施。

（3）慢速加载法　填土速度，缓速地填筑路堤，可以期望随着地基逐渐固结而相应地增加地基抗剪强度。由于这一方法不需要特殊的施工机械和材料，当工期有足够时间的情况下，它是最经济的方法。

（4）垂直排水法（也称砂井、塑料排水板加固法）　垂直排水法的原理是软土地基在路堤荷载作用下，水从孔隙中慢慢排出，孔隙比减小，地基发生固结变形，同时随着超静水压力逐渐扩散，土的有效应力增大，地基土强度逐步增长。垂直排水法常用于解决软土地基的沉降问题，可使地基沉降在加载预压期间基本完成或大部分完成，使公路完工后在营运期间不发生过大的沉降和减少桥头段的沉降差。垂直排水法是由排水系统和准载系统两部分组合而成的。排水系统可在天然地基中设置竖向排水体（如普通砂井、袋装砂井、塑料排水板等），其上铺设砂垫层。堆载系统为路堤填料的填筑，可以有欠载、等载、超载预压，也可采用真空预压法用于软黏土地基，施工期间保证有足够的预压期。

（5）振冲置换法（也称砂桩、碎石桩加固法）　利用一种能产生水平向振动的管桩机械在软弱黏土地基中钻孔，在孔内分批填入碎石或矿渣，制成桩体，使桩体和周围的地基土构成复合地基以提高地基承载力，并减少压缩性。碎石桩的承载力和沉降量在很大程度上取决于周围软土对碎石桩的约束作用，如周围土过于软弱，对碎石桩的约束作用就差。适用范围为软弱黏性土地基，但对于抗剪强度较低的软黏土采用本法务必慎重。

（6）深层搅拌法（也称水泥土桩地基加固法）　深层搅拌法是利用水泥粉作为固化剂，通过深层搅拌机械，在地基深处将水泥粉和软土强制搅拌，利用固化剂和软土之间产生一系列物理、化学反应，形成坚硬拌和柱体，与周围土体形成复合地基作用，以提高地基承载能力，减少压缩性。该方法适用于软弱性黏性土。

2. 选用原则及注意事项

软土地基的处置方法很多，各种方法都有它的适用范围。具体工程的工程地质条件千变万化，对地基处理的要求不尽一致，而且施工部门采用的机具、当地的材料都会不同，因此必须进行具体分析，从地基条件、处理要求、处理范围、工程进度、材料机具等方面进行综合考虑，以确定合适的处置方法。

软土地基处置的工程费用有时是十分昂贵的，且由于选择方法的错误，有时会完全得不到好的效果，因此进行综合考虑时必须注意尽量选择经济的施工方法，不要浪费有限的资源。在深厚软土地基，沉降量大的地方可铺筑临时路面，待残余沉降达到一定量时再建正式路面。

在施工过程中，必须注意施工质量和处理效果的检验，以保证工程质量。在施工期内和施工完成后应按要求做好监测工作，尽量采用可能的手段来检验处理的效果。

在开发、引用新的地基处理方法，或者对不同的处理方法作比较时，宜在大规模施工以前进行小型现场试验来检验可靠性，并获得必要的施工控制指标和施工经济指标。

软土地基处置和其他土工问题的解决一样，包括以下四个环节：

1）详细检查，包括地质勘察、土工试验以及处理方案，以往使用经验的调查研究。

2）科学分析。必要时通过现场试验，取得第一手资料。

3）现场监测。注意收集现场数据，以备做到动态设计、施工。

4）反分析。以获得必要参数数据，用以验证设计、监测工程的可靠性。

1.4.2 盐渍土地区路基施工

1. 盐渍土的成因

盐渍土是指包括盐土和碱土在内的，以及不同程度盐化、碱化土壤的统称。在公路工程中，把地表下1m渍土层内易溶于水中的无机盐类（或称易溶盐类）的平均含量大于0.3%的土，称为盐渍土。盐渍土影响农作物的生长，地面表层显露盐水的痕迹，或者可见到一层薄薄的白色粉状的盐霜，有的是一层坚硬的盐壳。

盐渍土生成的原因是比较复杂的，是各种易溶盐类在土中不断聚集和积累的过程。而易溶盐类主要是地壳上原为海洋盐分沉积形成的岩石，受地质作用而上升，露出地面的岩石不断风化所致。它受所处地理位置、地形地貌、地质土壤、地下水位、气候条件等的影响。

2. 盐渍土路基施工

（1）路堤填料　路堤填料的含盐量不得超出规定允许值，不得夹有盐块和其他杂物。盐渍土地区路基填料允许含盐量见表1-12。对填料的含盐量及其均匀性应加强施工控制检测，路床以下每1000m^3填料、路床部分每500m^3填料应至少做一组测试，每组取3个土样，取土不足上述数量时，也应做一组试件。不符合规定不得使用。如当地无其他适用的填料，需用易溶盐含量超过规定值的土、砾等做填料时，应根据当地气候、水文地质等条件，通过试验决定填筑措施。用石膏土做填料时，应先破坏其蜂窝状结构。石膏含量一般不予限制，但应控制压实度。

表1-12　盐渍土地区路基填料允许含盐量

路面等级	填料允许含盐量（以质量百分数计）		
	氯盐渍土及亚氯盐渍土	硫酸盐渍土及亚硫酸盐渍土	碳酸盐渍土
次高级路面	≤8	≤2	≤0.5
高级路面	≤5	≤1	≤0.5

盐渍土施工应考虑季节对盐渍土的影响，尽可能安排在不积水的枯水季节。在地下水位

较高的地方，对黏质土的盐渍土宜于夏季施工；对砂类土的盐渍土以春末夏初季节施工为宜。在强盐渍土地区施工，应在表层土含盐量降低的春季施工为宜。

（2）含水量的控制　盐土地区路堤施工前应测定其基底（包括护坡道）表土的含盐量、含水量及地下水位，根据测得的结果，分别按设计规定进行处理。原基底土的含水量如超过液限的土层厚度在1m以内时，必须全部换填渗水性土；如含水量界于液限和塑限之间时，应铺100~300mm的渗水性土后再填黏性土；如含水量在塑限以下时，可直接填筑黏性土。

（3）路基压实　盐渍土路堤应分层铺填分层压实，每层松铺厚度不大于200mm，砂类土松铺厚度不大于300mm。碾压时应严格控制含水量，不应大于最佳含水量的1%，且雨天不得施工。碾压方式根据需要尽可能合理选择。碾压时应先轻后重，先慢后快，先两侧后中间。

（4）排水　施工中应及时合理地布置好排水系统，不应使路基及其附近有积水现象；路基一侧或两侧有取土坑时，取土坑底部距离地下水位不应小于150mm；底部应向路堤外有2%~3%排水横坡和不小于0.2%的纵坡；在排水困难地段或取土坑有被水淹没可能时，应在路基一侧或两侧取土坑外设置高0.4~0.5m、顶宽1m的纵向护堤。盐渍土地区的地下排水管与地面排水沟渠，必须采取防渗措施。盐土地区不宜采用渗沟。

1.4.3 多年冻土地区路基施工

1. 多年冻土的定义

凡温度为负温或零温并含有冰的各种土均称为冻土。冬季冻结、夏季全部融化的土层称为季节冻土。冬季冻结、一两年内不融化的土层称为隔年冻层。冻结状态持续3年以上的土层称为多年冻土。

在多年冻土地区，地表以下的一定深度内，每年夏季融化，冬季冻结的土层称为季节融化层。在该深度以下的土则终年处于冻结状态，称为多年冻土。这一深度称为季节融化层底板或多年冻土上限。从地表到达这一深度的距离即为季节融化层厚度或多年冻土上限的埋深。多年冻土层的底部称作多年冻土下限。下限以上为多年冻土，以下为融土。上限和下限之间的距离称为多年冻土厚度，它反映冻土的发育程度。多年冻土薄的在10m以下，最厚的多年冻土在大小兴安岭可超过100m。

2. 多年冻土地区公路路基的主要病害

（1）融沉　融沉多发生在含冰量大的黏质土地段。当路基基底的多年冻土上部或路堑边坡上分布有较厚的地下冰层时，由于地下冰层埋藏较浅，在施工及使用过程中，因原来的自然环境条件发生变化，使多年冻土局部融化，上覆土层在土体自重力及外力的作用下产生沉陷，造成路基变形。融沉主要表现在路堤向阳侧路肩及边坡开裂、下滑，路堑边坡溜坍等。

融沉现象一般以较慢的速度下沉，但有时也会经过一段时间的慢速下沉后，有时突发大量的沉陷，并使两侧部分地基土隆起。产生的原因是路基基底由于含冰量大的黏质土融化后处于过饱和状态，几乎没有承载能力，又因路堤两侧融化深度不同，使得基底形成一个倾斜的冻结滑动面。在外荷载的作用下，过饱和的黏质土顺着冻结面挤出，路堤瞬间产生大幅度的沉陷，通常称为突陷。

（2）冻胀　冻胀多发生在季节冻结深度较大的地区及多年冻土地区，多年冻土地区较严重。冻胀发生的原因是地基土及填土中的水冻结时体积膨胀所致。水分的来源是地表水或地下水对路基土的浸湿。冻胀的程度与土质及土中的含水量高低有关。

(3) 冰害　冰害主要是指在路堤上方出露地表的泉水，或开挖路堑后地下水自边坡流出，在隆冬季节随流随冻，形成积冰掩埋路基或边坡挂冰、堑内积冰等病害。冰害在严寒的多年冻土地区尤为严重。对路基工程来说，路堑地段较路堤地段冰害更多，尤其发生在浅层地下水发育的低填浅挖及零填挖地段的冰害，危害程度更大。

3. 多年冻土路基施工

1) 施工前应核查沿线冻土分布、类型、冻土上下限、冰层上限、地面水、地下水以及有无其他如热融（湖、塘)、冰丘、冰锥等不良地质地段。

2) 施工必须严格遵循保护冻土的原则，使路基施工后仍处于热学稳定状态。路基原则上均应采取路堤形式，尤其在冰厚发育地段，并尽可能避免零填或浅挖断面，以免造成严重热融沉陷等病害。

3) 路基排水与加固除满足水力和土力条件外，还应考虑由于施工因素如排水系统修筑等引起的热力变化，不导致多年冻土层上限的下降。

4) 填方路基施工应符合以下要求：

① 排水。当路基位于永久冻土的富冰冻土、饱冰冻土或含土冰层地段时，必须保持路基及周围的冻土处于冻结状态。排水系统与路基坡脚应保持足够距离。高含冰量冻土集中地段，严禁坡脚滞水，路侧积水，边坡应及时铺填草皮。

在少冰与多冰冻土地段，也应避免施工时破坏土基热流平衡。排水沟与坡脚距离不应小于2m（沼泽湿地地段不应小于8m)。饱冰冻土及含土冰层地段，应避免修建排水沟和截水沟，宜修建挡水埝（堰)，距坡脚不应小于6m，若修建排水沟则不应小于10m。

② 基底处理。填方基底为含冰过多的细粒土，且地下冰层不厚时，可挖除并用渗水性土回填压实，再填路基。当基底为排水困难的低洼沼泽地段时，其底部应设置毛细水隔离层。毛细水隔离层的厚度宜在路堤沉落后至少高出水面0.5m，并在其上铺设反滤层。泥沼地段路堤基底生长塔头草时，可利用其作隔温层。上述地段路堤应预加沉落度，并在修筑路面结构之前，路基沉降基本趋于稳定。

③ 路基高度。路基高度应达到防止翻浆与不超过路基冻胀值要求的最小填土高度。按保持冻结原则施工的路段，应同时满足冻土上限不下降的要求。

④ 取土。宜设置集中取土场。富冰冻土、饱冰冻土及含土冰层路段，确需就近解决部分土源时，应在路基坡脚500m以外取土。斜坡地表路堤，取土坑应设在上坡一侧。取土坑深度均不得超过当地多年冻土上限以上土层厚度的80%，坑底应有坡度，积水应有出口，水能及时排出；同时取土坑的外露面，宜用草皮铺填。

⑤ 填料。填料应选用保温隔水性能均较好的细粒土。采用黏质土或透水性不良土填筑路堤时，要控制土的湿度，碾压时含水量不能超过最佳含水量的2%。不得用冻土块或草皮层及沼泽地含草根的湿土填筑路基。通过融湖（塘）路堤，水下部分必须用渗水良好的土填筑，并应高出最高水位0.5m以上。

⑥ 压实。压实检查应采用重型击实标准。成型后路床强度应符合设计要求，用不小于20t的压路机或等效碾压机械进行碾压2~3遍，无轮迹和软弹现象。

⑦ 侧向保护。靠近基底部位有薄冰冻土层且有可能融化时，宜设保温护道和护脚。保

温材料宜就地取材。用草皮时，草根应向上一层层叠铺，最外一层应带泥，以便拍实形成保护层。沿线两侧20m内植被和原生地貌应严加保护。

5）挖方路基地下水发育地段，路基边沟均应有防渗措施。路堑坡顶避免设置截水沟或排水沟，宜修挡水墙并与坡顶距离不小于6m。若必须修排水沟或截水沟，距挡水墙外距离不应小于4m。土质边坡加固铺砌厚度应满足保温层要求。如用草皮铺砌，应水平叠砌，错缝嵌紧，缝隙用黏土或草皮填塞严密，连成整体。草皮要及时铺填。

1.5　路基机械化施工

1.5.1　路基施工的主要机械

1. 施工机械的分类

施工机械是公路施工机械化的物质基础。施工机械是指为交通、建筑、矿山、水利、海空港口等建筑施工服务的各种工程机械。施工机械包括铲土运输机械、挖掘机械、工程起重机械、压实机械、凿岩机械及风动工具、工程运输车辆、桩工机械、钢筋混凝土机械、路面机械等类型。

下面简要介绍各类路基主要施工机械的典型机种、结构特点及区分方法。

（1）铲土运输机械　铲土运输机械包括公路施工中常见的推土机、铲土机、平地机、装载机四种机械。这些机械的作用对象是土壤、砂砾和其他松散物料，作用方式是“铲削”，它们有结构外形不同的作业装置：推土机有推土铲刀；铲土机有铲斗；平地机有刮刀；装载机有装载铲斗。虽然作业装置结构外形各异，却也有共同之处，即都有对作用对象铲削较为合理的“工具”——刀刃或斗、齿；作业时都是借助机械自身的移动将土（及其他作用对象）从“母体”剥离下来并将其移运一定路程。这也就是铲土运输机械名称的由来。

（2）挖掘机械　挖掘机械包括单斗挖掘机和多斗（轮斗式）挖掘机。单斗挖掘机又可分为正铲挖掘机、反铲挖掘机、抓铲（抓斗）挖掘机和捞铲（拉斗）挖掘机四种。各种挖掘机械都安装有挖斗，挖斗上安装有利于刺入土壤或其他作业对象的斗齿（又称斗刺）。挖掘机械特别是正铲挖掘机和反铲挖掘机，有强劲的开挖能力，像硬土、软石之类，通常推土机都难以铲削的作业，而挖掘机却可以轻松地完成挖装工作。土从“母体”被挖下之后，还需移位方可完成“弃土”或“装车”工序，这不是靠挖掘机本身整体的平面移动实现的，而是靠挖掘机自身的某些组成部分发生相互位置的变动（如单斗正、反铲挖掘机大臂的提升、下降，回转台的回转等动作）来实现。

换言之，挖掘机虽然是自行式机械（本身有行走装置和行驶动力），但在实施挖掘作业时，机械并不在作业现场移动，仅在需要调整挖掘点时才作短距离移动。这是挖掘机械与铲土运输机械作业的动作区分特征。

（3）工程起重机械　顾名思义，它是在工程建设中，以起吊重物为作业内容的机械。工程起重机械有自行式、移动式和固定安装式三种。起重机械起吊重物使之移动位置（平面位置和空间高度的变化）是依靠起重机机械自身的某些组成部分发生相互位置的变动来实现，与挖掘机械的挖掘作业颇有相似之处。

（4）压实机械 公路施工机械化中，压实机械是被广泛采用的一种机械类型，在其他工程建设中压实机械也广泛应用。压实机械包括各种类型的压路机、夯具等。压实机械的作用是使土或其他物料，在机械的重力、冲击力或振动作用下，改变整体的结构排列，使之变成更加密实的状态，从而提高其强度和耐久性。压实机械有的有行驶动力和行走装置，这便是自行式压实机械，压路机是典型代表。还有的压实机械没有行走装置或没有行驶动力，如蛙式打夯机、拖式羊足碾、拖式凸块式振动压实滚等。压实机械给作业对象的作用力来源于自身质量或作业时产生的冲击力，或作业时产生的振动作用（击振力）。

（5）凿岩机械及风动工具 凿岩机械及风动工具，通常被称为石方机械（也包括石料破碎及筛分设备），主要用于采石作业、石方路堑开凿，傍山半挖半填石方路基、隧道建造等石方工程。凿岩机械有凿岩机和钻孔机械，风动工具有空气压缩机、风动凿岩机（风镐、风钻、射钉枪）和风动扳手等。

（6）工程运输车辆 工程运输车辆是以运送工程材料和工程设备为目的的运输车辆。这类车辆常为轮式车辆，有较强的道路通行能力（机动性、越野性和运动速度），路基工程运输车辆有如下几种：

1）大型平板拖车，主要运送大型或大宗工程材料和工程机械设备。

2）倾翻式运输车（自卸汽车），主要运送工程建筑材料，这种车辆有自卸能力，靠车斗的倾翻（后倾或侧倾）可将车厢内的物料自行卸出。

3）洒水车，是用来运输、洒水的车辆，有储水罐、水泵和喷洒装置。

2. 路基施工机械的选择原则

公路施工机械化的组织者或管理者，应当合理地选择各个工序的施工机械，以提高机械化程度，让机械在更广的范围内代替人力劳作，在保证作业质量的前提下，提高机械的作业效率，降低机械的运转耗费，从而提高机械化水平。选型的目的在于挑选技术上先进、经济上合理和使用安全可靠的最好机械，以形成专业的或综合的机械化施工队伍，保证如期完成工程任务。施工机械根据工程量、施工进度计划、施工质量要求、施工条件、现有机械的技术状况和新机械的供应情况等合理选择。在进行施工机械选型时，通常遵循下列原则。

（1）能作业 所谓能作业，指的是该类机械可以完成施工中的相应工序，同时满足机械在作业过程中不被损坏。能作业被认为是施工机械选型的最起码的要求。

（2）有较高的生产率 公路施工机械化进程中，有的工序只能使用唯一类型的机械完成，而有的工序，甲类机械、乙类机械都可以完成，这就存在选型问题。所选机械的生产率高低，同时受到工作环境等诸多条件限制，例如，“移运土方填筑路堤”工序，至少可以选择推土机、铲运机、挖掘机与自卸运输车配合这三类机械，哪一类机械的生产率高呢？这就受到“运距条件”的限制。施工实践证明：短距离土方挖运，推土机较适宜；中等距离铲运机为宜；长距离挖掘机与自卸运输车配合为宜。

（3）作业质量能得到保证 这是最重要的方面，因为所选的机械，虽然作业不会受到损坏，作业速度不低，但如果作业的质量达不到工程设计要求标准（施工的最终目的），这种作业毫无意义的。

（4）花费少——能使单位工程造价最低 单位工程造价，指每单位工程量（如1km、$1m^2$、$1m^3$等）所耗费的工程投资，常用元/km、元/m^2、元/m^3表示。单位工程造价直接表达了施工机械化水平。提高施工机械的台班作业效率或降低施工机械台班运转费用都是降低单位工程造价的直接、有效的途径。机械的选型（选择哪一类施工机械）和配备方案，应与施工工艺方案密切结合。

3. 土方机械应用

各种土方机械，按其性能，可以完成路基土方的部分或全部工作。选择机械种类和方案，是组织施工的第一步，能发挥机械的使用效率，必须根据工程性质、施工条件及需要与可能，择优选用。根据以往工程实践经验的总结，常用的土方机械适用范围见表1-13所列，以及选择土方机械的施工条件见表1-14。

表1-13 常用土方机械适用范围

机械名称	适用的作业项目		
	施工准备工作	基本土方作业	施工辅助作业
推土机	1. 修筑临时道路 2. 推倒树木，拔除树根 3. 铲草皮，除积雪及建筑碎屑 4. 推缓陡坡地形，平整场地 5. 翻挖回填井、坑、陷穴、坟	1. 高度3m内的路堤、路堑土方 2. 运距100m以内土的挖、填与压实 3. 傍山坡挖填结合路基土方	1. 路基缺口土方的回填 2. 路基粗平，取弃土方的整平 3. 填土压实，斜坡上挖台阶 4. 配合挖掘机、铲运机松土、运土
铲运机	1. 铲运草皮 2. 移运孤石	运距600~700m以内的挖土、运土、铺平与压实	1. 路基粗平 2. 取土坑与弃土堆整平
自动平地机	除草、除雪、松土	修筑高0.75m以内路堤与深0.6m以内路堑，以及挖填结合路基挖、运、填土	开挖排水沟，平整路基，修正边坡
松土机	翻松旧路面、清除树根与废土层、翻松硬土		1. 硬质土的翻松 2. 破碎0.5m内的冻土层
挖掘机		1. 半径7m以内的挖土、卸土 2. 装土供汽车远运	1. 开挖沟槽与基坑 2. 水下捞土（反向铲土等）

表1-14 选择土方机械的施工条件

路基形式及施工方法	填挖高度/m	土方移运水平直距/m	施工机械名称	辅助机械	机械施工运距/m	工作地段长度/m
（一）路堤 路侧取土 路侧取土 路侧取土 路侧取土 路侧取土 远运取土 远运取土 远运取土 远运取土	 <0.75 <3.00 <3.00 <6.00 >6.00 不限 不限 不限 不限	 <15 <40 <60 20~100 50~200 <500 500~700 >500 >500	自动平地机 80马力推土机 100~140马力推土机 6m³拖式铲运机 6m³拖式铲运机 6m³拖式铲运机 9~12m³拖式铲运机 9m³自动铲运机 自卸汽车运土	80马力推土机	10~40 10~60 80~250 250~500 <1000 <700 >500 >500	300~500 50~80 80~100 >50 >50 >50 （5000m³）

（续）

路基形式及施工方法	填挖高度/m	土方移运水平直距/m	施工机械名称	辅助机械	机械施工运距/m	工作地段长度/m
（二）路堑						
路侧弃土	<0.60	<15	自动平地机		10~40	300~500
路侧弃土	<3.00	<40	80马力推土机			
路侧下坡弃土	<4.00	<70	100~140马力推土机	80马力推土机	10~70	
路侧弃土	<6.00	30~100	6m³拖式铲运机		100~300	50~80
路侧弃土	<15.0	50~200	6m³拖式铲运机		300~600	>100
路侧弃土	>15.0	>100	9~12m³拖式铲运机		<1000	>200
纵向利用	不限	20~70	80马力推土机		20~70	
纵向利用	不限	<100	100~140马力推土机		<100	
纵向利用	不限	40~600	6m³拖式铲运机		80~700	>100
纵向利用	不限	<800	9~12m³拖式铲运机		<1000	>100
纵向利用	不限	>500	9m³自动铲运机		>500	>100
纵向利用	不限	>500	自卸汽车运土		>500	（5000m³）
（三）半填半挖横向利用	不限	<60	80~140马力斜角推土机		10~60	

注：1马力=735.499W。

1.5.2 路堤填筑机械化施工

路堤的填筑施工根据不同的施工条件，采用不同的施工机械作业。

1. 推土机作业

（1）推土机横向推填 这是一种水平分层填筑方法，推土机在路堤一侧或两侧取土场取土。

（2）推土机纵向推填 用推土机进行移挖填土施工，多采用这种方法（多用在丘陵、山地的半填半挖路基），其特点是可进行纵坡分层压实。但在作业时应注意以下几点：

1）挖方土壤应符合填土要求。

2）开挖部分坡度以不大于1∶5为限。

3）开挖中一方面应注意随时复核路基高程和宽度，避免超挖和欠挖；另一方面应注意选用多台并列推土和利用前次推土的槽推土等方法，以提高推土效率，缩短推土时间和减少土的失散。纵向推填路堤作业方法如图1-21所示。

图1-21 推土机纵向推填路堤作业法

（3）综合作业法　这是上述两种方法的综合，即在纵横方向联合作业，宜分段进行，每段50～80m。每段中部设有横向送土道，用横向作业方式将两侧土送上路堤，再由另外的推土机纵向推送铺平压实，如图1-22所示。

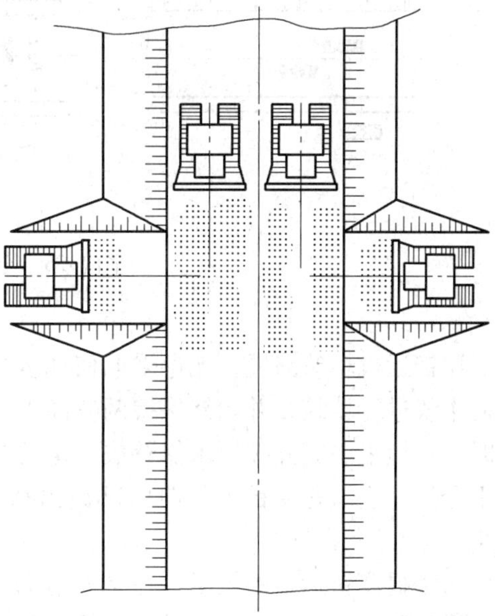

图1-22　推土机综合填筑路堤作业法

2. 铲运机作业

利用铲运机填筑路堤，其基本方法与推土机大致相类似，仅以作业现场条件不同而有所区别。最大特点是曲线作业散落料少，故有更灵活的作业路线，并适宜较远距离取土，一般为100m以外，且填筑高度为2m以上为宜。其作业的运行路线，可根据地形条件，考虑施工效率，有以下几种基本方式，可在实际工作中灵活应用。

（1）椭圆形运行路线　此方法适用于填土高度为1.0～2.0m，且工作长度小于150m的情况，主要缺点是重载上坡转向角大，转弯半径小，每一循环，铲运机需要转两次180°大弯，如图1-23所示。

（2）“8”字形运行路线　此方法实际上是上述椭圆形路线的组合，每一个作业循环，在同样两次180°大转弯的情况下，可完成两次铲装、运送、卸土的过程，如图1-24所示。该法可以容纳多机作业，工效比单椭圆形作业路线有一定程度的提高，多用于工作段较长（一般为300～500m）的填筑作业，要求取土场在路堤两侧。作业区段较长时，可以多个“8”字工作面首尾相连，在整个区段内连续作业，适宜群机作业，各机间隔适当，可使其互相不受干扰，并且把每次填挖段与上次的错开，作业均衡，但一次循环的时间较长。

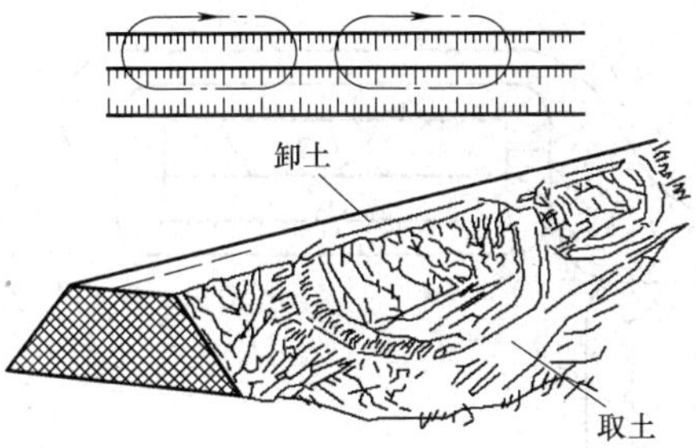

图1-23　铲运机椭圆形运行路线

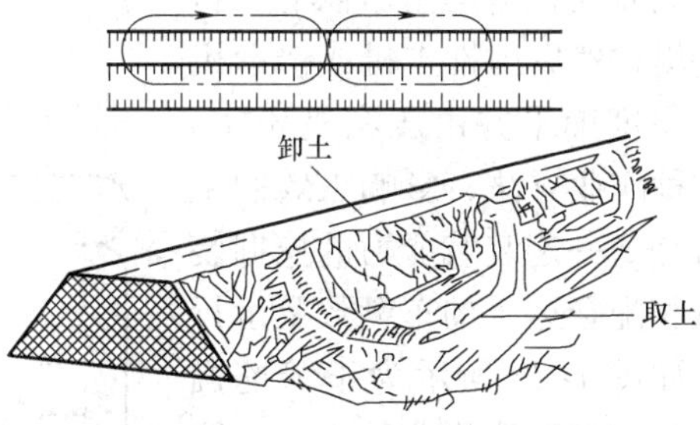

图1-24　“8”字形运行路线

（3）全堤宽循环作业路线　上述两种方法均在路堤单侧取土（指一个循环内），对于两侧取土场同时取土作业时，可采取全堤宽循环作业方法，即铲运机连续相间地在路堤两侧取土场取土，而在路堤全宽上均匀铺散，其运行路线有如图1-25所示的三种。这种作业方法适宜作业区段较长，且宽度较大的路堤填筑。铲运机每次循环中，多次装卸土，运行路线可均匀错开，因此碾压质量较好。

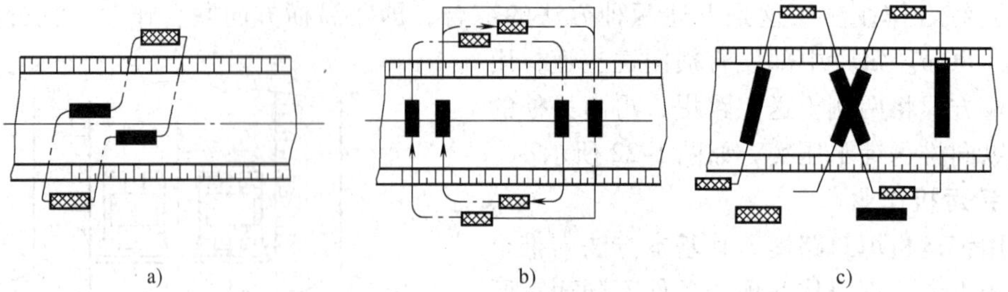

图 1-25 全堤宽循环作业路线
a）穿梭式 b）螺旋式 c）环回式

用铲运机填筑路堤，无论采取何种运行路线，在路堤整个宽度上，应注意必须从路基边缘向中线进行填筑，并始终保持两侧高于中间，可防止铲运机向外翻车，当两侧填至要求高程时，再填平中间并按要求修整成一定的拱形。在路堑或取土坑中铲土时，应在该段全长全宽上分层铲土。每层铲土需向内部让出 0.2～0.3m，由于铲土所形成的台阶还需辅以人工整平。

为了提高铲运机的效率，在必要情况下应配备一台推土机为铲运机开道，翻松硬土、平整取土地段，清除障碍（如树根和大石块等）和助推等。

为便于铲运机在填方段上、下行驶。当路堤高度在1m 以上时，应每隔 50～60m 设进出口通道；当高度在2m 以上时，其间距可为 100～120m。通道或道口最小宽度为4m，使铲运机转弯半径不小于 6m。上坡通道坡度一般不应大于 15%，下坡极限坡度为 50%。运行便道应经常用人工或平地机、推土机整平，保持其状况良好。铲运机应避免在新填土上急转弯。整个填筑作业完成后，所有进出口通道应予以封填。

3. 挖掘机（或装载机）与运输车辆配合作业

用正铲、反铲和抓斗挖掘机或装载机与运输车辆配合进行路堤填筑施工，适用于取土场较远或特殊地形施工条件下的作业。工作过程比较简单，挖掘机或装载机按其基本作业方法进行挖掘装载，由运输车辆将工料送上路堤，然后由推土机或铲运机按规定厚度铺平并由压实机压实。采用这种作业方法，影响工效的主要因素是与一定装载能力的挖掘装载机械相配合运土的车辆数及运行路线。如图 1-26 所示为正铲挖掘机与自卸汽车配合作业的运行路线图，挖掘机在取土场设有 4 个掘进道，而拉土车运行路线视土质优劣，分两段运行，填土运上路堤按路堤放样边桩分层有序卸填，弃土直接运往弃土地点。

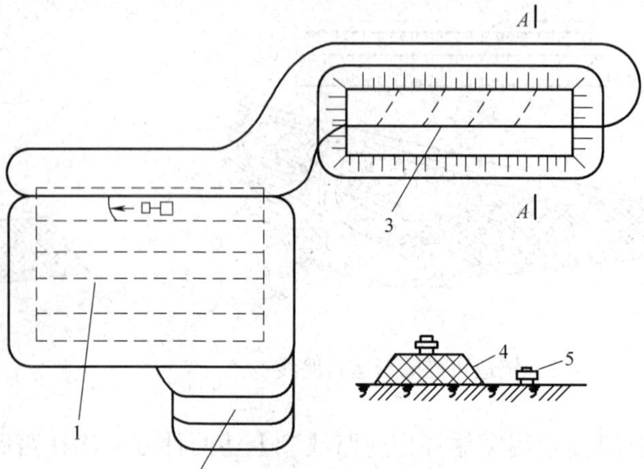

图 1-26 正铲挖掘机与自卸汽车配合作业
1—取土场 2—不适用的废弃土
3—重车道 4—路堤 5—汽车

其他挖掘机和装载机作业时，方法与此相同，仅在于各种挖掘装载机械施工条件不同，如拉铲装车较为困难，要求驾驶员操作技术熟练，由于抓斗对土壤适应性差，一般不做直接挖土工作，这些类型的工作装置进行作业时，效率不及正铲。

与挖掘装载机械配合作业的车辆数，除与挖掘机、汽车性能有关外，同时还与运输距离、道路条件、驾驶员技术素质等因素有关，也还受到平整和压实机械生产能力的影响，因此，应尽可能使各种设备做到相互平衡、协调，才能使总的工效最佳。

一般所需的车辆数，可通过估算初步确定，在实际运行中，进一步调整，逐步趋于合理。总的原则是使挖掘、装载、运输、铺平、压实的各机械均处于持续均衡的工作状态，不致出现停工待料、供料待工的情况。

估算时，运输车辆数大致可用下式确定

$$N=\frac{t_1}{t_2} \tag{1-5}$$

式中　N——所需汽车数（辆）；

t_1——汽车一个循环所用时间（min）；

t_2——装车时间（min）。

1.5.3　路堑开挖机械化施工

挖方路基的施工根据不同的施工条件，应采用不同的施工机械作业。

1. 推土机作业

推土机具有操作灵活、运转方便，既可开挖土方，又能短距离运输土料的特点，在路堑开挖作业中被广泛应用。采用推土机开挖路堑，通常有横向开挖路堑和纵向开挖路堑两种施工作业方法。

（1）横向开挖路堑　用推土机横向开挖路堑，其深度在 3m 以内为宜，如图 1-27 所示。开始时，推土机以路堑中线为界，向两侧用横向“穿梭”推土作业法进行，将路堑中挖出的土送至两侧弃土堆，最后再做专门的清理和平整，当开挖深度超过 3m 时，则需与其他机械配合作业。

在上述施工作业中，推土机也可采用环形作业法，推土时，推土机可按椭圆形或螺旋路线运行，这种运行路线可利用推土机本身对弃土堆进行分层压实和平整。

不论采用何种作业路线进行路堑开挖，都要注意不允许路堑的中部下凹，以免积水，在整个开挖段上，应做出排水方向的坡度以利于降雨积水排除。在接近挖至规定断面设计线时，应随时复核路基的高程和宽度，避免出现超挖或欠挖，通常在挖出路堑的粗略外形后，多采用平地机整修边坡和边沟。

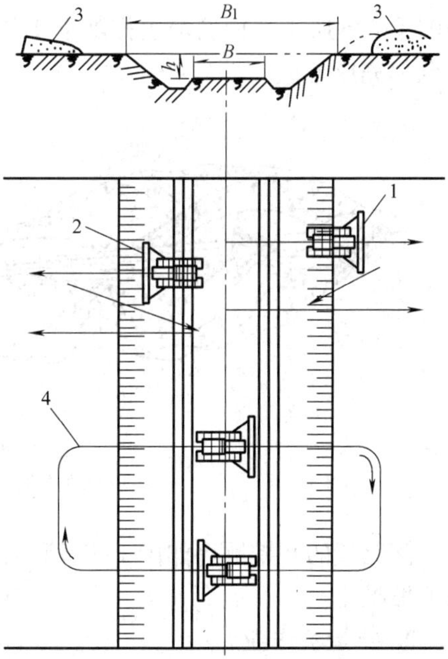

图 1-27　推土机横向开挖路堑施工作业
1、2—两台推土机采用“穿梭”作业法
3—弃土堆　4—推土机环形作业法

（2）纵向开挖山坡路堑

1）开挖傍山半路堑。开挖傍山半路堑，一般多用斜铲推土机进行。开挖时首先由路堑边坡的上部开始，沿线路行驶，渐次由上而下，分段、分层将土推送至坡下填筑路堤处。推土机的水平回转角根据土壤的性质来调整，在Ⅰ、Ⅱ级轻质土壤上作业时，可调至60°，在Ⅲ级土壤作业时可调至45°。由于推土机沿山施工，要特别注意安全，推土机始终应行驶在坚实稳定的土壤上，填土部位保持道路外侧高于内侧，行驶的纵坡角不宜超过推土机最大爬坡角，如图1-28所示。

图1-28 斜铲开挖傍山路堑

采用上述方法时，铲刀的平面角使土料沿刀身向填回部送出，当使用直铲推土机完成这种半路堑作业时，土料只能由推土机曲线行驶方可卸土于填土部，这时最好铲土数次，将各次铲起的土积至一处堆起，然后将土一起推运到边坡前沿卸土，这样不但可提高推土机的生产效率，而且比较安全。直铲推土机进行开挖半路堑作业，只适用于坡度不大于25°的场合。

2）开挖深路堑。开挖深路堑运土作填土路堤作业时应首先做好准备工作，要在开挖路堑的原地面线顶端各点和填挖之间零点处，设置标记，同时挖平小丘，使推土机能顺利进入作业现场。如果推土机能沿斜坡驶至最高点时，则可从路堑的所在坡面上顶点处开始，逐层开挖至路堤处，开挖时可用1～2台推土机沿路中线的平行线向前纵向推填，如图1-29a所示。当路堑挖到设计深度的一半位置时，用另外1～2台推土机，横向分层推削路堑斜坡，如图1-29b所示。由斜坡上推削下来的土壤，仍由下面的推土机送至填土区段，直至路堑路堤全部完成为止。

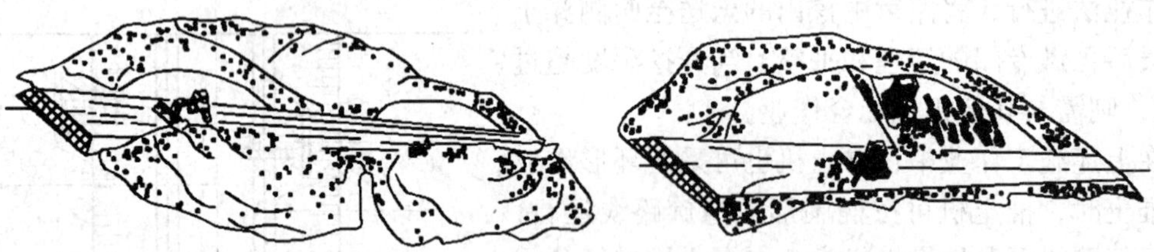

a） b）

图1-29 推土机深挖路堑作业

a）推土机纵向推填 b）纵、横向协作堆填

深路堑的开挖顺序如图1-30所示。要求每层均按沟槽运土法开挖，并尽量利用地形做到下坡推土。

2. 铲运机作业

铲运机开挖路堑也有两种作业方法，一是横向弃土开挖；二是纵向移挖作填。路堑应分层开挖，并从两侧开始，每层厚15～20cm，这样做既能控制边坡，又能使取土场保持平整，同时还应沿路堑两侧做出排水纵坡。

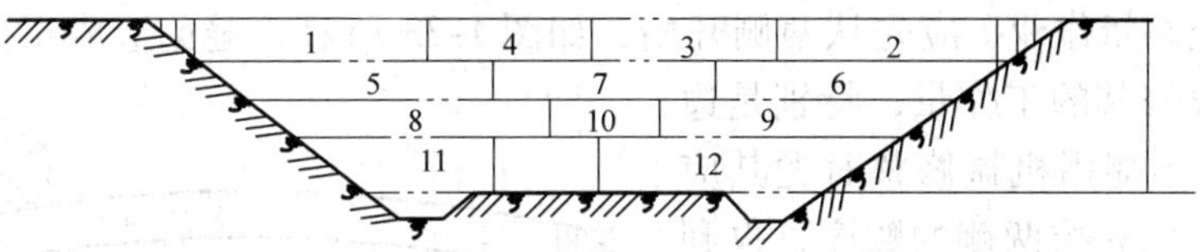

图 1-30　深路堑开挖顺序（推土机）

注：图中数字表示开挖顺序。

路堑在以下情形下，宜采用横向开挖：

1）堑顶地面有显著横坡，而上游一侧须设置弃土堆，阻挡地面水流入路堑。

2）路堑纵向运土距离太长，超过铲运机的经济运距，严重影响工效。

3）不需要利用土方或利用有剩余时。

4）长路堑由于施工条件的限制，机械只承担其中一段，两段又无法纵向送土时。

横向开挖路堑的施工运行线路与路堤横向取土填筑类似。

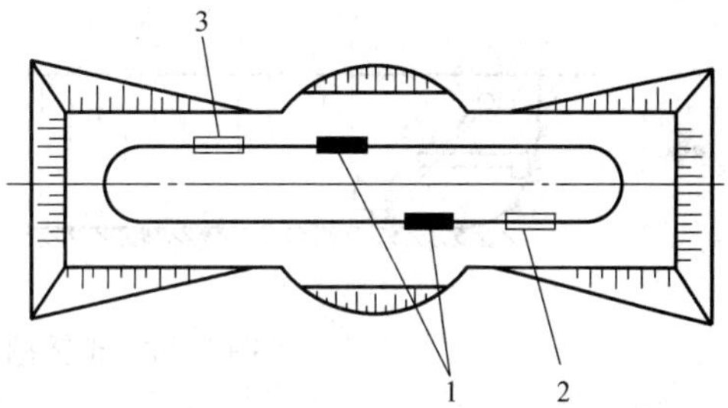

图 1-31　铲运机纵向移挖作业填土

1—卸土　2、3—铲土

铲运机纵向移挖作填，当路堑须向堑口外相接的路堤处运土填筑时，铲运机应当利用纵坡自路堑端部开始下坡铲土，并逐渐向堑内逐段延伸挖土长度，而填筑路堤也应做相应延伸。一般铲运机可在路堑内做 180°转向，从路堑两端分别开挖，当延伸到路堑中部时，长度在 30m 以内时，可改用直线迂回运行圈的方法，做纵向贯通运行，往返交替向两端挖运，如图 1-31 所示。如果地面纵坡过陡，铲运机不能运行时，应先用推土机在路堑的端部推出 15°左右的缓坡。此外，在挖土区段内每隔 20 ~ 30m 宽度为铲运机开通一条回驶上坡道，并延伸至填土区段内，这样铲运机可用较大功率下坡铲土，在填土区段上回驶坡道卸土填方，并逐步扩大通道宽度，直到工作面的全宽普遍具备正常运行条件。

铲运机纵向运土时，也可根据工地情况采取如图 1-32 所示的几种不同的行走路线。当然，一次循环可以做两次甚至更多次取土和卸土，视作业面纵向长度而定，这样可获得更好的经济性。

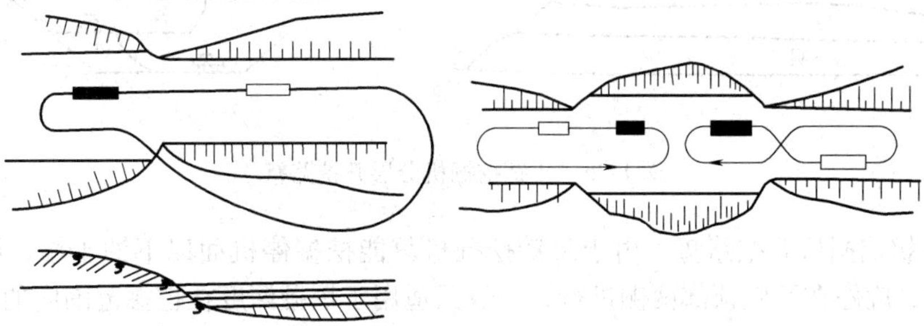

a)　　b)

图 1-32　铲运机纵向运土行走路线

a）原地面返回　b）路堤上返回

铲运机开挖路堑作业，应先从两侧开始，如图 1-33 所示，避免造成超挖、欠挖，否则将大大增加边坡修整的工作量，特别是边坡大于1∶3，而不能用机械修整时尤其应当注意。另外采取先挖两侧的顺序，也利于雨后排水。

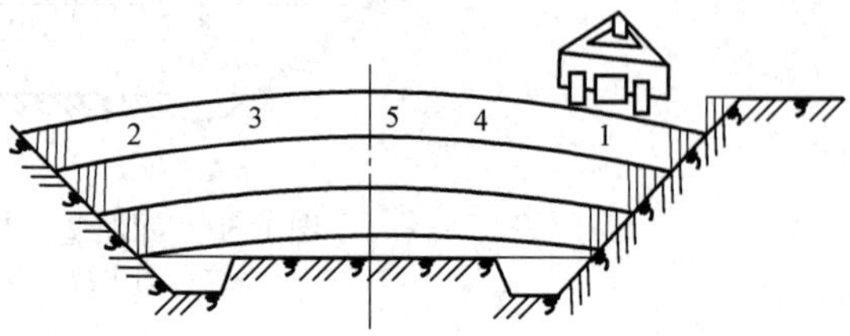

图 1-33 铲运机开挖路堑顺序

3. 挖掘机作业

用挖掘机开挖路堑，一般是与运输车辆配合作业的，适宜于 Ⅰ ~ Ⅲ 类土的开挖。

（1）正铲挖掘机开挖路堑 正铲挖掘机进行路堑开挖作业，可采用全断面开挖和分层开挖两种方法。如路堑深度在 5m 以下时，可采用全断面开挖法。挖掘机一次向前开挖路堑全宽至设计高程，运输车辆与挖掘机停在同一平面，且并列布置，或停在挖掘机后侧，如图 1-34所示。这种方法施工简单，但挖掘机须横向移位，才能挖到设计高程。

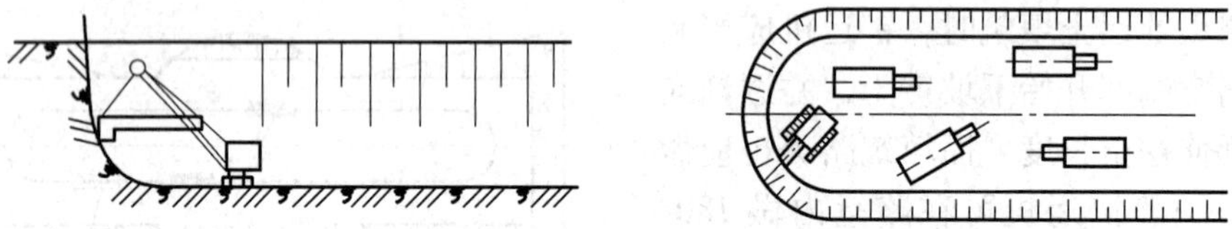

图 1-34 正铲挖掘机全断面开挖路堑

当路堑深度为 5m 以上时，宜采用分层开挖，即挖掘机在纵向行程中，先把路堑开通一部分，运输车辆在挖掘机一侧布置，并与开挖路线平行，如此往返几个行程，直至将路堑全部开通，如图 1-35 所示。第一开挖道高度，应以停放在路堑边缘的车辆能够装料为准，其余各次开挖道都可以按要求位于同一水平之上，这样可以利用前次挖好的开挖道作为运输车辆的行驶路线，各次的开挖道在全作业段完成后，可退返或掉头做反向开挖，视现场具体情况而定。但必注意每次开挖道的排水问题。

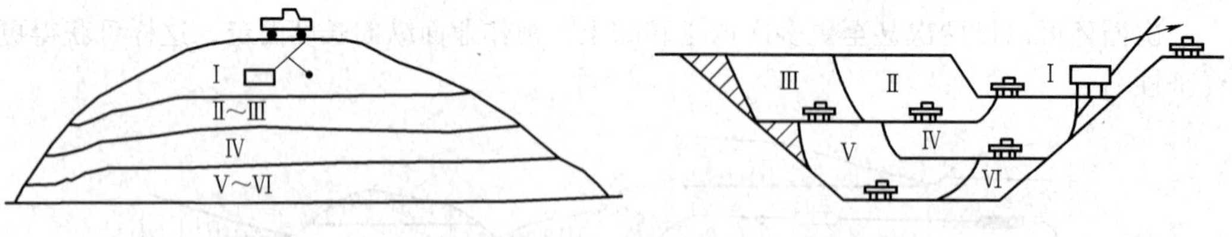

图 1-35 正铲挖掘机分层开挖路堑

（2）反铲挖掘机开挖路堑 由于反铲挖掘机只能挖掘停机面以下的土壤，因此做开挖路堑作业时，应停在路堑顶部两侧进行，一般只适用于挖掘深度在挖掘范围内的路堑。可视现场情况采用沟端、沟侧的作业方法，如图 1-36 所示。

（3）拉铲挖掘机开挖路堑 用拉铲挖掘机开挖路堑作业时，如卸料半径能覆盖两侧弃土堆位置，则挖掘机可停在路堑中心线上，采取沟端挖掘方法进行，如图 1-37a 所示；否

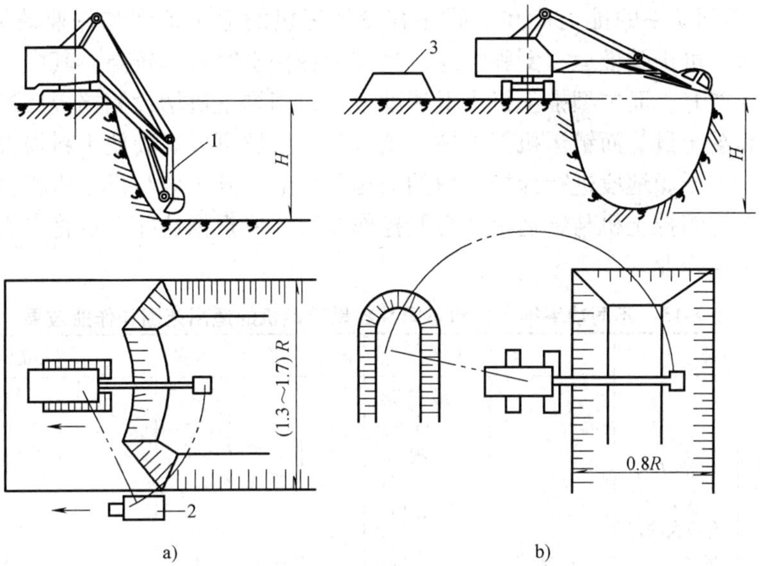

图 1-36　反铲挖掘机开挖路堑
a）沟端作业　b）沟侧作业
1—反铲挖土机　2—自卸汽车　3—弃土堆

则，必须采用如图 1-37b 所示的双开挖道作业，当弃土堆位于路堑一侧时，挖掘机沿路堑边缘移动，为了保证安全，挖掘机内侧履带应与路堑边缘保持 1.0～1.5m 的距离。

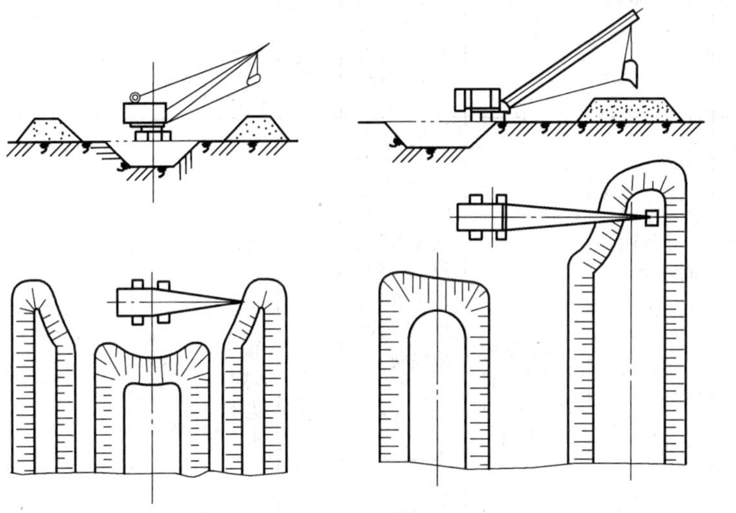

图 1-37　拉铲挖掘机沟端开挖路堑
a）弃土堆在两侧　b）弃土堆在一侧

4. 推土机和铲运机联合作业

在组织大型土方机械开挖路堑作业时，往往投入作业的机型很多，各自又有不同的适用范围和作业效果，为多机联合作业提供了可能性，其中，以不同功率的推土机和不同斗容量的铲运机联合作业最为常见。

表 1-15 是不同功率的推土机和不同斗容量铲运机的适用范围和作业效果。由此可知，推土机操作灵活，可正驶推运、倒驶空返，当推运翻松土时效率较高。其中大型推土机载运量较大、爬坡性能好；而中型推土机进退速度较快，当推土机增设侧挡板后推运翻松土，可增加经济运距和载土量。而铲运机能下坡铲土入斗，上坡可以斜驶使土料损失最小，具有较好的整形性能，在干燥地段进行深挖高填的大运距作业，其工效与推土机相当，可降低工程成本。因此，在组织推土机与铲运机联合开挖作业时，应根据这些特点将它们安排在最能发挥各自优势的部位作业。

表 1-15 不同功率推土机和不同斗容量铲运机的适用范围和作业效果

<table>
<tr><th>机具</th><th colspan="2">铲土</th><th colspan="2">运土</th><th>卸土</th><th>平土</th><th>压实</th><th colspan="2">备注</th></tr>
<tr><td rowspan="2">推土机</td><td rowspan="2">1. 适于铲原状土和扰动土、干湿土
2. 铲土作业直线行驶
3. 铲土过程中漏土较多
4. 可常年作业
5. 浅挖方效率高</td><td>铲刀强制入土，具有较大的切深</td><td rowspan="2">1. 行驶中漏土，转弯时更严重
2. 下坡时土体自行脱漏</td><td>最佳运距 30m 左右，载土量小，行驶速度快，灵活，可在25°坡横驶，10°坡顺驶</td><td rowspan="2">可集中卸土</td><td rowspan="2">卸土同时进行平土或用到铲拉平</td><td rowspan="2">卸土及空反同时进行部分压实</td><td rowspan="2">1. 可空车倒驶
2. 回转半径小
3. 推挖翻松土功效提高 20% ~30%</td><td rowspan="2">推土铲加侧挡土板，运距增加到200mm，铲翻松土时功效提高 50% ~100%</td></tr>
<tr><td>铲刀靠自重入土，切土深度较小</td><td>最佳运距 50m 左右，载土量较大，行驶速度较慢，坡道行驶较中型车好</td></tr>
<tr><td rowspan="2">铲运机</td><td rowspan="2">1. 适于铲不含石料的原状干土
2. 铲土作业直线行驶
3. 铲土过程中漏土较少
4. 适于暖土
5. 适于深浅挖填</td><td>铲斗强制入土</td><td rowspan="2">行驶中（直道，转弯，下坡）均不漏土</td><td>最佳运距 300 ~400m，行驶速度快，较灵活，可在20°坡横驶，6°坡顺驶</td><td rowspan="2">均匀卸土</td><td rowspan="2">卸土同时进行平土</td><td rowspan="2">在卸土时进行局部压实</td><td rowspan="2"></td><td rowspan="2">1. 不能倒驶
2. 回转半径大</td></tr>
<tr><td>铲斗靠自重入土，大斗容量</td><td>最佳运距 400 ~1000m，载土量较大，行驶速度慢，坡道行驶较中型车好</td></tr>
</table>

在多机联合作业时，机械的布局可将中型推土机安排在开挖段的上层，大型推土机放在中层，铲运机在底层，为了便于排除降雨积水，开挖工作自下而上进行，为了提高推土机作业效率，在较硬土质地段，最好配备翻松机械或机具协同作业，如图 1-38 所示。

采用多机联合作业时，还应注意以下几点：

1）在多种机械联合作业中，各种机械数量配备要保证前机的作业量能满足后机作业量的要求，最好同一机型的数量不少于两台。

2）推土机推运松土时，采用纵向作业法效率较高，且故障少，也有利于边坡的控制及分层铲土。

3）无论推土机还是铲运机，都应尽量坚持分段、分层铲土，运土，随时保持弃土堆的平整密实，为了均衡各机的作业量，在作业中可随时调整分段长度。

4）要坚持由低地段向高地段开挖，各机流水作业，以挖成一段成型一段为原则，不宜打乱长堑、顺沟、纵向犁翻的有利条件，以利排除积水和便于继续作业。

实践证明，联合作业具有工程质量好、工效高、受降雨影响小、现场管理方便等优点，有条件的情况下，是值得推广的一种较好的作业方式。

5. 施工中应注意的问题

（1）土方开挖要求　土方开挖施工中应注意下列各点：

1）路基开挖前应对沿线土质进行检测试验。适用于种植草皮和其他用途的表土应储存在指定地点；对开挖出的适用材料，应用于路基填筑，可减少挖方弃土和弃土堆面积，也可减少填方借土和取土坑面积。但各类材料不应混杂，混杂材料均匀性差，难以保证路基的压实质量。对不适用的材料可做外弃处理。

2）土质路堑地段的边坡稳定极为重要。开挖时，不论开挖工程量和开挖深度大小，均应自上而下进行，不得乱挖、超挖。一方面，要注意施工方法，如采用不加控制的爆破法施工，易造成路堑边坡失稳，易于塌方；掏洞取土易造成土方坍塌伤人，因而严禁掏洞取土，在不影响边坡稳定的情况下采用爆破施工时，也应经过设计审批。另一方面，要注意施工顺序，防止因开挖顺序不当而引起边坡失稳崩塌，如图1-39所示的情形，应按原有自然坡面自上而下挖至坡脚，不可逆顺序施工，否则，极易引起滑坡体滑塌。

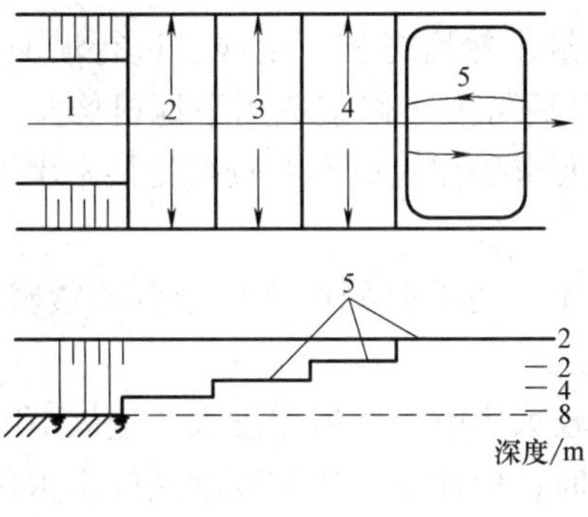

图1-38　推土机和铲运机联合开挖作业
1—成型段　2—铲运机作业段　3—大型推土机作业段
4—中型推土机作业段　5—松土作业段

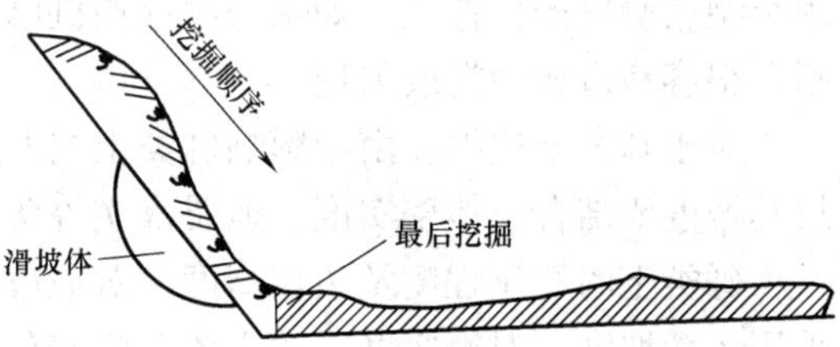

图1-39　路堑边坡防滑措施

3）施工中，如遇土质变化需修改施工方案时，应及时报批；如因冬季或雨季影响，使挖出的土方不能及时用于填筑路堤时，应按路基季节性施工的有关方法进行处理；如路堑路床的表层下为有机土、难以晾干压实的土、CBR值小于规定要求的土或不宜做路床的土，均应清除换填，必要时还应设置渗沟，以保证满足路基深度的需要。如遇到特殊土质（盐渍土、黄土、膨胀土等）以及易于坍滑的土时，应按特殊土的有关要求施工。

4）挖方路基施工高程，应考虑压实的下沉值。绝不能将路基的施工高程与路基的设计高程（路线纵断面图上设计高程）混同，造成超挖或少挖，产生浪费或返工。

（2）排水设施的开挖　水是造成路堑各种病害的主要原因，所以在路堑开挖前应做好截水沟，并根据土质情况做好防渗工作。施工期间应修建临时排水设施。临时排水设施应与永久性排水设施相结合，水不得排入农田、耕地，不得污染自然水源，也不得引起淤积或冲刷。

对排水沟渠开挖的具体要求如下：

1）排水沟渠的位置、断面尺寸应符合设计图样的规定。截水沟不应在地面坑洼处通过，必须通过时，应按路堤填筑要求将洼处填平压实，然后开挖，并防止不均匀沉陷和变形。

2）平曲线外边沟沟底纵坡，应与曲线前后的沟底相衔接。曲线内侧不得有积水或外溢现象发生。

3）路堑和路堤交接处的边沟应缓缓引向路堤两侧的天然沟或排水沟，不得冲刷路堤，路基坡脚附近不得积水。

4）排水沟渠应从下游出口向上游开挖。同时，应保证排水设施沟基稳固，严禁将排水沟挖筑在未加处理的弃土上；沟形整齐，沟坡、沟底平顺，沟内无杂物；沟水排泄不得对路基产生危害；截水沟的弃土应用于路堑与截水沟间筑土台，并分层压（夯）实，台顶设2%倾向截水沟的横坡，土台边缘坡脚距路堑顶的距离不应小于设计规定。

（3）边坡开挖　路堑挖土边坡施工的基本要求，基本上与填土边坡类似，除了边坡坡度符合设计规范外，也应做好放样、布设标准边坡等工作，但是，与填方边坡相比又有自己的一些特点。路堤边坡由于是填土而成，其工程性质差异不大，而路堑边坡由自然状态的土、石开挖而形成，随线路经过地带不同而有较大的变化，工程性质有时差别很大，施工作业难易程度也就有一定的区别。

砂类土边坡施工时，挖出的斜坡应留有足够的余量，然后打桩、定线，进行坡面整修。具体做法：先用机械开挖，留有20~30cm的余量，以后可人工修整或用平地机修整，也可用小型反铲挖掘机作业。如果采用挖掘机修整边坡，要求操作人员具有较高的技术水平，否则，很容易造成超挖或欠挖。

对于砾类土边坡，由于影响砾类土挖方边坡的因素，主要是砾类土体结合的紧密程度，故其坡度要结合土体密实度、地质水文等条件确定。

砾类土的潮湿程度及边坡高度，对边坡的稳定有较大影响，一般湿度大，边坡高时，宜采用较缓坡度；对密实度差的土体，应避免深挖；同时，应注意，边坡变缓则受雨水作用面积增大，故不宜过缓，并根据具体情况采取边坡防护和加固措施，切实做好排水工作，以免影响边坡稳定。

对于地质不良拟设挡墙等防护设施的路堑边坡，应采用分段挖掘、分段修筑防护设施的方法，以保证安全和边坡的稳定。

（4）弃土处理　在施工过程中，弃土随便乱堆会影响现有公路和施工便道的车辆行驶，堵塞农田水利设施，造成水流污染、淤塞或挤压桥孔或涵管口，增加水流速度，改变水流方向，冲刷河岸，所有这些都是不允许的。所以要求在开挖路堑弃土地段前，提出弃土的施工方案报有关单位批准，实施方案改变时，应报批准单位复查。

弃土堆的边坡不应陡于1∶1.5，顶面向外应设不小于2%的横坡，其高度不宜大于3m。路堑旁的弃土堆，其内侧坡脚与路堑顶之间的距离，对于干燥硬土不应小于3m；对于软湿土，不应小于路堑深度加5m。在山坡上侧的弃土堆应连续而不中断，并在弃土堆前设截水沟；山坡下侧的弃土堆应每隔50～100m设不小于1m的缺口排水，弃土堆坡脚应进行防护加固。

此外，岩溶地区的漏斗处多已成为地面水排泄通道，暗河口则成为地下水的出口通道，如果弃土堆弃在这些地方，会造成地面水和地下水无法排走，影响路基安全。若在贴近桥墩、桥台处弃土，将会造成桥墩、桥台承受偏压，安全会受到影响。所以，应严禁在岩溶漏斗处、暗河口处及贴近桥墩、桥台处弃土。

1.5.4 路基边坡机械化施工

路基边坡施工是路基施工作业中的重要环节，如果注意不够，不但延误工期、降低工程质量、造成经济损失，而且还可能给运营安全带来很大威胁，因此在施工中务必要重视。

1. 路基边坡施工的基本要求

路基边坡施工除应符合JTG B01—2014《公路工程技术标准》中的规定外，还应注意以下几点：

（1）放样　根据线路中桩和设计图表，通过放样，定出边坡的位置和坡度，确定路基轮廓，要求放样准确可靠。

（2）做好坡度式样　按照规定，首先在适当位置做出边坡式样，作为全面施工的参照。

（3）随时测量　对高路堤或深路堑，每做一段距离就要抄平放线一次，发现问题，及时纠正，变坡点处，更要注意测量检查。

（4）留有余量　路基修筑（包括路堑、路堤）时，边坡部位要留有一定的余量，以方便进一步修正后，达到设计要求的标准，岩石边坡要尽量一次完成。

此外，边坡附近如遇打眼放炮时，要严格控制炮眼方向及装药量，防止将边坡震松破坏。

填土边坡面除了截面符合施工图样形状，并注意上述各点，施工中最重要的一点是边坡的压实。如果边坡面层和路堤主体相比不够密实，在遇降雨天气时，很可能在雨水的冲刷下发生滑坡等破坏，为了防止发生这种情况，要对路堤边坡，尽可能采用机械压实的方法，达到密实度要求。

施工时，采取必要措施预防因遭雨水洗刷和水渗透而发生边坡滑移。由于填土坡度面的施工程序和压实方法不当，引起路堤崩溃和路侧下沉的情形是经常发生的，路基边坡施工应选择尽量简单，又能有效保证路堤边坡安全的方法。

路基边坡坡度在1∶1.8左右时，坡面要拉线先放粗坡，用3t以上的振动压路机（拖式）从填土坡脚开始往上卷振压实，如图1-40所示，注意必须是从下往上振压，放下过程中不能振动，否则，斜坡上的材料要被振松而滚滑下去。土质良好坡度不大，也可用推土机在斜坡上往返行驶压实，这也是压实边坡行之有效的方法。对含水量较高的黏性土，须选用湿地推土机进行压实。

另一种方法是填土时适当加大宽度和高度，分层填土、压实，多余部分利用平地机或其他方法铲除修整即可。这种方法，作业面增大，需要有一定的施工回旋余地，在没有条件进行坡面压实的情况下，往往可以取得满意的结果。

2. 路基边坡整形

路基经过填土、压实后，要进行整形作业，除路基顶面以外，施工作业较复杂的是边坡面的整形，可用平地机或推土机进行。

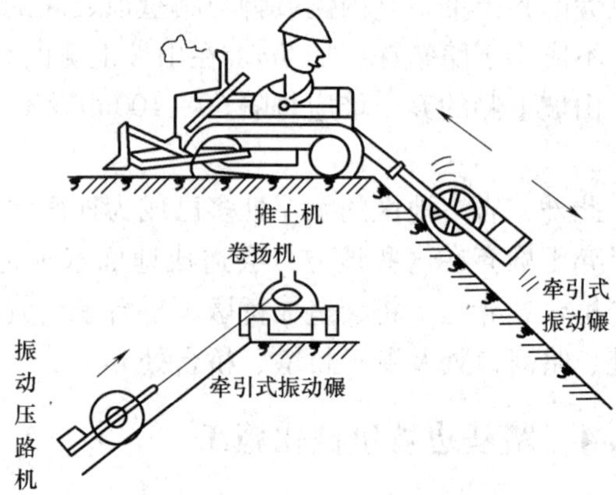

图 1-40 用振动压路机（拖式）压实边坡

（1）平地机坡面整形作业　由于平地机的性能和刮刀长度的限制，当坡面坡度为 1∶1.5～1∶5，高为 1.8m 时，可以用一台平地机在一个平面上行驶作业（见图 1-41）；如果坡面高为 4m 或坡度较缓时，一台平地机在一个平面上无法完成全坡面整形，可采用两台平地机在上下两个平面上同时进行作业，或一台平地机分两次在上下两个平面内分别作业，如图 1-42 所示。对于平地机在上下两平面上仍不能完成整形作业的大坡面，则必须在分层填筑过程中，在适当时候进行整形。

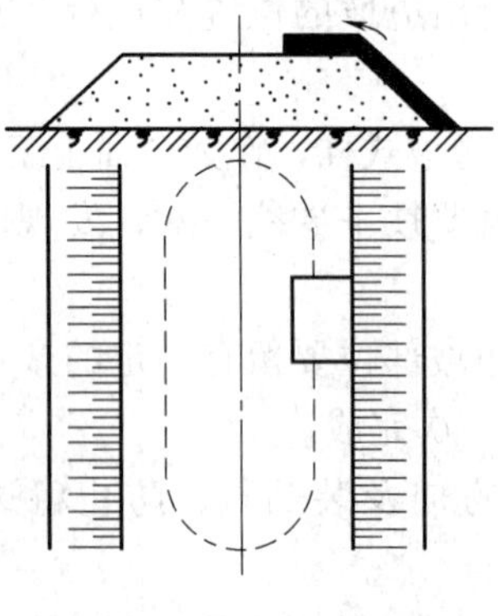

图 1-41 一台平地机进行坡面整形作业

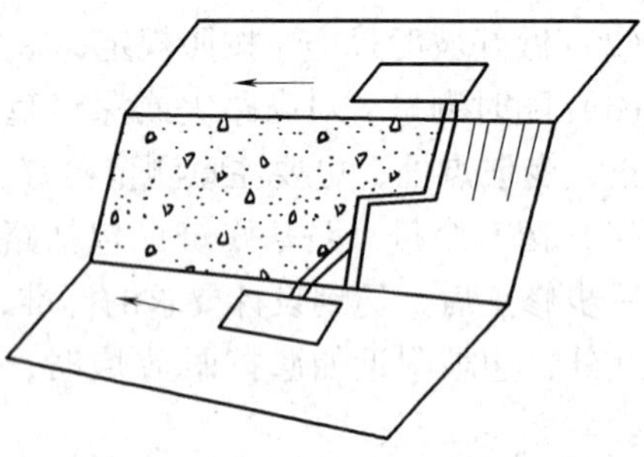

图 1-42 两台平地机进行坡面整形作业

无论采取何种方式进行坡面整形，施工作业前，都必须在作业段两端做好标准坡面，以便在刮削时有所参照，或者随时用线绳连接两端标准坡面同一位点，指导、检查平地机作业情况，防止超刮及欠刮。对于有找平装置的平地机，也可以用拉线的方式，设置基准进行作业。

当坡面一旦出现超刮，要用人工分层夯实的方法，超高回填后，再做刮削，使之与原坡面构成一体，对于要求较高的过水坡面，上述回填应采取齿阶接合。这个工作一般较为困难，而且不易保证工程质量，故要尽量避免发生超刮现象。

（2）推土机坡面整形作业　推土机边坡坡面整形，只适应于坡度较小（小于 1∶2.5）的坡面。一般先用人工做出标准坡面，然后推土机紧靠标准坡面，自下而上或自上而下进行刮削，为了保证推土机不至于远离标准而造成超刮现象，作业段内应有一定数量的标准坡面以对推土机的作业加以控制，标准坡面布设间隔一般为铲刀宽 4～6 倍为宜，即 10～15m。

由于推土机进行整形作业时，作业是机车在坡面上行驶的同时进行的（而平地机是在平面上行驶），因此，推土机作业过程中，虽然可以多布设一些标准坡面以便对照，但仍然比较难于掌握，所以，对操作人员的技术水平要求较高，可根据推土机行驶的坡度与铲刀切削坡度一致的程度，采用简易的环形测坡仪进行监测，以便控制。一般而言，推土机进行坡面整形作业的质量远不如平地机容易控制。

复习思考题

1. 简述一般路基施工的常用方法。
2. 一般路基设计包括哪些内容？
3. 简述土质路基常用的压实度试验方法。
4. 简述路基防护和加固的主要措施。
5. 简述常用路基施工机械类型及特点。

第2章　路面施工技术

2.1　概述

路面是用各种材料或混合料分层修筑在路基顶面供车辆行驶的层状结构物，直接经受车辆荷载与自然因素综合作用，因此路面的性能应能满足车辆安全、迅速、舒适的行驶要求。

路面施工是保证路面使用寿命的重要环节之一。路面结构组合设计、材料设计和厚度设计为路面使用寿命的延长提供了技术保障，而路面施工则是实现这些技术的最后环节。路面施工首先要进行合理的施工组织设计，其次路面设计单位、施工管理单位、施工监理单位与施工单位之间必须协调配合，各司其职，做到精心设计、认真施工、严格管理。因此，在路面施工过程中必须层层把关、严格要求，路面施工工艺和施工质量直接影响到公路的行车安全和运营效益，是关系到公路整体服务水平的关键。

路面施工内容包括施工准备工作、路面各结构层施工过程、施工管理以及工程质量的检查验收和评定。在施工过程中要保证原材料质量的合格、配合比准确、材料拌和均匀、摊铺平整、粗细集料不离析、碾压密实、接缝平整等技术环节，确保路面施工质量。

2.2　施工准备

施工准备工作是为了保证工程顺利开工和施工活动正常进行而必须事先做好的各项准备工作。它存在于开工之前，贯穿于整个施工的全过程。

随着世界各国技术经济的进步，交通事业的发展和人们物质文化要求的提高，对公路建设也提出了更高的要求。首先对公路功能的要求越来越高，如通行能力、承载能力及行车安全性等；其次对公路整体线形、路况的要求越来越高，特别是对山区公路及旅游区公路线路规划与周围环境的协调性；最后是对公路的施工速度、施工质量和管理水平要求越来越高。

现代路面施工是一项复杂的生产活动，既要组织大量的施工人员，又要消耗大量的建筑材料和施工机械，还要处理各种技术问题，协调各种协作关系，涉及面广，情况复杂。施工准备工作的充分与否将直接影响工程的进度和质量。因此高度重视施工准备，严格遵守施工程序，按照客观规律组织施工，是施工顺利进行的重要保证。

路面工程施工准备工作的主要内容一般包括技术资料准备、人员设备准备、路面施工机械准备。

2.2.1　技术资料准备

路面施工技术资料准备是工程顺利实施的主要依据。任何的技术差错都可能导致人身安全和质量事故，造成生产、财产的损失，因此施工前期必须认真做好相关技术资料的准备工作，其内容主要包括：熟悉和审查设计文件、编制施工组织设计、技术安全交底和施工放样等。

1. 熟悉和审查设计文件

设计文件（施工图）是组织施工的主要依据。组织工程技术人员领会设计文件的意图，熟悉设计文件中的各项技术指标，仔细考虑其技术经济的合理性和施工的可行性。对设计文件中有疑问、错误或设计不妥之处，应及时与建设业主、设计单位和工程监理联系，到实地现场调查了解，选择合理的解决办法。对于一些不确定的因素如阴雨、交通干扰等，技术人员应心中有数，以便对相应的施工环节做充分的考虑。

熟悉和审查施工图的程序如下：

（1）施工图的阅读预审阶段　当施工单位拿到施工图后，应尽快组织技术人员熟悉和预审施工图，对施工图出现的错误和提出的建议按图标写出记录。

（2）施工图的会审　主要由建设单位、监理单位、设计单位和施工单位进行施工图样会审。首先由设计单位进行施工图交底，然后各方提出问题和建议，经过协调形成会审纪要，由建设单位正式行文，参加会议的各单位盖章，可作为与施工图具有同等法律效力的技术文件使用。

（3）施工图的现场签证　在施工过程中，如果发现施工条件与设计条件不相符，或因为材料质量、规格不能满足设计要求，或施工图中有错误，应对施工图进行现场签证。在施工现场进行施工图修改和变更设计资料，都要有设计单位正式发出的文字记录或通知。

2. 编制施工组织设计

路面工程施工组织设计是指导施工现场全部生产活动的技术经济文件。路面施工过程是一个很复杂的物质创造过程，为了处理人力、物力、财力以及它们在空间和时间上的排列关系，必须根据工程的规模、结构特点和建设单位的要求，在原始资料调查分析的基础上，编制出一份能切实指导该工程全部施工活动的科学方案，并报监理单位和建设单位批准。在编制公路施工方案时，应充分考虑材料、机具、工期、造价等因素，进行方案优化，以期获取最大的社会经济效益。

路面工程施工组织设计的编制内容如下：

1）根据设计路面的类型，进行料场勘察与选择，确定材料供应范围及加工方法。

2）选择施工方法和设计工序。

3）计算工作量。

4）编制流水作业图，布置工地，组织施工队伍。

5）编制工程进度日程图。

6）计算所需资源（劳动力、机械、材料）及平衡分期的需要量，编制材料运输日程计划。

3. 技术安全交底

技术安全交底的目的是把工程设计的内容、施工计划、施工技术要点和安全等要求，按分项内容或按阶段向施工队、组交代清楚。

技术安全交底应在路面工程开工前进行，以保证工程按施工组织设计、安全操作规程和施工规范等要求进行施工。其内容主要包括：路面工程施工进度计划、施工组织设计、质量标准、安全措施、降低成本措施等；采用新技术、新工艺、新材料、新结构的保障措施；有关图样设计变更和技术核定等事项。常用交底方式有书面形式、口头形式和现场示范形式等。

4. 施工放样

路面施工前，应根据路线导线点或控制点，恢复路中线，定设中心桩和边线桩。一般直线段桩距为20~25m，并在两侧路肩边缘外0.3~0.5m处设置指示桩。

此外，还应测量原有路基顶面的断面高程，在两侧的指示桩上标记路面基层（底基层）的顶面标高及位置线。

2.2.2 人员和设备准备

人员和设备准备是路面工程施工能否顺利进行的物质保证。从施工准备工作开始，到现场实际施工，均需要投入大量的人力、物力和财力，不允许出现任何疏漏，因为任何一个环节出了问题，不仅要影响施工进度、工程质量，而且可能造成很大的经济损失。因此，必须做好人员和设备两方面的充分准备。

1. 人员准备

人员准备包括建立施工组织机构和组建施工队伍。

（1）建立施工组织机构　施工组织机构是为完成公路路面施工而设置的负责现场指挥、管理工作的组织机构。一般由项目经理部及下设各职能部门组成。

（2）组建施工队伍　根据所承担的工程量的大小和工期要求，安排出总进度计划，并进一步估算出全部工程用工日数，平均日出工人数，施工高峰期日出工人数，以及技术工种、机械操作工种、普通工种等用工比例，选择合适的劳动作业队伍，并与之签订劳动合同，实行合同管理。

2. 施工机械准备

路面施工包括基层施工、沥青混凝土面层施工、水泥混凝土面层施工等，根据不同的施工内容需要的施工机械也不同。通常基层施工、沥青混凝土面层施工所用的压实设备基本相同，但是基层施工和沥青面层施工使用的摊铺及平整设备不完全相同，拌和设备则完全相同。因此施工准备阶段应根据工程需要、工程量大小及施工进度要求，确定施工机械的类型、数量、进场时间、供应方法、进场后的安装和存放地点等，编制施工机械需要计划，充分发挥施工机械的使用性能，保证机械设备的正常操作使用。

2.2.3 施工临时设施的准备

施工临时设施的准备工作为工程的施工创造有利的施工条件和物资保证。为了维护施工期间的场内外交通，保证机具、材料、人员和给养的运送，必须修筑临时道路，并保证行驶安全。

在施工过程中，为保证筑路员工的生活、物质器材的存放以及木工、钢筋工的室内作业，要建立临时工棚。为保证工程和生活用水的需要，还要修建临时给水设施。

2.3 路面基层施工技术

在路面结构中，直接位于路面面层之下的主要承重层称为基层。铺筑在基层下的次要承重层称为底基层。基层承受由面层传递的行车荷载的垂直应力作用，抵御自然因素的影响，是构成路面整体结构的主要组成部分。基层根据组成材料和使用性能的不同，可分为有结合料稳定类（有机结合料类和无机结合料类）和无结合料粒料类。本节重点介绍无机结合料稳定类基层和无结合料粒料类（碎砾石路面）基层施工。

2.3.1　路面基层类型

1. 无机结合料稳定类

在土或集料中掺入一定量的无机结合料（如水泥、石灰等），加水拌和并摊铺整平，碾压密实，其强度和稳定性符合规定要求的材料称为无机结合料稳定类材料，以此修筑的路面称为无机结合料稳定类路面。

无机结合料稳定类材料成型后，初期强度和刚度较低，呈柔性特征，随着时间的延长，其强度和刚度逐渐提高，板体性增加。结构成型后，其刚度介于柔性材料与刚性材料之间，故称为半刚性材料。

无机结合料稳定类基层又称半刚性基层，这种基层整体性好，承载力高，刚度大，水稳性好，且较为经济。它广泛适用于高等级公路的路面基层和底基层。

（1）集料与土要求

1）集料最大粒径要求。集料颗粒粒径越大，拌和机、平地机和摊铺机等施工机械易磨损，粗细集料越易产生离析，铺筑层的平整度也越难达到要求。水泥、石灰稳定土用作高速公路和一级公路的底基层时，颗粒最大粒径不应超过 37.5mm；用作其他等级公路的底基层时，颗粒的最大粒径不应超过 53mm；用作其他公路基层时，颗粒的最大粒径不应超过 37.5mm。

2）集料级配要求。基层用土要易于粉碎，满足一定的级配，便于碾压成型。用水泥稳定类混合料做基层时，土的均匀系数应大于 5，一般选用均匀系数大于 10 的土。不同等级公路基层、底基层采用不同结合料稳定时有相应的集料颗粒组成要求。

3）土的塑性要求。适宜用水泥稳定的土的范围相当宽泛，细砂土、粉质细砂土、粉土等都可以用水泥稳定。但是要达到规定的强度。水泥稳定类的液限不宜超过 40，塑性指数不宜超过 17；塑性指数大于 17 的土，宜采用石灰稳定，或水泥和石灰综合稳定。石灰稳定类时，塑性指数宜为 15～20；综合稳定类时，塑性指数宜为 12～20。

4）土的硫酸盐、有机质含量要求。水泥稳定时，有机质含量不应超过 2%（否则可先用石灰进行处理，闷料一夜后再用水泥稳定）；硫酸盐含量不应大于 0.25%；石灰稳定类的土的有机质含量不应超过 10%，硫酸盐含量不应超过 0.8%。

（2）结合料　无机结合料稳定类材料的常用结合料主要有：水泥、石灰、粉煤灰等。

1）水泥。技术指标满足要求的硅酸盐水泥、矿渣水泥或火山灰水泥都可用于水泥稳定土，但应选用初凝 3h 以上，终凝时间较长（宜在 6h 以上）的水泥。快凝水泥、早强水泥以及受潮变质水泥不宜使用，宜采用强度等级较低的水泥。

2）石灰。石灰有生、熟之分和钙质、镁质之分。石灰技术指标应符合表 2-1 的要求。用于稳定的石灰质量要求均要在Ⅲ级以上，同时应尽量缩短石灰的存放时间。石灰在野外存放时间较长时，应覆盖防潮。使用等外石灰、贝壳石灰、珊瑚石灰等应通过试验，满足强度要求方可使用。高等级公路的基层（底基层）宜采用磨细生石灰。

表 2-1 石灰的技术指标

指 标	类 别											
	钙质生石灰			镁质生石灰			钙质消石灰			镁质消石灰		
	等 级											
	Ⅰ	Ⅱ	Ⅲ	Ⅰ	Ⅱ	Ⅲ	Ⅰ	Ⅱ	Ⅲ	Ⅰ	Ⅱ	Ⅲ
有效钙加氧化镁含量（%）	≥85	≥80	≥70	≥80	≥75	≥65	≥65	≥60	≥55	≥60	≥55	≥50
未消化残渣含量（5mm 筛筛余）（%）	≤7	≤11	≤17	≤10	≤14	≤20						
含水量（%）							≤4	≤4	≤4	≤4	≤4	≤4
细度 0.71mm 方孔筛筛余量（%）							0	≤1	≤1	0	≤1	≤1
细度 0.125mm 方孔筛累计筛余量（%）							≤13	≤20		≤13	≤20	
钙镁石灰的分类界限，氧化镁含量（%）	≤5			>5			≤4			>4		

3）粉煤灰。粉煤灰中的 SiO_2、Al_2O_3 和 Fe_2O_3 的总含量应大于 70%，烧失量不应超过 20%，比表面积宜大于 2500cm^2/g。粉煤灰根据其收集方式的不同分为干排灰和湿排灰两类。干粉煤灰堆放时应洒水，以防止飞扬造成污染。湿粉煤灰的含水量不宜超过 35%，浸水后的粉煤灰易凝结成块，在使用时，应将凝固的粉煤灰打碎或过筛，同时清除有害杂质。

2. 无结合料粒料类

无结合料粒料类基层又称碎（砾）石类结构层，这种结构层是用粗、细碎（砾）石，黏土（或不含黏土）按照嵌锁原则或级配原则铺筑而成的结构层。嵌锁型的碎石结构层包括泥结碎石、泥灰结碎石、水结碎石、填隙碎石；级配型的碎（砾）石结构层包括级配碎石、级配砾石、符合级配要求的天然砂砾、部分砾石经轧制而成的级配砾碎石等。

（1）石料的强度 粒料类基层所用的石料应具有足够的强度，且不低于Ⅳ级；对于高等级公路碎（砾）石的压碎值不大于 30%，一般公路不大于 35%。填隙碎石用作基层时石料压碎值不大于 26%，用作底基层不大于 30%。

（2）级配碎（砾）石的规格 级配碎（砾）石中的碎、砾石扁平，长条颗粒总含量应不超过 20%。当用作基层时，碎、砾石的最大粒径不应超过 37.5mm；用作底基层时，碎、砾石的最大粒径不应超过 53mm。

（3）填隙碎石的规格 填隙碎石用做基层时，碎石的最大粒径不应超过 53mm（方孔筛）；用作底基层时，最大粒径不应超过 63mm。扁平、长条颗粒总含量应不超过 15%。

（4）颗粒级配要求 级配碎（砾）石颗粒组成和塑性指数应满足表 2-2 的要求，填隙碎石、粗碎石的颗粒组成应满足表 2-3 中的有关规定。

（5）压碎值要求 基层、底基层所用的碎、砾石应具有一定的抗压能力，一般公路的基层不大于 35%，底基层不大于 40%。高等级公路不大于 30%。

表 2-2　级配碎石或级配砾石的颗粒组成范围

编号		1	2
通过下列筛孔（mm）的质量百分率（%）	37.500	100	
	31.500	90～100	100
	19.000	73～88	85～100
	9.500	49～69	52～74
	4.750	29～54	29～54
	2.360	17～37	17～37
	0.600	8～20	8～20
	0.075	0～7	0～7
液限（%）		<28	<28
塑性指数		<6（或 9）	<6（或 9）

表 2-3　填隙碎石、粗碎石的颗粒组成范围

颗粒组成		筛孔尺寸/mm							
		63.0	53.0	37.5	31.5	26.5	19.0	16.0	9.5
通过质量百分率（%）	30～60	100	25～60		0～15		0～5		
	25～50		100		25～50	0～15		0～5	
	20～40			100	35～70		0～15		0～5

2.3.2　配合比和压实度要求

1. 配合比设计要求

半刚性基层混合材料组成设计要求达到的目标是所设计的混合料组成在强度上满足设计要求，抗裂性能达到最优且便于施工。

材料组成设计的基本原则是结合料用量合理，尽可能采用综合稳定性高的材料，且集料应有一定的级配。混合料组成中，结合料的用量太低则不能成为半刚性材料，用量太高则刚度太大，容易脆裂。集料应具有一定的比例。集料的数量以达到靠拢而不紧密为原则，其无机结合料填充孔隙，且形成稳定结构。

（1）混合料配合比设计的强度要求　半刚性基层材料配合比设计的主要内容是根据表 2-4 的强度标准值通过试验选取适宜的稳定材料，确定材料的配合比以及最大干密度和最佳含水量。表中所列数值指龄期为 7d（标养 6d，浸水 1d）的无侧限抗压强度。

表 2-4　无机结合料稳定类材料的抗压强度标准　（单位：MPa）

类别		水泥稳定土		石灰稳定土		二灰稳定类混合料	
层位		基层	底基层	基层	底基层	基层	底基层
公路等级	高速公路和一级公路	3.0～5.0	1.5～2.5		≥0.8	0.8～1.1	≥0.6
	二级和二级以下公路	2.5-3.0	1.5-2.0	≥0.8	0.5～0.7	0.6～0.8	≥0.5

（2）混合料组成设计步骤

1）初拟结合料配合比。配置同一种土样、不同结合料配合比的混合料，水泥和石灰的用量可参考表 2-5、表 2-6 所列数值。

表 2-5　水泥用量参考值

土　类	层位	水泥用量（%）				
中粒土和粗粒土	基层	3	4	5	6	7
	底基层	3	4	5	6	7
塑性指数小于 12 的土	基层	5	7	8	9	11
	底基层	4	5	6	7	9
其他细粒土	基层	8	10	12	14	16
	底基层	6	8	9	10	12

表 2-6　石灰用量参考值

土　类	层位	水泥用量（%）				
砂砾土和碎石土	基层	3	4	5	6	7
	底基层	3	4	5	6	7
塑性指数小于 12 的黏性土	基层	10	12	13	14	16
	底基层	8	10	11	12	14
塑性指数大于 12 的黏性土	基层	5	7	9	11	13
	底基层	5	7	8	9	11

二灰稳定类混合料试件的制备可根据不同情况进行。对硅铝粉煤灰，采用石灰粉煤灰做基层或底基层时，石灰与粉煤灰的比例可以是 1∶2～1∶9。

采用石灰粉煤灰土做基层或底基层时，石灰和粉煤灰的配合比常用 1∶2～1∶4（对于粉土，用 1∶2 为宜），石灰粉煤灰与细粒土的比例一般为 3∶7～1∶9。

采用石灰粉煤灰粒料做基层或底基层时，石灰与粉煤灰的配合比常用 1∶2～1∶4，石灰粉煤灰与级配粒料（中粒土和粗粒土）的配合比可以是 1∶6～1∶4，石灰粉煤灰与粒料的配合比也可以用 1∶1 左右，但后者可能强度较低，裂缝较多。

水泥粉煤灰稳定类基层、底基层中水泥用量宜在 3%～6%，水泥粉煤灰与集料的质量比宜为（13～17）∶(87～83）。

2）击实试验。通过击实试验确定各种混合料的最佳含水量和最大干密度，至少做三组不同结合料用量混合料的击实试验，即最小用量、中间用量和最大用量。其他用量混合料的最佳含水量和最大干密度用内插法确定。

3）强度试验。按最佳含水量和计算得到的干密度制备试件，进行强度试验。试件的最少试件数量应符合表 2-7 的规定。如试验结果的偏差系数大于表 2-7 中规定的值，则应重做试验，并找出原因，加以解决。如不能降低偏差系数，则应增加试件数量。

试件在规定温度下保湿养生 6d，浸水 24h 后，按 JTG E51—2009《公路工程无机结合料稳定试验规程》进行无侧限抗压强度试验。

根据表 2-4 的强度标准，选定混合料的配合比。在此配合比下，试件室内试验结果的平均抗压强度 R 应符合下式的要求

$$R \geqslant R_d/(1 - Z_a C_v) \quad (2\text{-}1)$$

式中　R_d——设计抗压强度（MPa）；

C_v——试验结果的偏差系数（以小数计）；

Z_a——标准正态分布表中随保证率（或置信度）而变的系数对于高速公路和一级公路应取保证率为95%，相应 $Z_a = 1.645$，一般公路应取保证率为90%，相应 $Z_a = 1.282$。

表 2-7　最少试件数量

土　类	偏差系数		
	<10%	10% ~15%	15% ~20%
细粒土	6	9	
中粒土	6	9	13
粗粒土		9	13

4）校核。考虑到室内试验和现场条件的差别，工地实际采用的结合料用量应较室内试验确定的用量多0.5% ~1.0%。拌和机械的拌和效果好，可只增加0.5%；如拌和机械的拌和效果较差，则需要增加1.0%。

2. 压实度要求

压实度是检查和控制路面基层（底基层）压实效果的重要技术指标，是工程施工质量控制的重要手段。现场压实度是指工地实际达到的干密度与室内标准击实试验所得的最大干密度的比值。根据路面的结构层类型、位置及工程的实际特点，可采用不同的压实度检测方法。

路面基层（底基层）的现场压实度控制通常采用环刀法、灌砂法、核子密度湿度仪法和钻芯法。

（1）环刀法　环刀法适用于细粒土和无机结合料稳定细粒土的密度试验，所取的试样宜处于碾压层的中部，不适用于含有颗粒的稳定土及松散性材料的基层（底基层）。

（2）灌砂法　灌砂法适用于现场测定基层（底基层）的各种材料压实层的密度测试。测定过程中，应根据集料粒径的大小和测定层的厚度，准确选择不同尺寸灌砂筒。现场测定时，量砂要准确、规则，试坑的坑壁应垂直，且贯穿整个结构层。

（3）核子密度湿度仪法　它是利用放射性元素测量各种路面材料的密实度和含水量的一种方法。当用于测定基层（底基层）材料的压实度和含水量时，打洞后用直接透射法测定，测定层的厚度应不大于20cm。这种方法适用于现场快速测定，不宜用作仲裁试验和评定验收试验。该法需与常规方法进行比较，以便验证其可靠性。

（4）钻芯法　钻芯法适用于龄期较长的无机结合料稳定类基层和底基层的密度检测，也适用于检验从压实的沥青路面上钻取的沥青混合料芯样试件的密度，用于评定沥青面层的施工压实度。

2.3.3　路面基层施工工艺

1. 无机结合料稳定基层施工

根据施工拌和方式的不同可分为厂拌法和路拌法。厂拌法是指混合料集中在拌和厂拌和，并应用摊铺机摊铺的集中施工方法；路拌法是指使用稳定土拌和机械就地拌和并用平地机摊铺整平的就地施工方法。一般高等级公路的基层或底基层多采用厂拌法施工，低等级公路基层或底基层可采用路拌法施工。

（1）厂拌法　厂拌法一般是在中心站用强制式拌和机、双转轴桨叶式拌和机等设备进行集中拌和，用稳定土摊铺机、沥青混凝土摊铺机或水泥混凝土摊铺机进行摊铺。

1）材料准备。土块应粉碎，应保证材料的最大粒径和级配符合要求。不同粒级的碎石或砾石以及细集料（包括石屑和砂）应隔离，分别堆放。在潮湿多雨地区或其他地区的雨期施工时，应注意采取措施，防止材料雨淋，尤其是细集料表面应覆盖遮雨布等防护。

2）拌和。稳定土混合料正式拌和时，应将土块粉碎，使最大尺寸不超过15mm。配料要准确，拌和要均匀，加水量要略大于最佳含水量的1%左右，混合料运到现场摊铺碾压时，应正好接近最佳含水量。成品料运到现场摊铺前应覆盖，以防水分蒸发。

3）运料。应尽快将拌和好的混合料运送到铺筑现场。车上的混合料应该有覆盖布，减少水分损失。

4）摊铺。如下承层是稳定细料土，应先将下承层顶面拉毛，再摊铺上层混合料。摊铺机的生产能力应与拌和机的生产能力相适应。应尽量减少摊铺机摊铺过程中停机待料的情况。应采用沥青混凝土摊铺机或稳定土摊铺机摊铺混合料，同时在摊铺机后面应人工消除粗细集料离析现象，特别应该铲除局部粗集料“窝”，并用新拌混合料填补。

5）整平。混合料拌和均匀后应立即用平地机初平。一般在直线段，由两侧向路中心刮平；在曲线段，由内侧向外侧刮平。然后，用轮胎压路机、轮胎拖拉机或平地机快速碾压一遍。不平整的地方，用齿耙把表面5cm耙松；必要时，用新拌的混合料找平，再进行碾压。每次整平碾压，均需按要求调整坡度和路拱。为避免出现薄层贴补，在总厚度满足要求的情况下，摊铺时宜“宁高勿低”，整平时宜“宁刮勿补”。

6）碾压。整平后当混合料处于最佳含水量不超过1%～2%的范围时，进行碾压。如表面水分不足，应适当洒水。在人工摊铺和整平的情况下，应先用拖拉机、6～8t两轮压路机或轮胎轧路机碾压1～2遍，再用重型轮胎压路机、振动压路机或12t以上的三轮压路机进行碾压。碾压结束之前，用平地机终平一次，使高程、路拱和超高符合设计要求，局部低洼之处不得找补，以免出现薄层贴补现象。

7）接缝设置。无机结合料混合料摊铺时，必须连续作业不中断，如因故中断时间超过2h，则应设置搭接缝；同日施工的两个工作段的衔接处，应搭接拌和。第一段拌和后，留5～8m不进行碾压。第二段施工时，将前段留下的部分，再加部分水泥，重新拌和，并与第二段一起碾压。应注意每天最后一段末端缝的处理。水泥稳定土施工应避免纵向接缝，在必须分两幅施工时，应采用垂直相接纵缝。

8）养生及交通管制。养生期应采取洒水保湿措施，在铺筑上层之前，至少养生7d。养生方法根据情况可采用洒水、覆盖砂等方法。未采用覆盖措施时，应封闭交通。采用覆盖砂或喷洒沥青膜养生，不能封闭交通时，应限制车速不得超过30km/h。养生期结束，应立即施工上层，以免产生收缩裂缝；或先铺封层，开放交通，待基层充分开裂后，再施工上层，以减少反射裂缝。

（2）路拌法

1）准备下承层和施工放样。水泥稳定土施工前，应检查下承层是否合格。下承层表面应平整、坚实，具有规定的路拱。下承层的平整度和压实度应符合检查验收规定的要求。

对于土基，应用12～15t三轮压路机或等效的碾压机械进行碾压检验，发现土过干、表面松散或土过湿或“弹簧”现象，应采取换土、挖开晾晒、掺生石灰或粒料等措施进行处理。

对于底基层或原路面，应进行弯沉的测定、坡度和路拱的检验。强度达不到要求的，须采用增加底基层的密实度、加厚底基层、改善底基层的材料或挖换质量好的材料等措施进行修补。

在水泥稳定土的下承层（土基或底基层）上恢复中线，测量断面高程，并在两侧路肩边缘外设置指示桩，在桩上标定水泥稳定土的设计高程。

运料前，应用洒水车对底基层均匀洒水，使表面湿润。

2）备料、摊铺土料。采集土前应先将树木、草皮和杂土清除干净。同时根据各路段水泥稳定土层的宽度、厚度及预定的干密度，计算各路段所需要的干燥土的数量。根据料场的含水量和所运用运料车的吨位，计算每车料的堆放距离。

土料应按计算的数量和间距进行堆放，并做好排水工作。较大的土块应进行粉碎和筛除，然后用平地机整平。

摊铺前，应事先通过试验确定土的松铺系数。摊铺土一般应在铺水泥的前一天进行。摊铺长度按日进度的需要量控制，满足次日要完成掺加水泥、拌和、碾压成型的量即可。雨期施工时，如第二天下雨，不宜提前摊铺土。

除洒水车外，严禁其他车辆在土层上通行。

3）拌和与洒水。采用稳定土拌和机进行就地拌和，拌和深度应达稳定层底并宜侵入下承层5～10mm。严禁在拌和层底部留有素土夹层。

在拌和过程结束时，如果混合料的含水量不足，应用喷管式洒水（普通洒水车不适宜用作路面施工）补充洒水。洒水后，应再次进行拌和，使水分在混合料中分布均匀。同时洒水及拌和过程中，应及时检查混合料的含水量，含水量宜略大于最佳含水量值。

混合料拌和均匀后应色泽一致，没有灰条、灰团和花面，没有粗细颗粒“窝”或“带”，即无明显粗细集料离析现象，且水分合适和均匀。

4）整平轻压。整平方法与厂拌法相同。

5）碾压。水泥稳定土整平后，应立即用15t三轮压路机、振动压路机或轮胎压路机在路基全宽内进行碾压。

当含水量达最佳含水量时，碾压不得少于6遍。碾压时，应由两侧路肩向路中心，由曲线内侧向外侧进行碾压。错轮时，后轮迹的重叠宽度不得少于后轮宽度的1/2。路面的两侧应多压2～3遍。

碾压过程中，发生弹簧、松散、起皮等现象，应及时翻开换料或加水泥重新拌和，或用其他方法处理，使其达到规定的要求。终压前，应用平地机终平一次，局部低洼之处不得找补，以免出现薄层贴补。

为满足水泥稳定土表面的平整，对于砂砾质土，适宜用轮胎压路机或钢轮压路机碾压；对于砂质黏土，适宜用轮胎压路机碾压；振动压路机适用性较广，且压实效果良好，现已被广泛应用在工程中。

压路机不得在已完成的或正在碾压的路段上掉头或紧急制动，以避免破坏基层表面。

6）接缝和调头处的处理。路拌法施工的按缝处理同厂拌法。

如拌和机械或其他机械必须在已压成的水泥稳定土层上调头，应采取保护调头作业段的措施。一般在准备用于调头的 8～10m 长的稳定土层上，先覆盖一张厚塑料布或油毡纸，然后铺上约 10cm 厚的土、砂或砂砾。调头完成后，用平地机将塑料布上大部分土除去，然后人工除去余下的土，并收起塑料布。

7）养生和交通管制。水泥稳定土经拌和、压实后，在规定的 7d 养生期内，可以用帆布、粗麻布、稻草等湿润养生。若用砂养生，砂层需 7～10cm 厚，铺匀后，洒水保持湿润。其他注意事项与厂拌法相同。

2. 级配碎（砾）石基层施工

级配碎（砾）石是指由粗、中、小碎砾石集料和石屑砂各占一定比例、颗粒组成符合规定的密实级配要求、塑性指数和承载比均符合规定的混合料。

级配碎砾石的施工应做到：集料级配是密实级配，配料应准确，细料的塑性指数应符合规定，混合料必须拌和均匀，掌握好各个结构层的压实厚度，在最佳含水量时进行碾压等施工环节。

级配碎砾石的施工一般采用路拌法，为满足质量要求，级配碎（砾）石有时采用集中拌和法。

（1）路拌法　级配碎（砾）石路拌法的施工工艺如图 2-1 所示。

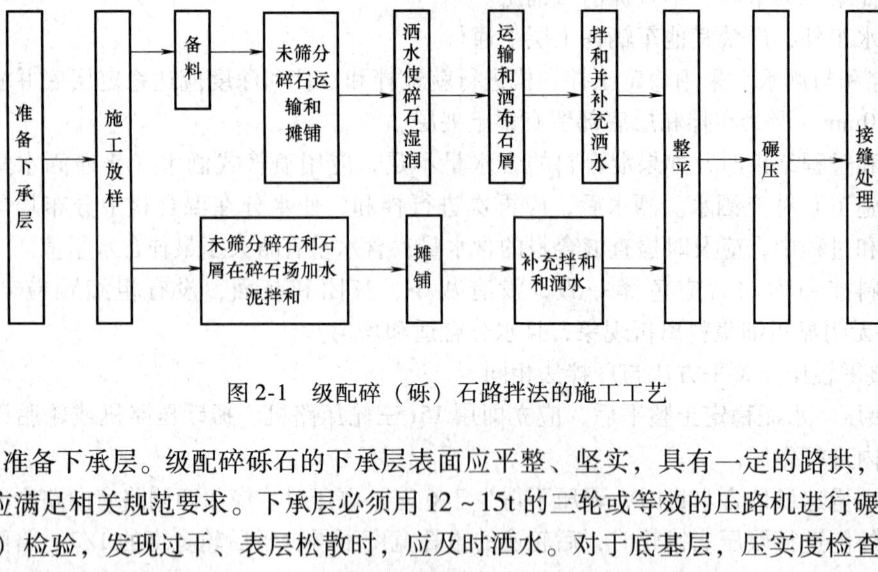

图 2-1　级配碎（砾）石路拌法的施工工艺

1）准备下承层。级配碎砾石的下承层表面应平整、坚实，具有一定的路拱，平整度和压实度应满足相关规范要求。下承层必须用 12～15t 的三轮或等效的压路机进行碾压（碾压 3～4 遍）检验，发现过干、表层松散时，应及时洒水。对于底基层，压实度检查和弯沉测定的结果不符合要求的，应采用补充碾压、换填好料、挖开晾晒等措施，使之达到规范的要求。应逐个检查各断面的标高是否满足误差的要求。

2）施工放样。在下承层上恢复中线。直线段每 15～20m 设一桩，平曲线段每 10～15m 设一桩，并在两侧路肩边缘外 0.3～0.5m 设指示桩。逐个断面进行高程测量，并在指示桩上标记结构层的设计高度。

3）备料。严格控制料场碎石质量完全符合要求。不同集料应分开堆放，细集料应覆盖，防止雨淋。根据各路段基层或底基层的宽度、厚度及预定的干密度和松铺系数，计算所需要的各种集料的数量，根据运料车辆的车厢体积，计算每车材料的堆放间距。

4）拌和。拌和均匀是级配碎石形成强度和良好的性能的关键。拌和过程中含水量宜高于最佳含水量 1% ~2%，以抵消运输和摊铺过程中水分散失及利于碾压成型。拌和机应保持良好的工作状态，应根据级配碎石材料最大粒径情况适当调整叶片，使其具有适当的尺度及净空。同时调整各料仓的开度，使拌和成的混合料满足级配碎石的级配要求。

5）运输和摊铺集料。

① 集料装车时，应控制每车料的数量基本相同。

② 同一料场的路段，运输应由远到近按计算的间距堆放，堆放的时间不宜过长，一般仅提前数天。料堆间每隔一定距离应留缺口用以排水。

③ 应事先通过试验确定集料的松铺系数，一般人工摊铺时为 1.4 ~1.5，平地机摊铺时为 1.25 ~1.35。

④ 采用粗细不同的多种集料时，应将粗集料铺在下面，并处于湿润状态，再将细集料铺在上面。级配碎石的未筛分碎石摊铺平整后，在其较湿润的情况下，向上运送石屑，用平地机并铺以人工将石屑均匀摊铺在碎石层上，或用石屑洒布机将石屑直接均匀洒布在碎石层上。

⑤ 检查松铺材料层的厚度，必要时应进行减料或补料工作。

6）整平后，当含水量满足要求时，应立即用 12t 以上三轮压路机、振动压路机或轮胎压路机进行碾压。

① 应由两侧路肩向路中心、由曲线内侧向外侧进行碾压，后轮应重叠 1/2 轮宽，且须超过两段的接缝处。一般需碾压 6 ~8 遍，使表面没有明显轮迹。压路机的碾压速度头两遍宜为 1.5 ~1.7km/h，以后为 2.0 ~2.5km/h。

② 路面两侧区域应多压 2 ~3 遍。

③ 严禁在已完成或正在碾压的路段上掉头或紧急制动。

④ 含有土的级配碎砾石层，应进行滚浆碾压，直到表层没有多余的细土泛出表面为止，然后将表层薄层土或滚浆清除干净。

7）接缝处理。作业段的衔接处，应搭接拌和。第一段拌和后，应留 5 ~8m 先不碾压。等第二段施工时，将留下的部分一起加水拌和，整平后进行碾压。施工时，应尽量避免纵向接缝。当必须分幅铺筑时，应搭接拌和。前半幅全宽碾压密实，后半幅拌和时，应将前半幅相邻处的边部 0.3m 左右搭接拌和，整平后一起碾压。

8）现场检测。压实后的级配碎石必须进行材料含水量、筛分析、现场压实度、平整度试验，并检测压实后的结构厚度是否满足要求。同时进行弯沉、承载板回弹模量测定，根据情况进行 FWD 实验，见表 2-8。

表 2-8　级配碎石的现场检测频率

试验内容	质量要求	试验方法	试验频度
施工含水量	与要求含水量相差不超过 2%	挖坑	随时观测，发现有异常时须进行
筛分析	符合级配范围	室内筛分	每段结构至少 10 个点
离析情况	基本上无离析	目测	随时
现场压实度	98% 或 100%	挖坑灌砂法	每段结构至少 10 个点
弯沉	实测	贝克曼梁和 FWD	每车道 25m 一个测点

（续）

试验内容	质量要求	试验方法	试验频度
回弹模量	实测	承载板	每段结构至少10个点
平整度	8mm	3m直尺	每200m两次，每次连续10尺
	标准差不大于3mm	连续式平整度仪	
厚度	平均值 -8mm	挖坑	每段结构至少10个点
	单点 -15mm		

（2）集中拌和法　级配碎砾石混合料可以在中心站利用强制式拌和机、卧式双转轴桨叶拌和机、普通混凝土拌和机等进行集中拌和。将混合料运到现场后，用沥青混凝土摊铺机、水泥混凝土摊铺机或稳定土摊铺机等摊铺混合料。

对于高速公路和一级公路的级配碎石基层和中间层，应采用不同粒级的单一尺寸的碎石和石屑，按规定配合比在拌和机中拌制。

1）运到现场的混合料，应按计算的间距堆放。细集料应覆盖，防止雨淋。

2）正式拌和前，应先调试所用的设备，使混合料的组成和含水量达到规定要求。

3）应设专人消除集料的离析现象。

4）用平地机进行整平与碾压，方法和路拌法相同。

5）横缝、纵缝的处理与路拌法相同。

2.4　水泥混凝土路面施工技术

水泥混凝土路面也称刚性路面，具有强度高、刚度大、稳定性好、养护维修费用低、使用寿命长等优点，在道路工程特别是高等级、重交通量的道路中已得到广泛的应用。水泥混凝土包括普通混凝土、钢筋混凝土、连续配筋混凝土、预应力混凝土、装配式混凝土和钢纤维混凝土等面层板和基层、垫层所组成的路面。

普通混凝土路面是指除接缝区和局部范围（边缘和角隅）外不配置钢筋的混凝土路面。水泥混凝土路面与沥青路面相比有对水泥和水的需要量大、开放交通迟、有接缝和修复困难等缺点。

2.4.1　常用材料

水泥混凝土路面要受到动荷载的冲击、摩擦和反复弯曲作用，同时还受到温度、湿度的反复变化的影响。因此，修筑水泥混凝土路面的混合料应具有较高的抗弯拉强度和耐磨性、良好的耐冻性以及尽可能低的膨胀系数和弹性模量。采用满足规范要求的合格的原材料是进行水泥混凝土路面的施工必要条件。

1. 水泥

高等级公路水泥混凝土路面应采用质量可靠、性能稳定的水泥；在各等级的水泥路面工程中应优先选用道路水泥。我国道路硅酸盐水泥的强度标准见表2-9。

表 2-9　道路硅酸盐水泥的强度标准

等　级	抗压强度/MPa		抗折强度/MPa	
	3d	28d	3d	28d
42.5	22.0	42.5	4.0	7.0
52.5	27.0	52.5	5.0	7.5
62.5	32.0	62.5	5.5	8.5

2. 粗集料

为保证混凝土具有足够的强度和良好的耐磨性、耐久性、抗滑性，粗集料应质地坚硬、洁净、耐久，且符合一定的级配。

粗集料一般包括碎石、碎卵石和卵石等。粗集料的技术指标应符合表 2-10 的规定。高速公路、一级公路、二级公路和有抗冻要求的三、四级公路使用的粗集料级配不低于Ⅱ级，无抗冻（盐）要求的三、四级公路混凝土路面、碾压混凝土及贫混凝土基层可使用Ⅲ级粗集料。

表 2-10　粗集料的技术指标

项　目	技术要求		
	Ⅰ级	Ⅱ级	Ⅲ级
碎石压碎指标（%）	<10	<15	<20
卵石压碎指标（%）	<12	<14	<16
坚固性（按质量损失计）（%）	<5	<8	<12
针片状颗粒含量（按质量计）（%）	<5	<15	<20
含泥量（按质量计）（%）	<0.5	<1.0	<1.5
泥块质量（按质量计）（%）	<0	<0.2	<0.5
有机物含量（比色法）	合格	合格	合格
硫化物及硫酸盐（按质量计）（%）	<0.5	<1.0	<1.0
岩石抗压强度	火成岩不应小于 100MPa；变质岩不应小于 80MPa；水成岩不应小于 60MPa		
表观密度	>2500kg/m^3		
松散堆积密度	>1350kg/m^3		
空隙率	<47%		
碱集料反应	经碱集料反应试验后，试件无裂缝、酥裂、胶体外溢等现象，在规定试验龄期的膨胀率应小于 0.10%		

3. 细集料

细集料可采用天然砂（河砂、江砂或山砂），也可采用机轧的人工砂（如石屑等）。细集料应坚硬、耐久、清洁，并满足一定的技术要求。细集料的技术指标应符合表 2-11 的规定。

表 2-11 细集料的技术指标

项目	技术要求		
	Ⅰ级	Ⅱ级	Ⅲ级
机制砂单粒级最大压碎指标（%）	<20	<25	<30
氯化物（按氯离子质量计）（%）	<0.01	<0.02	<0.06
坚固性（按质量损失计）（%）	<6	<8	<10
云母（按质量计）（%）	<1.0	<2.0	<2.0
天然砂、机制砂含泥量（按质量计）（%）	<1.0	<2.0	<3.0
天然砂、机制砂泥块含量（按质量计）（%）	0	<1.0	<2.0
机制砂 MB 值<1.4 或合格石粉含量（按质量计）（%）	<3.0	<5.0	<7.0
机制砂 MB 值≥1.4 或不合格石粉含量（按质量计）（%）	<1.0	<3.0	<5.0
有机物含量（比色法）	合格	合格	合格
硫化物及硫酸盐（按质量计）（%）	<0.5	<0.5	<0.5
轻物质（按质量计）（%）	<1.0	<1.0	<1.0
机制砂母岩抗压强度	火成岩不应小于 100MPa；变质岩不应小于 80MPa；水成岩不应小于 60MPa		
表观密度	>2500kg/m³		
松散堆积密度	>1350kg/m³		
空隙率	<47%		
碱集料反应	经碱集料反应试验后，由砂配置的试件无裂缝、酥裂、胶体外溢等现象，在规定试验龄期的膨胀率应小于 0.10%		

水泥混凝土路面所用天然砂宜为中砂（细度模数在 2.0 ~ 3.5），同一配合比用砂的细度模数变化不应超过 0.3，否则，应调整配合比中的砂率后方可使用。

细集料的含泥量应不大于 3%，硫化物和硫酸盐含量（主要是 SO_3）不大于 1%，同时，砂中不得混有石灰、煤渣、草根等杂物。

4. 拌和用水

清洗集料、拌和混凝土和养生用水，应不含有影响混凝土质量的油、酸、碱、盐类、有机物等。饮用水可直接作为混凝土搅拌和养护用水。水中硫酸盐含量（按 SO_4^{2-} 计）不超过 2.7mg/cm³，含盐量不超过 5.0mg/cm³，pH 值不小于 4。

5. 外加剂

为改善混凝土的技术性能，在混凝土的拌和过程中，常掺入一定量的减水剂、调凝剂和引气剂等外加剂。

加入适量的减水剂，在保持混凝土的工作性能不变的情况下，可显著降低水胶比。水胶比不变的情况下，可提高混凝土的工作性能，从而提高混凝土的强度和改善混凝土的抗冻、抗磨、收缩等性能。

调凝剂是调节水泥混凝土凝结时间的外加剂，通常用、速凝剂、早强剂、促凝剂和缓凝剂。速凝剂是使水泥混凝土迅速凝结和硬化的外加剂，可用于冬期施工。早强剂是加速混凝土早期强度发展的外加剂，常用的有氯化钙和三乙醇复合早强剂。

加入引气剂能在混凝土中形成细小的、均匀分布的空气微泡，对于新拌混凝土可改善其工作性能、减少泌水和离析；对硬化后的混凝土，可缓冲其水分结冰膨胀的作用。为了提高混凝土的抗冻性、抗渗性和抗蚀性，可在拌合物中加入引气剂。

6. 接缝材料

接缝材料包括接缝板和填缝料。

接缝板应选择能适应混凝土的膨胀与收缩，施工时不变形、耐久性良好的材料。常用材料有杉木板、软木板、橡胶、海绵泡沫树脂类等。

填缝料施工温度可分为加热施工式和常温施工式两种，应选择与混凝土板壁黏结力强、回弹性好、能适应混凝土的收缩、不溶于水、不渗水、高温不溢、低温不脆的耐久性材料。加热施工式填缝料主要有沥青橡胶类、聚氯乙烯胶泥类和沥青玛蹄脂类等；常温施工式填缝料有聚氨酯焦油类、氯丁橡胶类和乳化沥青橡胶类。

接缝中的软木板、加热式施工填料中的聚氯乙烯胶泥和常温式施工中的M880建筑密封膏以及聚酯改性沥青都是经常使用、性能较好的填缝材料。

2.4.2 水泥混凝土配合比设计与质量控制

公路水泥混凝土配合比设计可划分为实验室基准配合比设计、搅拌楼试拌配合比设计和施工现场配合比调整与验证三个阶段。

1. 实验室基准配合比设计

混凝土配合比设计首先应根据混凝土路面板的设计弯拉强度、耐久性、耐磨性、工作性能要求和经济合理的原则选用材料，通过实验确定混凝土单位体积中各种材料的组成用量；然后在实验室进行各项试验检验、调整及验证。

（1）优选外加剂品种和最佳掺量　除三、四级公路采用真空脱水工艺混凝土路面和无抗冻要求的贫混凝土基层外，各级公路掺用外加剂时，均应按水泥适应性要求试拌优选适宜的外加剂品种及其最佳掺量。

（2）拌合物试拌试验　应检验各种混凝土拌合物是否满足施工规范规定的不同摊铺方式的最佳工作性能要求。检验项目包括含气量、坍落度及其损失或振动黏度系数。在工作性能和含气量不满足相应摊铺方式要求时，可保持水胶比不变，调整单位用水量、外加剂掺量和砂率。

（3）混凝土容重及含气量调整　按体积法和密度法计算配合比，应实测拌合物含气量 a（%）及其偏差是否满足规范的要求，不满足要求时，应增减引气剂掺量，以达到规定的含气量。

（4）强度及耐久性检验　在满足上述拌合物工作性能和含气量要求的前提下，按标准试验及养生方法，以选定的水胶比为中心，或以选定的单位水泥用量为中心，制作弯拉强度、抗压强度、抗冻性、耐磨性等符合要求的试件，检验各种混凝土7d或28d试配弯拉强度、抗压强度、耐久性等。

施工单位实验室根据满足上述全部要求的实测结果提出的配合比，并经监理或建设方实验室验证，也能满足全部要求的，则可确定为实验室基准配合比。

2. 搅拌楼试拌配合比设计

各种混凝土的实验室配合比应通过大型搅拌楼实际拌和检验，并应根据料场砂石料含水量、拌合物实测容重、含气量、坍落度及其损失，调整单位用水量、砂率和外加剂掺量等，调整时水胶比不得变动、水泥（胶材）用量、钢钎维体积率不得减小。满足各种混凝土路面摊铺施工方式的工作性能、28d（或7d）试配弯拉强度、抗压强度和耐久性等要求后，得出搅拌楼试拌配合比。

室内配合比确定后，在实际路面铺筑前，还应进行大型搅拌楼配合比试拌检验，检验通过后，其配合比方可用于摊铺。

3. 施工现场配合比调整与验证

根据施工季节、气温和运距等的变化，可微调减水剂、引气剂或保塑剂的掺量，保持摊铺现场的坍落度始终适宜于铺筑，并且波动很小。

施工期间降雨后，应根据每天不同时间的气温及砂石料实际含水量变化，微调加水量，同时微调砂石料称量，其他配合比参数不得变更，维持施工配合比不变。雨天或砂石料变化时应加强控制，保持现场拌合物工作性能始终适宜摊铺和稳定。

2.4.3 施工工艺

水泥混凝土路面施工主要有施工准备、混凝土拌合物搅拌和运输、混凝土面层铺筑、混凝土的修正与养生、接缝、面层抗滑和养生等施工工序。水泥混凝土摊铺主要有轨道式摊铺机摊铺和滑模式摊铺机摊铺两种方式。

1. 施工准备

施工准备工作的内容有施工机械的选择、搅拌厂的设置、摊铺前材料和设备的检查、基层和封层的检测与整修。

1）应根据公路等级的不同，选用满足规范要求的施工机械装备。一般施工技术水平下，不同等级的公路水泥混凝土路面施工的设备要求应满足表2-12的要求。各等级公路均不得使用体积计量、小型自落滚筒式搅拌机，不得使用人工控制加水量。

表2-12 不同等级的公路水泥混凝土路面施工的设备要求

摊铺工艺机械装备	高速公路	一级公路	二级公路	三级公路	四级公路
滑模摊铺机	√	√	√	⊙	O
轨道摊铺机	⊙	√	√	√	O
三辊轴机组	O	⊙	√	√	√
小型机具	X	O	⊙	√	√
碾压混凝土	X	O	√	√	⊙
计算机自动控制强制搅拌楼（站）	√	√	√	⊙	O
强制搅拌楼（站）	X	O	⊙	√	√

注：符号含义：√表示应使用；⊙表示有条件使用；O表示不宜使用；X表示不得使用。

2）搅拌厂宜设在摊铺路段的中间位置。搅拌厂的内部设置应满足供水、供电、钢筋加工等使用要求，并尽量减少用地。应确保施工期间水泥、粉煤灰和砂石料的储备与供应。水泥仓库应覆盖或设置顶棚防雨，并设在地势较高处，严禁水泥、粉煤灰受潮或浸水。

3）开工前，应对计划使用的原材料进行质量检验和混凝土配合比的优选；对施工机械设备、仪器、模板机具等进行全面检查、调试、校核和维修等。

4）面层铺筑前，应对基层进行全面检查，当出现纵横裂缝、隆起和碾坏时，应彻底翻修。当封层出现局部损害时，应用封层材料修补，然后铺筑水泥混凝土面层。

2. 混凝土拌合物搅拌

1）搅拌楼在投入生产之前，应进行标定和试拌。搅拌楼配料计量偏差不得超过规范的要求。施工中应每 15d 校验一次搅拌楼计量精确度。根据拌合物的性质确定最佳拌和时间，一般情况下，单立轴式搅拌机拌和时间宜为 80 ~ 120s，双卧轴式搅拌机拌和时间宜为 60 ~ 90s。

2）混凝土拌和过程中，不应使用夹有冰雪、表面沾染尘土和局部曝晒过热的碎石料。

3）拌合物应均匀一致，拌合物中不得有生料、干料、离析和外加剂结团等现象。搅拌过程中，拌合物质量检验与控制应符合表 2-13 的规定。

表 2-13 混凝土拌合物的质量检验项目和频率

检查项目	检查频度	
	高速公路、一级公路	其他公路
水胶比及稳定性	每 $5000m^3$ 抽检 1 次，有变化随时测	每 $5000m^3$ 抽检 1 次，有变化随时测
坍落度及其均匀性	每工班测 3 次，有变化随时测	每工班测 3 次，有变化随时测
坍落度损失率	开工、气温较高和有变化随时测	开工、气温较高和有变化随时测
振动黏度系数	试拌、原材料和配合比有变化时测	试拌、原材料和配合比有变化时测
钢纤维体积率	每工班测 2 次，有变化随时测	每工班测 1 次，有变化随时测
含气量	每工班测 2 次，有抗冻要求不少于 3 次	每工班测 1 次，有抗冻要求不少于 3 次
泌水率	必要时测	必要时测
视密度	每工班测 1 次	每工班测 1 次
温度、凝结时间、水化发热量	冬、夏季施工，气温最高、最低时，每工班至少测 1 次	冬、夏季施工，气温最高、最低时，每工班至少测 1 次
离析	随时观察	随时观察
VC 值及稳定性、压实度、松铺系数	碾压混凝土做复合式路面底层时，检查频率与其他公路相同	每工班测 3 ~ 5 次，有变化随时测

3. 混凝土拌合物运输

1）应选用 5 ~ 20t、车况良好的载重自卸汽车运输混合料，运输时不得漏浆撒料，车厢底板应平整光滑，后挡板应关闭紧密。远距离运输或摊铺钢筋混凝土路面及桥面时，应选用混凝土罐车。

2）运输到现场的混凝土拌合物应具有适宜的工作性能，不同摊铺工艺的混凝土拌合物从搅拌机出料到运输、摊铺完毕的允许最长时间应满足表 2-14 的要求。不满足时应通过试验，加大缓凝剂或保塑剂的用量。

3）混凝土运输过程中应防止漏浆、漏料和污染路面，途中不得随意耽搁。自卸汽车起步和停车应平稳，运输过程中应减小颠簸，以防止拌合物发生离析。

4）车辆倒车和卸料时，应有专人指挥。卸料应到位，严禁碰撞摊铺机和其他施工设备。卸料完毕，应迅速离开。

表 2-14 混凝土拌合物出料到运输、铺筑完毕允许最长时间

施工温度/℃	到运输完毕允许最长时间/h		到铺筑完毕允许最长时间/h	
	滑模、轨道	三轴、小机具	滑模、轨道	三轴、小机具
5～9	2.00	1.50	2.50	2.00
10～19	1.50	1.00	2.00	1.50
20～29	1.00	0.75	1.50	1.25
30～35	0.75	0.50	1.25	1.00

4. 混凝土的摊铺与振捣

（1）轨道式摊铺机施工

1）轨道模板安装。安装时，以轨道模板顶面高程为基准控制路面表面的高程，其高程控制的精确度、铺轨是否平直、接头是否平顺、模板的刚度都将直接影响路面表面的质量和行驶性能。模板应安装稳固、顺直、平整、无扭曲，相邻模板连接应紧密平顺，底部不得有漏浆、前后错茬、高低错台的现象。设置纵缝时，应按要求间距，在模板上预先做孔放置拉杆。各种钢筋的安装位置偏差不得超过1cm；传力杆须与板面平行并垂直接缝，偏差不得超过5mm；传力杆间距不得超过1cm。

2）摊铺。

① 轨道摊铺机的机型选择应根据路面车道数和设计宽度按照规范要求选择技术参数，最小摊铺宽度不小于单车道宽3.75m。按混合料布料方式选择，采用的摊铺机械主要有刮板式、箱式、螺旋式，其中刮板式、箱式适用于摊铺连续配筋或钢筋水泥混凝土路面。

② 刮板式摊铺机能在模板上自由前后移动，导管也能左右移动，刮板可以任意方向旋转摊铺。这种摊铺机质量轻，易操作，但摊铺能力较小。

③ 箱式摊铺机的混凝土，在摊铺机前进时从横向移动的箱中卸下，同时箱子的下端按松铺厚度刮平混凝土。混凝土一次全部放入箱内，质量大，摊铺均匀而准确。

④ 螺旋式摊铺机由可以正反方向旋转的螺旋杆（直径约50cm）将混凝土摊开。螺旋后面有刮板，可正确调整高度。这种摊铺机的摊铺能力大，其松铺系数一般为1.15～1.30，与混凝土的配合比、集料粒径和坍落度等因素有关。

3）振捣。混凝土的振捣可采用振捣棒组合振动板与振动梁进行振捣。应配备符合规范要求的工作效率的振捣棒、振动板和振动梁。振动方式有斜插连续拖行及间歇垂直插入两种。当面板厚度超过15cm，坍落度小于300mm时，必须插入振捣；连续拖行振捣时，宜随着坍落度的大小增减作业速度。间歇振捣时，振实一处混凝土后，慢慢拔出，再移动到下一处，移动距离不宜过大。

（2）滑模式摊铺机施工　滑模式摊铺机的机架支撑在四个液压缸上，可以通过控制机械上下移动，来调整摊铺机铺层厚度。这种摊铺机一次可完成摊铺、振捣、整平等多道工序。滑模式摊铺机的其他施工工艺与轨道式基本相同，但其整机性能好，操纵方便和采用电子导向，因此生产率较高。

5. 水泥混凝土路面的修整

振实后的混凝土应进行整平、收光、压纹和养生。

1）混凝土的表面整平有斜向整平和纵向整平两种。用与摊铺机前进方向成一定角度的整平梁进行斜向整平（其中有一根为振动整平梁）；用与摊铺机方向一致的整平梁在混凝土表面纵向往返移动做纵向整平。整平时，应使整平机前的混凝土涌向路面横坡的一侧。

2）收光是使混凝土的表面更加致密、平整、美观。常用的国产 C-450X 机有较完备的整平、收光配套设施，整平质量较高。有时，也可由人工辅助收光。

3）压纹是提高水泥混凝土路面行车安全的重要措施。施工前，用纹理制作机对混凝土路面进行拉槽或压槽，在不影响平整度的前提下，使路表面具有一定的粗糙度。纹理的平均深度一般为 1～2mm，纹理走向应与路面前进方向垂直，相邻板的纹理要相互衔接，相互沟通，以利排水。压纹的时间要控制适当，当混凝土表面无波纹水迹为适合。

4）混凝土的表面修整后，应进行养生。初期可用活动的三角形罩棚将混凝土全部遮盖。等混凝土的表面泌水消失后，可用薄膜、湿草或麻袋覆盖。有时，也可喷洒养生液进行养生，洒布用量要足够、均匀。养生时间，使用普通硅酸盐水泥时一般为 1d，使用早强水泥时为 7d。

6. 接缝施工

（1）纵缝处理 当一次铺筑路面宽度小于路面和硬路肩总宽度时，应设置纵向施工缝，构造一般如图 2-2 所示。

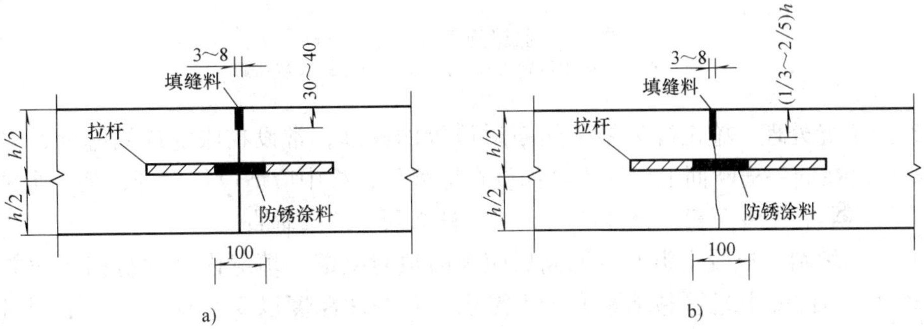

图 2-2　纵缝构造（h 为混凝土面板厚度）
a）纵向施工缝　b）横向施工缝

平缝施工应在模板上设计的孔位放置拉杆，并在缝壁一侧涂刷隔离剂。拉杆应采用螺纹钢筋，顶面的缝槽以切割机切成，用填料填满，并将表面的黏浆等杂物清理干净，以保持纵缝的顺直和美观。

假缝施工应先将拉杆固定在基层上，或用拉杆置放机在施工时置入。顶面的缝槽以切割机切成，使混凝土在收缩时能从此缝向下规则开裂，施工时应防止切缝深度不足而引起不规则裂缝。

（2）横向缩缝处理　混凝土结硬后，应适时切缝。切缝时间应控制在混凝土获得足够的强度，而收缩应力并未超出其强度范围时，以防切缝不整齐或出现早期裂缝。一般切缝时间以施工温度与施工后时间乘积为 200～300 个温度小时或混凝土的抗压强度为 0.8MPa 时比较合适。切缝的方法以调深调速的切缝机锯切效果较好，为减少早期裂缝，切缝可采用

“跳仓法”，即每隔几块板切一缝，然后再逐块切锯。切缝深度为板厚的 1/3 ~ 1/4，切缝太浅会引起不规则断板。

（3）胀缝处理　胀缝分浇筑混凝土终了时设置和施工中间设置两种情况。

1）施工过程中设置胀缝（见图 2-3a）。胀缝施工应预先设置好胀缝板和传力杆支架，并预留好滑动空间。为保证胀缝施工的平整度以及机械化施工的连续性，胀缝板以上的混凝土硬化后用切缝机按胀缝板的宽度切两条线，待填缝料时，将胀缝板以上的混凝土凿去。这种施工方法，对保证胀缝施工质量特别有效。

2）施工终了时设置胀缝（见图 2-3b）。传力杆长度的一半穿过端部挡板，固定于外侧定位模板中，混凝土浇筑前应先检查传力杆位置。浇筑时，应先摊铺下层混凝土，用插入振捣器振实，并校正传力杆位置，再浇筑上层混凝土。浇筑邻板时应拆除顶头木模，并设置下部胀缝板、木制嵌条和传力杆套管。

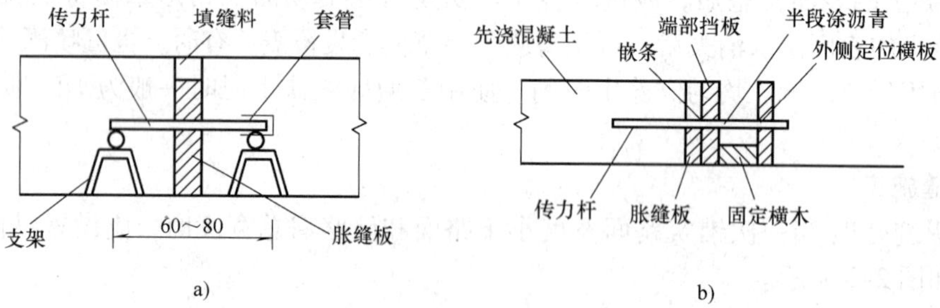

图 2-3　胀缝施工（单位：cm）
a）施工过程中设置胀缝　b）施工终了时设置胀缝

（4）施工缝处理　施工缝为施工间断时设置的横缝，常设在胀缝或缩缝处，多车道施工缝应避免设在同一横断面上。施工缝如设在缩缝处，板中应增设传力杆，其一半锚固在混凝土中，另一半应先涂沥青，允许滑动。传力杆必须与缝壁垂直。

（5）接缝填料　混凝土板养生期满后应及时填封接缝，填缝内必须清扫干净并保持干燥。填缝料应与混凝土缝壁黏结紧密，不渗水，其灌注深度以 3.4cm 为宜，下部可填入多孔柔性材料。填缝料的灌注高度，夏天应与板面平齐，冬天宜稍低于板面。

当用加热施工式缝料时，应不断搅匀至规定温度。气温较低时，应用喷灯加热缝壁。个别脱开处，应用喷灯烧烤，使其黏结紧密。目前用的强制式灌缝机和灌缝枪，能把改性聚氯乙烯胶泥和橡胶沥青等加热施工式填缝料和常温施工式填缝料灌入缝宽不小于 3mm 的缝内，也能把分子链较长、稠度较大的聚氨酯焦油灌入 7mm 宽的缝内。

7. 水泥混凝土路面养生

1）混凝土路面铺筑完成或制作抗滑构造完毕后应立即开始养生。机械摊铺的各种混凝土路面宜采用喷洒养生剂同时保湿覆盖的方式养生。在雨天或养生用水充足的情况下，也可采用覆盖保湿膜、土工毡、土工布、麻袋、草袋、草帘等洒水湿养生方式，不宜使用围水养生方式。

2）混凝土路面采用喷洒养生剂养生时，宜在表面混凝土泌水完毕后进行。喷洒应均匀、成膜厚度应足以形成完全密闭水分的薄膜，喷洒后的表面不得有颜色差异。喷洒高度宜为 0.5 ~ 1m。

3）覆盖塑料薄膜养生的初始时间，以不压坏细观抗滑构造为准。薄膜厚度（韧度）应合适，宽度应大于覆盖面600mm。两条薄膜对接时，搭接宽度不应小于400mm，养生期间应始终保持薄膜完整盖满。

4）养生持续时间应根据混凝土弯拉强度增长情况而定，一般养生时间为14～21d，高温天不宜少于14d，低温天不宜少于21d。

8. 开放交通

混凝土板达到设计强度时，可允许开放交通。当遇到特殊情况需要提前开放交通时，则应根据规定的试验方法测定混凝土与面板同样条件养护的试块应达到设计强度80%以上，其车辆荷载不得大于设计荷载。在开放交通之前，路面应清扫干净，所有接缝均应封闭好。

2.5　沥青混凝土路面施工技术

沥青路面是用沥青材料结合料黏结矿料修筑面层与各类基层与垫层组成的路面结构。由于沥青路面使用了沥青结合料，因此增强了集料间的黏结力，提高了混合料的强度和稳定性，使路面的使用质量和耐久性得到提高。与水泥混凝土路面相比，沥青路面具有表面平整、无接缝、行车舒适、耐磨、振动小、噪声低、施工期短、养护维修简便和适宜分期修建等优点。

2.5.1　沥青路面分类

1. 按施工工艺分类

沥青路面按施工工艺可分为层铺法、路拌法和厂拌法。

（1）层铺法　层铺法是沥青和集料分层撒铺、碾压成型的路面施工方法。该法具有工艺设备简单、功效较高、施工进度快、造价低等优点；其缺点是需要经过炎热夏季行车碾压之后路面才能成型，因此成型期较长。用这种方法修筑的路面有沥青表面处置和沥青贯入式。

（2）路拌法　路拌法是在路上用人工或机械将矿料和沥青材料就地拌和、摊铺、碾压密实而形成的沥青面层施工方法。路拌法因就地拌和，沥青材料在矿料中分布均匀，减少了路面的成型期。因矿料是冷料，需黏稠度较低的沥青材料黏结，所以路面强度较低。

（3）厂拌法　厂拌法是将规定级配的矿料和沥青材料用工厂的专用设备加热拌和，并在一定的时间内运到工地用摊铺机摊铺，然后碾压成型的沥青路面的施工方法。如果混合料拌和后立即运到工地摊铺碾压，称为热拌热铺；如果混合料加热后储存一段时间后再常温下运到工地摊铺，则为热拌冷铺。厂拌法施工集料清洁、级配准确、沥青黏稠度高、用量准确，因此混合料质量高、寿命长，但修建费用较高。

2. 按强度构成原理分类

按强度构成原理可将沥青路面分为密实类路面和嵌挤类路面两大类。

（1）密实类路面　密实类沥青路面的集料级配按最大密实原则设计，颗粒尺寸多样，其强度和稳定性主要取决于混合料的黏聚力和内摩阻力。

（2）嵌挤类路面　嵌挤类沥青路面采用的是颗粒尺寸较为均一的集料，路面的强度和稳定性主要由骨料颗粒之间相互嵌挤所产生的内摩阻力决定，而黏聚力只起次要作用。嵌挤类沥青路面比密实类路面的热稳定性要好，但空隙率大，易渗水，因而耐久性差。

3. 按沥青路面的技术特性分类

按沥青路面的技术特性，可将其分为沥青混凝土路面、热拌沥青碎石路面、乳化沥青碎石路面、沥青贯入式路面、沥青表面处置路面五种类型。近年来，在工程实践中，沥青玛琋脂碎石混合料路面、开级配沥青混凝土路面、多碎石沥青混凝土路面等新型沥青混凝土路面都得到了一定的应用。

（1）沥青混凝土路面　用不同粒径的碎石、天然砂或破碎砂、矿粉和沥青按一定比例在拌和机中热拌所得的混合料称为沥青混凝土混合料。这种混合料的矿料部分具有严格的级配要求，若矿料中含有矿粉，混合料是按最佳密实级配配置的（空隙率小于10%），这种混合料压实后达到规定的强度时，就称为沥青混凝土。按级配原理选配的矿料与适量沥青拌和均匀，经摊铺压实而成的路面称为沥青混凝土路面。

（2）热拌沥青碎石路面　沥青碎石路面是由几种不同大小的矿料（所用矿料为开级配），掺有少量矿粉或不加矿粉，用沥青结合料，按一定比例配合，拌和均匀，拌和后混合料的孔隙率大于10%，混合料被称为厂拌沥青碎石，沥青碎石经摊铺碾压成型的路面称为沥青碎石路面。

（3）乳化沥青碎石路面　乳化沥青碎石适用于三级、四级公路的沥青路面、二级公路养护罩面以及各级公路的调平层，也可用作柔性基层。

（4）沥青贯入式路面　沥青贯入式路面是在初步压实的碎砾石上，用沥青浇灌，再分层摊铺嵌缝料和浇洒沥青，并通过分层压实而形成的一种较厚的路面面层，其厚度通常为4.8cm。沥青贯入式路面强度高、稳定性好、施工简便、不易产生裂缝，但沥青材料在矿料中不易洒布均匀，因此强度不均匀。根据沥青材料贯入深度不同可分为深贯入式（贯入深度大于6.8cm）和浅贯入式（贯入深度为4~5cm）。为了防止表面水的深入，须加封层密闭表面孔隙，以增强路面的水稳性和耐用性。如果封层采用拌和法施工，则其下部宜采用贯入法，常称为沥青上拌下贯式路面。

（5）沥青表面处治路面　沥青表面处治路面是用沥青和集料按层铺法或拌和法铺筑而成的厚度不超过3cm的沥青路面，沥青表面处治的作用是保护下层路面结构层，防水、抗磨耗、防滑和改善碎砾石路面的使用品质。为保证矿料间良好的嵌锁作用，同一层的矿料颗粒尺寸应力求均匀，最大粒径应与表处层的厚度相同，且所用沥青须有一定的稠度。沥青表面处治的施工应在寒冷季节（日最高温度低于15℃）到来之前半个月结束，以确保当年能在一定的高温条件下，通过行车碾压使路面成型。沥青表面处治根据厚度的不同可分为单层式、双层式和三层式。

（6）沥青玛琋脂碎石路面　沥青玛琋脂碎石路面是指用沥青玛琋脂碎石混合料做面层或抗滑层的路面。沥青玛琋脂碎石混合料（简称SMA）是以间断级配的集料为骨架，用改性沥青、矿粉及纤维组成的沥青玛琋脂为结合料，经拌和、摊铺、压实而形成的一种构造深度较大的抗滑面层。具有抗滑、耐磨、空隙率小、抗疲劳、高温抗车辙性、低温抗裂性等优点，适用于高速公路、一级公路及其他重要公路的表面层。

4. 按路面结构基层的力学特性分类

按照路面结构基层的力学特性可将沥青路面分为以下几类：柔性基层沥青路面、刚性基层沥青路面、半刚性基层沥青路面、组合式基层沥青路面和全厚式沥青路面。

（1）柔性基层沥青路面　以沥青稳定类材料、粒料等为基层的沥青路面，最常用的结构形式为沥青混凝土面层+沥青稳定碎石基层+粒料基层。柔性基层沥青路面总体刚度小，在车辆荷载作用下产生的弯沉变形较半刚性基层大，经路面各结构层传递，作用在土基上的单位压力较大。在施工设计中对柔性基层路面结构应提高路基强度或加强软弱路基处理。

（2）刚性基层沥青路面　刚性基层沥青路面是指以水泥混凝土结构（通常为贫水泥混凝土）作为基层，上面铺筑较厚的沥青层的路面，具有强度高、刚度大、整体性和稳定性良好，同时抗冲刷性能优等特点。贫混凝土和普通混凝土刚性基层比半刚性基层会产生更大的干缩和温缩裂缝，易导致其上沥青面层出现反射裂缝。因此，在刚性基层的路面结构中，应采取防止反射裂缝的措施以保护沥青面层不至于因为基层开裂而反射至沥青面层表面。

（3）半刚性基层沥青路面　以半刚性基层材料为基层，其上直接铺筑沥青面层的路面，结构形式为沥青混凝土面层+半刚性基层。半刚性基层、底基层的材料有水泥稳定类、二灰稳定类、石灰稳定类。半刚性基层在前期具有柔性基层的特点，而在后期强度和刚度均有较大幅度的增长，但仍远远小于刚性基层。半刚性基层沥青路面是我国高等级公路路面的主要铺装形式，占到90%以上。但半刚性基层收缩性大、表面致密、易积水。与沥青面层的接触条件差，且这些缺陷受到交通荷载、气候因素的影响而更为恶化，从而导致路面的早期破坏，因此需采取合理的措施，消除其不利影响。

（4）组合式基层沥青路面　组合式基层沥青路面是柔性基层与半刚性底基层组合使用的路面，最常用结构形式为沥青混凝土面层+沥青碎石基层+半刚性底基层，或者沥青混凝土面层+沥青碎石基层+粒料过渡层+半刚性底基层。目前这种组合式沥青路面（特别是半刚性基层上加设沥青稳定碎石）得到了越来越多的应用。但在施工设计过程中需注意：当采用级配碎石基层时，必须验算其上各结构层的疲劳性能，以避免由于整体性材料与非整体性材料界面出现的应力或应力突变而产生的疲劳破坏。

（5）全厚式沥青路面　全厚式沥青混凝土路面是路面结构全部用沥青混合料铺筑，一般沥青层厚达400~500mm，仍属柔性基层沥青路面范畴。

2.5.2 常用材料

1. 沥青材料

（1）道路石油沥青　道路石油沥青适用于各类沥青路面面层，其适用范围应符合表2-15的要求。

表2-15　道路石油沥青的适用范围

沥青等级	适用范围
A级	各个等级的公路，适用于任何场合和层次
B级	1. 高速公路、一级公路沥青下面层及以下的层次，二级及二级以下公路的各个层次 2. 用作改性沥青、乳化沥青、改性乳化沥青、稀释沥青的基质沥青
C级	三级及三级以下公路的各个层次

沥青路面采用的沥青标号，应根据公路等级、气候条件、交通条件、路面类型及在结构层中的层位、受力特点、施工方法等，结合当地的使用经验，经技术论证后确定。

对于高等级公路，重载交通、夏季温度高、高温持续长、山区及丘陵区的上坡路段，服务区、停车场等受汽车荷载剪应力、行车速度慢的路段，应采用黏度大、稠度高的沥青，也可提高高温气候分区的温度水平选用沥青等级；反之，冬季寒冷的地区或交通量小的公路可采用低温延度大、稠度小的沥青；当地气候温差较大的地区应选用针入度指数较大的沥青。

道路石油沥青在储存、使用和存放过程中注意防水，应避免雨水和蒸汽浸入沥青。沥青储存的温度应为130～170℃。筒装沥青应直立堆放，加盖毡布。

（2）乳化沥青　乳化沥青适用于沥青贯入式路面、沥青表面处治路面、冷拌沥青混合料路面、喷洒透层、粘层和封层等。乳化沥青的品种和适用范围应符合表2-16的规定。

表2-16　乳化沥青品种及适用范围

分　类	品种及代号	适用范围
阳离子乳化沥青	PC-1	表面处治、贯入式路面及下封层用
	PC-2	透层油及基层养生用
	PC-3	粘层油用
	BC-1	稀浆封层或冷拌沥青混合料用
阴离子乳化沥青	PA-1	表面处治、贯入式路面及下封层用
	PA-2	透层油及基层养生用
	PA-3	粘层油用
	BA-1	稀浆封层或冷拌沥青混合料用
非离子乳化沥青	PN-2	透层油用
	BN-1	与水泥稳定集料同时使用

应根据集料的品种、使用条件、施工方法等选择乳化沥青的破乳速度和黏度，用以确定合适的乳化沥青的类型。一般阳离子乳化沥青适用于各种集料品种，阴离子乳化沥青适用于碱性石料。应正确存放乳化沥青，应放于立式罐中并适当搅拌，储存期内应不离析、不冻结、不破乳。

（3）改性沥青　对于气候条件恶劣，交通特别繁重的路段，使用普通道路石油沥青不能满足使用要求时，可以使用改性沥青。使用改性沥青通常对改善沥青路面高温及低温稳定性有明显效果。改性沥青一般采用聚合物、天然沥青或其他改性剂对基质石油沥青进行改性。聚合物改性剂可分为三类：①热塑性橡胶类，如苯乙烯－丁二烯－苯乙烯嵌段共聚物（SBS）；②橡胶类，如丁苯橡胶（SBR）；③热塑性树脂类，如乙烯－醋酸乙烯共聚物（EVA）、聚乙烯（PE）等。

使用改性沥青时应注意：

1）根据当地的气候条件和交通条件，选择适当的基质沥青。希望提高高温性能的路段，基质沥青的标号宜为当地同类公路使用的沥青标号；希望提高低温性能的路段，基质沥青的标号宜为针入度大一个等级的沥青。

2）根据沥青改性的目的和要求选择改性剂时，可作如下初步选择：

① 为提高抗永久性变形能力，宜使用热塑性橡胶类、热塑性树脂类改性剂。

② 为提高抗低温开裂能力，宜使用热塑性橡胶类、橡胶类改性剂。

③ 为提高抗疲劳开裂能力，宜使用热塑性橡胶类、橡胶类、热塑性树脂类改性剂。

④ 为提高抗水损害能力，宜使用各类抗剥落剂等外掺剂。

2. 粗集料

用于沥青路面的粗集料包括碎石、破碎砾石、筛选碎石、钢渣和矿渣等，但高速公路和一级公路不得使用筛选砾石和矿渣。

沥青路面的粗集料应干燥、清洁、表面粗糙、形状接近立方体，且无风化、无杂质，并具有足够的强度、耐磨耗性。粗集料的质量应符合表 2-17 的要求。

表 2-17　沥青混合料用粗集料质量技术要求

指　标	单位	高速公路及一级公路		其他等级公路	试验方法
		表面层	其他层次		
石料压碎值，不大于	%	26	28	30	T0316
洛杉矶磨耗损失，不大于	%	28	30	35	T0317
表观相对密度，不大于	—	2.60	2.50	2.45	T0304
吸水率，不大于	%	2.0	3.0	3.0	T0304
坚固性，不大于	%	12	12	—	T0314
针片状颗粒含量（混合料），不大于	%	15	18	20	T0312
其中颗粒大于 9.5mm，不大于	%	12	15	—	
其中颗粒小于 9.5mm，不大于	%	18	20	—	
水洗法 <0.075mm 颗粒含量，不大于	%	1	1	1	T0310
软石含量，不大于	%	3	5	5	T0320

3. 细集料

细集料可采用天然砂、人工砂及石屑，或天然砂与石屑的混合料。细集料应干净、坚硬、干燥、无风化、无杂质或其他有害物质，并有适当的级配范围。

砂的含泥量超过规定时，应水洗后使用，海砂中的贝壳类材料必须筛除，热拌沥青混合料中天然砂的用量通常不应超过 20%。

细集料的质量技术要求应符合表 2-18 的规定。

表 2-18　沥青面层用细集料质量技术要求

项　目	单位	高级公路、一级公路	其他公路	试验方法
表观相对密度，不小于	—	2.5	2.45	T0328
坚固性（>0.3mm 部分），不大于	%	12	—	T0340
含泥量（<0.075mm 的含量），不大于	%	3	5	T0333
砂含量，不小于	%	60	50	T0334
亚甲蓝值，不大于	g/kg	25	—	T0346
棱角性（流动时间法），不大于	s	30	—	T0345

细集料应与沥青有良好的黏结能力，在高速公路、一级公路、城市快速路、主干路沥青面层使用与沥青黏结性能差的天然砂或用花岗岩、石灰岩等酸性岩石破碎制成的人工砂及石屑时，应采取抗剥离措施对细集料进行处理。

4. 填料

沥青混合料的矿粉必须采用石灰岩或岩浆岩中的强基性岩石等憎水性石料磨成的矿粉，

矿粉应干燥、清洁，能自由地从矿粉仓中流出，矿粉的质量应符合表2-19的要求。

表2-19 沥青混合料用矿粉质量要求

项目		单位	高速公路、一级公路	其他等级公路	实验方法
表观密度，不小于		t/m^3	2.50	2.45	T0352
含水量，不大于		%	1	1	T0103 烘干法
粒级范围	<0.6mm	%	100	100	T0351
	<0.15mm	%	90~100	90~100	
	<0.075mm	%	75~100	70~100	
外观		—	无团粒结块		
亲水系数		—	1		T0353
塑性指数		%	<4		T0354
加热安定性		—	实测记录		T0355

拌和机的粉尘可作为矿粉的一部分回收使用，但每盘用量不得超过填料总量的25%，掺有粉尘填料的塑性指数不大于4%。

粉煤灰作为填料使用时，粉煤灰的烧失量应小于12%，用量不得超过填料总量的50%，与矿粉混合后的塑性指数应小于4，其余质量与矿粉相同。粉煤灰应经试验确认与沥青有良好的黏结力，且沥青混合料的水稳定性应满足要求。高等级公路不宜使用粉煤灰做填料。

为了改善沥青混合料水稳定性，可以采用干燥的磨细生石灰粉、消石灰粉或水泥作为填料，其用量不宜超过填料总量的1%~2%。

2.5.3 沥青混凝土配合比设计和压实度控制

1. 配合比的设计

JTG F40—2004《公路沥青路面施工技术规范》规定，我国沥青混凝土配合比设计采用马歇尔试验配合比设计方法。该方法是先按配合比设计拌和沥青混合料，然后制成规定尺寸的试件，经规定的养生时间后测定其物理指标（包括表观密度、稳定度和流值），然后计算空隙率、沥青饱和度、矿料间隙率等。

高等级公路沥青混合料的配合比设计应调查以往同类材料的配合比设计经验和使用效果的基础上按以下步骤进行：

1）目标配合比设计阶段。利用实际工程使用的材料，按照《公路沥青路面施工技术规范》中要求的方法，优选矿料级配，确定沥青最佳用量，使之符合配合比设计技术标准和检验要求，并依次作为设计目标配合比，供拌和机确定各冷料仓的供料比例、进料速度及试拌使用。

2）生产配合比设计阶段。当使用间歇式拌和机时，应按规定的方法取样测试各料仓的材料级配，确定各热料仓的配合比，供拌和机控制室使用，并选择适宜的筛孔尺寸和安装角度，使各料仓的供料大体平衡。对连续式拌和机可省略生产配合比设计步骤。

3）生产配合比验证阶段。拌和机按照生产配合比结果进行试拌、铺筑试验段，并取样进行马歇尔试验，同时从路上钻取芯样观测空隙率大小，由此确定生产用的标准配合比。对确定的标准配合比应再次进行车辙试验和水稳定性试验。

4）确定施工级配允许波动的范围。根据标准配合比和规范中规定的质量管理中的各种筛孔的允许波动范围，制订施工用的级配控制范围，用于检查施工中沥青混合料的生产质量。

5）经设计确定的标准配合比在施工过程中不得随意更改。生产过程中应加强跟踪检测，严格控制进场材料的质量，如果材料发生变化，经检测沥青混合料的矿料级配、马歇尔技术指标不符合要求，应及时调整配合比，使沥青混合料的质量符合要求并保持相对稳定，必要时重新进行配合比设计。

6）二级及二级以下公路的热拌沥青混合料的配合比设计可按以上方法进行。当材料和同类道路完全相同时，也可直接引用成功的经验。

2. 压实度控制

许多高速公路沥青路面的早期破坏，大都与压实不足有关，因此，压实度的控制和评定至关重要。沥青路面的压实度采取重点对碾压工艺进行过程控制，适度钻孔抽检压实度的方法进行。具体有以下内容：

1）碾压工艺的控制包括压路机的配置（台数、吨位及机型）、排列和碾压方式，压路机与摊铺机的距离，碾压温度、碾压速度，压路机洒水雾化情况，碾压段长度，调头方式等。

2）碾压过程中宜用核子密度仪等无破损检测设备进行压实度过程控制，随机选择，应不少于13个点，取平均值，与标定值和试验段测定值比较评定。

3）在路面完全冷却后，随机选点钻孔取样，如一次钻孔同时又多层沥青层时需用切割机切割，待试件充分干燥后（在第二天后）分别测定密度。应及时将钻孔后的孔中灰浆清净，待干燥后用相同的沥青混合料分层填充夯实。施工过程中，钻孔的试件宜编号并贴上标签予以保存，以备交工验收时使用。

4）压实层厚度等于或小于3cm的超薄表面层或磨耗层、厚度小于4cm的SMA表面层、易发生温缩裂缝的严寒地区的表面层、桥面铺装沥青层，以及使用改性沥青后，钻孔试样表面形状改变，难以准确测定密度时，可免于钻孔取样，严格控制碾压。

2.5.4　施工工艺流程

沥青混合料包括沥青混凝土、沥青碎石、抗滑表层等几种类型，其施工工艺流程为施工前的准备工作、沥青混合料的拌和、运输、摊铺、压实和接缝施工等过程。

1. 施工前的准备工作

施工前的准备工作主要有材料供给（料源的确定及进场材料的质量检验）、下承层的准备、拌和设备准备（拌和设备的选型与场地布置）、施工机械的检查、修筑试验路段等项工作。

（1）材料供给　在考虑经济性、开采条件、运输条件的情况下，选择质量满足技术标准的料场，并对料场内的石料、砂、石屑、矿粉等做必要的试验检测。为了保证连续施工，集料堆场储存的集料应为平均日用量的5倍以上，矿粉和沥青储存量为平均日用量的2倍以上。沥青混合料通常由4～5种规格的集料配制而成，每种规格的集料置于相应的冷料仓中。应根据目标配合比所确定的集料比例，调整各冷料仓向拌和机的供料数量，使混合料的合成级配符合目标配合比。各个冷料仓的集料通过冷料仓口下的胶带输送到通往拌和机的大输送带上，所以仓口开启的大小和胶带运行速度都将直接影响各冷料仓的供料数量。在拌和厂中，通常是固定冷料仓口的开启程度，通过改变胶带的运行速度调整供料的数量。

（2）下承层的准备　铺筑沥青层前，应检查基层和下卧层的质量，不符合要求的不得铺筑沥青层。旧沥青路面和下层污染时，必须清洗或经铣刨处理后方可铺筑沥青混合料。

（3）拌和设备准备　沥青混合料必须在沥青拌和厂（场、站）采用拌和机械拌制。拌和厂与工地现场距离应充分考虑交通堵塞的可能，确保混合料的温度下降不超过要求，且不因颠簸造成混合料的离析。

高速公路和一级公路应采用间歇式拌和机拌和，用连续式拌和机拌和的集料质量应稳定，如果从多处进料，则不得使用连续式拌和机。

（4）施工机械的检查　主要对拌和与运输设备、洒油车、矿料洒布车、摊铺机和压路机的规格、性能和运转、液压系统进行检测与检查。

2. 沥青混合料的拌和

（1）拌和温度　沥青混合料需要在一定的温度下拌和，以使沥青达到要求的流动性，较好地裹覆矿料颗粒。但拌和温度过高会导致沥青老化，严重影响沥青混合料的使用性能。拌和厂温度控制包括沥青加热温度、矿料加热温度和沥青混合料出厂温度等，见表 2-20、表 2-21 的规定。对高速公路、一级公路和城市快速路、主干路，当沥青混合料出厂温度超过正常温度上限 30℃时，混合料应予废弃。

表 2-20　热拌沥青混合料的施工温度范围　（单位:℃）

施工工序		石油沥青的标号			
		50 号	70 号	90 号	110 号
沥青加热温度		160 ~ 170	155 ~ 165	150 ~ 160	145 ~ 155
矿料加热温度	间歇式拌和机	集料加热温度比沥青温度高 10 ~ 30			
	连续式拌和机	矿料加热温度比沥青温度高 5 ~ 10			
沥青混合料出料温度		150 ~ 170	145 ~ 165	140 ~ 160	135 ~ 155
混合料储料仓储存温度		储存过程中温度降低不超过 10			
混合料废弃温度，高于		200	195	190	185
运输到现场温度，不低于		150	145	140	135
混合料摊铺温度，不低于	正常施工	140	135	130	125
	低温施工	160	150	140	135
开始碾压的混合料内部温度，不低于	正常施工	135	130	125	120
	低温施工	150	145	135	130
碾压终了的表面温度，不低于	钢轮压路机	80	70	65	60
	轮胎压路机	85	80	75	70
	振动压路机	75	70	60	55
开放交通的路表温度，不高于		50	50	50	45

表 2-21　聚合物改性沥青正常施工温度范围　（单位:℃）

施 工 工 序	聚合物改性沥青品种		
	SBS 类	SBR 胶乳类	EVA、PE 类
沥青加热温度	160～165		
改性沥青现场制作温度	165～170	—	165～170
成品改性沥青加热温度 不大于	170	—	175
集料加热温度	190～220	200～210	185～195
改性沥青 SMA 混合料出厂温度	170～185	160～180	165～180
混合料最高温度（废弃温度）	195		
混合料储存温度	拌和出料后降低不超过 10		
摊铺温度，不低于	160		
初压开始温度，不低于	150		
碾压终了的表面温度，不低于	90		
开放交通时的路表温度，不高于	50		

（2）拌和时间　沥青混合料需要一定的时间进行拌和，以保证各种组成材料在混合料中分布均匀，并使所有矿料颗粒全部被沥青所裹覆。拌和时间由试拌确定，要求所有颗粒全部裹覆沥青，并以沥青混合料拌和均匀为标准。间歇式拌和机每锅拌和时间宜为 30～50s（其中干拌时间不得少于 5s）。拌和厂拌和的沥青混合料应均匀一致、无花白料、无结团成块或严重的粗细料离析现象，不符合要求时不得使用，并应及时调整。沥青混合料拌和后，如果不立即摊铺，可放入成品储料仓。为避免沥青混合料的老化，在有保温设备的储料仓中，其温度下降不应超过 5℃，储料仓的储料时间一般不宜超过 24h，最多不应超过 48h。

（3）拌和检验　沥青混合料拌和过程中，拌和楼控制室要逐盘打印沥青及各种矿料的用量和温度，并定期对拌和楼的计量和测温系统进行校核；没有材料计量和温度自动计量装置的拌和机不得使用；每天应用拌和总量检验矿料的配合比和沥青混合料的油石比的误差。沥青混合料应符合批准的工地配合比的要求，并应在目标值的允许偏差范围内，集料级配目标值的允许偏差应遵守表 2-22 所示。

表 2-22　拌和楼目标配合比的允许偏差

矿料级配（筛孔）	0.075mm	逐盘在线检测	±2%（2%）	—	计算机采集数据计算
	≤2.36mm		±5%（4%）	—	
	≥4.75mm		±6%（5%）	—	
	0.075mm	逐盘检查，每天汇总 1 次取平均值评定	±1%	—	总量检验
	≤2.36mm		±2%	—	
	≥4.75mm		±2%	—	
	0.075mm	每台拌和机每天 1～2次，以 2 个试样的平均值评定	±2%（2%）	±2%	T0725 抽提筛分与标准级配比较的差
	≤2.36mm		±5%（3%）	±6%	
	≥4.75mm		±6%（4%）	±7%	

3. 沥青混合料的运输

热拌沥青混合料宜采用吨位较大的运料车运输，但不得超载、紧急制动、急弯掉头等以免损伤下卧层。对于高速公路、一级公路应配备富裕的运料车，一般情况在摊铺时，应不少于5辆运料车等候摊铺。

沥青混合料用自卸汽车运至工地，底板及车壁应涂一薄层油水（柴油∶水=1∶3）混合液，但不得有余液积聚在车厢底部。不允许用石油衍生剂来做卡车底板的涂料。装卸前，卡车底板应排干积水。每辆卡车都应有一个帆布篷或其他材料做的篷，其大小应能保护混合料不受天气的影响。

沥青混合料运至摊铺地点后应凭运料单接收，并检查拌和质量。同时运输过程中应覆盖，至摊铺地点时的沥青混合料温度不宜低于规定的温度。已经结块和雨淋的混合料不得摊铺在道路上。

4. 沥青混合料的摊铺

沥青混合料摊铺作业是保证沥青路面密实度和平整度的关键工序之一，原则上应采用机械摊铺，在路幅狭窄、曲线半径过小或道路加宽部分等小规模工程可采用人工摊铺。高速公路、一级公路和城市快速路、主干路应采用机械摊铺，并宜采用两台以上摊铺机成梯队作业，进行联合摊铺。

热拌沥青混合料应采用沥青摊铺机摊铺，对于高等级公路宜采用两台或更多台摊铺机前后错开10~20m，呈梯队方式同步摊铺，两幅之间应有30~60mm宽度的搭接，并避开车道轮迹带，上下层的搭接位置宜错开200mm以上。

应提前0.5~1h预热熨平板，使其温度不低于100℃，熨平板加宽连接应调节至摊铺的混合料没有明显的离析痕迹为止。为提高路面的初始压实度，应正确使用熨平板的夯锤压实和振捣装置。

摊铺机的螺旋送料器应相应于摊铺速度调整到保持一个稳定的速度均衡地转动，两侧应保持有不少于送料器2/3高度的混合料，以减少在摊铺过程中混合料的离析。

摊铺机应采用自动找平方式，下面层或基层宜采用钢丝绳引导的高程控制方式，上面层宜采用平衡梁或雪橇式摊铺厚度控制方式，中面层根据情况选用合适的找平方式。

沥青混合料的松铺系数和厚度可根据摊铺机的类型、混合料的品种取值。每天在摊铺后的5~15m进行实测，以便准确控制摊铺厚度和横坡。

沥青混合料的摊铺温度应满足表2-20（或表2-21）的规定。摊铺机摊铺过程中，应均匀、缓慢、连续不间断地摊铺，不得随意变换速度和中途停顿，以免出现混合料离析导致平整度降低。沥青混凝土、沥青碎石摊铺速度宜控制为2~6m/min，改性沥青混合料及SMA混合料速度宜为1~3m/min。发现混合料出现明显的离析、波浪、裂缝和拖痕时，应分析原因，予以消除。

5. 沥青混合料的压实

沥青混合料的压实应控制混合料的压实厚度、温度、速度、遍数、压实方式的确定及特殊路段的压实（陡坡与弯道）。

1）应选择合理的压路机组合方式及碾压步骤，以达到最佳效果。沥青混合料压实宜采用钢筒式静态压路机与轮胎压路机或振动压路机组合的方法，初压严禁使用轮胎压路机，以确保面层横向平整度。压路机的数量应根据生产率决定。

2）沥青混合料最大厚度不宜大于100mm，沥青碎石层厚度不宜大于120mm，当采用大功率压路机并通过试验验证时厚度允许增大到150mm。

3）压路机应慢而均匀地碾压，在碾压过程中压路机不应突然改变碾压路线和方向，以免导致混合料推移。压路机碾压的速度应符合表2-23的要求。

表2-23 压路机碾压速度 （单位：km/h）

压路机类型	初压		复压		终压	
	适宜	最大	适宜	最大	适宜	最大
钢筒式压路机	2～3	4	3～5	6	3～6	6
轮胎压路机	2～3	4	3～5	6	4～6	8
振动压路机	2～3（静压或振动）	3（静压或振动）	3～4.5（振动）	5（振动）	3～6（静压）	6（静压）

4）压路机的碾压温度应根据混合料的种类、机型、气温、层厚并结合试验确定，同时应满足规范的规定。在不产生推移、裂缝的前提下，应尽可能在高的温度下进行碾压。

5）压实程序。压实程序分为初压、复压、终压三道工序。

① 初压时用6～8t双轮压路机或6～10t振动压路机（关闭振动装置即静压）压2遍，温度为110～130℃。初压后检查平整度和路拱，必要时，应予以修整。若碾压时出现推移、横向裂纹等，应检查原因，进行处理。复压采用10～12t三轮压路机、10t振动压路机或相应的轮胎压路机碾压4～6遍，直至稳定和无明显轮迹。复压温度为90～110℃。终压时用6～8t振动压路机（关闭振动装置）压2～4遍，终压温度为70～90℃。

② 碾压时，应由路两边向路中心压，三轮压路机每次重叠宜为后轮宽的1/2，双轮压路机每1次重叠宜为30cm。

③ 碾压过程中，每完成1遍重叠碾压，压路机应向摊铺机靠近一些，以保证正常的碾压温度。

④ 在平缓路段，驱动轮靠近摊铺机，以减少波纹或热裂缝。碾压中，要确保滚轮湿润，可间歇喷水，但不可使混合料表面冷却。

⑤ 每碾压一遍的尾端，宜稍微转向，以减小压痕。压路机不得再新铺混合料上转向、掉头、移位或制动，碾压后的路面在冷却前，不得停放任何机械，并防止矿料、杂物、油料洒落在新铺路面上，直至路面冷却后才能开放交通。

6. 接缝施工

沥青路面施工必须接缝紧密，连接平顺，不得产生明显的接缝离析。摊铺混合料部分留下10～20cm宽暂时不碾压，作为后摊铺部分的高程基准面，并有5～10cm专用的摊铺层重叠，以热接缝形式在最后作跨缝碾压以消除缝迹。上下层的纵缝应错开15cm（热接缝）或30～40cm（冷接缝）以上。相邻两幅及上下层横向接缝均应错位1m以上。

横缝应与路中线垂直。高速公路和一级公路的表面层横向接缝应采用垂直的平接缝，表面层以下可采用自然碾压的斜接缝，沥青层较厚时可采用阶梯形接缝。

斜接缝的搭接长度与层厚有关，宜为0.4～0.8m。搭接处应洒少量沥青补上细料，搭接平整，充分压实。阶梯形接缝的台阶经铣刨而成，并洒粘层沥青，搭接长度不宜小于3m。

平接缝宜在冷却前用凿岩机或人工垂直刨除端部层厚不足的部分，使工作缝成直角连接。切割时留下的泥水应冲洗干净，待干燥后涂刷粘层油。铺筑新混合料接头应使接茬软化，压路机先横向碾压，再纵向碾压成为一体，以便充分压实，连接平顺。

7. 沥青混合料路面施工质量检查

沥青混合料生产过程中，必须按规定对各种原材料进行抽样检查，质量符合规范规定的有关技术指标要求。施工单位在施工过程中应随时对施工质量进行自检。监理单位应按规定要求自主进行试验，并对施工单位的试验结果进行质量评定、计算合格率等。当检查结果达不到规定的要求时，应追加检测数量，查找原因并做相应处理。热拌沥青混合料路面施工过程中的质量检查与控制指标应符合表2-24的要求。各项试验的方法和试验次数应符合相关实验规程要求。

表2-24 热拌沥青混合料路面施工过程中的工程质量标准

<table>
<tr><th colspan="2" rowspan="2">项　目</th><th colspan="2" rowspan="2">检查制度及单点检查评价方法</th><th colspan="2">质量要求或允许偏差</th><th rowspan="2">试验方法</th></tr>
<tr><th>高速公路及一级公路</th><th>其他等级公路</th></tr>
<tr><td colspan="2">外观</td><td colspan="2">随时</td><td colspan="2">表面平整密实，无明显轮迹、裂缝、推挤、油包等缺陷，无明显离析</td><td>目测</td></tr>
<tr><td colspan="2" rowspan="2">接缝</td><td colspan="2">随时</td><td colspan="2">紧密平整、顺直、无跳车</td><td>目测</td></tr>
<tr><td colspan="2">逐条缝检测评定</td><td>3mm</td><td>5mm</td><td>T0931</td></tr>
<tr><td rowspan="2">施工温度</td><td>摊铺温度</td><td colspan="2">逐车评定</td><td colspan="2">符合规范要求</td><td>T0981</td></tr>
<tr><td>碾压温度</td><td colspan="2">随时</td><td colspan="2">符合规范要求</td><td>插入式温度计</td></tr>
<tr><td rowspan="6">厚度</td><td rowspan="2">每一层次</td><td rowspan="2">随时</td><td>厚度50mm以下</td><td>设计值的5%</td><td>设计值的8%</td><td rowspan="2">施工时插入法测松铺厚度或压实厚度</td></tr>
<tr><td>厚度50mm以上</td><td>设计值的8%</td><td>设计值的10%</td></tr>
<tr><td rowspan="2">每一层次</td><td rowspan="2">1个台班区段的平均值</td><td>厚度50mm以下</td><td>-3mm</td><td rowspan="2">—</td><td rowspan="2"></td></tr>
<tr><td>厚度50mm以上</td><td>-5mm</td></tr>
<tr><td>总厚度</td><td colspan="2">每2000m² 一个单点评定</td><td>设计值的-5%</td><td>设计值的-8%</td><td rowspan="2">T0912</td></tr>
<tr><td>上面层</td><td colspan="2">每2000m² 一个单点评定</td><td>设计值的-10%</td><td>设计值的-10%</td></tr>
<tr><td colspan="2">压实度</td><td colspan="2">每2000m² 检查一组，逐个试样评定并计算平均值</td><td colspan="2">实验室标准密度的97%（98%）
最大理论密度的93%（94%）
试验段密度的99%（99%）</td><td>T0924、T0922</td></tr>
<tr><td rowspan="2">平整度（最大间隙）</td><td>上面层</td><td colspan="2" rowspan="2">随时，接缝处单杆评定</td><td>3mm</td><td>5mm</td><td rowspan="2">T0931</td></tr>
<tr><td>中下面层</td><td>5mm</td><td>7mm</td></tr>
<tr><td rowspan="4">平整度（标准差）</td><td>上面层</td><td colspan="2" rowspan="4">连续测定</td><td>1.2mm</td><td>2.5mm</td><td rowspan="4">T0932</td></tr>
<tr><td>中面层</td><td>1.5mm</td><td>2.8mm</td></tr>
<tr><td>下面层</td><td>1.8mm</td><td>3.0mm</td></tr>
<tr><td>基层</td><td>2.4mm</td><td>3.5mm</td></tr>
<tr><td rowspan="2">宽度</td><td>有侧石</td><td colspan="2" rowspan="2">检测每个断面</td><td>±20mm</td><td>±20mm</td><td rowspan="2">T0911</td></tr>
<tr><td>无侧石</td><td colspan="2">不小于设计宽度</td></tr>
<tr><td colspan="2">纵断面高程</td><td colspan="2">检测每个断面</td><td>±10mm</td><td>±15mm</td><td rowspan="2">T0911</td></tr>
<tr><td colspan="2">横坡度</td><td colspan="2">检测每个断面</td><td>±0.3%</td><td>±0.5%</td></tr>
<tr><td colspan="2">沥青层层面上的渗透系数，不大于</td><td colspan="2">每1km不少于5个点，每点3处取平均值</td><td colspan="2">300mL/min（普通密集配沥青混合料）
200mL/min（SMA混合料）</td><td>T0971</td></tr>
</table>

复习思考题

1. 路面施工的准备工作包括哪些内容?
2. 路面基层的结构类型有哪些？各有哪些特点?
3. 无机结合料稳定类路面基层的施工特点有哪些?
4. 水泥混凝土路面的施工工艺包括哪些?
5. 沥青类路面的类型有哪些？各自有何特点?
6. 简述沥青混合料路面的施工步骤及各环节需注意事项。

第3章　涵洞施工技术

3.1　概述

涵洞是公路工程中的小型构造物，虽然在总造价中仅占很小比例，但涵洞施工质量的好坏，直接影响到公路工程的整体质量及其使用性能，以及周围农田的灌溉、排水等。因此，对涵洞施工同样不可忽视，应在施工前做好充分准备，周密安排，施工过程中严格控制施工质量，确保其质量达到设计及规范要求。

1. 按建筑材料分类

（1）石涵　石涵包括石盖板涵和石拱涵，石涵造价、养护费用低，且可节省钢材和水泥。在产石地区应优先考虑石涵。

（2）混凝土涵　混凝土涵可现场浇筑或预制成拱涵、圆管涵和小跨径盖板涵。这种涵洞节省钢材，便于预制，但损坏后修理和养护较困难。

（3）钢筋混凝土涵　钢筋混凝土涵可用于管涵、盖板涵、拱涵和箱涵。钢筋混凝土涵涵身坚固，经久耐用，养护费用少。管涵、盖板涵安装运输便利，但耗钢量较多，预制工序多，造价较高。

（4）砖涵　砖涵主要指砖拱涵。砖涵便于就地取材，但强度较低。在水流含碱量大或冰冻地区不宜采用。

（5）其他材料涵洞　其他材料涵洞有陶瓷管涵、金属管涵、波纹管涵、石灰三合土拱涵等。

2. 按构造形式分类

（1）管涵　管涵受力性能和对地基的适应性能较好，不需墩台，圬工数量少，造价低。管涵通常为圆管涵，圆管涵主要由管身、基础、接缝及防水层组成，各部分构造如图3-1所示。

（2）盖板涵　盖板涵构造简单，易于维修，有利于在地路堤上修建。跨径较小时可用石盖板，跨径较大时可用钢筋混凝土盖板。盖板涵主要由盖板、涵台、基础、洞身铺底、伸缩缝及防水层等部分组成，如图3-2所示。

（3）拱涵　拱涵适用于跨越深沟或高路堤时采用。拱涵承载能力大，砌筑技术容易掌握。拱涵主要由拱圈、护拱、拱上测圈、涵台、基础、铺底、沉降缝及排水设施等组成，各部分构造如图3-3所示。

（4）箱涵　箱涵适宜于软土地基。整体性强，但用钢量多，造价高，施工较困难。箱涵主要由钢筋混凝土涵身、翼墙、基础、变形缝等部分组成，如图3-4所示。因箱涵为整体闭合式钢筋混凝土框架结构，所以具有良好的整体性及抗震性能。但由于箱涵施工较困难，造价高，一般仅在软土地基上采用。

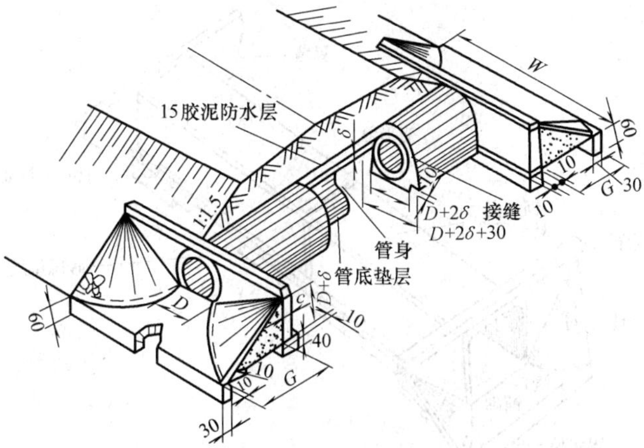

图 3-1　圆管涵各组成部分（尺寸单位：cm）

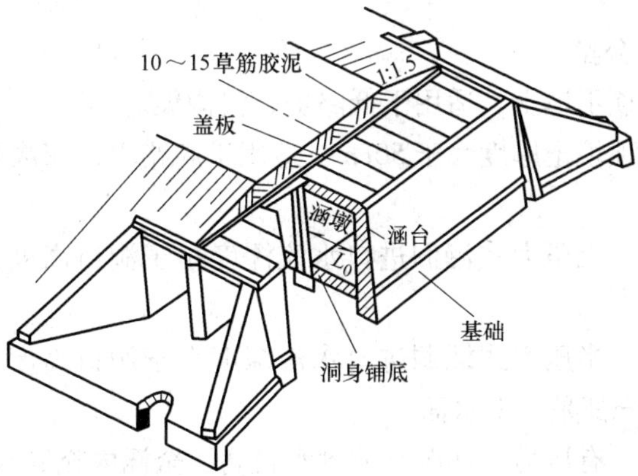

图 3-2　盖板涵各组成部分

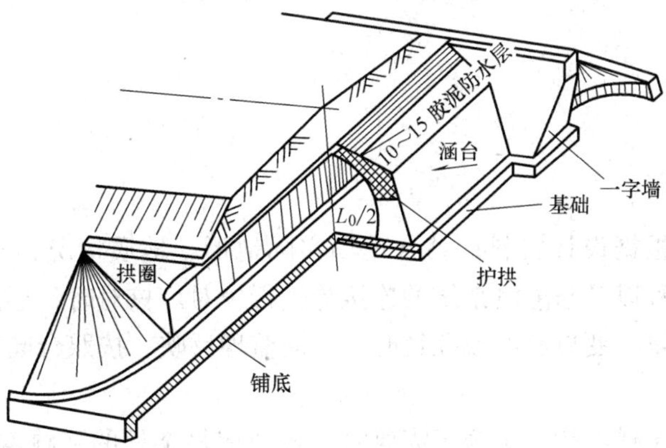

图 3-3　石拱涵各组成部分

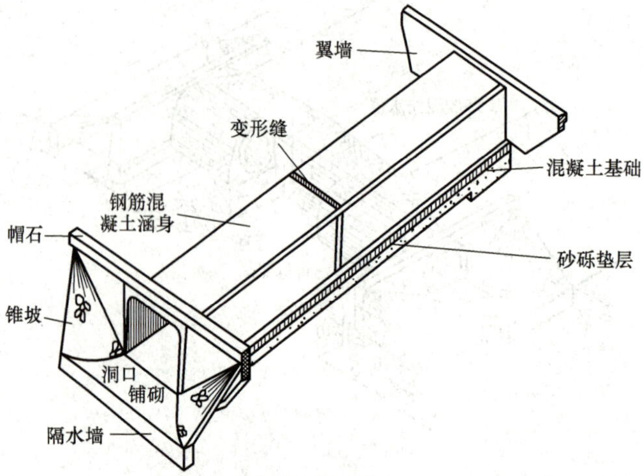

图 3-4 钢筋混凝土箱涵各组成部分

3. 按洞顶填土情况分类

（1）明涵　明涵洞顶不填土，适用于低路堤，浅沟渠。

（2）暗涵　暗涵洞顶填土厚度大于50cm，适用于高路堤，深沟渠。

4. 按水力性能分类

（1）无压力式涵洞　无压力式涵洞进口水流深度小于洞口高度，水流流经全涵保持自由水面。

（2）半压力式涵洞　半压力式涵洞进口水流深度大于洞口高度，但水流仅在进口处充满洞口，在涵洞其他部分都是自由水面。

（3）有压力式涵洞　有压力式涵洞涵前壅水较高，全涵内充满水流，无自由水面。

（4）倒虹吸管　路线两侧水深都大于涵洞进出水口高度，进出水口设置竖井，水流充满全涵身。

3.2 施工准备

3.2.1 准备工作

1. 现场核对

涵洞开工前，应根据设计资料，结合现场实际地形、地质情况，对其位置、方向、孔径、长度、出入口高程以及与灌溉系统的连接等进行校对。核对时，还需注意农田排灌的要求，需要增减涵洞数量、变更涵型或孔径时，应向监理反映，按照合同有关规定办理。

2. 施工详图

若原设计文件、图样不能满足施工需要时，如地形复杂处的陡峻沟谷涵洞、斜交涵洞、平曲线或大纵坡上的涵洞、地质情况与原实际资料不符处的涵洞等，应先绘出施工详图或变更设计图，然后再依图放样施工。

3.2.2 施工放样

涵洞施工设计图是施工放样的依据，根据设计中心里程，在地面上标定位置并设置涵洞纵向轴线。当涵洞位于路线的直线部分时，其中心应根据线路控制桩的方向和附近百米桩里程来测定；位于曲线部分时，应按曲线测设方法测定。正交涵洞的轴线垂直于路线中线，斜交涵洞的轴线与路线中心前进方向的右侧成斜交角 θ，其与90°之差称为斜度 φ。

涵洞轴线确定后量出上下游涵长，考虑进出口是否顺畅，当无须改善时，用小木桩标定涵端，用大木桩控制涵洞轴线，并以轴线为基准测定基坑和基础在平面上的所有尺寸，用木桩标出。

3.2.3 涵洞长度计算

涵洞长度是指包括沉降缝、接缝在内的涵洞出入口两端墙外缘间的总长度。一般情况下，设计资料会提供涵长，可不必再进行计算；但在设计文件比较简单，或需要变更设计时，则需要进行涵洞长度计算及八字翼墙尺寸计算。

1. 涵洞与路线正交

涵洞与路线正交如图3-5所示，涵洞长度计算公式如下

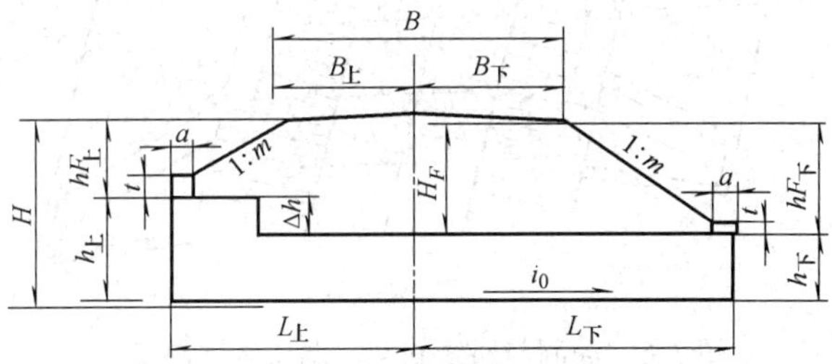

图3-5　涵洞与路线正交

$$L_{上} = \frac{B_{上} + m(H - h_{上})}{1 + mi_0} \tag{3-1}$$

$$L_{下} = \frac{B_{下} + m(H - h_{下})}{1 - mi_0} \tag{3-2}$$

$$L = L_{上} + L_{下} \tag{3-3}$$

式中　B——路基宽度（m）；

$B_{上}$、$B_{下}$——由路中心至上、下游路基边缘的宽度，当路基无加宽时均为0.5B（m）；

H——路基填土总高度，即由涵底中心至路基边缘高度（m）；

$h_{上}$、$h_{下}$——涵洞上、下游洞口建筑高度（m）；

m——路基边坡坡度；

i_0——涵底坡度（以小数表示）；

$L_{上}$、$L_{下}$——涵洞上、下游长度（m）。

当帽石端墙外缘不位于路基边坡延线上时，则以 $h_{上}+t$、$h_{下}+t$ 分别代替式（3-1）和式（3-2）中的 $h_{上}$ 和 $h_{下}$，并计入 a 值，则得

$$L_{上}=\frac{B_{上}+m(H-h_{上}-t)+a}{1+mi_0} \tag{3-4}$$

$$L_{下}=\frac{B_{下}+m(H-h_{下}-t)+a}{1-mi_0} \tag{3-5}$$

本节以下各式如遇此情况时，均可按此类推。

2. 涵洞与路线斜交、洞口端墙斜做（与路线平行）**时涵洞长度计算**（见图3-6）

$$L_{上}=\frac{B_{上}+m(H-h_{上})}{\cos\phi+mi_0} \tag{3-6}$$

$$L_{下}=\frac{B_{下}+m(H-h_{下})}{\cos\phi-mi_0} \tag{3-7}$$

式中 ϕ——涵洞轴线与路线中线的垂直的夹角，即涵洞斜度。

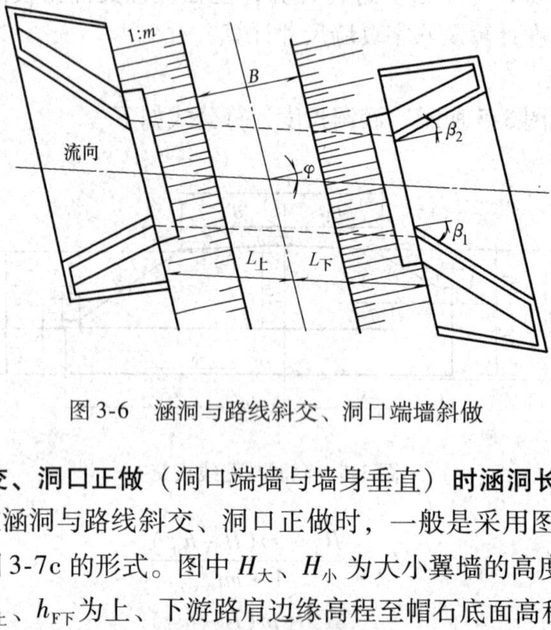

图3-6 涵洞与路线斜交、洞口端墙斜做

3. 涵洞与路线斜交、洞口正做（洞口端墙与墙身垂直）**时涵洞长度计算**（见图3-7）

如图3-7所示，在涵洞与路线斜交、洞口正做时，一般是采用图3-7b的形式，有时为施工方便，也可做成图3-7c的形式。图中$H_{大}$、$H_{小}$为大小翼墙的高度；H_d为大小翼墙的高差；b为帽石长度；$h_{F上}$、$h_{F下}$为上、下游路肩边缘高程至帽石底面高程之差。

涵洞与路线斜交洞口正做涵长的计算，一般是先确定小翼墙高度，并使$H_{小}=h_F$，然后按$H_{小}+H_d$算出$H_{大}$，并宜使其不高出路肩。如高出路肩，则路基与翼墙边坡的衔接不好处理，因而，往往需要重新调整$H_{小}$（最大限度是帽石高出路肩）。如难以布置时，则采用洞口斜做为宜。

涵洞与路线斜交、洞口正做的涵长计算公式如下

$$L_{上}=\frac{B_{上}+m(H-h_{上})-0.5b\sin\phi}{\cos\phi+mi_0} \tag{3-8}$$

$$L_{下}=\frac{B_{下}+m(H-h_{下})-0.5b\sin\phi}{\cos\phi-mi_0} \tag{3-9}$$

一般常采用出檐的办法，将帽石长度调整为较整齐的数值。

大小翼墙之高度差H_d、小翼墙的高度$H_{小}$和大翼墙的高度$H_{大}$可分别按下式计算

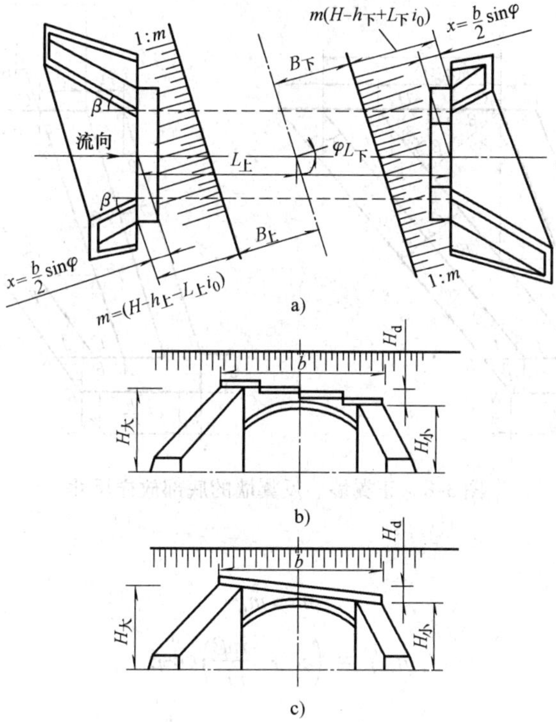

图3-7　涵洞与路线斜交、洞口正做

a）平面图　b）台阶式端墙　c）斜坡式端墙

$$H_d = \frac{b\sin\phi}{m} \tag{3-10}$$

$$H_{小} = H_{F下} \tag{3-11}$$

$$H_{大} = H_{小} + H_d \tag{3-12}$$

在一般情况下，上游大翼墙高度如不超出路肩，则下游亦然。但因有路基纵坡影响，两者也不经常一致，有时需分别进行验算。

以上所列各公式的推算，以及其他情况（如路基边坡有两种坡率时，路基有超高加宽时，考虑路线纵坡影响时）下涵长的计算，限于篇幅没有进行说明，请参阅《公路桥涵设计手册　涵洞》。

3.2.4　八字翼墙尺寸计算

八字翼墙是涵洞出入口的一种建筑形式。但由于涵洞与路线正交、斜交以及沟底纵坡等因素的影响，使得翼墙底部放样尺寸不能简单地用一套公式来适用于各种情况下的翼墙。实际工作中，一般按以下情况对翼墙放样尺寸进行计算。

1. 正翼墙、反翼墙的底部放样尺寸

正翼墙、反翼墙是配合斜做洞口的形式，正翼墙是向涵轴线外侧方向倾斜β角的翼墙；反翼墙则是向涵轴线方向倾斜的翼墙。正翼墙、反翼墙的底部放样尺寸如图3-8所示。

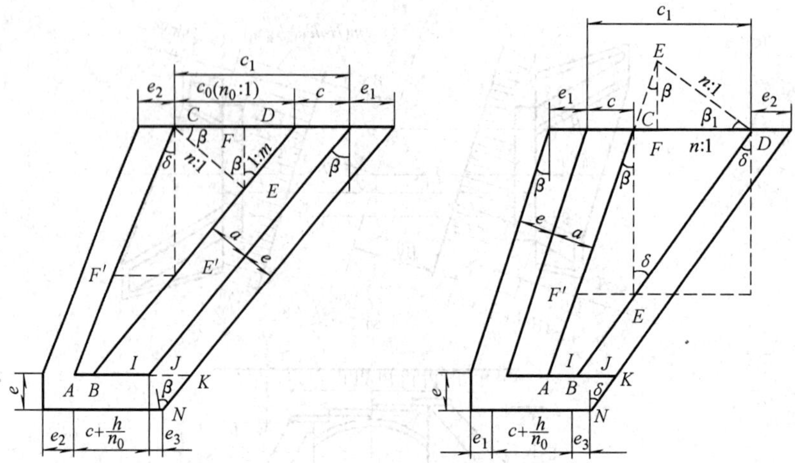

图 3-8　正翼墙、反翼墙的底部放样尺寸

计算公式

$$m = m_0 \tag{3-13}$$

$$n_{0{正 \atop 反}} = \left(n \pm \frac{\sin\beta}{m}\right)\cos\beta \tag{3-14}$$

$$\delta_{反}^{正} = \arctan\left(\tan\beta\mu\,\frac{1}{mn_{0{正 \atop 反}}}\right) \tag{3-15}$$

$$c = \frac{a}{\cos\beta} \tag{3-16}$$

$$c_0 = \frac{1}{n_0}H \tag{3-17}$$

$$c_1 = c + c_0 \tag{3-18}$$

$$e_1 = \frac{e}{\cos\beta} \tag{3-19}$$

$$e_2 = \frac{e}{\cos\delta} \tag{3-20}$$

$$e_{3(正)} = e\left(\frac{1-\sin\beta}{\cos\beta}\right) \tag{3-21}$$

$$e_{3(反)} = e\left(\frac{1-\sin\delta_{反}}{\cos\delta_{反}}\right) \tag{3-22}$$

$$L_{翼} = m(H-h) \tag{3-23}$$

$$s = L_{翼}\tan\beta \tag{3-24}$$

用以上各式计算正、反翼墙尺寸时，β 角均取正值。

2. 大翼墙和小翼墙底部放样尺寸

大翼墙、小翼墙是配合斜交涵洞正做洞口的形式，大翼墙是涵轴线与路中线相交为锐角侧的翼墙，小翼墙是涵轴线与路线相交为钝角侧的翼墙。

计算公式

$$m_{0\genfrac{}{}{0pt}{}{大}{小}} = \frac{m\cos\beta}{\cos(\beta \pm \phi)} \tag{3-25}$$

$$n_{0\genfrac{}{}{0pt}{}{大}{小}} = n\cos\beta + \frac{1}{m}\sin\beta\cos(\beta + \phi) \tag{3-26}$$

$$\delta_{\genfrac{}{}{0pt}{}{大}{小}} = \arctan\left[\tan\beta - \frac{\cos(\beta \pm \phi)}{mn_{0\genfrac{}{}{0pt}{}{大}{小}}\cos\beta}\right] \tag{3-27}$$

式中 c、c_0、c_1、e_1、e_2、e_3 等尺寸仍按前式计算。

斜交涵洞正做翼墙的洞口建筑，其两端墙有台阶式及斜坡式两种，如图 3-9 所示。有关尺寸按下列各式计算

$$H_1 = H_2 + H_d \tag{3-28}$$

$$H_d = \frac{\sin\varphi}{m}(l + 2c) \tag{3-29}$$

或

$$H_d = \frac{\sin\varphi b}{m} \tag{3-30}$$

当为斜坡形洞口时，其帽石倾斜率

$$i = \frac{\sin\varphi}{m} \tag{3-31}$$

$$h_3 = h_1 - \Delta \tag{3-32}$$

$$h_4 = h_2 + \Delta \tag{3-33}$$

一般使 $h_2 = h_3$，其中 $\Delta = ic$

式中　l_0——涵洞净跨；

b——帽石长（往往稍长于 $l_0 + 2c$）；

其余符号意义同前。

$$L_{翼1,2} = m_{0\genfrac{}{}{0pt}{}{大}{小}}(H_{1,2} - h_{1,2}) \tag{3-34}$$

$$s_{1,2} = L_{翼1,2}\tan\beta_{1,2} \tag{3-35}$$

3. 沟床纵坡对八字翼墙长度影响的计算（见图 3-10）

翼墙长度计算公式如下：

（1）正做洞口翼墙（通用于涵洞正交及斜交）

$$L_{翼上} = \frac{m(H_{上} + h_{上})}{1 + mi_0} \tag{3-36}$$

$$L_{翼下} = \frac{m(H_{下} - h_{下})}{1 - mi_0} \tag{3-37}$$

注：斜交涵洞，正做洞口翼墙，式中的 m 以 m_0 代之。

（2）斜做洞口翼墙（用于涵洞斜交，帽石与路线平行时）

上游

$$L_{翼上} = \frac{\cos\phi m(H_{上} - h_{上})}{\cos\phi + mi_0} \tag{3-38}$$

下游

$$L_{翼下} = \frac{\cos\phi m(H_{上} - h_{上})}{\cos\phi - mi_0} \tag{3-39}$$

以上各式中 $L_{翼上}$、$L_{翼下}$ 分别为上、下翼墙长度。

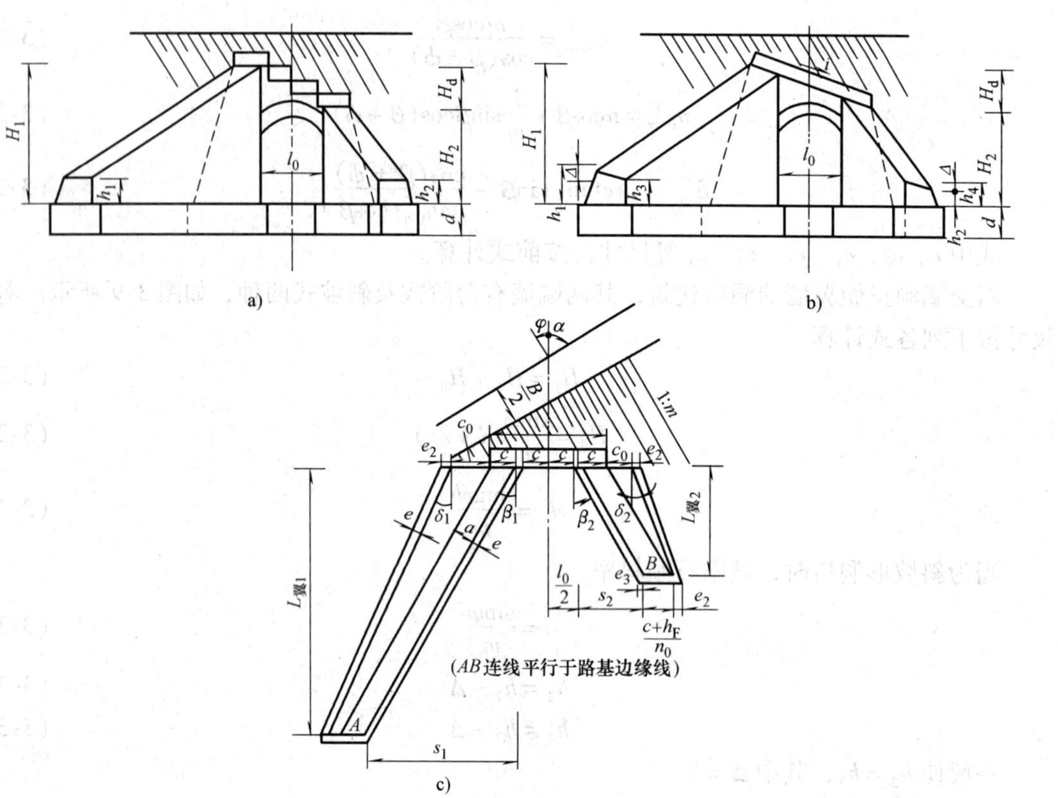

图 3-9 斜交涵洞正做翼墙的洞口建筑

a）正面图（台阶式端墙） b）正面图（斜坡式端墙） c）平面图

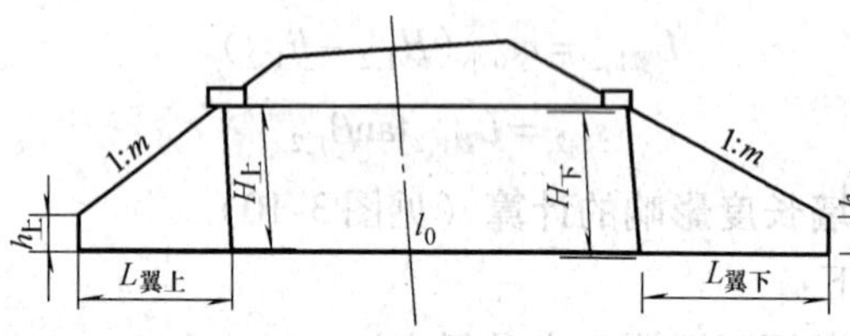

图 3-10 沟床纵坡对八字翼墙长度的影响

3.3 涵洞主体部分施工技术

3.3.1 管涵

公路工程中的管涵有混凝土管涵和钢筋混凝土管涵，目前我国公路工程中多采用钢筋混凝土管涵。公路管涵的施工多采用工厂化施工，在工厂预制成管节，每节长度多为1m，然后运往现场安装。

1. 管涵的预制

为了保证涵洞管节的质量，管涵宜在工厂中预制。距大城市较近的公路管涵可在城市工厂中定制，否则应在适当地点设置混凝土圆管预制厂。

预制混凝土圆管可采用振动制管法、离心法、悬辊法和立式挤压法。后三种方法制管功效高、速度快、质量好，但制管设备复杂，投资大。如管涵预制数量不多时，可采用第一种制管法。

鉴于公路工程中管涵一般为外购，故对管涵预制不再进行详细说明，但管涵进场后必须对其质量进行检验。

管节成品的质量检验分为管节尺寸检验和管节强度检验。混凝土圆管节成品质量标准见表3-1。

表3-1　混凝土圆管节成品质量标准

项　　目	规定值或允许偏差	项　　目	规定值或允许偏差
混凝土强度/MPa	在合格标准内	顺直度	矢度不大于0.2%管接长
内径/mm	不小于设计值	长度/mm	+5，0
壁厚/mm	正值不限，-3		

管涵强度试验应按规范要求的方法进行，其抽样数量及合格要求为：

1）管涵试验数量应为管涵总数的1%～2%，但每种孔径的管涵至少要试验1个。

2）如首次抽样试验未能达到试验标准时，允许对其余同孔径管节再抽选2个重新试验。只有当2个重复试验的管节达到强度要求时，管涵才可验收。

3）在进行大量管涵检验性试验时，是以试验荷载大于或等于裂缝荷载（0.2mm）时还没有出现裂缝者为达到标准。

在北方冬季寒冷冰冻地区，混凝土管涵还应进行吸水率试验，要求钢筋混凝土和无筋混凝土管涵的吸水率不得超过干管质量的6%。

2. 管节的运输与装卸

管节运输与装卸过程中，应注意下列问题：

1）待运的管节其各项质量应符合前述的质量标准，应特别注意检查待运管节设计涵顶填土高度是否符合设计要求，防止错装、错运。

2）运输管节的工具，可根据道路情况和设备条件采用汽车、拖拉机拖车，不通公路地段可采用马车。

3）管节的装卸可根据工地条件，使用各种起重设备，如龙门起重机、汽车式起重机和小型起重工具滑车、链滑车等。

4）在装卸和运输过程中，应小心谨慎。运输途中每个管节底面宜铺以稻草，用木块圆木楔紧，并用绳索捆绑固定，防止管节滚动、相互碰撞破坏。管涵固定在车身内的方法如图3-11所示。

5）从车上卸下管节时，应采用起重设备。严禁由汽车上将管节滚下，造成管节破裂。

3. 管涵施工程序

管涵可分为单孔、双孔的有圬工基础和无圬工基础管涵，现将其施工程序简介如下：

（1）单孔有圬工基础管涵施工（见图3-12）

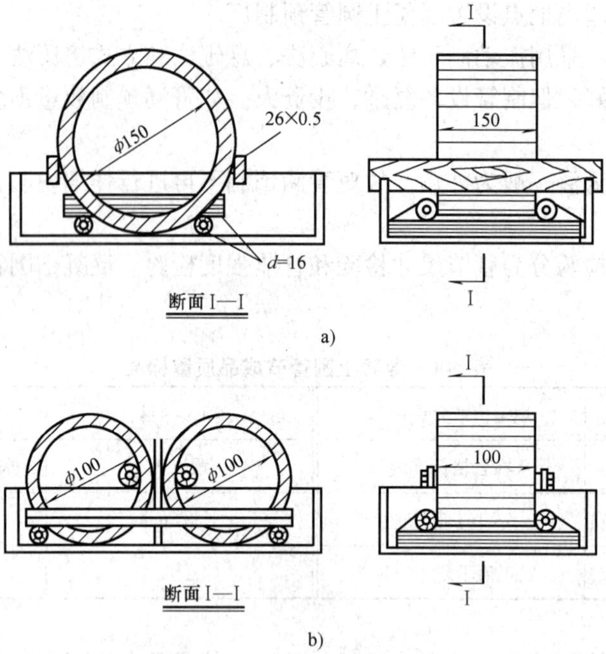

图 3-11 管涵固定在车身内的方法（尺寸单位：cm）

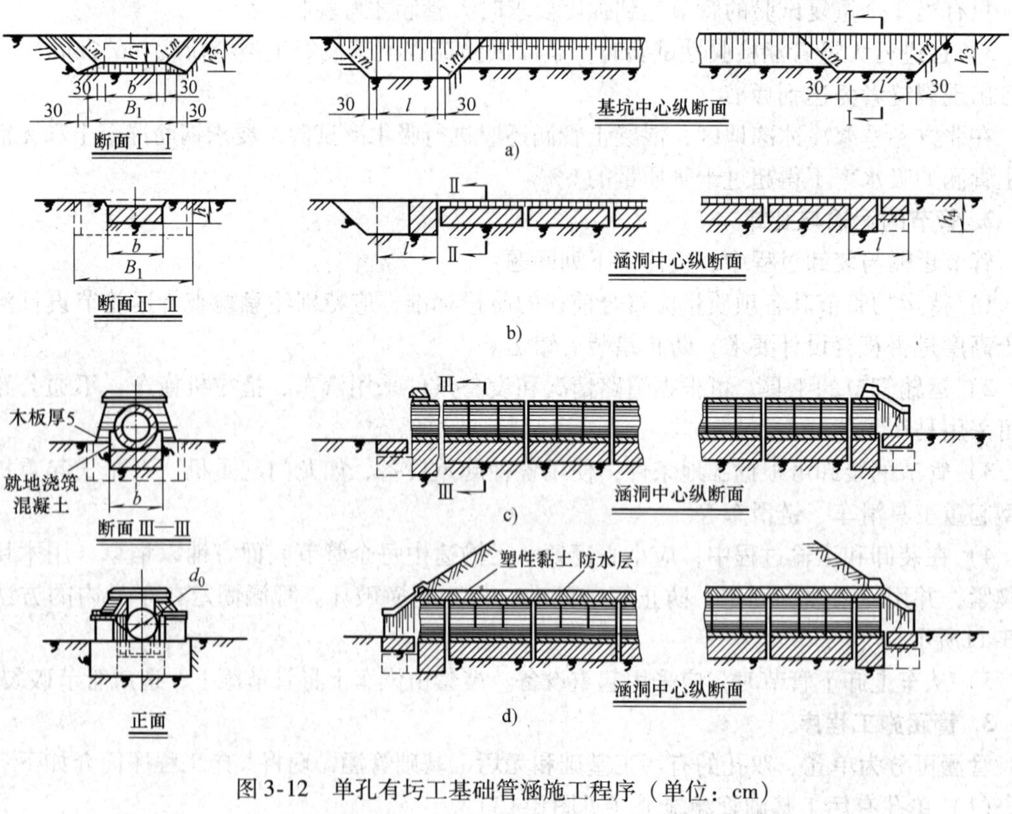

图 3-12 单孔有圬工基础管涵施工程序（单位：cm）

1）挖基坑并准备修筑管涵基础的材料。

2）砌筑圬工基础或浇筑混凝土基础。

3）安装涵洞管节，修筑涵管出入口端墙、翼墙及涵底（端墙外涵底铺装）。

4）铺设管涵防水层及修整。

5）铺设管涵顶部防水黏土（设计需要时），填筑涵洞缺口填土及修建加固工程。

（2）单孔无圬工基础管涵洞身安装程序（见图3-13）

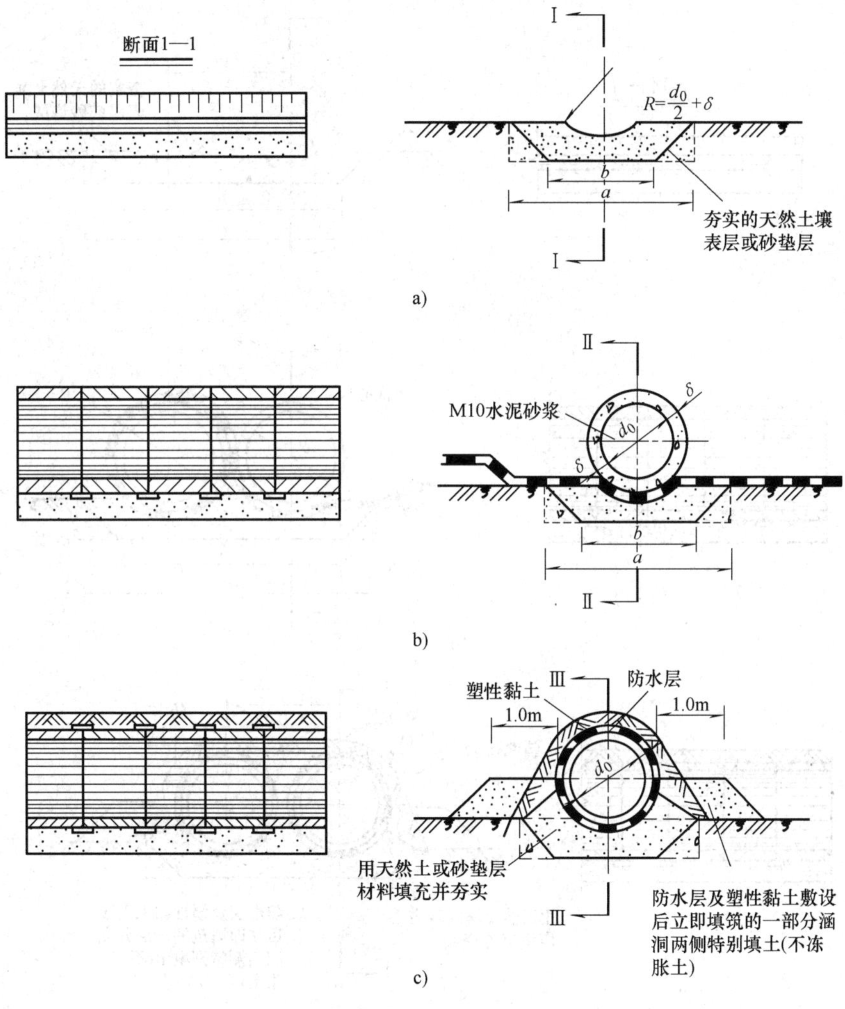

图3-13　单孔无圬工基础管涵洞身安装程序

1）挖基坑与备料与图3-12同，本图未表示出。

2）在捣固夯实的天然土表层或矿砂垫层上，修筑截面为圆弧状的管座，其深度等于管壁的厚度。

3）在圆弧管座上铺设垫层的防水层，安装管节，管节间接缝宜留1cm宽。缝中填防水材料，详见防水层部分。

4）在管节的下侧用天然土或砂砾垫层材料作培填料，并捣实至设计高程（见图3-13），并切实保证培填料与管节密贴。再将防水层向上包裹管节，防水层外再铺设黏质土，水平径线以下的部分，应立即填筑，以免管节下面的砂垫层松散，并保证其与管节密贴。在严寒地区这部分特别填土必须填筑不冻胀土料。

5）修筑管涵出入口端墙、翼墙、两端涵底和进行整修工作。

值得注意的是：砂垫层底宽，非严重冰冻地区为 b，严重冰冻地区为 a，即上下同宽。

（3）双孔无圬工基础管涵洞身施工程序（见图 3-14）

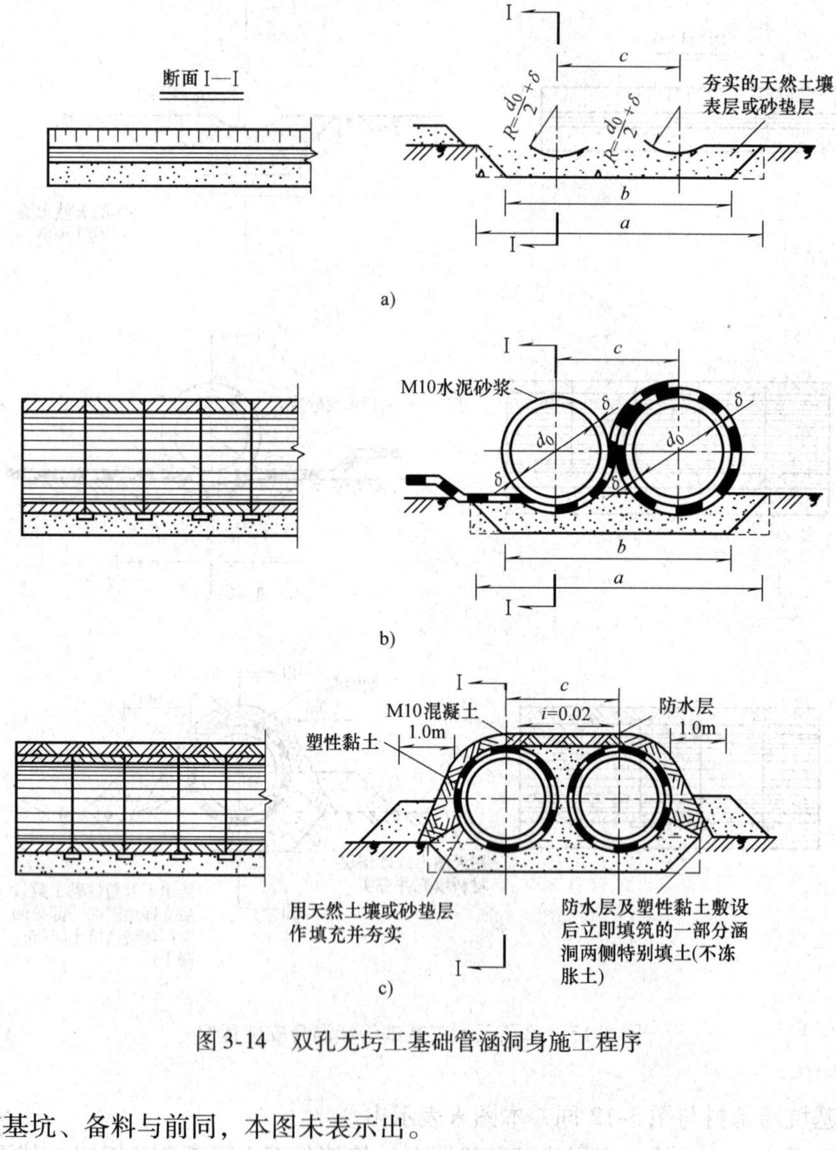

图 3-14 双孔无圬工基础管涵洞身施工程序

1）挖基坑、备料与前同，本图未表示出。

2）在捣固夯实的天然土表层或砂垫层上修筑圆弧状管座，其深度等于管壁的厚度。

3）如图 3-14 所示，先安装右边管并铺设防水层，在左边一孔管节未安装前，在砂垫层上先铺设垫底的防水层，然后按同样的方法安装管节。管节间接缝尽量抵紧，管节内外接缝均以强度 10MPa 水泥砂浆填塞。

4）在管节下侧用天然土或砂垫层材料做填料，夯实至设计高程处（见图 3-14），并切实保证与管节密贴。左侧防水层铺设完后，用贫混凝土填充管节间的上部空腔，再铺设软塑状黏土。防水层及黏土铺设后，管涵两侧水平直径线以下的一部分填土应立即填筑，以免管节下面砂垫层松散。在严寒地区此部分填土必须填筑不冻胀土料。

5）修筑管涵出入口两端端墙、翼墙、涵底和整修工作。

（4）涵底陡坡台阶式基础管涵（见图3-15）　沟底纵坡很陡时，为防止涵洞基础和管节向下滑移，可采用管节为台阶式的管涵，每段长度一般为3~5m，台阶高差一般不超过相邻涵节最小壁厚的3/4。如坡度较大，可按2~3m分段或加大台阶高度，但不应大于0.7m，且台阶处的净空高度不应小于1.0m。此时在低处的涵顶上应设挡墙，以掩盖可能产生的缝隙。

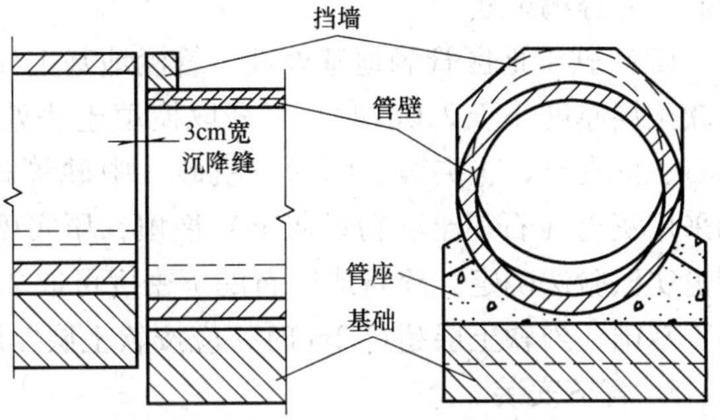

图3-15　陡坡台阶式基础管涵

无圬工基础的陡坡管涵，只可采用管节斜置的办法，斜置的坡度不得大于5%。

4. 管涵基础修筑

（1）地基土为岩石　管节下采用无圬工基础，管节下挖去风化层或软层后，填筑0.4m厚砂垫层；出入口两端墙、翼墙下，在岩石层上用C15混凝土做基础，埋置深度至风化层以下0.15~0.25m，并最小埋置深度等于管壁厚度加5cm。风化层过深时，可改用片石圬工，最深不大于1m。管节下为硬岩时，可用混凝土抹成与管节密贴的垫层。

（2）地基土为砾石土、卵石土或砂砾、粗砂、中砂、细砂或匀质黏性土　管节下一般采用无圬工基础，对砾、卵石土先用砂填充地基土空隙并夯实，然后填筑0.4m厚砂垫层；对粗、中、细砂地基土表层应夯实；对匀质黏性地基土应做砂垫层；出入口两端端墙、翼墙的圬工基础埋置深度，设计无规定时为1.0m，对于匀质黏性土，负温时的地下水位在冻结深度以上时，出入口两端端墙、翼墙圬工基础埋置深度为1.0~1.5m；当冻结土深度不深时，基础埋深宜等于冻结深度的0.7倍，当此值大于1.5m时，可采用砂夹卵石在圬工基础下换填至冻结深度的0.7倍。

（3）地基土为黏性土　管节下应采用0.5m厚的圬工基础，出入口两端端墙、翼墙基础埋置深度为1.0~0.5m；当地下水冻结深度不深时，埋深应等于冻结深度；当冻结深度大于1.5m时，可在圬工基础下用砂夹卵石换填至冻结深度。

（4）必须采用有圬工基础的管涵

1）管顶填土高度超过5m。

2）最大洪水流量时，涵前壅水高度超过2.5m。

3）河沟经常流水。

4）沼泽地区深度在2.0m以内。

5）沼泽地区淤积物、泥炭等厚度超过2.0m时，应按特别设计的基础施工。

（5）严寒地区的管涵基础施工　常年最冷月份平均气温低于－15℃的地区称严寒地区。

1）匀质黏性土和一般黏性土的基础均须采用圬工基础。

2）出入口两端端墙、翼墙基础应埋置在冻结线以下0.25m。

3）一般黏性土地区的地下水位在冻结深度以上时，管节下埋置深度应为 $H/8$（H 为涵底至路面填土高度），但不小于 0.5m，也不得超过 1.5m。

（6）基础砂垫层材料　可采用砂、砾石或碎石，但必须注意清除基底耕作层。为避免管节承受冒尖石料的集中应力，当使用碎石、卵石作垫层时，要有一定级配或掺入一定数量的砂，并夯捣密实。

（7）软土地区管涵地基处理　管涵地基土如遇到软土，应按软土层厚度分别进行处理。当软土层厚度小于 2.0m 时，可采取换填土法处理，即将软土层全部挖除，换填当地碎石、卵石、砂夹石、土夹石、砾砂、粗砂、中砂等材料并碾压密实，压实度要求 94% ~97%。如采用灰土（石灰土、粉煤灰土）换填，压实度要求 93% ~95%，换填土的干密度宜用重型击实试验法确定。碎石或卵石的干密度可取 2.2 ~2.4t/m^3。换填层上面再砌筑 0.5m 厚的圬工基础。当软土层超过 2m 时，应按软土层厚度、路堤高度、软土性质做特殊设计处理。

5. 管节安装

管节安装应从下游开始，使接头面向上游；每节涵管应紧贴在垫层或基座上，使涵管受力均匀；所有管节应按正确的轴线和图样所示坡度敷设。如管壁厚度不同，应使内壁齐平。在敷设过程中，要保持管内清洁无赃物、无多余的砂浆及其他杂物。

管节的安装方法通常有滚动安装法、滚木安装法、压绳下管法、龙门架安装法、起重机安装法等，可根据施工现场实际情况选用。

6. 管涵施工注意事项

1）有圬工基础的管座混凝土浇筑时应与管座紧密相贴，浆砌块石基础应加做一层混凝土管座，使圆管受力均匀；无圬工基础的圆管基底应夯填密实，并做好弧形管座。

2）无企口的管节接头采用顶头接缝，应尽量顶紧，缝宽不得大于 1cm，严禁因涵身长度不够，而用所有接缝宽度加大的方法来凑合涵身长度。管身周围无防水层设计的接缝，需用沥青麻絮或其他具有弹性的不透水材料从内、外侧仔细填塞。设计规定管身外围做防水层的，按前述施工工序施工。

3）长度较大的管涵设计有沉降缝的，管身沉降缝应与圬工基础的沉降缝位置一致。缝宽为 2 ~3cm，应用沥青麻絮或其他具有弹性的不透水材料从内、外侧仔细填塞。

4）长度较大、填土较高的管涵应设预拱度。预拱度大小应按设计规定设置。

5）各管节设预拱度后，管内底面应成平顺圆滑曲线，不得有逆坡。相邻管节如因管壁厚度不一致（在允许偏差内）产生台阶时，应凿平后用水泥环氧砂浆抹补。

3.3.2　拱涵、盖板涵和箱涵

混凝土和钢筋混凝土拱涵、盖板涵、箱涵的施工分为现场浇筑和预制安装两大类。

1. 现场浇筑的拱涵和盖板涵

（1）拱涵基础

1）整体式基础。两座涵台的下面和孔径中间使用整块的混凝土浇筑的基础称为整体式基础。整体式基础的地基土的承载力应满足设计文件规定，若设计无规定，则填方高 H 在 1 ~12m 时，必须大于 0.2MPa；H 大于 12m 时必须大于 0.3MPa。湿陷性黄土地基，不论其表面承载力多大，均不得使用整体式基础。

2）非整体式基础。两座涵台的下面为独立的现浇混凝土或浆砌片石基础，两者之间不相连的称为非整体式基础。非整体式基础的地基土要求的允许承载力比整体式基础的高，当设计文件无规定时，一般应大于0.5MPa。

3）板凳式基础。两座涵台下面的混凝土基础之间用较薄的混凝土或钢筋混凝土板在顶部连接，一起浇筑成如同板凳的基础。板凳式基础的地基土允许承载力的要求处于前两者之间，设计文件无规定时，应为大于0.4MPa的砂类土或“中密”以上的碎石土。

上述地基土的承载力大小可用轻型动力触探仪进行测试。

根据当地材料情况，基础可采用C15片石混凝土或M5水泥砂浆砌片石，石料强度不得低于25MPa。

（2）支架和拱架

1）钢拱架和木拱架。钢拱架是用角钢、钢板和钢轨等材料在工厂制成装配式构件，在工地拼装使用。图3-16所示是跨径1.5～3.0m钢轨拱架。

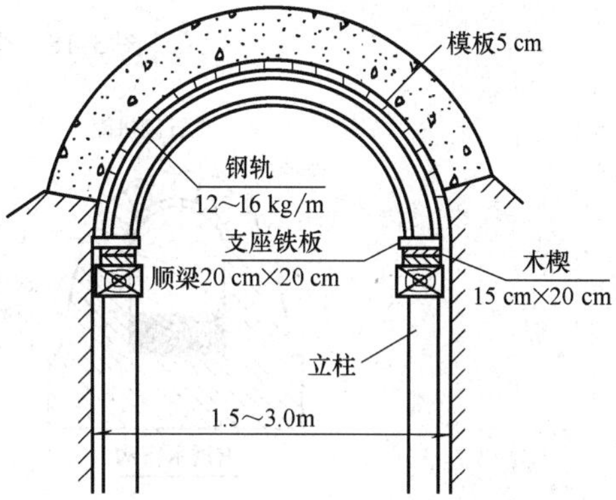

图3-16　跨径1.5～3.0m钢轨拱架

木拱架主要是由木材组合而成，拆装比较方便。但这种拱架浪费木材，应尽量不使用。图3-17所示为跨径2.0～3.0m的木拱架。

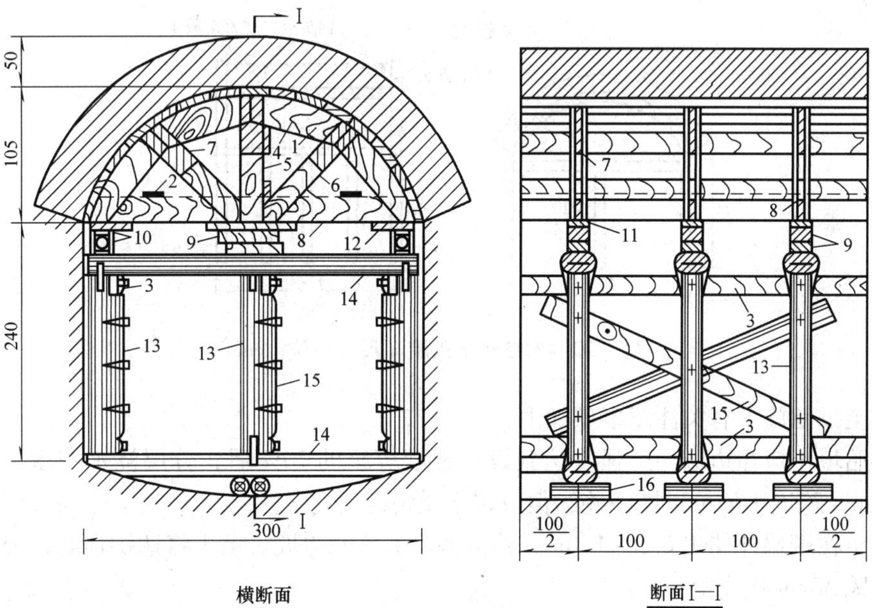

图3-17　跨径2.0～3.0m木拱架（尺寸单位：cm）

2）土牛拱胎（土模）。在水流不大的情况下，小桥涵施工可以用土牛拱胎代替拱架，这种方法既能节省木料，又有经济、安全的特点。

根据河流水流情况，土牛拱胎有全填土拱胎（见图3-18）、设有透水盲沟的土拱胎（见图3-19a）、三角形木拱架土拱胎（见图3-19b）、木排架土拱胎（见图3-20）等形式。

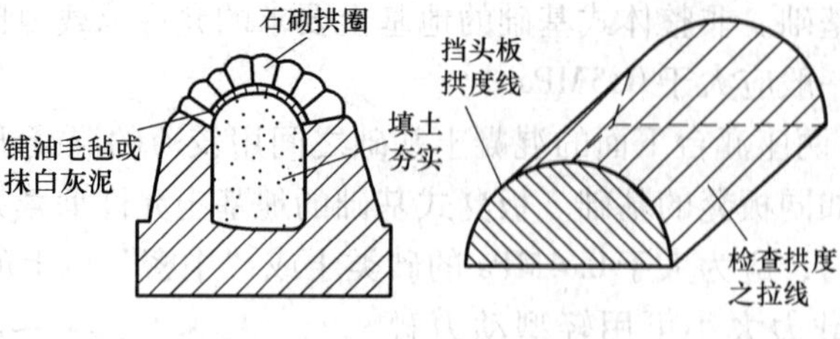

图 3-18 全填土拱胎及检查法

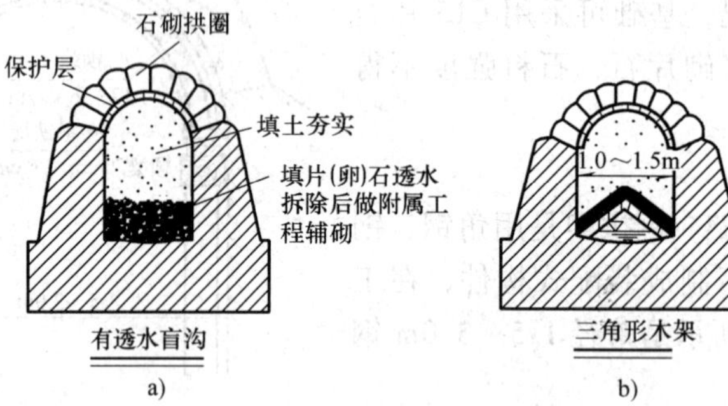

图 3-19 可渗水的土拱胎

a）有透水盲沟的土拱胎 b）三角形木架土拱胎

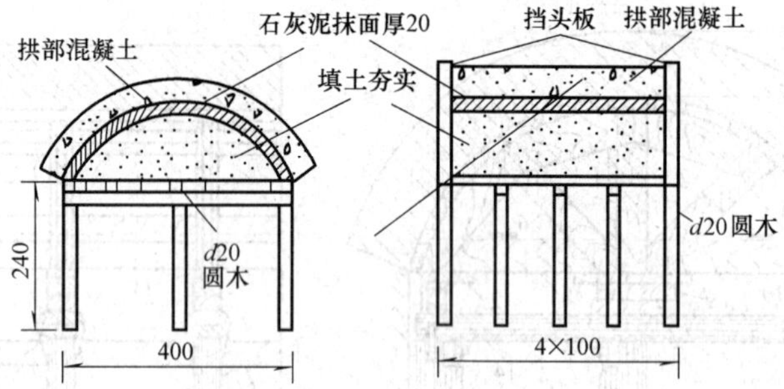

图 3-20 木排架土拱胎（尺寸单位：cm）

全填土拱胎施工有关注意事项如下：

①拱胎填土应在边墙圬工强度达到设计强度等级的 70% 后，分层浇水夯填，每层厚度 0.2～0.5m，跨度小的可以厚一些，但应视土质情况决定。

②填土在端墙外伸出 0.5～1.0m，并保持 1∶1.5 的边坡。填土将达拱顶时，分段用样板校正，每隔 30cm 挂线检查。

③土胎表面应设保护层，可以铺设一层油毡或抹一层 15mm 厚的水泥砂浆（1∶4～1∶6）作为保护层。较好的保护层常用砖或片石砌筑，厚约 20cm，然后抹厚 2cm 的黏土，再铺油毡。最好的方法是石灰泥筋抹 20cm 厚（石灰∶黏土∶麻筋 = 1∶0.35∶0.03），抹后 3d 即可浇筑混凝土。

④对砌石拱圈，土牛拱胎上若不设保护层时，可用下述方法砌筑拱圈：在涵台砌筑好后，利用暂不使用的石料，把涵孔两端堵住，干砌一道宽 40～50cm 的拱形墙（上抹青草泥）作为拱模，以便砌拱时挂线之用，然后在桥孔中间用土分层填筑密实，如图 3-21 所示。

⑤如洞身超过20m或拱形复杂时，可用木料做3个合乎要求的标准模，两端及中间各置一个，两端的拱模可以支靠在石模上，中间的可按标准高度支于两旁涵台上并埋置于土中。填筑土牛时不必将土牛的规定高度一次填足，可预留2～3cm空隙，待砌拱石时，边砌边填筑。

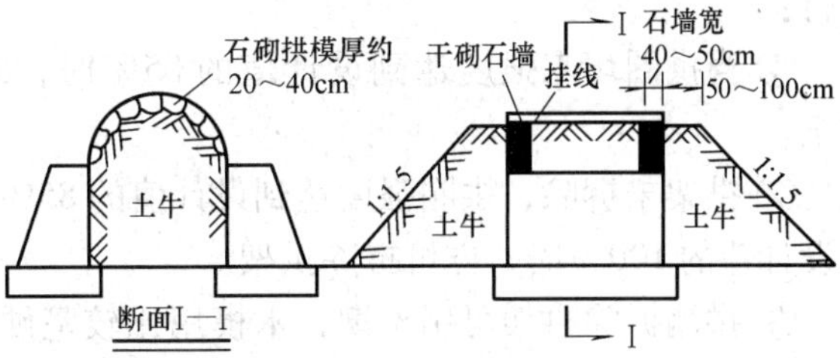

图3-21　石块干砌配合土牛拱模

⑥起拱线以上3～4层拱石不受拱胎支撑，可直接砌起。再往上砌时，因拱石的部分重力由拱胎支撑着，可用木板顺拱石灰缝按规定拱度放在拱石灰缝处的土牛上，木板下面以土石垫好，随即开始安砌这一层的拱石。砌好后将垫板取出，并将空隙用土填满捣实，再把垫板按规定拱度垫在上一层拱石砌缝处的土牛上，继续砌上一层拱石。如有较充分的木板时，木板可不抽出周转。拱石砌至拱顶附近时，应先将这部分的土模夯打坚实。填到与标准拱模相差3～5cm为止。因土牛拱胎虽经夯实仍不够坚硬，当拱石放上去时极易压缩，拱石的高度及位置不易正确，因此需要在拱石下面的四角垫上片石，使土牛与拱石保持一定的空隙以便校正拱石位置。拱石位置校正后，将其下面的空隙填砂捣实，在砌缝中灌以砂浆，这样可以保持不漏浆，同时挖去土牛后，灰缝中预填的砂子自然脱落，省去勾缝时剔灰缝的麻烦。

⑦在施工过程中预计有洪水到来的河沟中不能采用土牛拱胎法砌筑拱圈。

若用土牛拱胎浇筑盖板涵，其土牛填至涵台顶面标高即可，施工方法与拱涵相同。

（3）拱涵与盖板涵基础、涵台、拱圈、盖板的施工　上述构件施工时应按下列要求进行：

1）涵洞基础。无论是圬工基础或砂垫层基础，施工前必须先对下卧层地基土进行检查验收，地基土承载力或密实度符合设计要求时，才可进行基础施工。对于软土地基应按照设计规定进行加固处理，符合要求后，才可进行基础施工。对孔径较宽的拱涵、盖板涵兼作行人和车辆通道时，其底面应按照设计用圬工加固，以承受行人和车辆荷载及磨耗。

2）圬工基础。圬工基础的施工工艺和技术要求可参照本书圬工结构部分的有关要求进行。

3）砂垫层基础。砂垫层基础的施工工艺和技术要求可参照本节管涵基础部分进行。

4）涵洞台、墩。涵洞台、墩的施工工艺和技术要求可参照本书桥梁墩台部分的有关要求进行。

5）涵洞拱圈和钢筋混凝土盖板。拱圈和盖板浇筑或砌筑施工应注意：拱圈和端墙的施工，应由两侧拱脚向拱顶同时对称进行；拱圈和盖板混凝土的现场浇筑施工，应连续进行，尽量避免施工缝；当涵身较长时，可沿涵长方向分段进行，每段应连续一次浇筑完成；施工缝应设在涵身沉降缝处。

（4）拱架和支架的安装和拆卸

1）安装的一般要求。拱架和支架支立牢固，拆卸方便（可用木楔做支垫），纵向连接应稳定，拱架外弧应平顺。拱架不得超越拱模位置，拱模不得侵入圬工断面。拱架和支架安装完毕后，应对其位置、顶部标高、节点联系及纵横向稳定性进行检查，不符合要求者，立即进行纠正。

2）拆卸的一般要求。拱架和支架的拆除及拱顶填土，在具备下列条件之一时方可进行：

① 当拱圈圬工强度达到设计值的85%时，即可拆除拱架，但必须达到设计值后方可填土。

② 拱架未拆除，拱圈强度达到设计值的85%时，可进行拱顶填土，但应在拱圈达到强度设计值的100%时，方可拆除拱架。

③ 拱涵拆除拱架可用木楔，木楔用比较坚硬的木料斜角对剖制成，并将剖面刨光。两块木楔接触面的斜度为1∶6～1∶10。在垫楔时应使上面一块的楔尖各伸出下面一块楔尾以外，这样在拆架时敲击木楔比较方便。木楔垫好后将两端钉牢。

④ 拆卸拱架时应沿桥涵整个宽度上将拱架同时均匀降落，并从跨径中点开始，逐步向两边拆除。

2. 现场浇筑的箱涵

箱涵又称矩形涵，它与盖板涵的区别是：盖板涵的台身与盖板是分开浇筑的，台身还可以采用砌石圬工，成为简支结构。而箱涵是上下顶板、底板与左、右墙身连续浇筑而成的刚性结构，如图3-22所示。

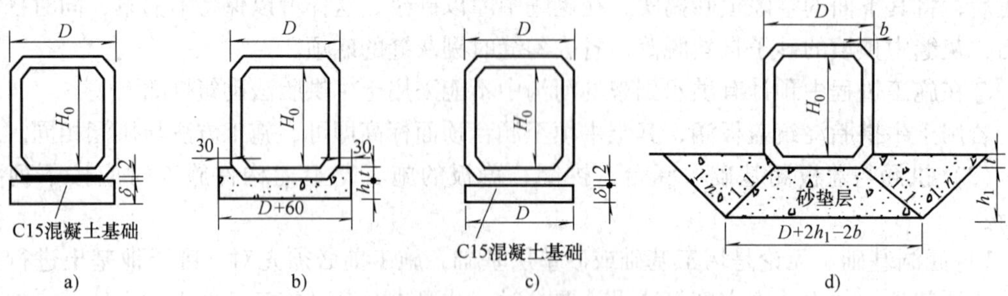

图3-22 箱形涵洞基础类型（尺寸单位：cm）
a）出入口涵节基础 b）洞身涵节无基础
c）洞身涵节有基础 d）地基土上换填砂垫层

图中，H_0为涵节净高；t为涵节埋入垫层厚度；δ为C15混凝土基础厚度，根据地质，地形条件经设计决定；D为涵节外形宽度；h_1为换填砂垫层深度，根据验算或下卧层位置确定；n为挖基边坡，根据基底土质确定；b为涵节角隅倒角宽度。

涵身基础分为有圬工基础和无圬工基础两种。箱涵身的支架、模板可参照现浇混凝土拱涵和盖板涵的支架、模板制造安装。浇筑混凝土时注意事项与浇筑拱涵和盖板涵相同。

3. 装配式拱涵、盖板涵和箱涵

（1）预制构件结构的要求

1）拱圈、盖板、箱涵节等构件预制长度，应根据起重设备和运输能力决定，但应保证结构的稳定性和刚性，一般不小于1m，但也不宜太长。

2）拱圈构件上应设吊装孔，以便起吊。吊孔应考虑平吊及立吊两种，安装后可用砂浆将吊孔填塞。箱涵节、盖板和半环节等构件，可设吊孔，也可在顶面设立吊环。吊环位置、孔径大小和制环用的钢筋应符合设计要求，并要求吊钩伸入吊环内和吊装时吊环筋不断裂。安装完毕，吊环筋应锯掉或气割掉。

3）若采用钢丝绳捆绑起吊可不设吊孔或吊环。

（2）预制构件的模板　预制构件的模板有木模、土模、钢丝网水泥模板、拼装式模板等。无论采用何种模板都应满足规范要求。尤其是有预埋件时，应采取措施，确保预埋件的正确位置。

（3）构件运输　构件必须在达到设计强度后，经过检查质量和大小符合要求，才能进行搬运。搬运时应注意吊点或支承点的设置，务必使构件在搬运过程中保持平衡、受力合理，确保搬运过程中的安全。

（4）施工和安装

1）基础。与现场浇筑的涵洞基础施工方法相同。

2）拱涵和盖板涵的涵台身。涵台身大都采用砌筑结构，可按照现场浇筑的涵台身施工方法施工。如采用装配式结构时，可按照装配式墩台相关的要求施工。

3）上部构件的安装。拱圈、盖板、箱涵节的安装技术要求如下：

① 安装之前应检查构件尺寸、涵台尺寸和涵台间距离，并核对其高程，调整构件大小位置使与沉降缝重合。

② 拱座接触面及拱圈两边均应凿毛（沉降缝处除外），并浇水湿润，用灰浆砌筑；灰浆坍落度宜小一些，以免流失。

③ 构件砌缝宽度一般为1cm，拼装每段的砌缝应与设计沉降缝重合。

④ 构件可用扒杆、链滑车或汽车式起重机进行吊装。

3.3.3　倒虹吸管

1. 适用范围

当遇以下情形时，常修建倒虹吸管：路线穿过沟渠、路堤高度很低或在浅挖方地段通过，填、挖高度不足，难以修建明涵时；或因灌溉需要，必须提高渠底高程，建筑架空渡槽又不能满足路上净空要求。

公路上通常采用的倒虹吸管为竖井出入口式，如图3-23和图3-24所示。两者使用场合为：如路基边沟底部高程低于灌溉渠底部高程可采用图3-23形式；如路基边沟底部高程高于灌溉渠底部标高则采用图3-24形式。两者构造的主要区别在于前者的路基边沟设于倒虹吸管两个竖井入口之内，多用于需要跨过浅路堑的灌溉渠；后者的路基边沟（或无边沟）设在倒虹吸管两个竖井之外。

2. 施工布置和注意事项

（1）倒虹吸管总长的确定　其长度取决于进出口竖井的位置。对于图3-23的形式可按下式计算

$$L=[B+2(a+b+c)]/\cos\alpha \tag{3-40}$$

式中　L——倒虹吸管总长度，计算至竖井内壁边缘（m）；

B——路基宽度（m）；

a——进出水口竖井壁厚度（m）；

b——路基边沟宽度（m）；

c——井壁至边沟上口边缘的安全距离，一般$c\geq 0.25$m；

α——倒虹吸管轴线与路线中线的垂线的交角。

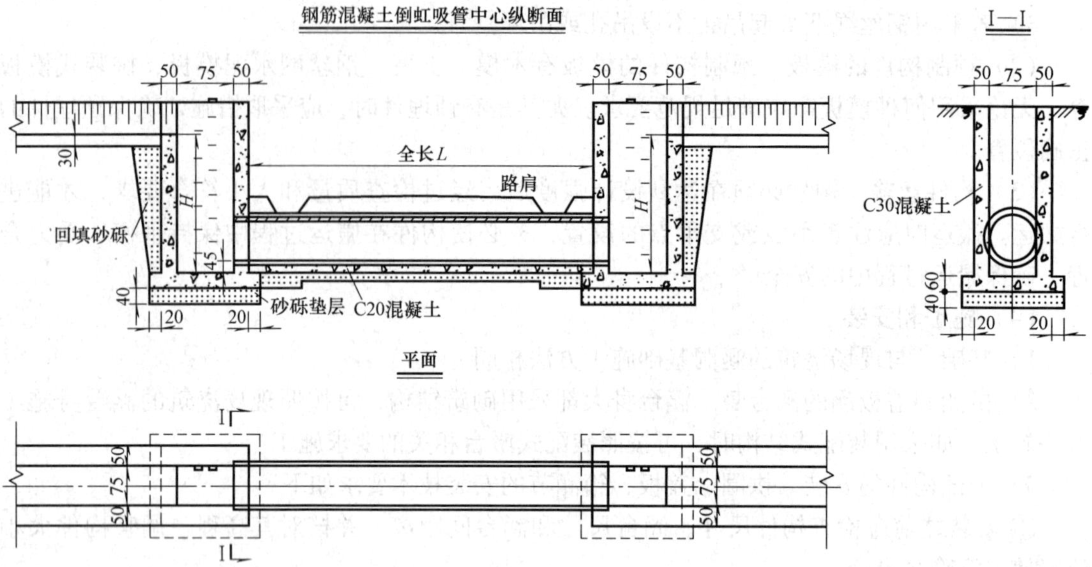

图 3-23 竖井式倒虹吸管（一）（尺寸单位：cm）

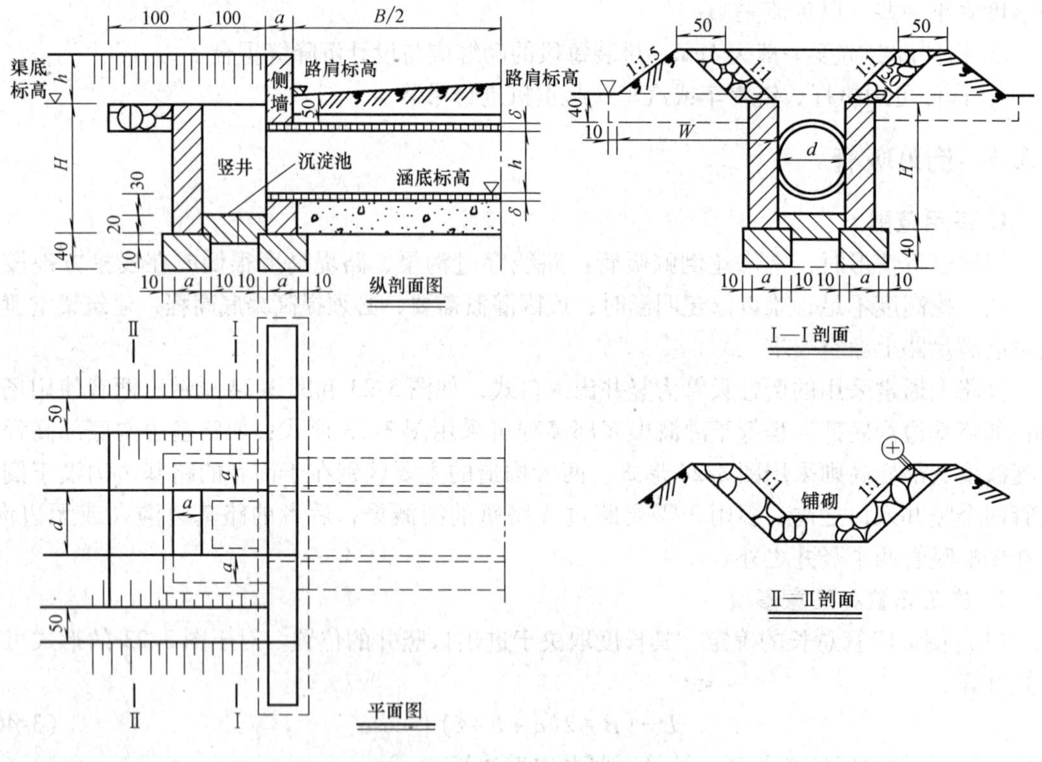

图 3-24 竖井式倒虹吸管（二）（尺寸单位：cm）

对于图 3-24 的形式可按下式计算

$$L = [B + 2a] / \cos\alpha \tag{3-41}$$

式中符号含义与前式相同。

（2）管节结构　一般采用预制的钢筋混凝土圆管，管径可按有压力式的流量选择，一般为0.5~1.5m。管节长度一般为1m，调整管涵长度的管节长0.5m，并有正交、斜交两种，可根据实际情况选用。

（3）倒虹吸管埋置深度的确定 埋置深度应适当，过浅则车轮荷载传布影响较大，受力状况不利，管节有可能被压破裂；在严寒地区埋置深度还受到冻害影响。埋置过深则工程量增加造成浪费。一般埋置深度要求为：

1）管顶面距路基边缘深度不小于50cm。

2）管顶距边沟底覆土不小于25cm（图3-23）。

3）管节顶部必须埋置在当地最深冰冻线以下。

（4）倒虹吸管底纵坡 倒虹吸管内水流为有压力式水流，水流状态与管底纵坡大小无关，一般均做成水平。

（5）管基 宜采用外包混凝土管基形式，如图3-23右下图所示。混凝土基础下面宜填筑15~30cm砂砾垫层，并用重锤夯实。

（6）防漏接缝 对圆管涵的防漏接缝处理，一般采用浸过沥青的麻絮填塞，外用满涂热沥青油毛毡包裹两道。这种接缝形式，对有压水流渠道防止渗漏不够安全。比较好的方法是按上述程序处理之后，外包以现场浇筑的钢筋混凝土方形套梁，使形成整体。套梁底设置15cm砂砾或碎石基础垫层。

（7）进出口竖井 倒虹吸管上、下游两端的连接构造物宜用C15混凝土现场浇筑。

（8）沉淀池 水流落入竖井和进入虹吸管前各设沉淀池一个。一般沉淀池深度为30cm。

（9）拦污栅 为防止漂浮物或人、畜被吸（跌）入竖井和倒虹吸管内，在竖井进口处设立拦污栅，其尺寸随竖井进水口尺寸而定，可用钢筋或扁钢制成，用现浇混凝土固定在竖井框壁。

（10）泄水管及阀门 用直径1500mm铸铁管制成，附设相应阀门（图3-24形式的倒虹吸管可不设）以排除管阀高度以上竖井积水，便于人员下井清除泥污。如能将灌溉水流在进入竖井之前分流出去，也可不设泄水管阀，而用小抽水机将井管内的水排走后，施工人员再下井去清除污泥。

（11）脚蹬 每阶距30cm，用直径16mm钢筋制成，施工时浇入井壁，以便清除泥污和检查人员上下。

（12）井盖 用C20钢筋混凝土制成，覆盖在井口顶上，防止人畜跌入井内。

（13）管槽及井槽回填土 见后续涵洞附属施工。但填土覆盖前应做灌水试验，符合要求后再填土。

3.4 涵洞附属部分施工技术

3.4.1 防水层

1. 防水层的作用和设置部位

涵洞的钢筋混凝土结构设置防水层的作用是防止水分侵入混凝土内，使钢筋锈蚀，缩短结构寿命。北方严寒地区的无筋混凝土结构需要设置防水层，防止侵入混凝土内的水分冻胀造成结构破坏。

防水层的材料多种多样。公路涵洞使用的防水材料主要是沥青，有些部位可使用黏土，以节省工料费用。

防水层的设置部位如下：

（1）各式钢筋混凝土涵洞（不包括圆管涵） 此类涵洞的洞身、端墙和翼墙，在基础以上被土掩埋的部分，均须涂以热沥青两道，每道1～1.5mm，不另抹砂浆。

（2）混凝土及石砌涵洞 此类涵洞的洞身、端墙和翼墙的被土掩埋部分，只需将圬工表面凿平，无凹入存水部分，可不设防水层。但北方严寒地区的混凝土结构仍需设防水层。

（3）钢筋混凝土圆管涵 此类涵洞的防水层可按图3-12和图3-14所示敷设。图中管节接头采用平头对接，接缝中用麻絮浸以热沥青塞满，管节上半部从外往内填塞；下半部从管内向外填塞。管外靠接缝处裹以热沥青浸透的防水纸8层，宽度15～20cm。包裹方法：在现场用热沥青逐层黏合在管外壁的接缝处，外面在全长管外裹以塑性黏土。在交通量小的县、乡公路上，可用质量好的软塑状黏质土掺以碎麻，沿全管敷设20cm厚，代替沥青防水层（接缝处理仍照前述施工）。

（4）钢筋混凝土盖板明涵 此类涵洞的盖板部分表面可先涂抹热沥青两次，再在其上设2cm厚的防水水泥砂浆或4～6cm厚的防水混凝土，其上可按照设计铺设路面。涵、台身防水层按照上述方法办理。

砖、石、混凝土拱涵的上部结构防水层敷设，多用防水卷材，防水效果较好。

2. 沥青的熬制与敷设

沥青可用锅、铁桶等容器以火熬制，或使用电热设备。铁桶装的沥青，应打开桶口小盖，将桶横倒搁置在火炉上，以文火使沥青熔化后，从开口流入熬制用的铁锅或大口铁桶中。熬制用的铁锅或铁桶必须有盖，以便在沥青飞溅或着火时，用以覆盖。熬制处应设在工地下风方向，与一般工作人员、料堆、房屋等保持一定距离，锅内沥青不得超过锅容积的2/3。熬制中应不断搅拌至沥青全部为液态为止。溶化后的沥青应继续加温至175℃（不得超过190℃）。熬好的沥青盛在小铁桶中送至施工地点使用。使用时的热沥青温度宜低于150℃。涂敷热沥青的圬工表面应先用刷子扫净，消除粉屑污泥。涂敷工作宜在干燥（温度不低于+5℃）的天气进行。

3. 沥青麻絮、油毡、防水纸的浸制方法和质量要求

沥青麻絮（沥青麻布）可采用工厂浸制的成品或在工地用麻絮以热沥青浸制。浸制后的麻絮，表面应呈淡黑色，无孔眼、无破裂和叠皱，撕裂断面上应呈黑色，不应有显示未浸透的布层。

油毡是用一种特制的纸胎（或其他纤维胎）用软化点低的沥青浸透制成，浸渍石油沥青的称石油毡，浸渍焦油沥青的称焦油沥青油毡。为了防止在储存过程中相互黏着，油毡表面应撒一层云母粉、滑石粉或石棉粉。

防水纸（油纸）是用低软化点的沥青材料浸透原纸做成的，除沥青层较薄，没有撒防粘层外，其他性质与油毡相同。

油毡和防水纸可以从市场上采购，其外观质量应符合如下要求：

1）油毡和防水纸外表不应有孔眼、断裂、叠皱及边缘撕裂等现象，油毡的表面防粘层应均匀地撒布在油毡表面上。

2）毡胎或原纸内应吸足油量，表面油质均匀，撕开的断面应是黑色的，无未浸透的空白纸层或杂质，浸水后不起泡、不翘曲。

3）气温在25℃以下时，把油毡卷在2cm直径的圆棍上弯曲，不应发生裂缝和防粘层剥落等现象。

4）将油毡加热至80℃时，不应有防粘层剥落、膨胀及表面层损坏等现象。夏季在高温下不应黏在一起。

铺设油毡和防水纸所用粘贴沥青应和油毡、防水纸有同样的性能。煤沥青油毡和防水纸必须用煤沥青粘贴。同样，石油沥青油毡及防水纸，也一定要用石油沥青来粘贴，否则，过一段时间油毡和防水纸就会分离。

3.4.2 沉降缝

1. 沉降缝设置的目的

结构物设置沉降缝的目的是避免结构物因荷载或地基承载力不均匀而发生不均匀沉陷，产生不规则的裂缝，而使结构物破坏。设置沉降缝后，可限定结构物发生整齐、位置固定的裂缝，并可事先对沉降缝予以处理；如有不均匀沉降，则将其限制在沉降缝处，有利于结构物的安全、稳定和对防渗（防止管内水流渗入涵洞基底或路基内，造成土质浸泡松软）。

2. 沉降缝设置的位置和方向

涵洞洞身、洞身与端墙、翼墙、进出水口急流槽交接处必须设置沉降缝，但无圬工的圆管涵仅在交接处设置沉降缝，洞身范围不设。具体设置位置视结构物和地基土的情况而定。

（1）洞身沉降缝　一般每隔4～6m设置1处，但无基础涵洞仅在洞身涵节与出入口涵节间设置。缝宽一般3cm，两端与附属工程连接处也各设置1处。

（2）其他沉降缝　凡地基土质发生变化、基础埋置深度不一、基础对地基的荷载发生较大变化处、基础填挖交界处、采用填石垫高基础交界处，均应设置沉降缝。

（3）岩石地基上的涵洞　凡置于岩石地基上的涵洞，不设沉降缝。

（4）斜交涵洞　斜交涵洞洞口正做的，其沉降缝应与涵洞中心线垂直；斜交涵洞洞口斜做的，沉降缝与路基中心线平行；但拱涵与管涵的沉降缝，一律与涵洞轴线垂直。

3. 沉降缝的施工方法

沉降缝的施工，要求做到使缝两边的构造物能自由沉降，又能严密防止水分渗漏，故沉降缝必须贯穿整个断面（包括基础）。沉降缝具体施工方法如下：

（1）基础部分　可将原基础施工时嵌入的沥青木板或沥青砂板留下，作为防水之用。如基础施工时不用木板，也可用黏土填入捣实，并在流水面边缘以1∶3水泥砂浆填塞，深度约为15cm。

（2）涵身部分　缝外侧以热沥青浸制的麻筋填塞，深度约为5cm；内侧以1∶3水泥砂浆填塞，深度约为15cm。填塞深度均应视沉降缝处圬工的厚薄而定，缝内可以用沥青麻筋与水泥砂浆填满；如圬工太厚，也可将中间部分先填以黏土。

（3）沉降缝的施工质量要求　沉降缝端面应整齐、方正，基础和涵身上下不得交错，应贯通，嵌塞物应紧密填实。

（4）保护层　有圬工基础涵洞的基础襟边以上，均顺沉降缝周围设置黏土保护层，厚约20cm，顶宽约20cm。对于无圬工基础涵洞，保护层宜使用沥青混凝土或沥青胶砂，厚度为 10 ~ 20cm。

涵洞沉降缝构造如图 3-25 所示。

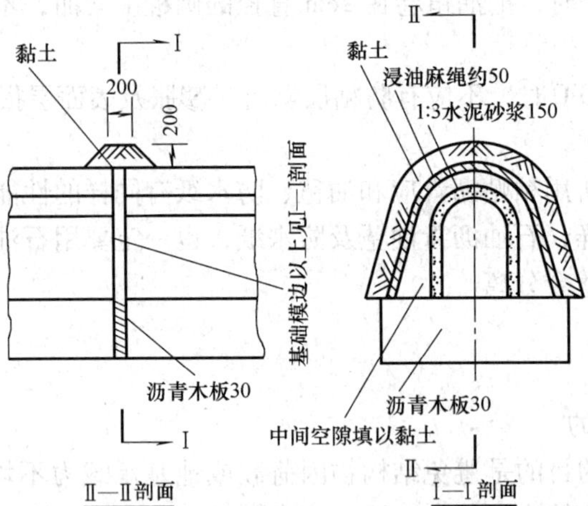

图 3-25 涵洞沉降缝构造（尺寸单位：cm）

3.4.3 涵洞进出水口

涵洞进出水口工程是指涵洞端墙、翼墙（包括八字墙、锥坡、平行廊墙）以外的部分，如沟底铺砌和其他进出水口处理工程。

1. 平原区的处理工程

涵洞出入口的沟床应整理顺直，与上、下排水系统（天沟、路基边沟、排水沟、取土坑等）的连接应圆顺、稳固，保证流水顺畅，避免排水损害路堤、村舍、农田、道路等。

2. 山丘区的处理工程

在山丘区的涵洞底纵坡超过 5% 时，除进行上述整理外，还应对沟床进行干砌或浆砌片石防护。翼墙以外的沟床当坡度较大时，也应铺砌防护。防护长度、砌石宽度、厚度、形状等，应按设计图样施工。如设计图样漏列，应按合同规定向业主提出，由业主指定单位做出补充设计。

3.4.4 涵洞缺口填土

1）建成的涵管、圬工达到设计强度的 85% 时，方可进行涵洞洞身两侧的回填。涵洞两侧紧靠涵台部分的回填土不宜采用大型机械进行压实施工，宜采用人工配合小型机械的方法夯填密实。填土的每侧长度均应符合设计规定。填筑应在两侧同时对称、均衡地分层进行，填筑的压实度应不小于 96% 。涵顶的填土厚度必须大于 0.5m 后方可通行车辆和筑路机械。

2）用机械填筑涵洞缺口时，须待涵洞圬工达到允许强度后，涵身两侧应用人工或小型机具对称夯填，高出涵顶至少 1m，然后用机械填筑。不得从单侧偏推、偏填，使涵洞承受偏压。

3）冬期施工时，涵洞缺口路堤、涵身两侧及涵顶 1m 内，应用未冻结土填筑。

4）回填缺口时，应将已成路堤土方挖出台阶。

复习思考题

1. 试述涵洞的分类及使用条件有哪些内容。
2. 简述圆管涵、盖板涵、拱涵的主要构造。
3. 涵洞施工准备工作有哪些内容？
4. 管涵的施工程序有哪些内容？
5. 预制构件常用的模板的种类及适用条件是什么？
6. 简述倒虹吸管涵的适用范围及施工注意事项。
7. 涵洞防水层应设置在哪些位置？
8. 涵洞为何要设沉降缝？如何设置？

第4章　桥梁施工技术

4.1　概述

4.1.1　基本概念

桥梁是供车辆及行人跨越障碍（河流、海湾、湖泊、山谷或建筑等）的人工构筑物，是线路上的关键节点，是交通网络的重要组成部分。桥梁的建设一般要经过规划、工程可行性论证、勘察、设计和施工等几个阶段。桥梁施工的内容，就是把一定的建桥材料用机械设备及人力按设计图样的规格，安装或砌筑成跨越建筑群、交通干线、街道、江河等障碍的构筑物，是一种实现桥梁设计思想和设计意图的过程。

桥梁施工是一门综合性、技术性很强的课题，其涉及面极为广泛，主要包括：施工方法选择，进行必要的施工演算，施工机具设备选择或设计制作，水、电、动力、生活实施的计划及安排，生产过程及安全管理等。

桥梁施工技术是指桥梁的建造方法，核心内容是施工方案的选择和技术方案的顺利实施。施工人员必须根据桥梁设计考虑工期、造价、施工队伍的素质、设备、机具和施工现场的具体条件等多种因素，认真仔细地进行方案比较，从中选取最佳的技术方案。同时，必须在模板、混凝土供应、施工机具、吊装等方面采取相应的技术措施，以保证施工技术方案的实施。

4.1.2　桥梁施工与各有关因素的关系

1. 施工与设计的关系

桥梁施工与设计有着十分密切的关系，特别对于体系复杂的桥梁，往往不能一次按图完成结构施工，如连续梁桥的施工常需要经历若干次结构体系的转换。因此，在考虑设计方案时，要考虑施工的可能性、经济性与合理性，在技术设计中要计算施工各阶段的强度（应力）、变形和稳定性，桥梁设计要同时满足施工阶段与营运阶段各项要求。在施工中，通过各种途径和方式来校核与验证设计的准确性，形成设计与施工互相配合、相互约束、不断发展的关系。

桥梁结构的施工应严格按照设计要求完成。在施工之前，施工人员需要对设计图、说明书、工程预算和施工计划，主要施工阶段的强度、应力、挠度等有关文件和设计图进行详细研究，掌握设计的内容与要求，进行必要的复算，按照设计要求处理施工方法的一些细节，编制施工计划、购置施工设备和材料。而在进行桥梁设计时，必须根据实际情况确定施工方法和步骤。由于设计与施工的不可分割关系，在我国当前的工程招标中，很多部门已经实行设计单位与施工单位结合起来作为一个投标实体，互相合作共同制订投标方案。这样的标书能较全面地反映设计思想，可用性强，工程设计也更有实际意义。

2. 施工与工程造价

近年来，在国内外的桥梁工程建设中，材料费用占整个工程造价的比例有所下降，而施工费用和劳动力的工资所占的比例在上升，特别对于特大跨径和结构比较复杂的桥梁更是如此。因此，施工费用对工程造价有着举足轻重的影响。

影响桥梁施工费用的主要因素是构件制作的费用、架设费用和工期。桥梁工程要将相当数量的钢材和混凝土材料进行运输、制作和组装，要使用大量的劳动力和多种机具设备，并且要长时间在野外条件下进行作业。为了尽量缩短工期，确保经济而又安全地施工，则在桥梁设计中要充分考虑结构是否便于制作和架设，要制订周密的施工计划，以缩短工期，减少施工管理费用，降低桥梁造价。我国近年来建造的某些预应力混凝土斜拉桥，按照其跨越能力和材料用量指标是相当经济的，但在相应的施工总造价上要比其他类型桥梁的经济指标高，其原因主要在于施工技术和施工管理方面。

3. 施工与组织管理

桥梁施工主要是指桥梁的施工技术。在进行桥梁初步设计时就应确定工程的基本施工方法；在工程施工中，结合已有的机具设备和施工能力，制订各施工阶段的施工程序和施工文件。组织管理是制订周密的施工计划，确保在规定的工期内优质、安全地完成设计图样所要求的工程内容。桥梁工程的组织管理大致可分为以下几个方面：确认工程项目，进行现场布置和施工准备；制订工程进度计划；安排人事劳务计划；临时设施计划；机具设备使用计划；材料及运输计划；工程财务管理；安全、质量与卫生管理。

4.1.3　施工方法的选择

选择桥梁的施工方法，需要充分考虑桥位的地形、环境，安装方法的安全性、经济性、施工速度等。因此在桥梁设计时就要对桥位条件进行详细的调查，掌握现场的地理环境、地质条件及气象条件。施工场地处在市区内、平原、山区、跨河道、跨海湾等，其各方面的条件差别很大，运输条件和环境约束也不相同，这些条件除作为选择施工方法的依据外，同时也涉及设计方案的考虑、桥跨及结构形式的选定。

在选择施工方法时，桥梁的类型、跨径、施工的技术水平、机具设备条件也是相当重要的因素。虽然桥梁的施工方法很多，但对于不同的桥梁类型，有的适合，有的就不适合，有的则在特定的条件下可以使用。表 4-1 所列各种桥型可选择的主要施工方法及表 1-3 所列桥梁施工方法常用的桥梁跨径范围，可在施工方法选择时参考。

桥梁施工方法的选定，可依据下列条件综合考虑。

（1）使用条件　桥梁的类型、使用跨径、墩高、梁下空间的限制、平面场地限制、桥墩的形状等。

（2）施工条件　工期要求、起重能力和机具设备要求、架设时是否封闭交通、架设时所需的临时设施、材料供应情况、架设施工的经济核算等。

（3）自然环境条件　山区或平原、地质条件及软弱层状况、对河道的影响、运输线路的限制等。

（4）社会环境影响　对施工现场环境的影响，包括公害、景观、污染、架设孔下的障碍、道路交通的阻碍、公共道路的使用及建筑限界等。

表 4-1 各种桥型可选择的主要施工方法

桥型 施工方法	简支梁桥	悬臂梁桥 T形刚构	连续梁桥	刚架桥	拱 桥	组合体系桥	斜拉桥	吊 桥
现场浇注法	√	√	√	√	√	√	√	
预制安装法	√	√		√	√	√	√	√
悬臂施工法		√	√	√	√		√	√
转体施工法		√		√	√		√	
顶推施工法			√		√		√	
逐孔施工法		√	√	√				
横移施工法	√	√	√			√	√	
提升与浮运施工法	√	√	√			√		

4.2 施工准备

4.2.1 施工准备工作的重要性

施工准备工作的基本任务是为桥梁工程的施工建立必要的技术和物质条件，统筹安排施工力量和施工现场，是施工企业搞好目标管理，推行技术经济承包的重要依据，同时也是加快施工进度、保证工程质量和施工安全、降低工程成本、增加企业经济效益，为企业赢得社会效益、实现企业管理现代化等具有重要意义。

4.2.2 施工准备工作的内容

施工准备工作主要包括：技术准备、管理体系准备、人员准备、物质准备和施工现场准备等。

1. 技术准备

技术准备是施工准备的核心。由于技术准备上的差错和隐患将造成生命、财产和经济的巨大损失，因此必须认真做好技术准备工作。

技术准备的具体内容如下：

1）熟悉设计文件、领会设计意图，且由设计单位进行技术交底。

2）施工前应对施工现场进行实地调查和现场核对后，根据设计要求、合同条件及现场条件等编制实施性的施工组织设计。

3）对技术条件复杂的工程，应进行多方案比选，编制安全可靠、技术可行、经济合理的专项施工技术方案和专项安全技术方案。

2. 管理制度准备

1）施工前应建立健全质量保证体系和质量管理体系，明确质量方针、质量目标和质量责任；同时应建立质量管理机构、质量检测体系及流程，制订质量管理制度，提出质量保证措施，对工程的施工实施质量控制。

2）施工前应建立健全安全生产管理体系，落实安全责任，提出安全技术组织措施。对施工中可能存在的各种潜在风险进行分析、评估，提出防范对策，制订必要的突发事件应急预案，使施工的全过程能安全地进行。

3）施工前应建立健全环保管理体系，制订保护环境、节能减排和文明施工的实施方案，减少工程施工过程中对环境的污染。

3. 人员准备

施工人员的配备应满足工程施工需要，并应在进场时对其进行岗前培训和技术、安全交底。

4. 物质准备

1）应根据工程的规模和相关规定，建立工地实验室。工地实验室配备的试验人员和试验仪器应满足工程施工需要，且试验仪器应通过国家法定计量机构的检验标定。

2）水泥、砂、石和外加剂等施工原材料应在工程开工前通过试验确定。进场后，应根据不同的品种、规格及用途分别妥善存放，对容易受潮、锈蚀的材料应采取防雨、防潮或防锈措施。

3）应结合工程的规模、工期、地形特点等情况合理布置施工场地，所设置的各种临时设施应满足工程施工的需要及安全施工的要求，开工前应完成现场的“三通一平”工作。

4）应根据工程施工的需要，配备足够的机械设备和生产工具，且应在施工前对施工机具进行安装调试。

5. 其他准备

1）对拟采用的新技术、新工艺、新材料、新设备的工程项目，应提前做好实验研究和论证工作，保证工程施工能顺利进行。

2）施工前应根据工程的特点，制订现场管理的各项规章制度，并应在施工过程中贯彻执行。

4.2.3 施工测量

1）桥涵工程施工前应根据其结构形式、跨径及精度要求等编制施工测量方案，选定控制测量等级，确定测量方法。

2）施工前应由勘测设计单位对控制性施工桩点进行现场交桩，并应在复测原控制网的基础上，根据施工需要适当加密、优化，建立施工测量控制网。

3）对测量控制点，应编号绘在施工总平面图上，并采取有效措施妥善保护。施工过程中，应对控制网（点）进行不定期的检测和定期复测，定期复测周期不应超过 6 个月，当发现控制点的稳定性有问题时，应立即进行局部或全面复测。

4）对与相邻工程项目接合处的平面位置和高程，应在施工前进行联测，发现问题应查明原因，及时处理。

5）宽阔水域和海上桥梁工程的施工测量宜采用 GPS 测量，且宜在水域和海上建立专门的测量平台。

6）宽阔水域和海上桥梁工程的 GPS 平面控制网宜分为首级网、首级加密网、一级加密网和二级加密网 4 个等级，首级和首级加密网宜由勘测设计单位布设，一级和二级加密网宜由施工单位布设。一级和二级加密网的布设和使用应符合下列规定：

① 加密网应采用与全桥统一的坐标系统，且宜由三角形或大地四边形组成，并应一次

完成网形设计、施测与平差。加密网应保证至少与最近的 2 个高级网点为起算点进行联测，任一加密网点应至少与另外 2 个控制点通视。加密网应按一级 GPS 测量精度施测，其精度应保证最弱相邻点点位中误差小于 ±10mm。

② 控制网点应安全、稳定，在使用过程中应进行定期或不定期检测，当对控制点的稳定性有怀疑时，应立即进行局部或全面复测。加密网两次复测的间隔时间不应超过 3 个月。

③ 每隔 1.5km 左右选择一个桥墩先进行其基础施工，并在该基础上设立稳固可靠且带有强制对中观测装置的测量控制点，作为桥梁其他墩台施工放样的基准点。

4.3 桥梁基础施工技术

基础作为桥梁结构物的一个重要组成部分，起着支承桥跨结构，保持体系稳定，把上部结构、墩台自重及车辆荷载传递给地基的重要作用。基础的施工质量直接决定着桥梁的强度、刚度、稳定性、耐久性和安全性。基础工程属于隐蔽工程，若出现质量问题不易发现和修补处理，因此，必须高度重视桥梁基础施工，严格按照规范施工，确保工程质量。

公路桥梁由于其结构形式多种多样，所处位置的地形、地质、水文情况千差万别，因此其基础的形式也种类繁多。桥梁的常用基础形式有明挖扩大基础、钢筋混凝土条形基础、桩基础、沉井基础、地下连续墙基础、组合基础等，其中扩大基础、沉入桩基础、钻孔桩基础、组合基础应用最为广泛，本节将详细介绍。

4.3.1 明挖扩大基础施工

扩大基础属直接基础，是将基础底板设在直接承载地基上，来自上部结构的荷载通过基础底板直接传递给承载地基。扩大基础的施工方法通常是采用明挖的方式进行的。实际操作中基坑开挖往往与气象、工程地质及水文地质条件有着密切的关系。如果地基土质较为坚实，开挖后能保持坑壁稳定，可不设置支撑，采取放坡开挖。实际工程由于土质关系、开挖深度、放坡受到用地或施工条件限制等因素的影响，需采取某些加固坑壁措施，如挡板支撑、钢木结合支撑、混凝土护壁等。在开挖过程中有渗水时，则需要在基坑四周挖边沟或集水井以利排除积水。在水中开挖基坑时，通常需预先修筑临时性的挡水结构物（称为围堰），如草袋围堰，然后将基坑内水排干，再开挖基坑。基坑开挖至设计标高后，及时进行坑底土质鉴定、清理与整平工作，及时砌筑基础结构物。明挖扩大基础施工的主要内容包括基坑开挖的前期准备、基坑开挖、基坑排水、基底检验与处理、基础施工等。

1. 基坑开挖的前期准备

基坑开挖与自然条件较为密切，应充分了解工程周围环境与基坑开挖的关系。在确保基坑及周围环境安全的前提下，合理确定施工方案，准确选用支护结构。

1）了解工程地质及水文地质条件。在施工前应掌握工程地质报告，对基坑处的地质构造、土层分类及参数、地层描述、地质剖面图及钻孔柱状图应充分了解。

2）工程周围环境调查。基坑开挖会引起周围地下水位下降，地表沉降会对周围建筑物、管线及地下设施带来影响，因此在基坑开挖前，应对周围环境进行调查，采取可靠措施将基坑开挖对周围环境的影响控制在允许的范围内。

3）明挖地基施工前，应对基坑边坡进行稳定性验算，并制订专项施工方案和安全技术方案。基坑开挖需爆破，爆破作业的安全管理应符合现行国家标准的规定。

4）基坑开挖时应对其边坡的稳定性进行检测，对于开挖深度超过5m的特大型深基坑，除按照边开挖、边支护的原则开挖外，在施工开挖之前，应编写专项的边坡稳定监测方案。

5）基坑的定位放样。在基坑开挖前，先进行基础的定位放样工作，以便正确地将设计图上的基础位置准确地设置到桥址上，并用骑马桩将中心位置固定。放样工作是根据桥梁中心线与墩台的纵横轴线，推出基础边线的定位点，再放线画出基坑的开挖范围。

2. 基坑开挖

基坑开挖应根据地质条件、基坑深度、施工期限与经验以及有无地表水或者地下水等因素采用适当的施工方法。

（1）坑壁不加支撑的基坑　对于在干涸无水河滩、河沟中，或有水经改河或筑堤能排除地表水的河沟中；在地下水位低于基底，或渗透量少、不影响坑壁稳定；以及基础埋置不深，施工期较短，挖基坑时，不影响邻近建筑物安全的施工场所，可考虑选用坑壁不加支撑的基坑。

当基坑深度在5m以内，施工期较短，坑底在地下水位以上，土的湿度正常，土层构造均匀时，坑壁坡度可参考表4-2确定。

表4-2　放坡开挖基坑壁坡度表

坑壁土类	基坑壁坡度		
	基坑坡顶缘无荷载	基坑坡顶缘有荷载	基坑坡顶缘有动荷载
砂类土	1:1	1:1.25	1:1.5
碎、卵石类土	1:0.75	1:1	1:1.25
粉质土、黏性土	1:0.33	1:0.5	1:0.75
极软岩	1:0.25	1:0.33	1:0.67
软质岩	1:0	1:0.1	1:0.25
硬质岩	1:0	1:0	1:0

基坑深度大于5m时，应将坑壁坡度适当放缓或加设平台，如果土的湿度可能引起坑壁坍塌时坑壁坡度应缓于该湿度下土的天然坡度。

坑顶与动荷载间至少应留有1m宽的护道。若工程地质和水文地质不良或者动荷载过大，还要增宽护道或采取加固措施。

基坑施工过程中应注意以下几点：

1）在基坑顶缘四周适当距离处设置截水沟，并防止水沟渗水，以避免地表水冲刷坑壁，影响坑壁稳定性。

2）坑壁边缘应留有护道，静荷载距基坑边缘不小于0.5m，动荷载距基坑边缘不小于1.0m；垂直坑壁边缘的护道还应适当增宽；水文地质条件欠佳时应有加固措施。

3）应经常注意观察坑边缘顶面土有无裂缝，坑壁有无松散塌落现象发生，以确保安全施工。

4）基坑施工不可延续时间过长，自开挖至基础完成，应抓紧时间连续施工。

5）如用机械开挖基坑，挖至坑底时，应保留不小于30cm厚度的底层，在基础浇筑圬工前用人工挖至基底标高。

6）基坑应尽量在少雨季节施工。

7）基坑宜用原土及时回填，对桥台及有河床铺砌的桥墩基坑，则应分层夯实。

（2）坑壁有支撑的基坑　当基坑壁坡不易稳定并有地下水渗入，或放坡开挖场地受到限制，放坡开挖工程量太大，或基坑较深、放坡开挖工程数量较大，不符合技术经济要求时，可采用坑壁有支撑的基坑。常用的坑壁支撑形式有：直衬模式坑壁支撑、横衬板式坑壁支撑、框架式支撑及其他形式的支撑。

对坑壁采取支护措施进行基坑的开挖时，应符合下列规定：

1）基坑较浅且渗水量不大时，可采用竹排、木板、混凝土板或钢板等对坑壁进行支护；基坑深度小于或等于4m且渗水量不大时，可采用槽钢、H型钢或工字钢等进行支护；地下水位较高，基坑开挖深度大于4m时，宜采用锁口钢板桩或锁口钢管桩围堰进行支护，其施工要求应符合JTG/T F50—2011《公路桥涵施工技术规范》第13.3节的规定；在条件许可时也可采用水泥土墙、混凝土围圈或桩板墙等支护方式。

2）对支护结构应进行设计计算，当支护结构受力过大时应加设临时支撑，支护结构和临时支撑的强度、刚度及稳定性应满足基坑开挖施工的要求。

基坑坑壁采用喷射混凝土、锚杆喷射混凝土、预应力锚索和土钉支护等方式进行加固时，其施工应符合下列规定：

1）对基坑开挖深度小于10m的较完整风化基层，可直接喷射混凝土加固坑壁。喷射混凝土之前应将坑壁上的松散层或岩渣清理干净。

2）对锚杆、预应力锚索和土钉支护，均应在施工前按设计要求进行抗拉拔力的验证试验，并确定适宜的施工工艺。

3）采用锚杆挂网喷射混凝土加固坑壁时，各层锚杆进入稳定层的长度、间距和钢筋的直径均应符合设计要求。孔深小于或等于3m时，宜采用先注浆后插入锚杆的施工工艺；孔深大于3m时，宜先插入锚杆后注浆。锚杆插入孔内后应居中固定，注浆应采用孔底注浆法，注浆管应插至距孔底50~100mm处，并随浆液的注入逐渐拔出，注浆的压力不宜小于0.2MPa。

4）采用预应力锚索加固坑壁时，预应力锚索（包括锚杆）编束、安装和张拉等的施工应符合规范规定。

5）采用土钉支护加固坑壁时，施工前应制订专项施工技术方案和施工监控方案，配备适宜的机具设备。土钉支护中的开挖、成孔、土钉设置及喷射混凝土面层等的施工可按现行行业标准规定执行。

6）不论采用何种加固方式，均应按设计要求逐层开挖、逐层加固，坑壁或边坡上有明显出水点处应设置导管排水。

3. 水中地基的基坑开挖

桥梁墩台基础大多位于地表水位以下，有时水流还比较大，施工时都希望在无水或静止水条件下进行。桥梁水中基础最常用的施工方法是围堰法。围堰的作用主要是防水和围水，有时还起着支撑施工平台和基坑坑壁的作用。

围堰的结构形式和材料要根据水深、流速、地质情况、基础形式以及通航要求等条件进行选择。任何形式和材料的围堰，均必须满足下列要求：

1）围堰顶高宜高出施工期间最高水位70cm，最低不应小于50cm，用于防御地下水的围堰宜高出水位或地面 20 ~ 40cm。

2）围堰外形应适应水流排泄，大小不应过多压缩流水断面，以免壅水过高危害围堰安全，以及影响通航、导流等。围堰堰内的平面尺寸应满足基础施工的要求，并留有适当的工作面积。

3）围堰的填筑应分层进行，减少渗漏，并应满足堰身强度和稳定性的要求，使基坑开挖后，围堰不致发生破裂、滑动或倾覆。

4）围堰要求防水严密，应尽量采取措施防止或减少渗漏，以减轻排水工作。对围堰外围边坡的冲刷和筑围堰后引起河床的冲刷均应有防护措施。

5）围堰施工一般安排在枯水期进行。

（1）土石围堰

1）土石围堰最好用在水浅、流速不大、河床土层为不透水且满足泄洪的情况下。适用于水深 1.5m 以内、流速≤0.5m/s、河床渗水性较小的河流。

2）围堰宽度宜根据施工需要确定，一般取 1 ~ 2m，边坡的坡度应按围堰位置的不同、高度及基坑开挖深度等条件确定，一般堰外边坡为 1∶2 ~ 1∶3，堰内边坡一般为 1∶1 ~ 1∶1.5，坡脚与基坑边缘距离根据河床土质及基坑深度而定，但不得小于 1m。

3）在筑堰前应将堰底河床上的树根、石块、杂物等清除干净。筑堰材料宜采用黏性土或砂夹黏土，填筑自上游开始至下游合拢，超过水面之后应进行夯实。堰外坡面有受水流冲刷的危险时，应采用合适的材料对其进行防护。

（2）草（麻）袋围堰

1）适用于水深 3.0m 以内，流速≤1.5m/s，河床土质渗水较小且满足泄洪的情况。

2）袋内填土宜采用黏性土，装填量宜为 60%；水流流速较大时，在过水面及迎水面，袋内可装填粗砂或卵石。堆码时土袋的上下层和内外层应相互错缝，搭接长度宜为 1/2 ~ 1/3，堆码应密实平整。

3）围堰的中心部分可填筑黏土及黏性土芯墙。堰外边坡坡度宜为 1∶0.5 ~ 1∶1，堰内边坡坡度宜为 1∶0.2 ~ 1∶0.5。

（3）木（竹）笼、铅丝笼及钢笼围堰

1）水深在 4m 以内，流速较大，且能满足泄洪要求时，可筑竹、木或铅丝笼围堰；水深超过 4m 时可筑钢笼围堰。

2）各种笼体的制作应坚固，并应满足使用要求。围堰的层数宜根据水深、流速、基坑大小及防渗要求等因素确定；宽度宜为水深的 1.0 ~ 1.5 倍。

3）宜在堰底外围堆填土袋，防止堰底渗漏。

（4）膜袋围堰

1）水深在 5m 以内，流速在 3.0m/s 以内，且河（湖、海）床较平缓时，可筑膜袋围堰。

2）堰床处理除应符合《公路桥涵施工技术规范》第 12.2.2 条第 3 款的规定外，还应将河（湖、海）床的陡坎整平。

3）膜袋的缝合应牢固严密，袋内可采用砂或水泥固化土材料填充，填充后应采取有效措施降低膜袋内的水分。

4）围堰沉降稳定后方可进行基坑的排水，排水时应控制水位降速。

(5) 钢板桩围堰　钢板桩围堰适用于砂类土、黏性土、碎石土及软岩石等河床的深水基础，钢板桩强度大、防水性能好，打入土、砾、卵石层时穿透性能强，适合于水深为10~30m的桥位围堰。钢板桩的机械性能和尺寸应符合要求。经过整修或焊接后，钢板桩应采用同类型钢板进行锁口并通过试验检查，钢板桩的接长应以等强度焊缝接长。当设备许可时，宜在打桩前将2~3块钢板拼为一组，组拼后用夹具夹牢。拔除钢板桩前宜向堰内灌水，使堰内外水位相等。拔桩时从下游附近易于拔除的一根或一组钢板桩开始，并尽可能采用振动拔桩法。

(6) 钢筋混凝土板桩围堰　钢筋混凝土板桩围堰适用于黏性土、砂类土、碎石土河床，除用于基坑挡土防水以外，还可不拔除作为建筑结构物的一部分。通常板宽50~60cm，厚10~30cm。为使其合龙及方便企口接缝，插打板桩时，应从上游开始按顺序进行直至下游合龙。

(7) 套箱围堰　套箱围堰适用于埋置不深的水中基础，也可用以修建桩基承台。无底套箱用木板、钢板或钢丝水泥制成，内部设钢木支撑。下沉套箱之前清除河床表面障碍物，若套箱设置在岩层上时，应整平岩面；如果基岩岩面倾斜，应将套箱底部做成与岩面相同的倾斜度以增加套箱的稳定并减少渗漏。

4. 基坑排水

围堰完工后，需将堰内积水排除。在开挖过程中，也可能有渗水出现，必须随挖随排。要排除坑内渗水，首先估算渗水量，然后抽水设备的排水能力应大于渗水量的1.5~2.0倍。排水方法有集水坑、集水沟以及井点法排水等。集水坑、集水沟适用于粉细砂土质以外的各种地层基坑，集水沟沟底应低于基坑底面，集水坑深度应大于吸水龙头的高度。井点法排水适用于粉、细砂或地下水位较高、挖基较深、坑壁不易稳定和普通排水方法难以解决的基坑。应根据土层的渗透系数、要求降低地下水位的深度及工程特点，选择适宜的井点类型和所需的设备。各种井点法的适用范围见表4-3。

表4-3　各种井点法的适用范围

序　号	井点法类型	土层渗透系数/(m/d)	降低水位深度/m
1	轻型井点法	0.1~80	≤6~9
2	喷射井点法	0.1~50	8~20
3	射流泵井点法	0.1~50	≤10
4	电渗井点法	0.02~0.1	5~6
5	管井井点法	20~200	3~5
6	渗井井点法	10~80	≥15

(1) 集水坑排水法　除严重流砂外，一般情况下均可适用。集水坑（沟）的大小，主要根据渗水量的大小而定；排水沟底宽不小于0.3m、纵坡为1‰~5‰。如排水时间较长或土质较差时，沟壁可用木板或荆篱支撑防护。集水坑一般设在下游位置，坑深应大于进水笼头高度，并用荆篱、竹篾、编筐或木笼围护，以防止泥沙阻塞吸水笼头。

采用集水坑排水时应符合下列规定：

1）基坑开挖时，宜在坑底基础范围之外设置集水坑并沿坑底周围开挖排水沟，使水流入集水坑内，排出坑外。集水坑的尺寸宜根据渗水量的大小确定。

2）排水设备的排水能力宜为总渗水量的1.5~2.0倍。

（2）井点排水法　当土质较差有严重流砂现象，地下水位较高，挖基较深，坑壁不易稳定，用普通排水方法难以解决时，可采用井点排水法。井点排水适用于渗透系数为 0.5 ~ 150m/d 的土壤中，尤其在 2 ~ 50m/d 的土壤中效果最好。降水深度一般可达 6m，二级井点可达 9m，超过 9m 应选用喷射井点或深井点法。具体可视土层的渗透系数、要求降低地下水位的深度及工程特点等，选择适宜的井点排水法和所需的设备。

采用井点降水法排水时应符合下列规定：

1）井点降水法宜用于粉砂、细砂、地下水位较高、有承压水、挖基较深、坑壁不易稳定的土质基坑，在无砂的黏质土中不宜采用。

2）井管的成孔可根据土质分别采用射水成孔或冲击钻机、旋转钻机及水压钻探机成孔。井点降水曲线应低于基底设计高程或开挖高程 0.5m。

3）应做好沉降及边坡位移监测，保证水位降低区域内构筑物的安全，必要时应采取防护措施。

（3）其他排水法　对于土质渗透性较大、挖掘较深的基坑，可采用板桩法或沉井法。此外，视工程特点、工期及现场条件等，还可采用帷幕法，即将基坑周围土层用硅化法、水泥灌浆法、沥青灌浆法及冻结法等处理成封闭的不透水的帷幕。其他排水法除自然冻结法外，均因所需设备较多、费用较大，在桥涵基础施工中应用较少。自然冻结法在我国北方地区应用前景较好，一般采用分格分层开挖。

5. 基底检验与处理

（1）基底检验　基础是隐蔽工程，在基础浇筑之前，应按规定进行检验。确保地基允许承载力达到设计要求，确定是否保证墩台稳定，不致滑动；确定基坑位置与标高是否与设计文件相符。

地基的检验应包括下列内容：

1）基底的平面位置、尺寸和基底高程。

2）基底的地质情况和承载力是否与设计资料相符。

3）基底处理和排水情况是否符合施工规范要求。

4）施工记录及相关资料等。

（2）基底处理　天然地基上的基础是直接靠基底土壤来承担荷载的，故基底土壤状态的好坏，对基础及墩台、上部结构的影响很大，不能仅检查土壤名称与允许承载力大小，还应为土壤更有效地承担荷载创造条件，即要进行基底处理工作。基底处理方法视基底土质而异。

基底处理主要有粗粒土和巨粒土地基、岩层地基、多年冻土地基、溶洞地基及泉眼地基处理等，其处理方法应满足《公路桥涵施工技术规范》的相关规定。

6. 基础施工

明挖基坑中的基础施工，有的基坑渗漏很小，易于排水施工；有的渗漏严重，不易将水排干。为了方便施工和保证施工质量，应尽可能地使基底处于干的情况下浇砌基础。通常的基础施工可分为无水砌筑、排水砌筑及水下灌注三种情况。

排水砌筑的施工要点是：确保在无水状态下砌筑圬工；禁止带水作业及用混凝土将水赶出模板外的灌注方法，基础边缘部分应严密隔水；水下部分圬工必须待水泥砂浆或混凝土终凝后才允许浸水。

水下灌注混凝土一般只有在排水困难时采用。基础圬工的水下灌注分为水下封底和水下直接灌注基础两种。前者封底后仍要排水再砌筑基础，封底只是起封闭渗水的作用，其混凝土只作为地基而不作为基础本身，适用于板桩围堰开挖的基坑。

桥梁基础施工中水下混凝土的灌注广泛采用的是垂直移动导管法。混凝土经导管输送至坑底，并迅速将导管下端埋没，随后混凝土不断地被输送到被埋没的导管下端，从而使先前输送到的但尚未凝结的混凝土向上和向四周推移。随着基底混凝土的上升，导管也缓慢地向上提升，直至达到要求的封底厚度时，停止灌注混凝土，并拔出导管。

采用导管法浇注水下混凝土要注意以下几个问题：

1）导管应试拼装，球塞应试验通过，施工时严格按试拼的位置安装。导管试拼后，应封闭两端，充水加压，检查导管有无漏水现象。导管各节的长度不宜过大，连接应可靠而又便于装拆，以保证拆卸时中断灌注时间最短。

2）为使混凝土有良好的流动性，粗集料粒径以 20 ~ 40mm 为宜。坍落度应不小于18cm。水泥用量比处于空气中的同等级的混凝土水泥用量增加 20%。

3）必须保证灌注工作的连续性，在任何情况下不得中断灌注。在灌注过程中，应经常测量混凝土表面的标高，正确掌握导管的提升量。导管下端务必埋入混凝土内，埋入深度一般不应小于 0.5m。

4）水下混凝土的流动半径，要综合考虑混凝土的质量、水头的大小、灌注面积的大小、基底有无障碍物以及混凝土拌和机的生产能力等因素。流动半径为 3 ~ 4m 时，能够保证封底混凝土的表面不会有较大的高差，并具有可靠的防水性。

浇筑基础时，应做好与台身、墩身的接缝连接，一般要求：

1）混凝土基础与混凝土墩台身的接缝、周边应预埋直径不小于 16mm 的钢筋或其他铁件，埋入与露出的长度不应小于钢筋直径的 30 倍，间距不大于钢筋直径的 20 倍。

2）混凝土或浆砌片石基础与浆砌片石墩台身的接缝，应预埋片石作榫，片石厚度不应小于 15cm，片石的强度要求不低于基础或墩台身混凝土或砌体的强度。

施工后的基础平面尺寸，其前后、左右边缘与设计尺寸的允许误差不大于 ±50mm。

基础结构物的用料应在挖基完成前准备好，以保证及时浇砌基础，避免基底土质变差。扩大基础的种类有浆砌片石、浆砌块石、片石混凝土、钢筋混凝土等几种。

4.3.2 沉入桩基础施工

当地基浅层土质较差，持力土层埋藏较深，需要采用深基础才能满足结构物对地基强度、变形和稳定性要求时，可用桩基础。桩基础是常用的桥梁基础类型之一。

1. 基桩分类

基桩按材料分类有木桩、钢筋混凝土桩、预应力混凝土桩与钢桩。桩基础按承受荷载的工作原理不同分为摩擦桩、柱桩、嵌岩桩；按施工方法不同又可分为钻孔灌注桩、挖孔灌注桩、打入桩等。桥梁基础中应用较多的是钢筋混凝土桩和预应力混凝土桩。按制作方法分为预制桩和钻（挖）孔灌注桩；按施工方法分为锤击沉桩、振动沉桩、射水沉桩、静力压桩、就地灌注桩与钻孔埋置桩等，前四种又称为沉入桩。应依据地质条件、设计荷载、施工设备、工期限制及对附近建筑物产生的影响等来选择桩基的施工方法。

沉入桩所用的基桩主要为预制的钢筋混凝土桩、预应力混凝土桩和钢管桩。制作钢筋混凝土桩和预应力混凝土桩所用技术应按《公路桥涵施工技术规范》处理。此外，还应注意以下事项：

1）钢筋混凝土桩的主筋宜采用整根钢筋，如需接长时，宜采用对焊连接或机械连接，接头应相互错开，在桩尖、桩顶各2m长范围内的主筋不应有接头。箍筋或螺旋筋与纵筋的交接处宜采用点焊焊接；当采用矩形绑扎筋时，箍筋末端应为135°弯钩或90°弯钩加焊接；桩两端的加密箍筋均应采用点焊焊成封闭箍。

2）采用焊接连接的混凝土桩，应按设计要求准确预埋连接钢板。采用法兰盘连接的混凝土桩，法兰盘应对准位置连接在钢筋或预应力筋上；先张法预应力混凝土桩采用法兰盘连接时，应先将法兰盘连接在预应力筋上，然后再进行张拉；法兰盘应保证焊接质量。

3）预制桩钢筋骨架的施工质量应符合施工质量标准规定，见表4-4。

表4-4　预制桩钢筋骨架施工质量标准

项　目	允许偏差/mm
纵向钢筋间距	±5
箍筋间距或螺旋筋间距	±10
纵向钢筋保护层厚度	±5
桩顶钢筋网片位置	±5
桩尖纵向钢筋位置	±5

4）每根或每一节桩的混凝土应由桩顶向桩尖方向连续浇筑，不得留施工缝。混凝土浇筑完毕后，应及时覆盖养护，并应在桩上标明编号、浇筑日期和吊点位置，同时应填写制桩记录。

2. 沉桩方法

沉桩前应在陆域或水域建立平面测量与高程测量的控制网点，桩基础轴线的测量定位点应设置在不受沉桩作业影响处；并应对空中、地上和地下的障碍物进行妥善处理。应根据桩的类型、地质条件、水文条件及施工环境条件等确定沉桩的方法。沉入桩的施工方法主要有：锤击沉桩、射水沉桩、振动沉桩、静力压桩和水中沉桩等。

（1）锤击沉桩　锤击沉桩一般适用于中密砂类土、黏性土。由于锤击沉桩依靠桩锤的冲击能量将桩打入土中，因此一般桩径不能太大（不大于0.6m），入土深度在40m左右，否则对沉桩设备要求较高。沉桩设备是桩基施工成败的关键，应根据土质、工程量、桩的种类、规格、尺寸、施工期限、现场水电供应等条件选择。

1）沉桩设备。锤击沉桩的主要设备有桩锤、桩架、桩帽及送桩等。

① 桩锤。桩锤可以分为坠锤、单动气锤、双动气锤、柴油锤和液压锤等。

② 桩架。桩架是沉桩的主要设备。它的主要作用是装吊锤、吊桩、插桩、吊插射水管和在桩下沉过程中用于导向。桩架主要由吊杆、导向架、起吊装置、撑架和底盘组成。桩架可以用木料和钢材做成，分为：轨道式桩架、液压步履式桩架、悬臂履带式桩架和三点支承式桩架，工程中常用的是钢制轨道式桩架。

③ 桩帽。打桩时，要在锤和桩之间设置桩帽。它既要起缓冲而保护桩顶的作用，又要保持沉桩效率。因此，在桩帽上方（锤与桩帽接触一方）填充硬质缓冲材料，如橡木、树脂、硬桦木、合成橡胶等；在桩帽下方应垫以软质缓冲材料，如麻饼、草垫、废轮胎等。

④送桩。在桩顶设计标高在导杆以下时，需用送桩，送桩可以用硬木、钢或钢筋混凝土

等制成。

2）施工要点。锤击沉桩的施工应符合下列规定：

① 预制钢筋混凝土桩和预应力混凝土桩在锤击沉桩前，桩身混凝土强度应达到设计要求。

② 桩锤的选择宜根据地质条件、桩身结构强度、单桩承载力、锤的性能并结合试桩情况确定，且宜选用液压锤和柴油锤。其他辅助装备应与所选用的桩锤相匹配。

③ 开始沉桩时，宜采用较低落距，且桩锤、送桩与桩宜保持在同一轴线上；在锤击过程中，应采用重锤低击。

④ 沉桩过程中，若遇到贯入度剧变，桩身突然发生倾斜、移位或有严重回弹，桩顶出现严重裂缝、破碎，桩身开裂等情况时，应暂停沉桩，查明原因，采取有效措施后方可继续沉桩。

⑤ 锤击沉桩应考虑锤击震动对其他新浇筑混凝土结构物的影响，当结构物混凝土未达到5MPa时，距结构物30m范围内，不得进行沉桩。

⑥ 对发生“假极限”“吸入”“上浮”现象的桩，应进行复打。

3）锤击沉桩的停锤控制标准。

① 设计桩尖土层为一般黏性土时，应以高程控制。桩沉入后，桩顶高程的允许偏差为+100mm，-0。

② 设计桩尖土层为砾石、密实砂土或风化岩时，应以贯入度控制。当沉桩贯入度已达到控制贯入度，而桩端未达到设计高程时，应继续锤击贯入100mm或锤击30~50击，其平均贯入度应不大于控制贯入度，且桩端距设计高程不宜超过1~3m（硬土层顶面高程相差不大时取小值）。超过上述规定，应会同监理和设计单位研究处理。

③ 设计桩尖土层为硬塑状黏性土或粉细砂时，应以高程控制为主，贯入度作为校核。当桩尖已达到设计高程而贯入度仍较大时，应继续锤击使其贯入度接近控制贯入度，但继续下沉时，应考虑施工水位的影响；当桩尖距离设计高程较大，而贯入度小于控制贯入度时，可按第②项执行。

（2）射水沉桩　射水施工方法的选择应视土质情况而异，在砂夹卵石层或坚硬土层中，一般以射水为主，锤击或振动为辅；在亚黏土或黏土中，为避免降低承载力，一般以锤击或振动为主，以射水为辅，并应适当控制射水时间和水量；下沉空心桩，一般用单管内射水。当下沉较深或土层较密实，可用锤击或振动，配合射水；下沉实心桩，将射水管对称地装在桩的两侧，并能沿着桩身上下自由移动，以便在任何高度上射水冲土。必须注意，不论采取何种射水施工方法，在沉入最后阶段至设计标高1~1.5m时，应停止射水，单用锤击或振动沉入至设计深度。

射水沉桩的主要设备包括：水泵、水源、输水管路和射水管等。

射水沉桩的施工要点是：吊插基桩时要注意及时引送输水胶管，防止拉断与脱落；基桩插正立稳后，压上桩帽桩锤，开始用较小水压，使桩靠自重下沉。初期应控制桩身不使下沉过快，以免阻塞射水管嘴，并注意随时控制和校正桩的方向；下沉渐趋缓慢时，可开锤轻击，沉至一定深度（8~10m）已能保持桩身稳定后，可逐步加大水压和锤的冲击动能；沉桩至距设计标高一定距离（2.0m以上）停止射水，拔出射水管，进行锤击或振动使桩下沉至设计要求标高。

若采用中心射水法沉桩，要在桩垫和桩帽上留有排水通道，防止射水从桩尖孔返入桩内，产生水压，造成桩身胀裂。管桩下沉到位后，如设计要求以混凝土填芯时，应用吸泥法等清除沉渣以后，用水下混凝土填芯。

(3) 振动沉桩　振动沉桩适用于砂质土、硬塑及软塑的黏性土和中密及较松散的碎、卵石类土。对于软塑类黏土及饱和砂质土，当基桩入土深度小于15m时，可只用振动沉桩机。除此情况外，宜采用射水配合沉桩。

(4) 静力压桩　静力压桩是采用静压力将桩压入土中，即以压桩机的自重克服沉桩过程中的阻力，适用于高压缩性土或砂性较轻的亚黏土层。沉桩速度视土质状况而异。同一地区、相同截面尺寸与沉入相同深度的桩，其极限承载能力与锤击沉桩大体相同。

(5) 水中沉桩　在河流水浅时，一般可搭设施工便桥、便道、土岛和各种类型脚手架组成的工作平台，其上安置桩架并进行水中沉桩作业。

在较宽阔的河中，可将桩安设在组合的浮体上或固定平台，也可使用专用打桩船。此外还可采用：

1) 先筑围堰后沉基桩法：一般在水不深，桩基临近河岸时采用此法。

2) 先沉基桩后筑围堰法：一般适用于较深的水中桩基。此法包括拼装导向围笼并浮运至墩位，抛锚定位，围笼下沉接高；在围笼内插打定位桩，下沉其余基桩，插打钢板桩，组成防水围堰；以及其后的吸泥、水下混凝土封底等工序组成。

3) 用吊箱围堰修筑水中桩基法：一般适用修筑深水中的高桩承台。悬吊在水中的套箱，在沉桩时用作导向定位，沉桩完后封底抽水，浇筑水中混凝土承台。

4.3.3　钻孔桩基础施工

1. 施工前的准备工作

钻孔桩由于其施工速度快，质量稳定，受气候环境影响小，因而被普遍采用。但其施工前的准备工作十分重要，只有条件充分才能保证施工顺利进行。

1) 认真进行施工放样。用全站仪准确放出各桩位中心，用骑马桩固定位置，用水准仪测量地面标高，确定钻孔深度。

2) 根据地质资料，确定科学合理的钻孔方法和钻孔设备，架设好电力线路，配备适合的变压器。若用柴油机提供动力，则应购置与设备动力相匹配的柴油机和充足的燃油。混凝土搅拌机、电焊机、钢筋切割机，以及水泥、砂石材料均要在钻孔开始前准备妥当。

3) 埋设护筒。护筒的作用是固定钻孔位置，宜采用钢板卷制，应坚固、耐用、不变形、不漏水、装卸方便能重复使用。

护筒内径应大于桩径至少20cm。护筒顶宜高出地面0.3m或者水面1.0~2.0m；在有潮汐影响的水面，护筒顶应高出施工期最高潮水位1.5~2.0m并应在施工期间采取稳定孔内水头的措施；当孔内有承压水时，护筒顶应高于稳定后的承压水2.0m以上。

护筒的埋置深度在旱地或筑岛处宜为2~4m，在水中或特殊情况下应根据设计要求或桩位的水文、地质情况经计算确定。对有冲刷影响的河床，护筒宜沉入施工期局部冲刷线以下1.0~1.5m，且宜采取防止河床在施工期过度冲刷的防护措施。

4) 制备泥浆。钻孔泥浆由水、黏土（或膨润土）和添加剂组成。按钻孔方法和地质情况，一般需采用泥浆悬浮钻渣和护壁。除地层本身全为黏性土能在钻进中形成合格泥浆外，开工前应准备数量充足和性能合格的黏土和膨润土。调制泥浆时，先将土加水浸透，然后用搅拌机或人工拌制，按不同地层情况严格控制泥浆浓度。施工完成后的废气泥浆应采取先集中沉淀再处理的措施，严禁随意排放，污染环境和水域。泥浆的配合比和配置方法宜通过试验认定。泥浆性能指标要求见表4-5。

表4-5　泥浆性能指标要求

钻孔方法	地层情况	泥浆指标						
		相对密度	黏度/s	静切力/MPa	含砂率（%）	胶体率（%）	失水率/(mL/30min)	酸碱度pH值
正循环回转冲击	黏性土	1.05~1.20	16~22	1.0~2.5	<8~4	>90~95	<25	8~10
	砂土 碎石土 卵石 漂石	1.20~1.45	19~28	3.0~5.0	<8~4	>90~95	<15	8~10
推钻冲抓	黏性土	1.10~1.20	22~24	1.0~2.5	<4	>95	<30	8~11
	砂土 碎石土	1.20~1.40	22~30	3.0~5.0	<4	>95	<20	8~11
反循环回转	黏性土	1.02~1.06	16~20	1.0~2.5	<4	>95	<20	8~10
	砂土	1.06~1.10	19~28	1.0~2.5	<4	>95	<20	8~10
	碎石土	1.10~1.15	20~35	1.0~2.5	<4	>95	<20	8~10

注：相对密度是泥浆密度与4℃纯水密度之比。

5）钢筋笼制作。在钻孔之前或者钻孔的同时要制作好钢筋笼，以便成孔、清孔后尽快灌注混凝土，防止塌孔事故发生。钢筋笼应按图样尺寸要求，按吊装和钢筋单根定长确定下料长度，注意主筋在50cm范围内接头数量不能超过截面主筋根数总数的50%，加强筋直径要准确；箍筋要预先调直，螺旋形布置在主筋外侧；定位筋应均匀对称地焊接在主筋外侧。下钢筋笼前应对其进行质量检查，保证钢筋根数、位置、净距、保护层厚度等满足要求，见表4-6。

表4-6　钢筋笼制作和安装标准

项　目	允许偏差	项　目	允许偏差
主筋间距/mm	±10	保护层厚度/mm	±20
箍筋间距/mm	±20	平面中心位置/mm	20
外径/mm	±10	顶端高程/mm	±20
倾斜度（%）	0.5	底面高程/mm	±50

2. 钻孔施工方法

钻孔方法有很多，国内常见的主要有：冲抓钻法、冲击锤法、正循环回旋法、反循环回旋法等。

（1）冲抓钻法　冲抓锤是一种最简单的钻孔机械，由三脚立架、锤头、卷扬机三部分组成，如图4-1所示。施工时利用张开的叶瓣向下冲击切入土中，收紧叶瓣将土石抓入锤中，提升出孔外后卸去土石，如此反复循环。

该方法的优点是：所需机械简单、成本较低，但施工自动化程度低、需人工操作，清运渣土、劳动强度大，施工速度较慢。主要适用土层，孔深为 30～40m。

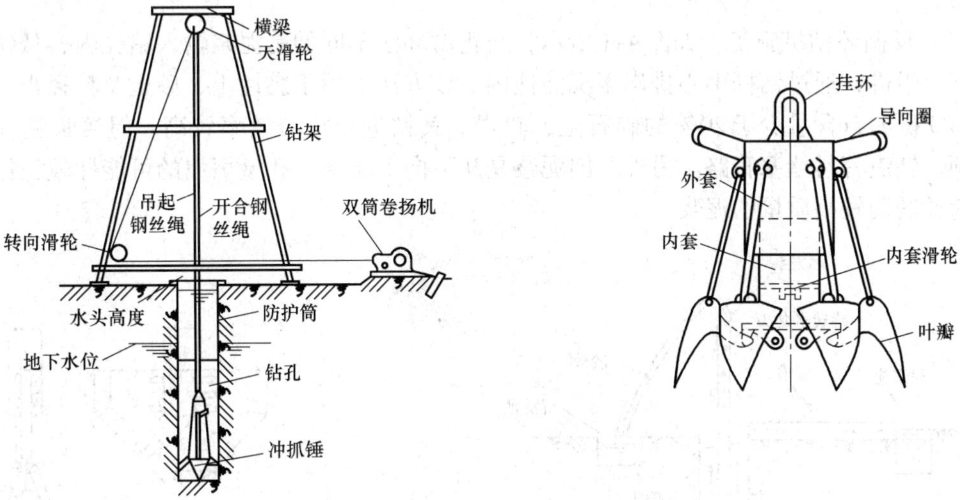

图 4-1　冲抓钻法

（2）冲击锤法　其设备由冲击钻头、三角立架、卷扬机三部分组成，如图 4-2 所示。该方法适用于砂砾石和岩石地层。其工作原理是：不断提锤、落锤，利用锥头的冲击作用将砂砾石或岩石砸成碎末、细渣，靠泥浆将其悬浮起来排出孔外。锤体一般为圆柱形，用钢材制成，锤头呈“十”字形，利于破碎岩石。一般可先用 60～80cm 的细锤头钻进，然后再用大锤头扩孔至设计孔径。这样一来可以保证孔壁稳定，防止塌孔，二来可以提高功效。冲击锤法施工效率较高，在工程中普遍适用。

（3）正循环钻机施工　如图 4-3 所示，用钻头旋转切削土体钻进，泥浆泵将泥浆压进钻杆顶部泥浆龙头，通过钻杆中心从钻头喷入钻孔内，泥浆携带钻渣沿钻孔上升，从护筒顶部排浆孔排出至沉淀池，钻渣在此沉淀而泥浆流入泥浆池循环使用。该方法适用于淤泥、黏性

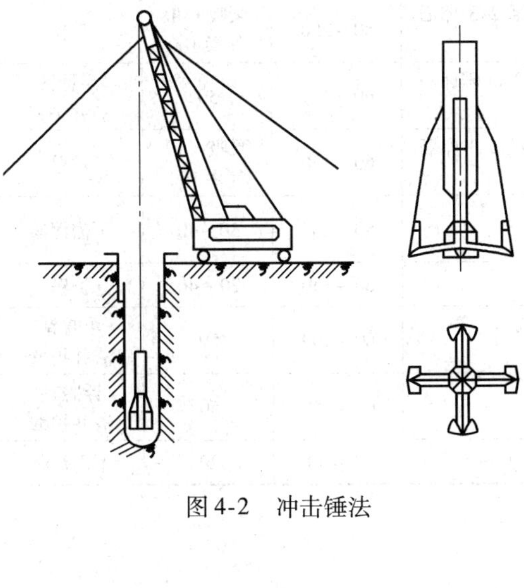

图 4-2　冲击锤法

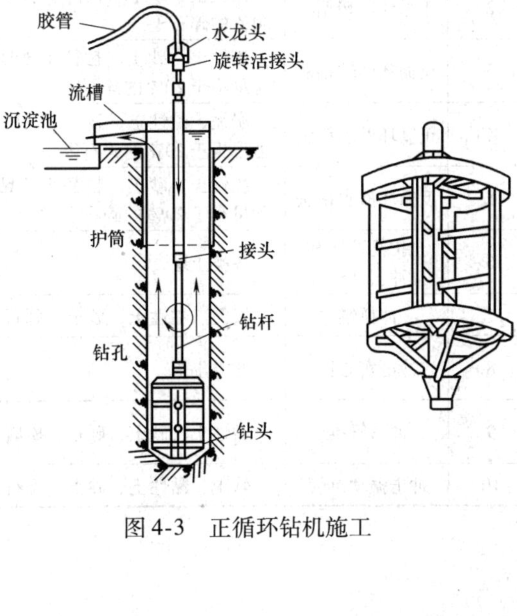

图 4-3　正循环钻机施工

土、砂土及粒径小于10cm砾卵石含量少于20%的碎石土。其优点是钻进与排渣同时连续进行，在适用的土层中钻进速度较快，但需设置泥浆槽、沉淀池等，施工占地较多且机具设备较复杂。

（4）反循环钻机施工　如图4-4所示，与正循环法不同的是泥浆输入钻孔内，从钻头的钻杆下口吸进，通过钻杆中心排出至沉淀池内。该方法适用于黏性土、砂土及粒径小于钻杆内径2/3砾卵石含量少于20%的碎石土、软岩。其钻进与排渣效率较高，但接长钻杆时装卸麻烦，钻渣容易堵塞管路。另外，因泥浆是从下向上流动，孔壁坍塌的可能性较正循环法大，为此需用较高质量的泥浆。

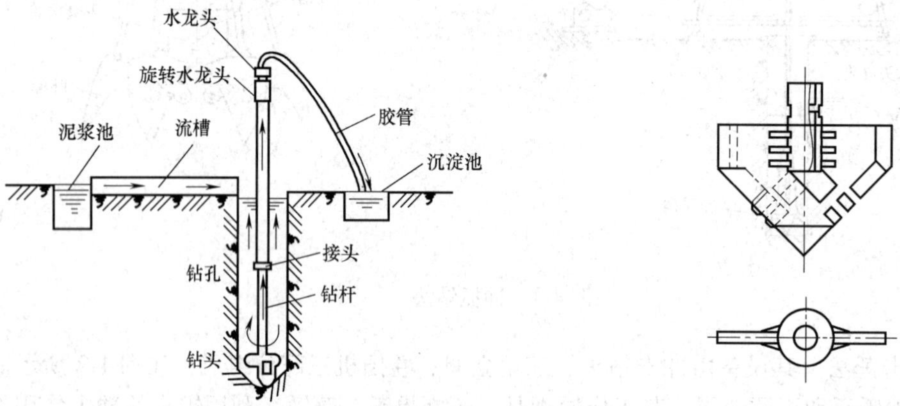

图4-4　反循环钻机施工

各种钻孔方法的适用范围可参考表4-7。

表4-7　各种钻孔方法的适用范围

序号	成孔设备（方法）	适用范围			
		土层	孔径/cm	孔深/m	泥浆作用
1	机动推钻	黏性土、砂土、粒径小于10cm砾石含量少于30%的碎石土	60~160	30~40	护壁
2	正循环回转钻法	黏性土、砂土、粒径小于10cm砾石含量少于30%的碎石土	80~200	30~200	浮悬钻渣并护壁
3	反循环回转钻法	黏性土、砂土、粒径小于钻杆内径2/3卵石含量小于20%的碎石土	80~250	泵吸<40 气举100	护壁
4	正循环潜水钻法	淤泥、黏性土、砂土，粒径小于10cm砾卵石含量少于20%的碎石土	60~150	50	浮悬钻渣并护壁
5	反循环潜水钻法	黏性土、砂土、粒径小于钻杆内径2/3卵石含量小于20%的碎石土	60~150	泵吸<40 气举100	护壁
6	全护筒冲抓和冲击钻法	各类土层	80~200	30~40	不需泥浆
7	冲抓锥	淤泥、黏性土、砂土、砾石、卵石	60~150	20~40	护壁
8	冲击实心锥	各类土层	80~200	50	浮悬钻渣并护壁
9	冲击管锥	黏性土、砂土、砾石、松散卵石	60~150	50	浮悬钻渣并护壁
10	冲击振动沉管	软土、黏性土、砂土、砾石、松散卵石	25~50	20	不需泥浆

3. 钻孔事故

由于地质构造的复杂性和施工期间各种因素的影响，钻孔事故常有发生，常见的钻孔（包括清孔时）事故有塌孔、钻孔偏斜、掉钻、糊钻、扩孔及缩孔，以及形成梅花孔、卡钻、钻杆折断、钻孔漏浆等。当遇到事故时，要冷静分析事故类型及成因，及时采取补救措施。

4. 清孔

清孔的目的是除去孔底沉淀的钻渣和泥浆，以保证灌注的钢筋混凝土质量。常用的清孔方法有掏渣清孔法、换浆清孔法、抽浆清孔法、喷射清孔法等几种。

1）掏渣清孔法是用掏渣筒、大锅锥或冲抓锥清掏孔底粗钻渣，仅适用于机动推钻、冲抓、冲击钻孔的各类土层摩擦桩的初步清孔。

2）换浆清孔法适用于正循环钻孔的摩擦桩。钻孔完成之后，提升钻锥距孔底 10 ~ 20cm，继续循环，以相对密度较低（1.1 ~ 1.2）的泥浆压入，把钻孔内的悬浮钻渣和相对密度较大的泥浆换出。

3）抽浆清孔法清孔底效果较好，适用于各种方法钻孔的柱桩和摩擦桩，一般用反循环钻机、空气吸泥机、水力吸泥机或真空吸泥泵等进行。

4）喷射清孔法只宜配合其他清孔方法使用，是在灌注混凝土前对孔底进行高压射水或射风数分钟，使剩余少量沉淀物漂浮后，立即灌注水下混凝土。

5. 吊装钢筋骨架及导管

（1）钢筋骨架　由主筋、加强筋、螺旋箍筋、定位筋四部分组成，其构造应满足设计要求。经检查合格后，用起重机吊起垂直放入孔内，相邻节端应焊接牢靠，定位准确。下到设计位置后，应在顶部采取相应措施反压并固定其位置，防止在混凝土灌注过程中产生上浮。

（2）导管　导管是灌注水下混凝土的重要工具，一般选用刚性导管。刚性导管用钢管制成，内径一般为 25 ~ 35cm，每节长 4 ~ 5m，用端头法兰盘螺栓连接，接头间夹有橡胶垫防止漏水。导管上口一般设置储料槽和漏斗，在灌注末期，当钻孔桩桩顶低于井口中水面时，漏斗底口高出水面不宜小于 4m；当桩顶高于井孔中水面时，漏斗底口高出桩顶不宜小于 4m。导管使用前应进行必要的水密、承压和接头抗拉等试验。吊装前应进行试拼，接口连接应严密、牢固。吊装时，导管应位于井孔中央；并在混凝土灌注前进行升降试验。

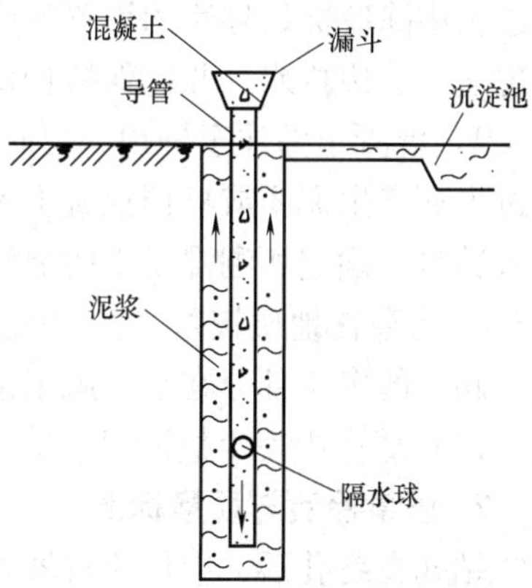

图 4-5　灌注水下混凝土

6. 水下混凝土的灌注

目前我国多采用直升导管法灌注水下混凝土，如图 4-5所示。灌注混凝土之前，应先探测孔底泥浆沉淀厚度。如果大于规定，要再次清孔，但应注意孔壁的稳定，防止塌孔。

灌注水下混凝土应符合下列规定：

1）水下混凝土的灌注时间不得超过首批混凝土的初凝时间。

2）混凝土运至灌注地点时，应检查其均匀性和坍落度等，不符合要求时不得使用。

3）首批灌注混凝土的数量应能满足导管首次埋置深度 1.0m 以上的需要，如图 4-6 所示，所需混凝土数量可按下式计算

$$V \geqslant \pi d^2 h_1/4 + \pi D^2 H_c/4 \tag{4-1}$$

式中 V——首批混凝土所需数量（m^3）；

h_1——井孔混凝土高度达到 H_c 时，导管内混凝土柱需要的高度（m）；$h_1 \geqslant \gamma_w H_w/\gamma_c$；如图4-6所示；

H_c——灌注首批混凝土所需井孔内混凝土面至孔底的高度（m），$H_c = h_2 + h_3$；

H_w——井孔内混凝土面以上水或泥浆深度；

D——井孔直径（m）；

d——导管内径（m）；

γ_w——井孔内水或泥浆的密度（kN/m^3）；

γ_c——混凝土拌和物的密度（kN/m^3）；

h_2——导管初次埋置深度，$h \geqslant 1.0m$；

h_3——导管底端至钻孔底间隙，一般为0.3～0.4m。

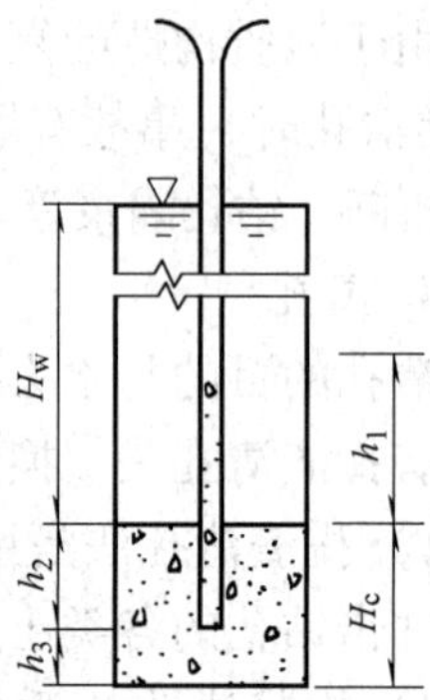

图4-6 首批灌注混凝土数量

4）首批混凝土入孔后，混凝土应连续灌注，不得中断。

5）在灌注过程中，应保持孔内的水头高度；导管的埋置深度宜控制在2～6m，并应随时测探桩孔内混凝土面的位置，及时调整导管埋深；应将桩孔内溢出的水或泥浆引流至适当地点处理，不得随意排放。

6）灌注时应采取措施防止钢筋骨架上浮。当灌注的混凝土顶面距钢筋骨架底部1m左右时，宜降低灌注速度；混凝土顶面上升到骨架底部4m以上时，宜提升导管，使其底口高于骨架底部2m以上后再恢复正常灌注速度。

7）对变截面桩，应在灌注过程中采取措施，保证变截面处的水下混凝土灌注密实。

8）采用全护筒钻机施工的桩在灌注水下混凝土时，护筒应随导管的提升逐步上拔，上拔过程中除应保证导管的埋置深度外，同时应使护筒底口始终保持在混凝土面以下。施工时应边灌注、边排水，并应保持护筒内的水位稳定。

9）混凝土灌注至桩顶部位时，应采取措施保持导管内的混凝土压力，避免桩顶泥浆密度过大而产生泥团或桩顶混凝土不密实、松散等现象；在灌注将近结束时，应核对混凝土的灌入数量，确定所测混凝土的灌注高度是否正确。灌注的桩顶高程应比设计高程高出不小于0.5m。当存在地质较差、孔内泥浆密度过大、桩径较大等情况时，应适当提高其超灌的高度；超灌的多余部分在承台施工前或接桩前应凿除，凿除后的桩头应密实、无松散层。

10）灌注中发生故障时，应查明原因，合理确定处置方案，进行处理。

7. 质量检验与质量标准

钻孔在终孔后，应使用仪器对成孔的孔位、孔深、孔形、孔径、竖直度（斜度）进行检验清孔后，应对孔底沉淀厚度等进行检验。

钻孔桩水下混凝土的质量应符合：

1）桩身混凝土和桩底后压浆中水泥浆的抗压强度应符合设计规定。每桩的试件取样组数应各为3、4组，混凝土和水泥浆的检验要求应分别符合《公路桥涵施工技术规范》要求。

2）对桩身的完整性进行检验时，检测的数量和方法应符合设计要求。宜选择有代表性的桩采用无破损法进行检测，重要工程或重要部位的桩宜逐桩进行检测；设计有规定时或对桩的质量有疑问时，应采用钻取芯样法对桩进行检测，当需检验柱桩的桩底沉淀与地层的结合情况时，其芯样应钻至桩底 0.5m 以下。

3）经检验桩身质量不符合要求时，应研究处理方案，报批处理。

钻孔桩施工工艺流程如图 4-7 所示。

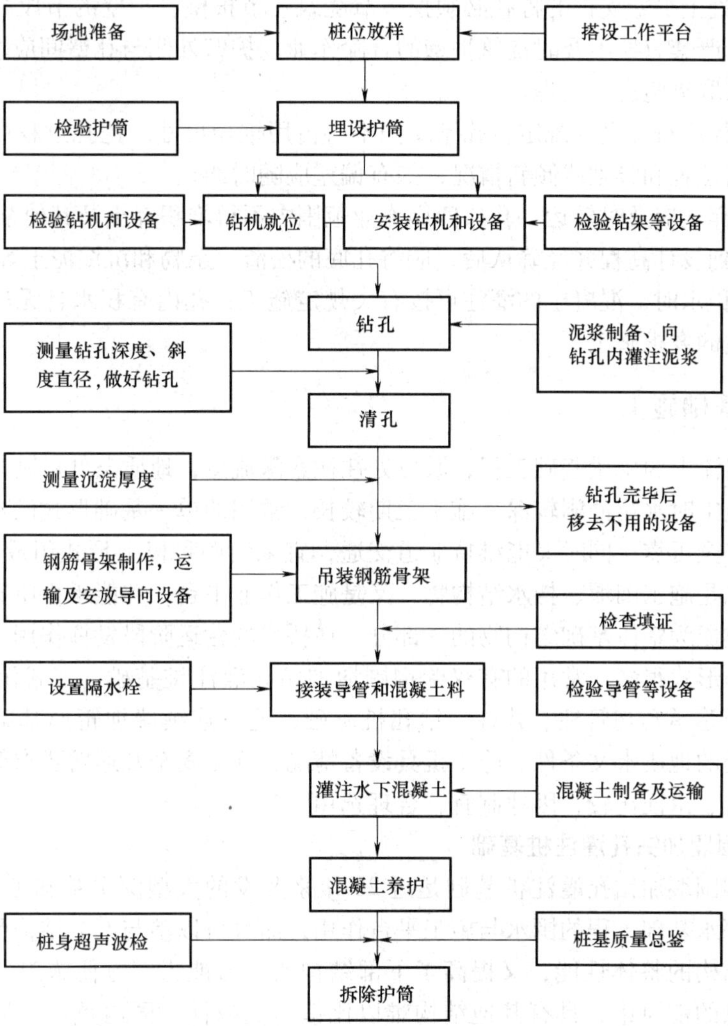

图 4-7 钻孔桩施工工艺流程图

8. 挖孔灌注混凝土桩

挖孔灌注桩多用人工开挖和小型爆破、配合小型机具成孔，灌注混凝土形成桩基。适用于无水或少量地下水，且较密实的各类土层或风化岩层中或无法采用机械成孔或机械成孔非常困难且水文、地质条件不允许的地区，桩径不小于 1.2m，孔深不宜大于 15m。其特点是设备投入少、成本低，成孔后可直观检查孔内土质状况，基桩质量有可靠保证。

挖孔桩施工应符合下列规定：

1）人工挖孔施工应制订专项施工技术方案，并应根据工程地质和水文地质情况，因地制宜选择孔壁支护方式。

2）孔口处应设置高出地面不小于300mm的护圈，并应设置临时排水沟，防止地表水流入孔内。

3）挖孔施工时相邻两桩孔不得同时开挖，宜间隔交错跳挖。

4）采用混凝土护壁支护的桩孔必须挖一节浇筑一节护壁，护壁的节段高度必须按施工技术方案执行，严禁只挖不及时浇筑护壁的冒险作业。护壁外侧与孔壁间应填实，不密实或有空洞时，应采取措施进行处理。

5）桩孔直径应符合设计规定，孔壁支护不得占用桩径尺寸。挖孔过程中，应经常检查桩孔尺寸、平面位置和竖轴线倾斜情况，如有偏差应随时纠正。

6）挖孔的弃土应及时转运，孔口四周作业范围内不得堆积弃土及其他杂物。

7）挖孔达到设计高程并经确认后，应将孔底的松渣、杂物和沉淀泥土等清除干净。

8）孔内无积水时，混凝土的灌注可按有关规定施工；孔内有积水且无法排净时，宜按水下混凝土灌注的要求施工。

4.3.4 组合基础施工

处于特大河流上的桥梁基础工程，墩位处往往水深流急，地质条件极其复杂，河床土质覆盖层较厚，施工时水流冲刷较深，施工工期较长，常用的单一基础形式已难以适应。为了确保基础工程安全可靠，同时又能维持航道交通，宜采用两种以上形式组成的组合式基础。其功能要满足既是施工围堰、挡水结构物，又是施工作业平台，并能承担所有施工机具与用料等；同时还应成为整体基础结构物的一部分，在桥梁的营运阶段发挥作用。

组合基础的形式很多，常用的有双壁钢围堰加钻孔灌注桩基础，浮式沉井加管柱（钻孔桩）基础，浮运承台与管柱、井柱、钻孔桩基础，地下连续墙加箱形基础等。可根据设计要求、桥址处的地质水文条件、施工机具设备情况、施工安全及通航要求等因素，通过综合技术经济分析、论证比较，因地制宜，合理选用。

1. 双壁钢围堰加钻孔灌注桩基础

大型双壁钢围堰加钻孔灌注桩基础是近20年来开发的大型深水基础工程理想结构物。它不仅能起到深水基础工程的围水与施工平台作用，而且可以参与部分结构受力，既增加了深水基础工程结构的整体性能，又提高了下部结构的防撞能力，方便施工，降低了工程造价，在水深流急的江河中，具有其他结构难以比拟的优越性。国内重庆、泸州、九江、武汉、黄石、铜陵等长江大桥都采用了双壁钢围堰加钻孔灌注桩基础。表4-8为1991～2000年建成的几座长江大桥应用双壁钢围堰加钻孔灌注桩基础的情况。尤其是武汉、黄石与铜陵长江大桥的深水桥墩都全部采用了双壁钢围堰加钻孔灌注桩基础，如此庞大规模的应用，充分表明该类型基础的强大生命力。

表4-8 几座长江大桥的双壁钢围堰加钻孔灌注桩基础情况

桥 名	桥 型	双壁钢围堰 直径 ϕ 高度 h	钻孔灌注桩根数、 直径与桩长	备 注
江西九江长江大桥	主跨为216m的刚梁柔拱钢桥	$\phi=19.8\text{m}$ $h=42.3\text{m}$	$9\phi2.5\text{m}$ $l\approx19\text{m}$	

（续）

桥　　名	桥　　型	双壁钢围堰 直径 ϕ 高度 h	钻孔灌注桩根数、直径与桩长	备　　注
湖北武汉第二长江大桥	主跨为400m的预应力混凝土斜拉桥	$\phi=128.4$m $h=46.5$m	21ϕ2.5m $l\approx25$m	江中八个深水墩均采用
湖北武汉黄石长江大桥	主跨为245m的预应力混凝土连续刚构桥	$\phi=28.0$m $h=38.5\sim41.2$m	16ϕ2.5m $l\approx41$m	江中六个深水墩均采用
安徽铜陵长江大桥	主跨为432m的预应力混凝土斜拉桥	$\phi=31.0$m $h=45.6$m	19ϕ2.5m $l\approx38\sim73$m	江中五个深水墩均采用

图4-8所示为泸州长江大桥3号桥墩基础构造示意图。其施工特点是隔水设施采用双壁钢围堰，围堰通过吸泥下沉，穿过卵石层至岩面。经过清理岩面、填塞刃角后，浇筑水下混凝土，围堰内抽水，埋设护筒（直径为3m），冲孔成桩，浇筑桩顶承台混凝土，整个基础工程完成。钢围堰总重300t，分四节组拼，工厂预制，下沉就位。该施工方案的优点是混凝土封底，利用围堰能承受较大的水压力，抽干积水，埋设护筒，节省了护筒定位架及起重设备，避免了异形刃脚护筒；同时钢围堰能安全渡洪，脚手架可设置在钢围堰顶上。缺点是钢围堰只能作为施工手段，在基础完成后不再发挥重要作用。

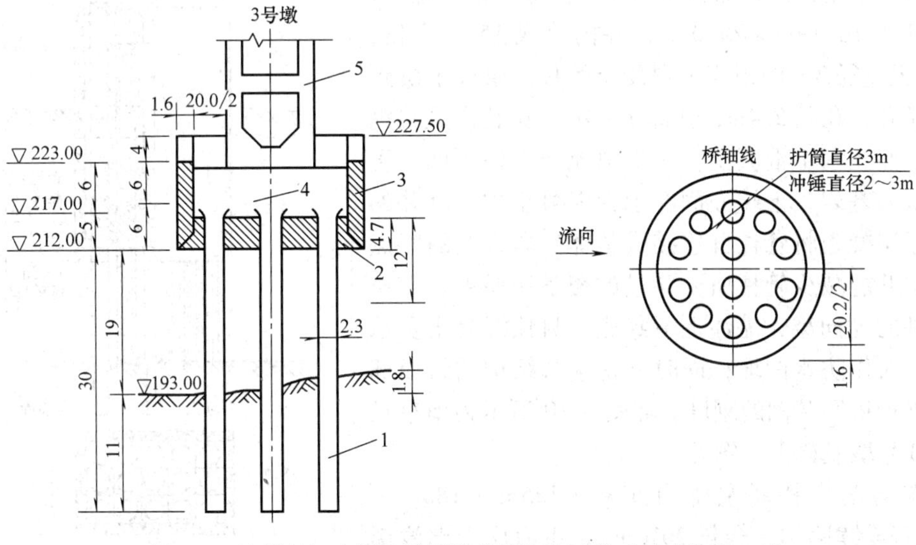

图4-8　泸州长江大桥3号桥墩基础构造示意（尺寸单位：m）

1—钻孔桩　2—封底混凝土　3—壁仓混凝土　4—承台混凝土　5—墩身混凝土

图4-9所示为常德沅水大桥3号墩基础构造示意图。其特点是采用 ϕ16m圆形双壁钢围堰加7根 ϕ2.5m冲孔嵌岩桩基础，施工进度快且安全稳妥。基础施工水深8~18m，钢围堰高18.2~18.7m，分四节拼装，底节围堰就位后，先在中壁内灌水下沉，再用缆索起重机（500kN）逐节接高，节与节间整体焊接，在准备回收的分割线外壁板处设置一道法兰，以便拆除回收。围堰接高后精确定位，井壁底层9m内浇筑水下混凝土，然后吹砂沉至岩面。岩内安装7根直径2.7m的钢护筒，浇筑4.5m厚的封底混凝土，在护筒内钻孔，嵌入岩面

11～14m，灌注混凝土成钻孔桩。最后，将围堰内水抽干，浇筑承台（厚度为4.0m）。

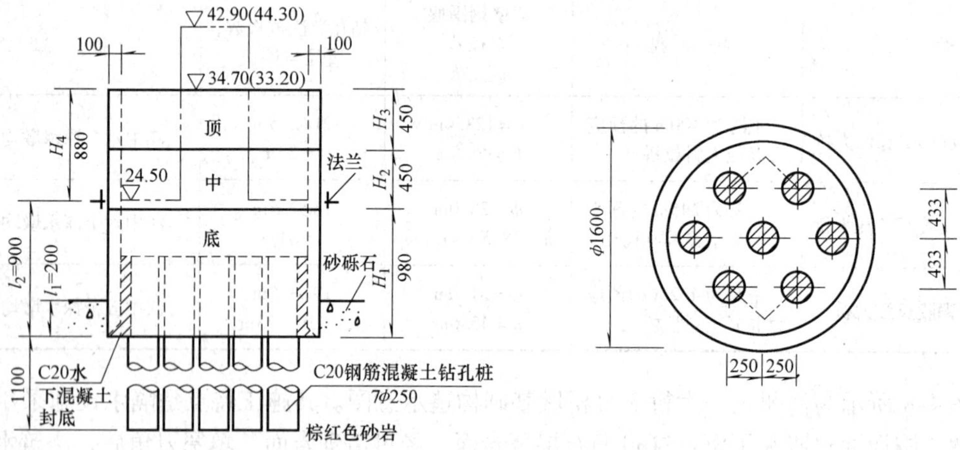

图4-9 常德沅水大桥3号墩示意图（尺寸单位：cm）

2. 浮式沉井加管柱（钻孔桩）基础

南京长江大桥2号、3号墩，水深30m，覆盖层厚约40m，基岩强度为7～9MPa，河床最大冲刷深度可达23m，采用钢沉井加管柱基础。钢沉井采用矩形，平面尺寸为16.19m×25.01m，井内分成15个方格，内插13根直径3m的预应力混凝土管柱。管柱下沉到岩面后钻孔，孔径2.4m，孔深7～9m，钻孔内放置钢筋骨架，灌注水下混凝土，一直填充至管柱顶面。管柱下端嵌入基岩，上端嵌固在承台混凝土中，沉井的封底封顶混凝土将管柱群连接成整体。本方案的特点是：钢沉井能减少管柱所要穿过的覆盖层厚度，兼作下沉管柱的导向架，灌注上下封底、封顶混凝土及承台混凝土时作防水围堰；同时又是永久结构的组成部分，可增加桥墩基础的刚度。如图4-10所示为南京长江大桥3号墩基础形式图。

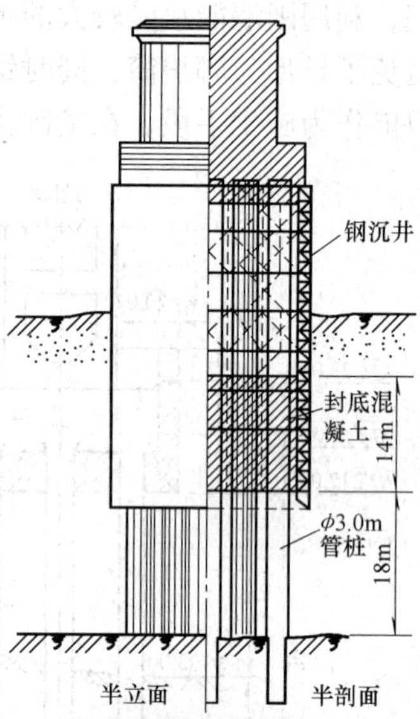

图4-10 南京长江大桥3号墩基础形式

广东洛溪大桥（主桥为65m＋125m＋180m＋110m四跨连续刚构，全长9616m），主河床受潮汐影响，平均水深7m以上，覆盖层为中细砂、黏土和泥质砂岩风化土，平均厚度20m。如图4-11所示主墩基础采用钢沉井加钻孔桩基础。双壁刚壳浮运沉井呈Y形，底部直径23m，顶部直径28m，沉井全高20m。钢沉井分三节，岸上组拼后，用2000kN浮吊吊放入水，浮运就位，注水吹砂下沉，要求穿越河床11m。沉井内布置24根φ150钻孔桩，平均桩长分别为47m和22m，平均嵌岩深度为3m和5m。本方案的特点是双壁钢壳沉井（壁厚1.5m）既是基础施工围堰、挡水结构物，又是施工平台，建成后成为主墩的防撞岛。

日本横滨港湾大桥（三跨连续钢斜拉桥，主跨460m），位于横滨港国际航道上，水深12～14m，海底覆盖层厚度为30～40m，主墩采用浮式承台加井柱组合式基础。浮式承台为预制的预应力混凝土空箱结构，平面尺寸为56m×54m，高度12m；空箱内插入9根直径为10m、长度达47～75m的钢筋混凝土沉井；沉井分数节，底节长27m，重力达27000kN，用30000kN浮吊吊运就位与安装。图4-11所示为横滨港湾大桥主墩构造示意图。该基础工程的主要特点是：其一，大型构件预制化，多功能预应力混凝土浮式承台与巨型沉井都是在岸边干船坞与专设预制厂制作，不仅施工质量有保障，而且可以加快施工进度，减少海上作业难度；其二，采用专门研制成功的大型摇臂式水中挖掘机开挖水下深层泥岩，挖掘机工作面直径可扩大到11m，保证井柱的嵌岩深度至14m左右；其三，施工中作业面较小，完全能保证国际航道的通行安全。该桥的顺利建成为海湾地区的桥梁工程快速建设提供了范例。

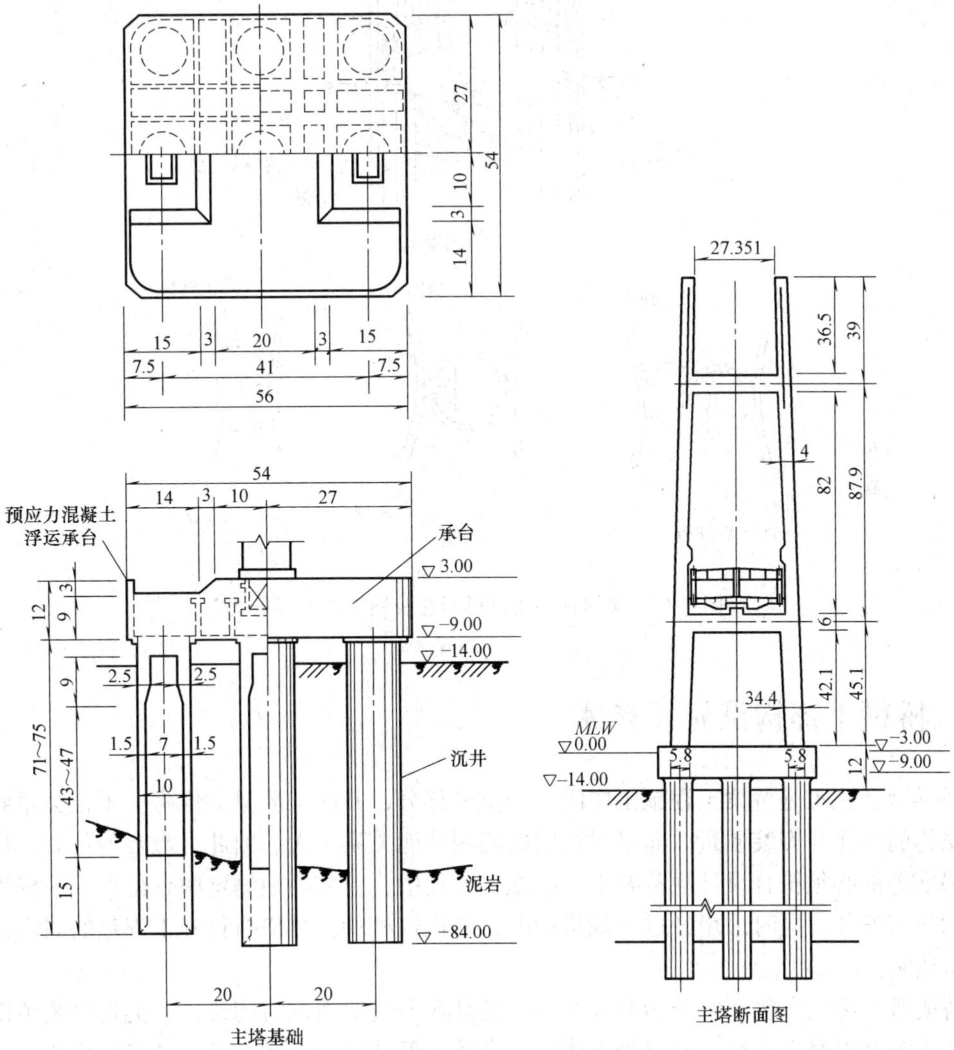

图4-11　横滨港湾大桥主墩构造示意

随着世界经济的发展，交通建设事业日新月异，桥梁工程正向大跨、轻型、高强、整体方向推进，深水桥梁基础也相应涌现出不少新形式，如锁口钢管桩基础（见图4-12）、深水设置基础等。锁口钢管桩基础多用大直径钢管桩（ϕ1.0～ϕ1.3m，壁厚10～15mm，两侧焊上钢锁口）打入土中，形成圆形或椭圆形的井筒基础。其优点是既具有桩基础那种能适应基岩高低不平的灵活性，又具有像沉井那样的整体刚度，且设备简单、施工快速、水上作业面小、有利通航等。国内在修建宁波大桥主塔墩基础时，首次采用锁口钢管桩做防水围堰。

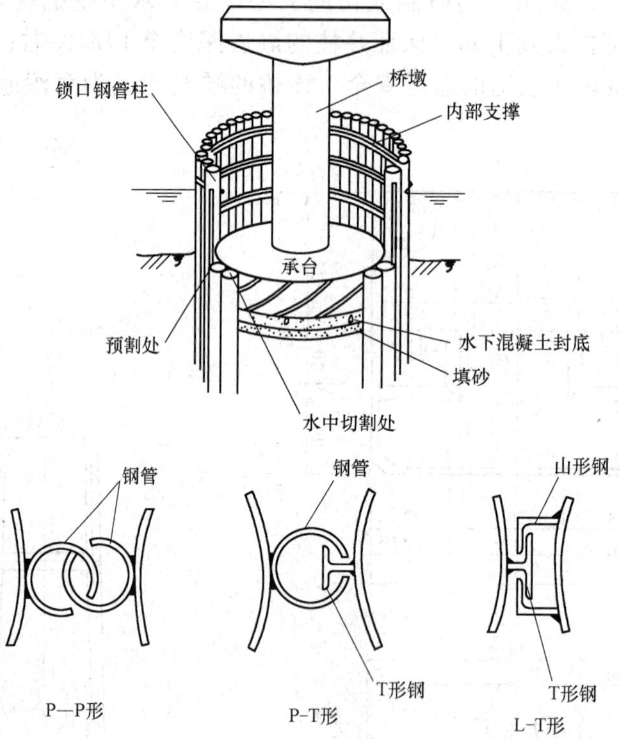

图4-12 锁口钢管桩基础示意及锁口的不同形式

4.4 桥梁下部构造施工技术

桥梁墩台施工是桥梁工程施工中的一个重要部分，其施工质量的优劣，不仅关系到桥梁上部结构的制作与安装质量，而且对桥梁的使用功能关系重大。因此，墩台的位置、尺寸和材料强度等都必须符合设计规范要求。在施工过程中，应准确地测定墩台位置，正确地进行模板制作与安装，同时采用经过正规检验的合格建筑材料，严格执行施工规范的规定，以确保施工质量。

桥梁墩台施工方法通常分为两大类：一类是现场就地浇筑与砌筑：一类是拼装预制的混凝砌块、钢筋混凝土或预应力混凝土构件。多数工程是采用前者，优点是工序简便，机具较少，技术操作难度较小；但是施工期限较长，需耗费较多的劳力与物力。

4.4.1　混凝土墩台的施工

就地浇筑的混凝土墩台施工有两个主要工序，一是制作与安装墩台模板，二是混凝土浇筑。

1. 墩台模板

根据《公路桥涵施工技术规范》的规定，模板的设计与施工应符合如下要求：

1）模板应具有足够的强度、刚度和稳定性，应能承受施工过程中所产生的各种荷载。

2）模板的构造应简单、合理，结构受力应明确，安装、拆除应方便。

3）模板应能与混凝土结构或构件的特征、施工条件和浇筑方法相适应，应保证结构物各部位形状尺寸和相互位置的准确。

4）模板的板面应平整，接缝处应严密且不漏浆；模板与混凝土的接触面应涂刷隔离剂，但不得采用废机油等油料，且不得污染钢筋及混凝土的施工缝。

5）支架应稳定、坚固，应能抵抗在施工过程中可能发生的振动和偶然撞击。

模板一般用木材、钢材或其他符合设计要求的材料制成。木模重量轻，便于加工成结构物所需要的尺寸和形状，但装拆时易损坏，重复使用少。对于大量或定型的混凝土结构物，则多采用钢模板。钢模板造价较高，但可重复多次使用，且拼装拆卸方便。

墩台常用的模板类型有固定式模板、拼装式模板、整体吊装模板、组合型钢模板及滑动钢模板。

（1）固定式模板　固定式模板一般用木材或竹材制作，其各部件均在现场加工制作和安装。固定式模板主要有立柱、肋木、壳板、撑木、拉杆、钢箍、枕梁与铁件组成。

（2）拼装式模板　拼装式模板是用各种尺寸的标准模板利用销钉连接，并与拉杆、加劲构件等组成墩台所需形状的模板。拼装式模板由于在厂内加工制造，因此板面平整、尺寸准确、体积小、重量轻，拆装容易、快速，运输方便，故应用广泛。

（3）整体吊装模板　整体吊装模板是将墩台模板水平分成若干段，每段模板组成一个整体，在地面拼装后吊装就位（见图 4-13）。分段高度可视起吊能力而定，一般可为 2 ~ 4m。整体吊装模板的优点：安装时间短，无需设施工接缝，加快施工进度，提高了施工质量；将拼装模板的高空作业改为平地操作，有利于施工安全；模板刚性较强，可少设拉筋或不设拉筋，节约钢材；可利用模外框架作简易脚手架，不需另搭施工脚手架；结构简单，装拆方便，对建造较高的桥墩较为经济。

（4）组合型钢模板　组合型钢模板是桥梁施工中常用的模板之一，是以各种长度、宽度及转角标准构件，用定型的连接件将钢模拼成结构用模板，具有体积小、重量轻、运输方便、装拆简单、接缝紧密等优点，适用于在地面拼装，整体吊装的结构上。

（5）滑动钢模板　滑动钢模板适用于各种类型的桥墩。

各种模板在工程上的应用，可根据墩台高度、墩台形式、机具设备、施工期限等条件，因地制宜，合理选用。

模板安装前应对模板尺寸进行检查；安装时要坚实牢固，以免振捣混凝土时引起跑模漏浆，安装位置要符合结构设计要求。有关模板制作与安装的允许偏差见表 4-9、表 4-10。

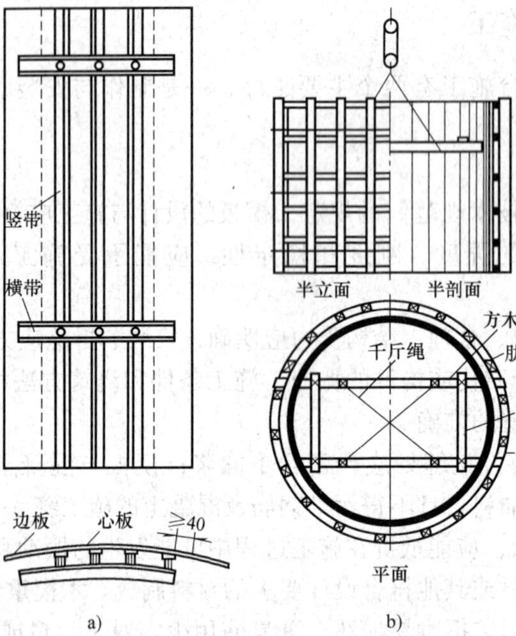

图 4-13 圆形桥墩整体模板（尺寸单位：cm）

a）拼装式钢模板 b）整体式吊装模板

表 4-9 模板制作的允许偏差

项目			允许偏差/mm
木模板	模板的长度和宽度		±5
	不刨光模板相邻两板表面高低差		3
	刨光模板相邻两板表面高低差		1
	平板模板表面最大的局部不平	刨光模板	3
		不刨光模板	5
	拼合板中木板间的缝隙宽度		2
	支架尺寸		±5
	榫槽嵌接紧密度		8
钢模板	外形尺寸	长和宽	±0，-1
		肋高	±5
	面板端偏斜		0.5
	连接配件（螺栓、卡子等）的孔眼位置	孔中心与板面的间距	±0.3
		板端孔中心与板端的间距	±0，-0.5
		沿板长、宽方向的孔	±0.6
	板面局部不平		1
	板面和板侧挠度		±1

表4-10 模板安装的允许偏差

项目		允许偏差/mm
模板标高	基础	±15
	墩台	±10
模板内部尺寸	基础	±30
	墩台	±20
轴线偏位	基础	15
	墩台	10
装配式构件支承面的标高		+2，-5
模板相邻两板表面高低差		2
模板表面平整		5
预埋件中心线位置		3
预留孔洞中心线位置		10
预留孔洞截面内部尺寸		+2，-0

2. 混凝土浇筑施工要点

墩台混凝土施工前，应将基础顶面冲洗干净，凿除表面浮浆，整修连接钢筋。灌注混凝土时，应经常检查模板、钢筋及预埋件的位置和保护层的尺寸，确保位置正确，不发生变形。混凝土施工中，应切实保证混凝土的配合比、水胶比和坍落度等技术性能指标满足规范要求。

（1）混凝土的运送　墩台混凝土的水平与垂直运输相互配合方式与适用条件可参照表4-11选用。如混凝土数量大，浇筑捣固速度快时，可采用混凝土带式运输机或混凝土输送泵。运输带速度应不大于1.2m/s，其最大倾斜角：当混凝土坍落度小于4cm时，向上传送为18°，向下传送为12°；当坍落度为4～8cm时，则向上传送为15°，向下传送为10°。

表4-11 混凝土运输方式适用条件

水平运输	垂直运输	适用条件		附注
人力混凝土手推车、内燃翻斗车、轻便轨人力推运翻斗车，或混凝土起重机	手推车	中、小桥梁，水平运距较近	墩高 $H<10$m	搭设脚手平台，铺设坡道，用卷扬机拖拉手推车上平台
	轨道爬坡翻斗车		$H<10$m	搭设脚手平台，铺设坡道，用卷扬机拖拉手推车上平台
	带式输送机		$H<10$m	倾角不宜超过15°，速度不超过1.2m/s。高度不中时，可用二台串联使用
	履带（或轮胎）起重机起吊高度≈20m		$10<H<20$m	用吊斗输送混凝土
	木制或钢制扒杆		$10<H<20$m	用吊斗输送混凝土
	墩外井架提升		$H>20$m	在井架上安装扒杆提升吊斗
	墩内井架提升		$H>20$m	适用于空心桥墩
	无井架提升		$H>20$m	适用于滑动模板

（续）

<table>
<tr><th>水平运输</th><th>垂直运输</th><th colspan="2">适用条件</th><th>附　注</th></tr>
<tr><td rowspan="5">轨道牵引车输送混凝土翻斗车或混凝土吊斗汽车倾卸车、汽车运送混凝土吊斗、内燃翻斗车</td><td>履带（或轮胎）起重机起吊高度≈30m</td><td rowspan="5">大、中桥，水平运距较远</td><td>$20 < H < 30m$</td><td>用吊斗输送混凝土</td></tr>
<tr><td>塔式起重机</td><td>$30 < H < 50m$</td><td>用吊斗输送混凝土</td></tr>
<tr><td>墩外井架提升</td><td>$H < 50m$</td><td>井架可用万能杆件组装</td></tr>
<tr><td>墩内井架提升</td><td>$H > 50m$</td><td>适用于空心桥墩</td></tr>
<tr><td>无井架提升</td><td>$H > 50m$</td><td>适用于滑动模板</td></tr>
<tr><td colspan="2">索道吊机</td><td colspan="2">$H > 50m$</td><td></td></tr>
<tr><td colspan="2">混凝土输送泵</td><td colspan="2">$H < 50m$</td><td>可用于大体积实心墩台</td></tr>
</table>

（2）混凝土浇注　混凝土浇注时，为防止墩台基础第一层混凝土中的水分被基底吸收或基底水分渗入混凝土，对墩台基底处理除应符合天然地基的有关规定外，尚应符合以下规定：

1）基底为非黏性土或干土时，应将其润湿。

2）如为过湿土时，应在基底设计标高下夯填一层10～15cm厚片石或碎（卵）石层。

3）基底面为岩石时，应加以润湿，铺一层厚2～3cm水泥砂浆，然后在水泥砂浆凝结前浇筑第一层混凝土。

墩台身钢筋的绑扎应和混凝土的灌注配合进行。在配置第一层垂直钢筋时，应有不同的长度，同一断面的钢筋接头应符合施工规范的规定。水平钢筋的接头，也应内外、上下互相错开。钢筋保护层的净厚度，应符合设计要求。如无设计要求时，则可取墩台身受力钢筋的净保护层不小于30mm，承台基础受力钢筋的净保护层不小于35mm。

（3）大体积混凝土浇筑　墩台是大体积圬工，为避免水化热过高，导致混凝土内外温差过大引起裂缝，可采取如下措施：

1）用改善集料级配、降低水胶比、掺加混合材料与外加剂、掺入片石等方法减少水泥用量。

2）采用C_3A、C_3S含量小，水化热低的水泥，如大坝水泥、矿渣水泥、粉煤灰水泥、低强度等级水泥等。

3）减小浇筑层厚度，加快混凝土散热速度。

4）混凝土用料应避免日光曝晒，以降低初始温度。

5）在混凝土内埋设冷却管通水冷却。

当浇筑的平面面积过大，不能在前层混凝土初凝或能重塑前浇筑完成次层混凝土时，为保证结构的整体性，宜分块浇筑。分块时应注意：各分块面积不得小于$50m^2$；每块高度不宜超过2m；块与块间的竖向接缝面应与墩台身或基础平截面短边平行，与平截面长边垂直；上下邻层间的竖向接缝应错开位置做成企口，并应按施工接缝处理。混凝土中填放片石时应符合以下规定：

① 埋放石块的数量不宜超过混凝土结构体积的25%，当设计为片石混凝土砌体时，石块含量可增加为50%～60%。

② 应选用无裂纹、夹层且未被煅烧过的，高度不小于15cm、具有抗冻性能的石块。

③ 石块的抗压强度不应低于25MPa或30MPa及混凝土的强度等级。

④ 石块应清洗干净，应在捣实的混凝土中埋入一半以上。

⑤ 石块应分布均匀，净距不小于10cm，距结构侧面和顶面净距不小于15cm；对于片石混凝土，石块净距不宜小于4cm；石块不得挨靠钢筋或预埋件。

⑥ 受拉区混凝土或当气温低于0℃时，不得埋放石块。

墩台身混凝土宜一次连续灌注，否则应按《公路桥涵施工技术规范》的要求，处理好连接缝。墩台身混凝土未达到终凝前，不得泡水。混凝土墩台的位置及外形尺寸允许偏差应符合规范要求。

4.4.2　石砌墩台的施工

石砌墩台具有就地取材和经久耐用等优点，在石料丰富地区建造墩台时，在施工期限许可的条件下，为节约水泥，应优先考虑石砌墩台方案。

1. 石料、砂浆与脚手架

石砌墩台是用片石、块石及粗料石以水泥砂浆砌筑的，石料与砂浆的规格要符合有关规定。浆砌片石一般适用于高度小于6m的墩台身、基础、镶面以及各式墩台身填腹；浆砌块石一般用于高度大于6m以下的墩台身、镶面或应力要求大于浆砌片石砌体强度的墩台；浆砌粗料石则用于磨耗及冲击严重的分水体及破冰体的镶面工程以及有整齐美观要求的桥墩台身等。

将石料吊运并安砌到正确位置是砌石工程中比较困难的工序。当质量小或距地面不高时，可用简单的马凳跳板直接运送，当质量较大或距地面较高时，可采用固定式动臂起重机或桅杆式起重机或井式起重机，将材料运到墩台上，然后再分运到安砌地点。用于砌石的脚手架应环绕墩台搭设，用以堆放材料，并支承施工人员砌镶面定位行列及勾缝。脚手架一般常用固定式轻型脚手架（适用于6m以下的墩台）、简易活动脚手架（能用在25m以下的墩台）以及悬吊式脚手架（用于较高的墩台）。

2. 墩台砌筑施工要点

在砌筑前应按设计图放出实样，挂线砌筑。砌筑基础的第一层砌块时，如基底为土质，只在已砌石块的侧面铺上砂浆即可，不需坐浆；如基底为石质，应将其表面清洗、润湿后，先坐浆再砌石。砌筑斜面墩台时，斜面应逐层放坡，以保证规定的坡度。砌块间用砂浆黏结并保持一定的缝厚，所有砌缝要求砂浆饱满。形状比较复杂的工程，应先做出桥墩配料大样图（见图4-14），注明块石尺寸；形状比较简单的，也要根据砌体高度、尺寸、错缝等，先行放样配好料石再砌。

砌筑方法：同一层石料及水平灰缝的厚度要均匀一致、每层按水平砌筑，丁顺相间，砌石灰缝互相垂直，灰缝宽度和错缝按表4-12规定。

砌石顺序为先角石，再镶面，后填腹。填腹石的分层高度应与镶面相同；圆端、尖端及转角形砌体的砌石顺序，应自顶点开始，按丁顺排列接砌镶面石。砌筑图例如图4-15所示，圆端形桥墩的圆端顶点不得有垂直灰缝，砌石应从顶端开始先砌石块①（见图4-15a)），然后依丁顺相间排列，按砌四周镶面石；尖端形桥墩的尖端及转角处不得有垂直灰缝，砌石应从两端开始，先砌石块①（见图4-15b），再砌侧面转角②，然后丁顺相间排列，接砌四周的镶面石。

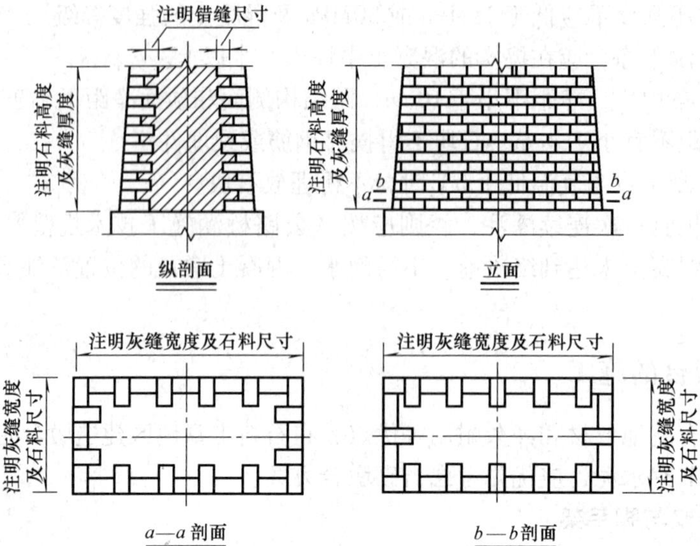

图 4-14 桥墩配料大样图

表 4-12 浆砌镶面石灰缝规定

种　类	灰缝宽度/cm	错缝（层间或行列间）/cm	三块石料相接处空隙/cm	砌筑行列高度/cm
粗料石	1.5～2.0	不小于10	1.5～2.0	每层石料厚度一致
半细料石	1.0～1.5	不小于10	1.0～1.5	每层石料厚度一致
细料石	0.8～1.0	不小于10	0.8～1.0	每层石料厚度一致

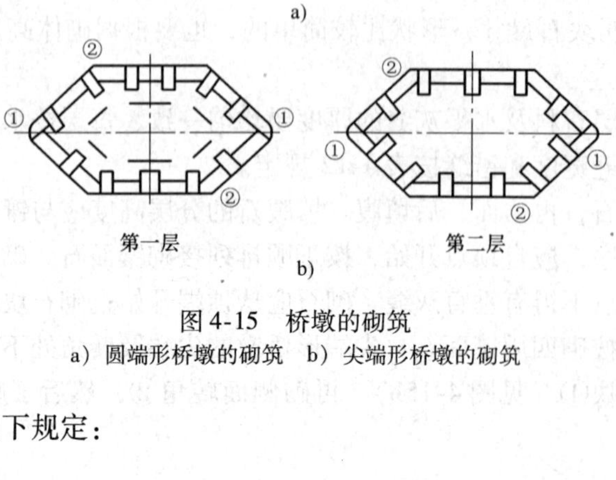

图 4-15 桥墩的砌筑

a）圆端形桥墩的砌筑　b）尖端形桥墩的砌筑

砌体质量应符合以下规定：

1）砌体所用各项材料的类别、规格及质量应符合设计要求及施工规范的规定。

2）砌缝砂浆或小石子混凝土铺填饱满，强度应符合设计要求或施工规范的规定。

3）砌缝的宽度和错缝距离应符合设计或《公路桥涵施工技术规范》的规定，勾缝应坚固、整齐，深度和形式应符合施工规范的规定。

4）砌筑方法正确，砌体位置、尺寸不超过允许偏差。

墩台砌体位置及外形尺寸允许偏差见表4-13。

表4-13　墩台砌体位置及外形尺寸允许偏差

项　目		规定值或允许偏差
砂浆强度/MPa		在合格标准内
轴线偏位/mm		20
墩台长、度/mm	片石	+40，-10
	块石	+30，-10
	粗料石	+20，-10
大面平整度/mm	片石	30
	块石	20
	粗料石	10
竖直度或坡度（%）	片石	0.5
	块石、粗料石	0.3
墩台顶面标高		±10

3. 墩台顶帽施工

墩台顶帽是用以支承桥跨结构的，其位置、高程及垫石表面平整度等，均应符合设计要求，以避免桥跨结构安装困难，或使顶帽、垫石等出现碎裂或裂缝，影响墩台的正常使用功能与耐久性。

墩台顶帽施工的主要工序为：

（1）墩、台帽放样　墩台混凝土（或砌石）灌注至离墩、台帽底下30~50cm高度时，即需测出墩台纵横中心轴线，并开始竖立墩、台帽模板，安装锚栓孔或安装预埋支座垫板、绑扎钢筋等。台帽放样时，应注意不要以基础中心线作为台帽背墙线，浇筑前应反复核实，以确保墩、台帽中心、支座垫石等位置方向与水平标高等不出差错。

（2）墩台帽模板　墩台帽是支承上部结构的重要部分，其尺寸位置和水平标高的准确度要求较严，浇筑混凝土应从墩台帽下30~50cm处至墩台帽顶面一次浇筑，以保证墩台帽底有足够厚度的紧密混凝土。图4-16所示为混凝土桥墩墩台帽模板图，墩台帽模板下面的一根拉杆可利用墩台帽下层的分布钢筋，以节省钢件。台帽背墙模板应特别注意纵向支撑或拉条的刚度，防止灌注混凝土时发生鼓肚，侵占梁端空隙。

（3）钢筋和支座垫板的安设　墩台帽钢筋绑扎应遵照《公路桥涵施工技术规范》有关钢筋工程的规定。墩台帽上的支座垫板的安设一般采用预埋支座垫板和预留锚栓孔的方法。前者须在绑扎墩台帽和支座垫石钢筋时，将焊有锚固钢筋的钢垫板安设在支座的准确位置上，即将锚固钢筋和墩台帽骨架钢筋焊接固定，同时将钢垫板作一木架，固定在墩台帽模板上。此法在施工时垫板位置不易准确，应经常检查与校正。后者须在安装墩台帽模板时，安

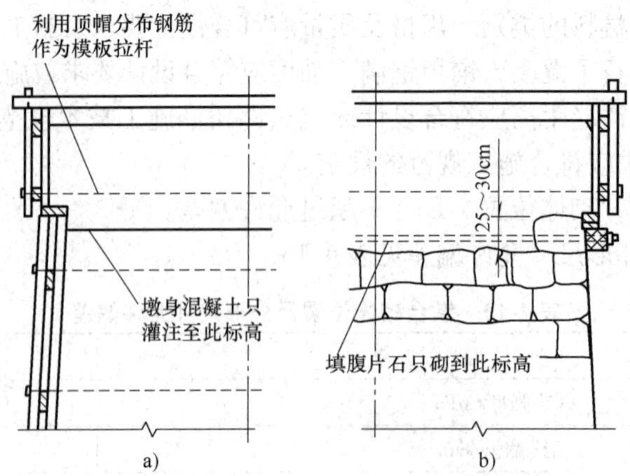

图 4-16　混凝土桥墩墩台帽模板
a）混凝土桥墩台帽模板　b）石砌桥墩墩台帽模板

装好预留孔模板，在绑扎钢筋时注意将锚接孔位置留出。此法安装支座施工方便，支座垫板位置准确。

4.4.3　滑动模板施工

公路通过深沟宽谷或大型水库时，采用高桥墩能使桥梁更为经济合理，不仅可以缩短线路，节省造价，而且可以提高营运效益，减少日常维护工作。见表 4-14 列有国内外主要高桥墩基本情况，高桥墩可分为实体墩、空心墩与钢架墩。自 20 世纪 70 年代以后，较高的桥墩一般均采用空心墩。

表 4-14　国内外主要高桥墩一览表（按墩高排列）

国　家	地名或线路名	桥　名	桥　别	最大墩高/m	建设年份	附　注
德国	奥特堡	科赫塔尔	公路	178.00	1965	
瑞士		甘特尔	公路	148.00	1979	连基础高 154m
奥地利	梯罗耳	欧罗巴	公路	146.50	1963	连基础高 181.01m
南斯拉夫		马拉河	铁路	121.00		
中国	南昆铁路（贵州兴义）	清水河	铁路	100.00	1996	RC 箱形墩（另一主墩高 86m）
中国	侯月铁路	海子沟	铁路	81.00	1992	
中国	南昆铁路	八渡南盘江	铁路	74.69	1996	该桥三个主墩均超过 70m
中国	镜铁山铁路	北河 1 号	铁路	69.13	1960	混凝土实体墩
中国	陕西澄城县	西河	公路	68.01	1996	双薄壁空心墩
中国	南昆铁路	黄泥河 5 号	铁路	63.00	1995	RC 箱形墩
中国	陇海铁路	8 号桥	铁路	45.00	1923	新中国成立前国内最高墩

高桥墩的特点是：墩高、圬工数量多而工作面小，施工条件差，因此需要特殊的高墩施工工艺。

高桥墩的施工设备与一般桥墩所用设备大体相同。但其模板却另有特色，一般有滑动模板、爬升模板、翻升模板等几种，这些模板都是依附在灌注的混凝土墩壁上，随着墩身的逐步加高而向上升高。

滑动模板施工的主要优点：施工进度快，在一般气温下，每昼夜平均进度可达 5 ~ 6m；混凝土质量好，采用干硬性混凝土，机械振捣，连续作业，可提高墩台质量；节约木材和劳力，有资料统计表明，可节省劳动力 30%，节约木材 70%；滑动模板可用于直坡墩身，也可用于斜坡墩身，模板本身附带有内外吊篮、平台与拉杆等，以墩身为支架，墩身混凝土的浇筑随模板缓慢滑升连续不断地进行，故而安全可靠。

1. 滑动模板构造

滑动模板是将模板悬挂在工作平台的围圈上，沿着所施工的混凝土结构截面的周界组拼装配，并随着混凝土的浇筑由千斤顶带动向上滑升。由于桥墩类型、提升工具的类型不同，滑动模板的构造也稍有差异，但其主要部件与功能则大致相同，一般主要由工作平台、内外模板、混凝土平台、工作吊篮和提升设备等组成，如图 4-17 所示。

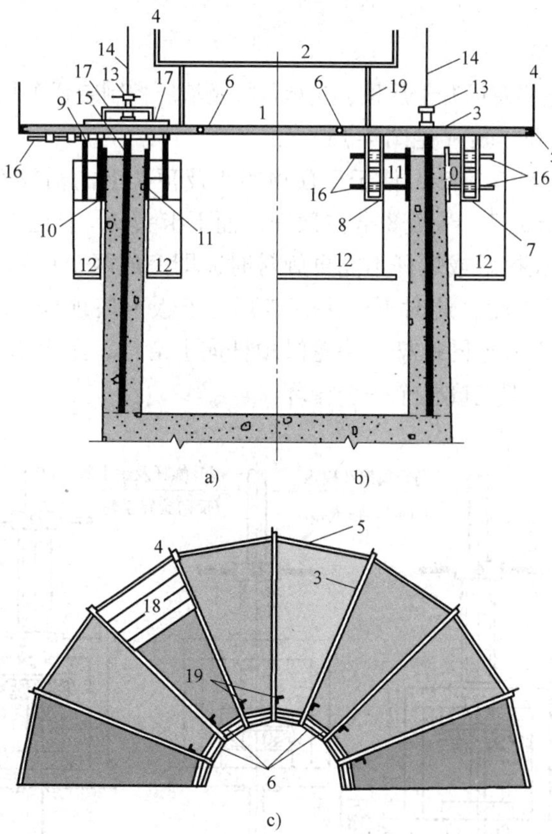

图 4-17　滑动模板构造示意

a）等壁厚收坡滑模半剖面（螺杆千斤顶）　b）不等壁厚收坡滑模半剖面（液压千斤顶）　c）工作平台半平面

1—工作平台　2—混凝土平台　3—辐射梁　4—栏杆　5—外钢环　6—内钢环　7—外立柱
8—内立柱　9—滚轴　10—外模板　11—内模板　12—吊篮　13—千斤顶　14—顶杆
15—导管　16—收坡螺杆　17—顶架横梁　18—步板　19—混凝土平台柱

1）工作平台 1，由外钢环 5、辐射梁 3、内钢环 6、栏杆 4、步板 18 组成，除提供施工操作的场地外，还用它把滑模的其他部分与顶杆14相互连接起来，使整个滑模结构支承在顶杆上。可以说，工作平台是整个滑模结构的骨架，因此，应具有足够的强度和刚度。

2）内外模板11、10采用薄钢板制作，用于上下壁厚相同的直坡空心桥墩的滑模。内外模板均通过立柱8、7固定在工作平台的辐射梁上。用于上下壁厚相同的斜坡空心墩的收坡滑模，内外模板仍固定在立柱上，但立柱架（或顶架横梁17）不是固定在辐射梁上，而是通过滚轴9悬挂在辐射梁上，并可利用收坡螺杆16沿辐射方向移动立柱架及内外模板位置。用于斜坡式不等壁厚空心墩的收坡滑模，则内外立柱固定在辐射梁上，而在模板与立柱间安装收坡螺杆，以便分别移动内外模板的位置。

3）混凝土平台2由辐射梁、步板、栏杆等组成，利用混凝土平台柱19支承在工作平台的辐射梁上，供堆放及浇注混凝土的施工操作用。

4）工作吊篮是悬挂在工作平台的辐射梁和内外模板的立柱上，随着模板的提升而向上移动，供施工人员对刚脱模的混凝土进行表面修饰和养生等施工操作之用。

5）提升设备由千斤顶13、顶杆14、导管15等组成，通过顶升工作平台的辐射梁使整个滑模提升。

2. 滑动模板提升工艺

滑动模板提升设备主要有提升千斤顶、支承顶杆及液压控制装置等几部分。其提升过程为：

（1）螺旋千斤顶提升步骤（见图4-18）

1）转动手轮2使螺杆3旋转，使千斤顶顶座4及顶架上的横梁5带动整个滑模徐徐上升。此时，上卡头6、卡瓦7、卡板8卡住顶杆，而下卡头9、卡瓦7、卡板8则沿顶杆向上滑行，当滑至与上下卡瓦接触或螺杆不能再旋转时，即完成两个行程的提升。

2）向相反方向转动手轮，此时下卡头、卡瓦、卡板卡住顶杆1，整个滑模处于静止状态，仅上卡头、卡瓦、卡板连同螺杆、手轮沿顶杆向上滑行，至上卡头与顶架上横梁接触或螺杆不能再旋转时为止，即完成整个一个循环。

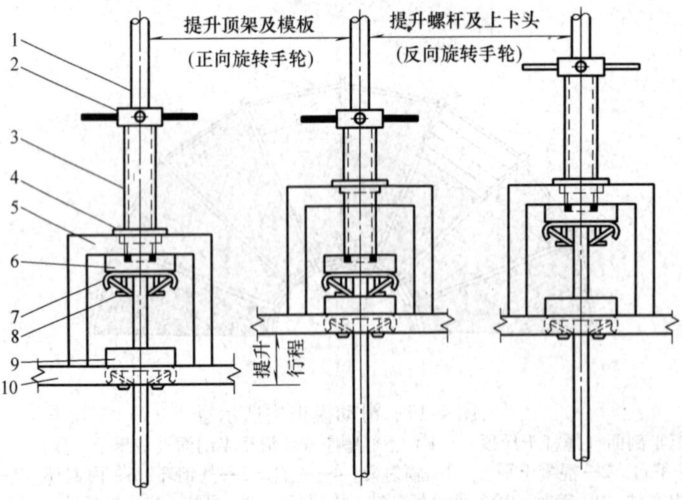

图4-18　螺旋千斤顶提升示意图

1—顶杆　2—手轮　3—螺杆　4—顶座　5—顶架上的横梁　6—上卡头
7—卡瓦　8—卡板　9—下卡头　10—顶梁下横梁

（2）液压千斤顶提升步骤（见图4-19）

1）进油提升。利用油泵将油压入缸盖3与活塞5间，在油压作用下，上卡头6立即卡紧顶杆1，使活塞固定在顶杆上（见图4-19a）。随着缸盖与活塞间进油量的增加，使缸盖连同缸筒4、底座9及整个滑模结构一起上升，直至上、下卡头8顶紧时（见图4-19b），提升暂停。此时，缸筒内排油弹簧完全处于压缩状态。

2）排油归位。开通回油管路，解除油压，利用排油弹簧7推动下卡头使其与顶杆卡紧，同时推动上卡头将油排出缸筒，在千斤顶及整个滑模位置不变的情况下，使活塞回到进油前位置。至此，完成一个提升循环（图4-19c）。为了使各液压千斤顶能协同一致地工作，应将油泵与各千斤顶用高压油管连通，由操作台统一集中控制。

提升时，滑模与平台上临时荷载全由支撑顶杆承受。顶杆多用A3与A5圆钢制作，直径25mm，A5圆钢的承载能力约为12.5kN（A3则为10kN）。顶杆一端埋置在墩台结构的混凝土中，一端穿过千斤顶心孔，每节长2.0～4.0m，用工具式或焊接连接。为了节约钢材，使支承顶杆能重复使用，可在顶杆外安上套管，套管随同滑模整个结构一起上升，待施工完毕后，可拔出支承顶杆。

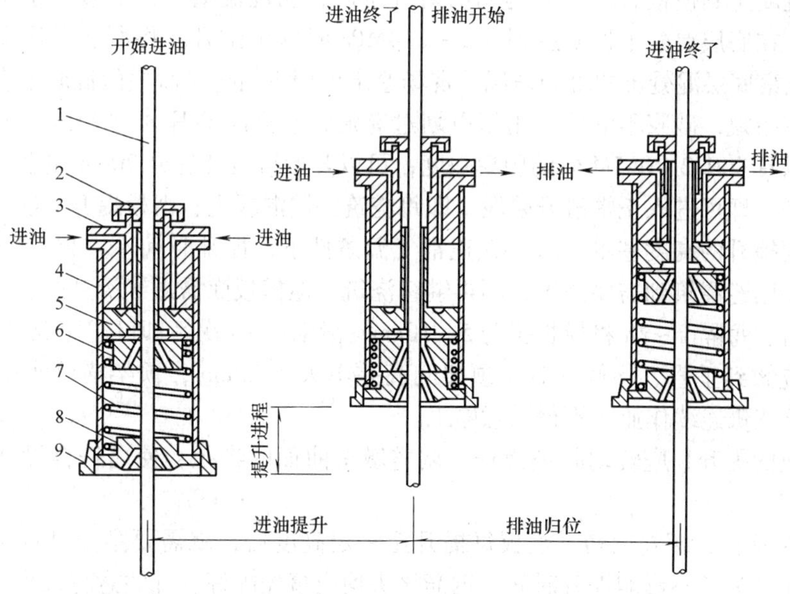

图4-19　液压千斤顶提升步骤

1—顶杆　2—行程调整帽　3—缸盖　4—缸筒　5—活塞
6—上卡头　7—排油弹簧　8—下卡头　9—底座

3. 滑动模板的设计要点

滑动模板整体结构是混凝土成型的装置，也是施工操作的主要场地，必须具有足够的整体刚度、稳定性和合理的安全度。为了保证施工质量与安全，滑动模板各组成部件必须按强度和刚度进行设计与验算。

4. 滑模浇筑混凝土施工要点

（1）滑模组装　在墩位上就地进行组装时，安装步骤为：

1）在基础顶面搭枕木垛，定出桥墩中心线。

2）在枕木垛上先安装内钢环，并准确定位，再依次安装辐射梁、外钢环、立柱、千斤顶、模板等。

3）提升整个装置，撤去枕木垛，将模板落下就位，随后安装余下的设施；内外吊架待模板滑升至一定高度，及时安装；模板在安装前，表面需涂润滑剂，以减少滑升时的摩阻力；组装完毕后，必须按设计要求及组装质量标准进行全面检查，并及时纠正偏差。

（2）浇筑混凝土　滑模宜浇筑低流动度或半干硬性混凝土，浇注时应分层、分段对称地进行，分层厚度20～30cm为宜，浇筑后混凝土表面距模板上缘宜有不小于10～15cm的距离。混凝土入模时，要均匀分布，应采用插入式振动器捣固，振捣时应避免触及钢筋及模板，振动器插入下一层混凝土的深度不得超过5cm；脱模时混凝土强度应为0.2～0.5MPa，以防在其自重压力下坍塌变形。为此，可根据气温、水泥强度等级经试验后掺入一定量的早强剂，以加速提升；脱模后8h左右开始养生，用吊在下吊架上的环绕墩身的带小孔的水管来进行。养生水管一般设在距模板下缘1.8～2.0m处效果较好。

（3）提升与收坡　整个桥墩浇筑过程可分为初次滑升、正常滑升和最后滑升三个阶段。从开始浇筑混凝土到模板首次试升为初次滑升阶段；初浇混凝土的高度一般为60～70cm，分三次浇筑，在底层混凝土强度达到0.2～0.4MPa时即可试升。将所有千斤顶同时缓慢起升5cm，以观察底层混凝土的凝固情况。现场鉴定可用手指按刚脱模的混凝土表面，基本按不动，但留有指痕，砂浆不沾手，用指甲划过有痕，滑升时能耳闻“沙沙”的摩擦声，这表明混凝土以具有0.2～0.5MPa的脱模强度，可以开始再缓慢提升20cm左右。初升后，经全面检查设备，即可进入正常滑升阶段。即每浇筑一层混凝土，滑模提升一次，使每次浇筑的厚度与每次提升的高度基本一致。在正常气温条件下，提升时间不宜超过1h。最后滑升阶段是混凝土已经浇筑到需要高度，不再继续浇筑，但模板尚需继续滑升的阶段。浇筑最后一层混凝土后，每隔1～2h将模板提升5～10cm，滑动2～3次后即可避免混凝土模板胶合。滑模提升时应做到垂直、均衡一致，顶架间高差不大于20mm，顶架横梁水平高差不大于5mm。并要求三班连续作业，不得随意停工。

随着模板的提升，应转动收坡螺杆，调整墩壁曲面的半径，使之符合设计要求的收坡坡度。

（4）接长顶杆、绑扎钢筋　模板每提升至一定高度后，就需要穿插进行接长顶杆、绑扎钢筋等工作。为了不影响提升时间，钢筋接头均应事先配好，并注意将接头错开。对预埋件及预埋的接头钢筋，滑模抽离后，要及时清理，使之外露。

（5）混凝土停工后的处理　在整个施工过程中，由于工序的改变，或发生意外事故，使混凝土的浇注工作停止较长时间，即需要进行停工处理。例如，每隔半小时左右稍为提升模板一次，以免黏结；停工时在混凝土表面要插入短钢筋等，以加强新老混凝土的黏结；复工时还需将混凝土表面凿毛，并用水冲走残渣，湿润混凝土表面，浇筑一层厚度为2～3cm的1∶1水泥砂浆，然后再浇筑原配合比的混凝土，继续滑模施工。

爬升模板施工与滑动模板施工相似，不同的是支架通过千斤顶支承于预埋在墩壁中的预埋件上，待浇筑好的墩身混凝土达到一定强度后，将模板松开，千斤顶上顶，把支架连同模板升到新的位置，模板就位后，再继续浇筑墩身混凝土。如此往复循环，逐节爬升，每次升高约2m。爬升模板的应用还不太普遍。

爬升模板施工是采用一种特殊钢模板，一般由三层模板组成一个基本单元，并配置有随模板升高的混凝土接料工作平台。当浇筑完上层模板的混凝土后，将最下层模板拆除翻上来拼装成第四层模板，以此类推，循环施工。翻升模板也能够用于有坡度的桥墩施工。

4.4.4　墩台附属工程

1. 桥台锥体护坡施工要点

1）石砌锥坡、护坡和河床铺砌层等工程，必须在坡面或基面夯实、整平后，方可开始铺砌，以保证护坡稳定。

2）锥坡填土应与台背填土同时进行，填土应按标高及坡度填足。桥涵台背、锥坡、护坡及拱上等各项填土，宜采用透水性土，不得采用含有泥草、腐殖物或冻土块的土。填土应在接近最佳含水量的情况下分层填筑和夯实，每层厚度不得超过0.30m，密实度应达到路基规范要求。

3）护坡基础与坡角的连接面应与护坡坡度垂直，以防坡角滑走。片石护坡的外露面和坡顶、边口，应选用较大、较平整并略加修凿的块石铺砌。

4）砌石时拉线要张紧，砌面要平顺，护坡片石背后应按规定做碎石倒滤层，防止锥体土方被水冲蚀变形。护坡与路肩或地面的连接必须平顺，以利排水，并避免背后冲刷或渗透坍塌。

5）砌体勾缝除设计有规定外，一般可采用凸缝或平缝，且待坡体土方稳定后进行。浆砌砌体，应在砂浆初凝后，覆盖养生7~14d。养护期间应避免碰撞、振动或承重。

2. 台后泄水盲沟施工要点

1）泄水盲沟以片石、碎石或卵石等透水材料砌筑，并按要求坡度设置，沟底用黏土夯实。盲沟应建在下游方向，出口处应高出一般水位0.2m，平时无水的干河应高出地面0.2m。

2）如桥台在挖方内横向无法排水时，泄水盲沟在平面上可在下游方向的锥体填土内折向桥台前端排出，在平面上呈L形。

3. 导流建筑物施工要点

1）导流建筑物应和路基、桥涵工程综合考虑施工，以避免在导流建筑物范围内取土、弃土破坏排水系统。

2）砌筑用石料的抗压强度不得低于20MPa；砌筑用砂浆强度等级，在温和及寒冷地区不低于M5，在严寒地区不低于M7.5。

3）导流建筑物的填土应达到最佳密度90%以上，坡面砌石按照锥体护坡要求办理。若使用漂石时，应采用栽砌法铺砌；若采用混凝土板护面，板间砌缝为10~20mm，并用沥青麻筋填塞。

4）抛石防护宜在枯水季节施工。石块应按大小不同规格掺杂抛投，但底部及迎水面宜用较大石块。水下边坡不宜陡于1∶1.5。顶面可预留10%~20%的沉落量。

5）石笼防护基底应铺设垫层，使其大致平整。石笼外层应用较大石块填充，内层则可用较小石块码砌密实，装满石块后，用钢丝封口。石笼间应用钢丝连成整体。在水中安置石笼，可用脚手架或船只顺序投放，铺放整齐，笼与笼间的空隙应用石块填满。石笼的构造、形状及尺寸应根据水流及河床的实际情况确定。

4.5 桥梁上部构造施工技术

选择桥梁的施工方法，需要充分考虑桥位的地形、环境，安装方法的安全性、经济性，施工速度等。在选择施工方法时，桥梁的类型、跨径、施工的技术水平、机具设备条件也是相当重要的因素。

4.5.1 装配式预应力混凝土梁桥的施工

当同类桥梁跨数较多、不宜搭设支架时，通常将桥跨结构用纵向竖缝划分成若干个独立的构件，放在桥位附近专门的预制场地或者工厂进行成批制作，然后将这些构件适时地运到桥孔处进行安装就位，通常把这种施工方法称作预制安装法。

随着我国桥梁施工吊运设备能力的不断提高，预应力技术的普遍应用，在中小跨径的桥梁中，预制安装法得到了普遍的推广，桥梁上部结构采用预制安装法已占到80%～90%。

预制安装法的优点是：桥梁的上、下部结构可以平行施工，使工期大大缩短；节省大量的支架模板，便于工厂化制作，质量容易控制，从而降低工程成本。

预制安装法的缺点是：总体用钢量偏大，构件是拼接而成，整体性比现浇差一些，最重要的是需要大型的起吊运输设备，此项费用较高。

预制安装施工法包括分片或分段构件的预制、运输、安装三阶段；预制安装施工的桥梁也称为装配式桥梁。

1. 装配式构件的预制工艺

桥梁构件的预制一般采用立式预制，这样构件在预制后即可直接运输和吊装，无需进行翻转作业。

构件预制方法按作业线布置不同分固定式预制和活动台车上预制两种。固定式预制，是构件在整个预制过程中一直在一个固定底座上，立模、扎筋、浇筑和养护混凝土等各个作业依次在同一地点进行，直至构件最后制成被吊离底座。一般规模桥梁工程的构件预制大多采用此法。在活动台车上预制构件时，台车上具有活动模板（一般为钢模板），能快速地装拆，当台车沿着轨道从一个地点移动到另一个地点时，作业也就按顺序一个接一个地进行。预制场布置成一个流水作业线，构件分批地进入蒸养室进行养护。如果是后张法预应力构件，则从蒸养房出来后，即进入顶应力张拉作业点。用这种方法预制构件，可采用强有力的底模振捣和快速有效的养护，使构件的预制质量和速度大为提高。这种方法适用于大批地或永久性地制造构件的预制工厂。

（1）构件预制的准备　构件预制有关的准备工作包括模板工作、钢筋工作和混凝土工作等。

1）模板工作。根据工程规模和预制工作量大小，模板可采用钢制、木制或钢木结合模板。制作T形梁的模板，包括底模、侧模和端模。底模支承在底座上，底座有木底座和混凝土底座两种。制作空心板构件，还需用芯模。制作箱梁节段，则另需内模。

2）钢筋工作。钢筋工作包括钢筋调直、切断、除锈、弯钩、焊接和绑扎成型等工作。还需设置各种预埋件，包括构件的接缝和接头部位的预埋角钢、预埋钢板、预埋钢筋（伸出钢筋）等和吊点的吊环、预埋零件等。预埋件须与钢筋骨架牢固地连接。

3）混凝土工作。包括混凝土搅拌、运输、浇筑、振捣、养护及拆模等工序。其配合比应通过设计和实验室的验证来确定，拌和一般采用搅拌机。

（2）预应力混凝土张拉工艺 预应力张拉工艺分先张法与后张法，先张法主要用于小跨径桥梁，目前工程中大量采用的空心板、T 梁及小箱梁大多采用后张法工艺，故只介绍后张法施工工艺。后张法采用在浇筑混凝土梁体前，在梁体内按设计要求须预留预应力束孔道。待梁体混凝土达到规定的强度时，再往预留孔道内穿预应力束，并进行张拉、锚固，最后在管道内压浆。

1）预应力筋孔道的成型。梁体内管道成型，按照制孔的方式可分为预埋式制孔器和抽拔式制孔器两大类，但目前抽拔式应用已不太多。各地主要采用的预埋式制孔器主要有预埋金属波纹管和 PE 塑料管等，由于金属波纹管存在易弯折，影响注浆效果，目前大多用塑料波纹管。波纹管按设计位置和形状固定在钢筋骨架中，所有管道均应设压浆孔，还应根据规范要求在最高点设排气孔。管道在模板内安装完毕后，应将其端部盖好，防止水或其他杂物进入。待混凝土灌注后，形成预应力筋的孔道。

2）预应力筋的安装。预应力筋可在浇筑混凝土之前或之后穿入管道（分别称为先穿束和后穿束），对钢绞线，可将一根钢束中的全部钢绞线编束后整体装入管道中，也可逐根将钢绞线穿入管道。穿束前应检查锚垫板和孔道，锚垫板应位置准确，孔道内应畅通，无水和其他杂物。预应力筋安装后的保护需要注意以下几点：

① 对在混凝土浇筑及养生之前安装在管道中但在规定时限内没有压浆的预应力筋，应采取防止锈蚀或其他防腐蚀的措施，直至压浆。

② 在预应力筋安装在管道中后，管道端部开口应密封以防止湿气进入。采用蒸汽养生时，在养生完成之前不应安装预应力筋。

③ 在任何情况下，当在安装有预应力筋的构件附近进行电焊时，对全部预应力筋和金属件均应进行保护，防止溅上焊渣或造成其他损坏。

对于先穿束的管道，预应力筋安装完成后，应进行全面检查，以查出可能被损坏的管道。在混凝土浇筑之前，必须将管道上一切非有意留的孔、开口或损坏之处修复，并应检查预应力筋能否在管道内自由滑动。

3）预应力筋的张拉。后张法工艺流程如图 4-20 所示，其预应力筋的张拉和锚固应符合下列规定：

① 预应力张拉之前，宜对不同类型的孔道进行至少一个孔道的摩阻测试，通过测试所确定的 μ 值和 K 值宜用于对设计张拉控制应力的修正。

② 张拉时，结构或构件混凝土的强度、弹性模量（或龄期）应符合设计规定；设计未规定时，混凝土的强度应不低于设计强度等级值的 80%，弹性模量应不低于混凝土 28d 弹性模量的 80%。

③ 预应力筋的张拉顺序应符合设计规定；设计未规定时，可采取分批、分阶段的方式对称张拉。

④ 预应力筋应整束张拉锚固。对扁平管道中平行排放的预应力钢绞线束，在保证各根钢绞线不会叠压时，可采用小型千斤顶逐根张拉，但应考虑逐根张拉时预应力损失对控制应力的影响。

⑤ 预应力筋张拉端的设置应符合设计规定；设计未规定时，应符合下列规定：

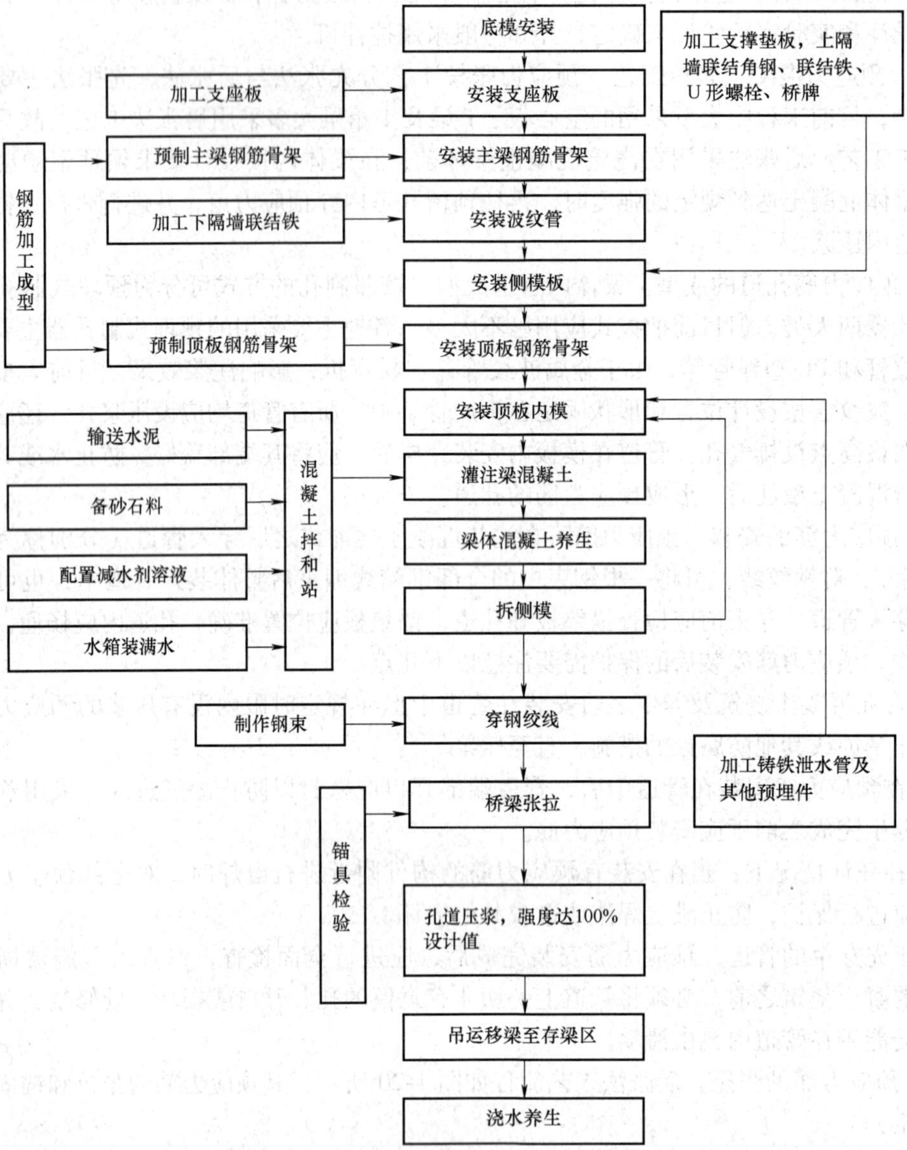

图 4-20　后张法工艺流程图

a. 直线筋和螺纹钢筋可在一端张拉。对曲线预应力筋，应根据施工计算的要求采取两端张拉或一端张拉的方式进行，当锚固损失的影响长度小于或等于 $L/2$（L 为结构或构件长度）时，应采取两端张拉；当锚固损失的影响长度大于 $L/2$ 时，可采取一端张拉。

b. 当同一截面中有多束一端张拉的预应力筋时，张拉端宜分别交错设置在结构或构件的两端。

c. 预应力筋采用两端张拉时，宜两端同时张拉，或先在一端张拉锚固后，再在另一端补足预应力值进行锚固。

⑥ 后张预应力筋的张拉程序应符合设计规定；设计未规定时，可按施工规范的规定进行。

⑦ 后张预应力筋断丝及滑移的数量不得超过施工规范规定的控制数。

⑧ 预应力筋在张拉控制应力达到稳定后方可锚固。对夹片式锚具，锚固后夹片顶面应平齐，其相互间的错位不宜大于 2mm，且露出锚具外的高度不应大于 4mm。锚固完毕并经检验确认合格后方可切割端头多余的预应力筋，切割时应采用砂轮锯，严禁采用电弧进行切割，同时不得损伤锚具。

⑨ 切割后预应力筋的外露长度不应小于 30mm，且不应小于 1.2 倍预应力筋直径。锚具应采用封端混凝土保护，当需长期外露时，应采取防止锈蚀的措施。

4）压浆。预应力筋张拉锚固后，孔道应尽早压浆，且应在 48h 内完成，否则应采取避免预应力筋锈蚀的措施。孔道压浆有真空辅助压浆和常规压浆两种方法。目前高等级公路普遍采用真空辅助压浆，压浆料采用专用压浆剂。

5）锚固。压浆完成后，应及时对锚固端按设计要求进行封闭保护或防腐处理，需要封锚的锚具，应在压浆完成后对梁端混凝土凿毛并将其周围冲洗干净，设置钢筋网浇筑封锚混凝土；封锚应采用与结构或构件同强度的混凝土并应严格控制封锚后的梁体长度。长期外露的锚具，应采取防锈措施。

2. 预制梁的出坑和运输

（1）出坑　预制构件从预制场的底座上移出来，称为“出坑”。预应力混凝土构件在预应力张拉以后才可出坑。构件出坑方法，一般采用门式起重机将预制梁起吊出坑后移到存梁处或转运至现场，如简易预制场无门式起重机时，可采用汽车式或履带式起重机起吊出坑，也可用横向平移出坑。

（2）运输　预制梁从预制场至施工现场的运输称为场外运输，常用大型平板车、驳船或火车运至桥位现场。不论属于哪类运输方式，都要求在运输过程中，构件的放置要符合受力方向，并在构件的两侧采用斜撑和木楔加以临时固定，防止构件发生倾倒、滑动或跳动造成构件的损坏。预制梁在施工现场内运输称为场内运输，常用龙门轨道运输、平车轨道运输、平板汽车运输，也可采用纵向滚移法运输。

3. 预制梁安装

预制梁的安装是装配式桥梁施工中的关键性工序，是一项复杂的高空作业，方法很多，归纳起来可分为人工架设、机械架梁和浮运架梁三大类。一般在岸上或浅水区预制梁的安装可采用门式起重机、汽车式起重机及履带式起重机安装；水中梁跨常采用穿巷起重机安装、浮吊安装及架桥机安装等方法。

（1）自行式起重机架梁　对于桥梁高度不大的中、小跨径桥梁，可以采用自行式起重机（汽车式起重机或履带式起重机）架梁。这是一种机械架梁方法，适用于陆地桥梁、城市高架桥或其他场地许可的桥梁，或者桥下可以设置施工便道的场地。根据吊装质量的不同，用一台或两台起重机直接在桥下进行吊装；如果桥下是河道或桥墩较高时则将起重机直接开到桥上，利用起重机的伸臂边架梁、边前进，如图 4-21 所示，不过采用此种方法时必须先核算主梁是否能够承受起重机、被吊构件、机具以及施工人员等的重力，这时应注意钢丝绳与梁面的夹角不能太小，一般以 45°～60°为宜。

（2）跨墩门式起重机安装　当桥不高，架桥孔数又多，且沿桥墩两侧铺设轨道不困难时，可以采用跨墩的门式起重机安装，如图 4-22 所示。用本法架梁的优点是架设安装速度较快，而且架设时不需要特别复杂的技术工艺，作业人员较少。

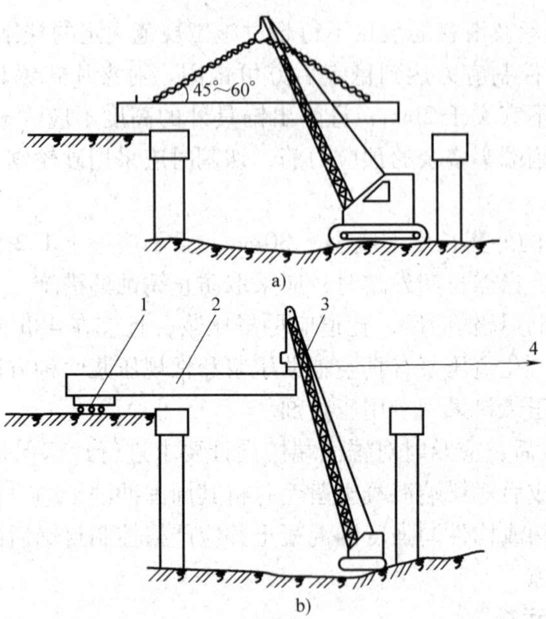

图 4-21 自行式起重机架梁法

a）一台自行式起重机架设法 b）起重机和绞车配合架设法

1—拖履滚筒 2—预制梁 3—起重机起重臂 4—绞车或绞盘

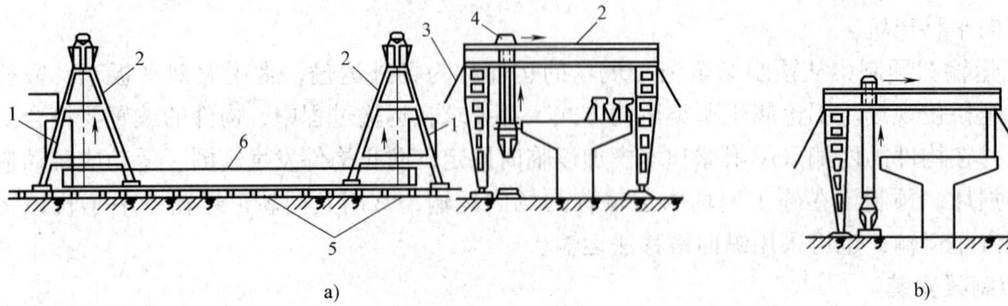

图 4-22 门式起重机架设法

a）跨墩门式起重机架设 b）墩侧高低脚门式起重机架设

1—桥墩 2—门式起重机（自行式） 3—风缆 4—横移行车 5—轨道 6—预制梁

（3）浮运架梁法 浮运架梁法是将预制梁用各种方法移装到浮船上，并浮运到架设孔以后就位安装。采用浮运架梁法时，河流需有适当的水深，水深需根据梁重而定，一般宜大于2m；水位平稳或涨落有规律如潮汐河流；流速及风力不大；河岸能修建适宜的预制梁装卸码头；具有坚固适用的船只。浮运架梁法的优点是桥跨中不需设临时支架，可以用一套浮运设备架设安装多跨同跨径的预制梁，较为经济，且架梁时浮运设备停留在桥孔的时间很少，不影响河流通航。

（4）联合架桥机架梁（蝴蝶架架梁法） 此法适用于架设安装30m以下的多孔桥梁，其优点是完全不设桥下支架，不受水深流急影响，架设过程中不影响桥下通航、通车，预制梁的纵移、起吊、横移、就位都较方便。缺点是架设设备用钢量较多，但可周转使用。

联合架桥机由两套门式起重机、一个托架（即蝴蝶架）、一根两跨长的钢导梁三部分组成，如图 4-23 所示。钢导梁由贝雷装配，梁顶面铺设运梁平车和托架行走的轨道。门式起重机由工字梁组成，并在上下翼缘处及接头的地方用钢板加固。门式起重机顶横梁上设有吊梁用的行走小车。为了不影响架梁的净空位置，其立柱做成拐脚式（俗称拐脚龙门架）。门式起重机的横梁标高，由两根预制梁叠起的高度加平车及起吊设备高确定。蝴蝶架是专门用来托运门式起重机转移的，由角钢组成，如图 4-23 所示。整个蝴蝶架放在平车上，可沿导梁顶面轨道行走。

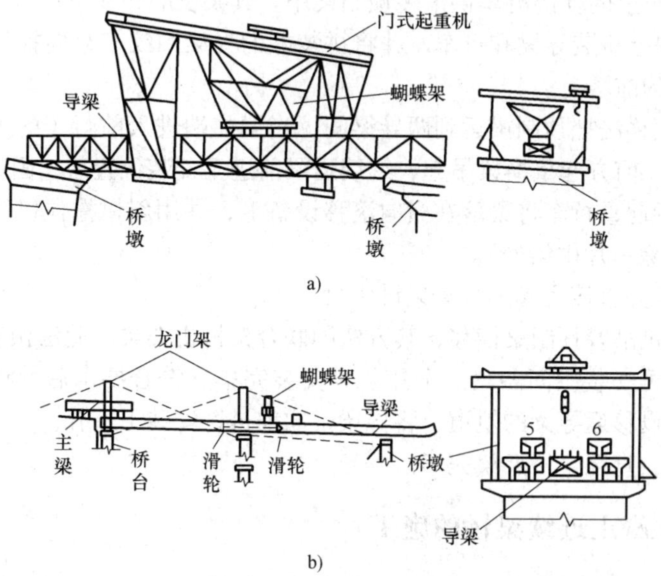

图 4-23　联合架桥机架梁法
a）主梁纵移图　b）主梁横移安装图

联合架桥机架梁顺序如下：

1）在桥头拼装钢导梁，梁顶铺设钢轨，并用绞车纵向拖拉导梁就位。

2）拼装蝴蝶架和门式起重机，用蝴蝶架将两个门式起重机移运至架梁孔的桥墩（台）上。

3）由平车轨道运送预制梁至架梁孔位，将导梁两侧可以安装的预制梁用两个门式起重机吊起，横移并落梁就位，如图 4-23 中下方梁。

4）将导梁所占位置的预制梁临时安放在已架设好的梁上，如图 4-23 中的 5、6 号梁。

5）用绞车纵向拖拉导梁至下一孔后，将临时安放的梁由门式起重机架设就位，完成一孔梁的架设工作，并用电焊将各梁连接起来。

6）在已架设的梁上铺接钢轨，用蝴蝶架顺序将两个门式起重机托起并运至前一孔的桥墩上。

（5）双导梁穿行式架梁法　本法是在架设孔间设置两组导梁，导梁上安设配有悬吊预制梁设备的轨道平车和起重行车或移动式龙门起重机，将预制梁在双导梁内吊着运到规定位置后，再落梁、横移就位。横移时可将两组导梁吊着预制梁整体横移，另一种是导梁设在桥面宽度以外，预制梁在龙门起重机上横移，导梁不横移，这比第一种横移方法安全。

双导梁穿行式架梁法的优点与联合架桥机法相同，适用于墩高、水深的情况下架设多孔中小跨径的装配式梁桥，但不需蝴蝶架，而配备双组导梁，故架设跨径可较大，吊装的预制梁可较重。我国用该类型的起重机架设了梁长 51m、重 1310kN 的预应力混凝土 T 形梁桥。

两组分离布置的导梁可用公路装配式钢桥桁节、万能杆件设备或其他特制的钢桁节拼装而成。两组导梁内侧净距应大于待安装的预制梁宽度。导梁顶面铺设轨道，供吊梁起重行车行走。导梁设三个支点，前端可伸缩的支承设在架桥孔前方桥墩上。

两根型钢组成的起重横梁支承在能沿导梁顶面轨道行走的平车上，横梁上设有带复式滑车的起重行车。行车上的挂链滑车供吊装预制梁用。其架设顺序如下：

1）在桥头路堤上拼装导梁和行车，并将拼装好的导梁用绞车纵向拖拉就位，使可伸缩支脚支承在架梁孔的前墩上。

2）先用纵向滚移法把预制梁运到两导梁间，当梁前端进入前行车的吊点下面时，将预制梁前端稍稍吊起，前方起重横梁吊起，继续运梁前进至安装位置后，固定起重横梁。

3）用横梁上的起重行车将梁落在横向滚移设备上，并用斜撑撑住以防倾倒，然后在墩顶横移落梁就位（除一片中梁处）。

4）用以上步骤并直接用起重行车架设中梁。

如用门式起重机吊着预制梁横移，其方法同联合架桥机架梁。此法预制梁的安装顺序是先安装两个边梁，再安装中间各梁。全孔各梁安装完毕并符合要求后，将各梁横向焊接联系，然后在梁顶铺设移运导梁的轨道，将导梁推向前进，安装下一孔。

重复上述工序，直至全桥架梁完毕。

4.5.2 预应力混凝土连续梁桥的施工

预应力混凝土连续梁桥在施工过程中常常会出现体系转换，因此施工阶段的应力与变形必须在结构设计中予以考虑。不同的施工方法，在施工各阶段的内力也不同，有时结构的控制设计出现在施工阶段。所以，对连续梁桥，设计与施工是不能也无法截然分开的，结构设计必须考虑施工方法、施工内力与变形；而施工方法的选择应符合设计的要求，形成设计与施工互相制约、相互配合、不断发展的关系。

预应力混凝土连续梁桥的施工方法很多，不同的施工方法所需机具设备、劳动力不同，施工的组织、安排和工期也不一样，为了便于阐述，对比较相近的方法做适当的归并。至于施工方法的选择，应根据桥梁的设计、施工现场、环境、设备、经验等因素决定。可以说绝对相同的施工方法与施工组织是不存在的。因此必须结合具体情况，切忌生搬硬套。施工方法的选择是否合理将影响整个工程造价，涉及施工质量和工期。当今的桥梁工程建设，施工起着更加重要的作用。本节将分别介绍有支架就地浇筑施工、移动模架法和顶推法。

1. 有支架就地浇筑施工

在支架上就地浇筑施工是古老的施工方法，以往多用于桥墩较低的中、小跨连续梁桥。它的主要特点是桥梁整体性好，施工简便可靠，对机具和起重能力要求不高。对预应力混凝土连续梁桥来说，结构在施工中不出现体系转换问题。但这种施工方法需要大量施工脚手架，工期长。

近年来，随着钢脚手架应用和支架构件趋于常备化以及桥梁结构的多样化发展，如变宽桥，弯桥的强大预应力系统的应用，在长大跨径桥梁中，采用有支架就地浇筑施工可能是经济的，因此扩大了应用范围。尽管如此，相对其他施工方法，采用有支架就地浇筑施工的桥梁总数并不多，因此在选择施工方法时，要通过比较，综合考虑。

(1) 支架的形式　支架按其构造分为立柱式、梁式和梁—立柱式，如图 4-24 所示。

立柱式构造简单，用于陆地或不通航河道以及桥墩不高的小跨径桥梁。梁式支架根据跨径不同采用 I 型钢、钢板梁或钢桁梁，一般 I 型钢用于跨径小于 10mm，钢板梁用于跨径小于 20m，钢桁梁用于跨径大于 20m。梁可以支承在墩旁支架上，也可在桥墩上预留托架或支承在桥墩处横梁上。梁—立柱式支架在大跨桥上使用，梁支承在桥梁墩台以及临时支架或临时墩上，形成多跨连续支架。

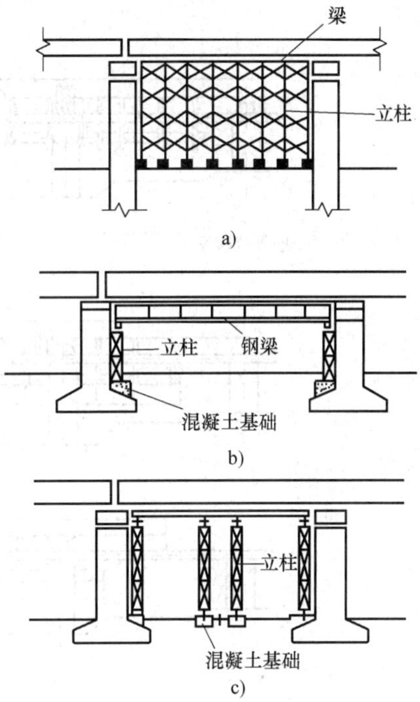

图 4-24　常用的钢支架构造
a) 立柱式　b) 梁式　c) 梁—立柱式

支架除支承模板、就地浇筑施工外，还要设置卸落设备，待梁施工完成后，落架脱模。曲线桥梁的支架采用折线形支架和调节伸臂长度来适应平面曲线的要求。

(2) 对支架的要求

1) 支架虽是临时结构，但要承受桥梁的大部分恒重，因此必须有足够的强度、刚度，保证就地浇筑的顺利进行。支架的基础要可靠，构件结合紧密并加入纵、横向连接杆件，使支架成为整体。

2) 在河道中施工的支架要充分考虑洪水和漂浮物的影响，除对支架的结构构造有所要求外，在安排施工进度时尽量避免在高水位情况下施工。

3) 支架在受荷后有变形和挠度，在安装前要有充分的估计和计算，并在安装支架时设置预拱度，使就地浇筑的主梁线形符合设计要求。

4) 支架的卸落设备有木楔、砂筒和千斤顶等数种，卸架时要对称、均匀，不应使主梁发生局部受力的状态。

(3) 施工方法　预应力混凝土连续梁桥需要按一定的施工程序完成混凝土的就地建筑，待混凝土达到要求的强度后，拆除模板，进行预应力筋的张拉、管道压浆工作。至于何时落架，则应与施工程序和预应力筋的张拉工序相配合。但在某些桥上，为减轻支架的负担，节省临时工程数量，主梁截面的某些部分在落架后利用主梁自身支承，继续浇筑第二期结构的混凝土，这样就使浇筑和张拉的工序重复进行。

2. 移动模架法

近 20 年来，高架桥得到了很大的发展，它的特点是桥长跨多，桥梁的跨径在 30 ~ 50m，为适应这类桥梁的快速施工，节省劳动力，减轻劳动强度和少占施工场地，利用机械化的支架和模板逐跨移动，现浇混凝土施工，这就是移动模架法。常用的移动模架可分为移动悬吊模架和活动模架两种。

（1）移动悬吊模架施工　移动悬吊模架的形式很多，各有差异，就其基本结构包括三部分：承重梁、从承重梁伸出的肋骨状的横梁和支承主梁的移动支承。移动悬吊模架的施工程序如图4-25所示。

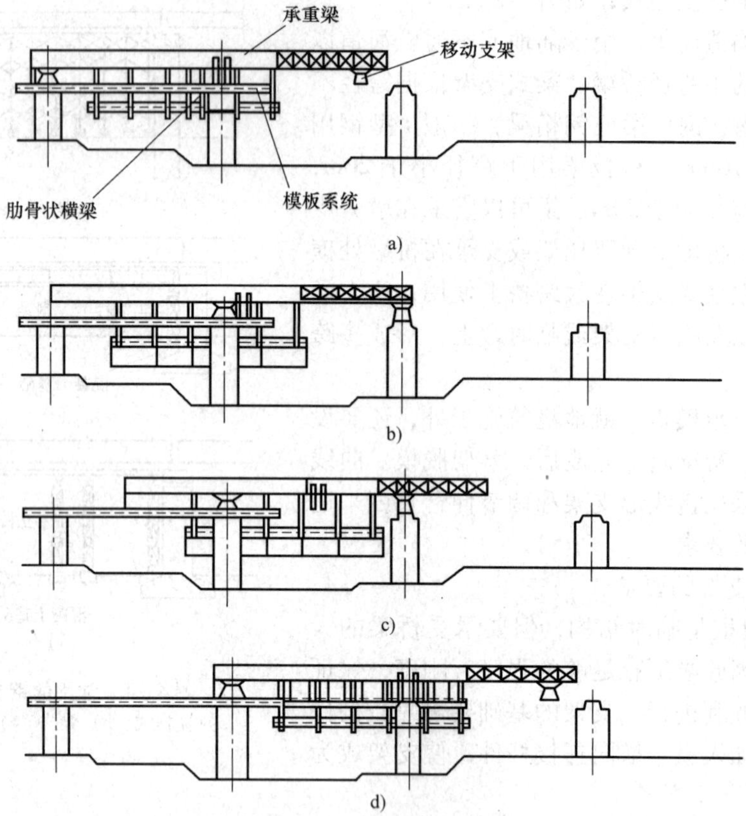

图4-25　移动悬吊模架的施工程序
a）施工完成　b）放模板，移承重梁　c）前移　d）就位，安装模板

承重梁通常采用钢梁，长度大于两倍跨径，是承受施工设备自重、模板系统重力和现浇混凝土重力的主要构件，承重梁的后段通过可移式支承落在已完成的梁段上，它将重力传给桥墩（或坐落在墩顶），承重梁的前端支承在桥墩上，工作状态呈单臂梁。承重梁除起承重作用外，在一孔梁施工完成后，作为导梁与悬吊模架一起纵移至下一施工孔，承重梁的移位以及内部运输由数组千斤顶或起重机完成，并通过中心控制操作。

从承重梁两侧悬臂的许多横梁覆盖板梁全宽，它由承重梁上左右各用2~3组钢索拉紧横梁，以增加其刚度，横梁的两端垂直向下，到主桥的下端呈水平状态，形成下端开口的框架并将主梁包在内部。当模板支架处于浇混凝土的状态时，模板依靠下端的悬臂梁和锚固在横梁上的吊杆定位，并用千斤顶固定模板浇筑混凝土。当模架需要运送时，放松千斤顶和吊杆，模板固定在下端悬臂上，并转动该梁的前端有一段是可动部分，使在运送时模架可顺利地通过桥墩。移动悬吊模架的横截面构造如图4-26所示。

（2）活动模架施工　活动模架的构造形式较多，其中的一种构造形式由承重梁、导梁、台车和桥墩托架等构件组成。在混凝土箱形梁的两侧各设置一根承重梁，支撑模板和承受施工重力，承重梁的长度要大于桥梁跨径，浇注混凝土时承重梁支承在桥墩托架上。导梁主要用于运送承重梁和活动模架，因此需要有大于两倍桥梁跨径的长度，当一跨梁施工完成后进行脱模卸架，由前方台车（在导梁上移动）和后方台车（在已完成的梁上移动），沿纵向将承重梁和活动模架运送至下一跨，承重梁就位后导梁再向前移动，如图 4-27 所示。

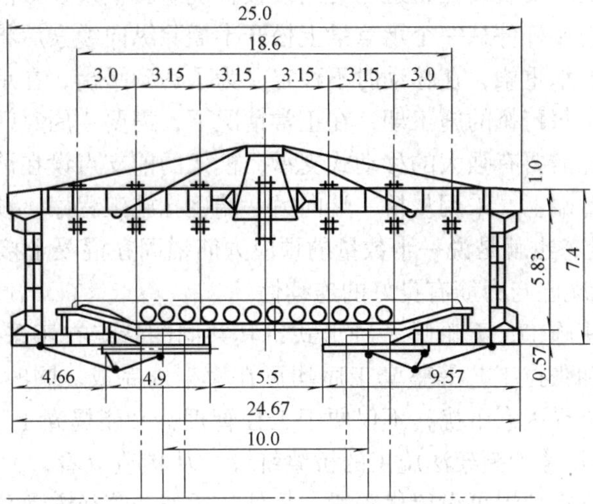

图 4-26　移动悬吊模架的横截面构造（尺寸单位：m）

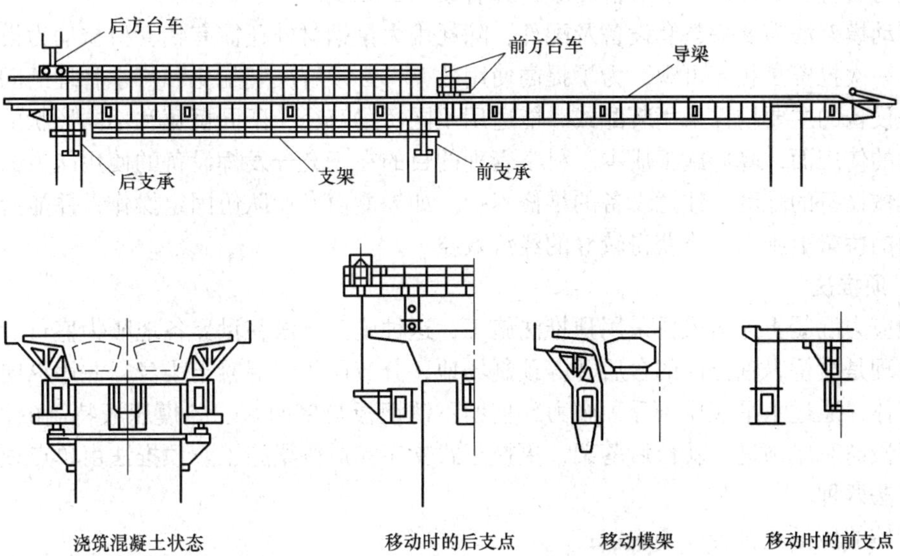

图 4-27　活动模架的构造

活动模架的另一种构造形式是采用两根长度大于两倍跨径的承重梁分设在箱梁面的翼缘板下方，兼作支承和移支模架的功能，因此不需要再设导梁。两根承重梁置于墩顶的临时横梁上，两根承重梁间用于支承上部结构模板的钢螺栓框架将两个承重梁连接起来，移动时为了跨越桥墩前进，需要解除连接杆件，承重梁逐根向前移动。

活动模架施工是从岸跨开始，当正桥和两岸引桥施工完成后，在主跨锚孔设置临时墩现场浇筑连接段使全桥合龙。

对于每个箱梁的施工采用两次浇筑施工法，当承重梁定位后，用螺旋千斤顶调整外模，浇筑底板混凝土，之后安装设在轨道上的内模板，浇筑腹板及顶板混凝土。在一跨施工结束需移动模架时，将连接杆件从一个承重梁上松开半撤除纵向缆索后将承重梁逐根纵移，由于附有连接杆和模板的承重梁，在移动时不稳定，为了达到平衡，在承重梁的另一侧设有外托架和混凝土平衡梁。每跨桥的施工期，在正常情况下，需要4周时间。

施工时，浇筑孔需要有强大的移动式支承，模架的前支点设在前主桥墩上，后支点则另在已浇筑完成的悬臂端上，采用从桥一端向另一端逐孔施工程序。预应力筋一半数量的接头设在距支点6.2m处，也就是说一半数量的预应力筋锚固在混凝土接头部位，另一半力筋接头相隔5m，保证混凝土与力筋有良好的连续性。

采用移动模架法施工，无论哪一种形式，其共同的特点在于采用高度的机械化，其模板、钢筋、混凝土和张拉工艺等整套工序均可在模架内完成。同时由于施工作业是周期进行，且不受气候和外界因素干扰，不仅便于工程管理，又能提高工程质量，加快施工速度。根据国外20余座使用移动模架法施工的桥梁统计，从构造上看，大多数的桥为外形等截面梁桥，箱梁截面在支点位置可设置横隔梁；另外从桥长和跨径方面分析，大多数桥长均超过200m，常用400~600m，也有超过1000m的，当桥很长时，则考虑材料，设备的合理运输问题。对于桥梁的跨径多数为23.5~45m，也就是说，对于中等跨径的桥梁采用移动模架法施工较为适宜。此外，对于弯桥和坡桥都有成功的先例。

移动模架法需要一整套设备及配件，除耗用大量钢材外还需有整套机械动力设备和自动装置，一次投资是相当可观，为了提高使用效率，必须解决装配化和科学管理的问题。装配化就是设备的主要构件采用装配式，能适用不同桥梁跨径，不同桥宽和不同形状的桥梁，扩大设备的使用面，降低施工成本。科学管理的目的在于充分发挥设备的使用能力，因此必须做到机械设备的配套，注意设备的维修养护。如果能由专业队伍固定操作，并能持久地在它所适用的桥梁上施工，将获得较好的经济效益。

3. 顶推法

预应力混凝土连续梁桥采用顶推法施工，这种施工方法在世界各地颇为盛行。顶推法的施工原理是沿桥纵轴方向的台后开辟预制场地，分节段预制混凝土梁身，并用纵向预应力筋连成整体，通过水平液压千斤顶施力，借助不锈钢板与聚四氟乙烯模压板特制的滑动装置，将梁逐段向对岸顶进，就位后落架，更换正式支座完成桥梁施工。顶推法由单点顶推法和多点顶推法两种。

梁体的顶推应符合以下规定：

1）顶推施工宜根据梁体长度、顶推跨度、桥墩所能承受的水平推力等条件，选择适宜的顶推方式。

2）顶推滑道的长度应大于水平千斤顶行程加滑块的长度，宽度应为滑板宽度的1.2~1.5倍；相邻墩滑道顶面高程的允许偏差应为±2mm，同墩两滑道高程的允许偏差应为±1mm；滑动装置的摩擦系数宜经试验确定。

3）采用单点或多点水平千斤顶方式顶推时，实际总顶推力应不小于计算顶推力的2

倍；采用单点或多点拉杆方式顶拉时，拉杆的截面积和根数应满足顶拉力的要求，拉锚器的锚固和放松应方便、快速，设置在各墩顶的反力台应牢固且应满足顶拉反力的要求。多点顶推（拉）时，各点的水平千斤顶应同步运行。

4）宜在墩台上设置导向装置，防止梁体在顶推过程中产生偏移。顶推过程中，宜对梁体的轴线位置、墩台的变形、主梁及导梁控制截面的挠度和应力变化等进行施工监测；发生异常情况时，应停止顶推，查明原因并进行处理后方可继续施工。

5）顶推时至少应在两个墩上设置保险千斤顶。如遇顶推故障需采用竖向千斤顶将梁顶高时，最大顶升高度不得超过设计规定或不得大于 10mm，起顶的反力值不得大于计算反力的 1.1 倍。

6）平曲线连续梁顶推施工时，预制台座的平面及梁体均应按设计线形设置成圆弧形；导梁宜设置成直线形，但与主梁连接处应偏转一定角度，使导梁前端的中心落在设计线形的中线上。顶推应使梁体沿圆弧曲线前进。

7）竖曲线连续梁顶推施工时，预制台座的底模板顶面应符合设计竖曲线的曲率；所需水平顶推力的大小，应考虑正负纵坡的影响。

4.5.3　悬臂法施工

悬臂法施工也称分段施工法。悬臂法施工是以桥墩为中心向两岸对称地、逐节悬臂接长的施工方法。

悬臂法施工最早主要用于修建预应力 T 形刚构桥，由于悬臂法施工的优越性，后来被推广用于预应力混凝土悬臂梁桥、连续梁桥、斜腿刚构桥、桁架桥、拱桥及斜拉桥等。随着桥梁事业的发展，尤其近年来采用悬臂法施工在国内外大跨径预应力混凝土桥梁中得到广泛采用。目前，悬臂法施工是连续梁桥、连续刚构桥、斜拉桥的最普遍的方法。

悬臂法施工不需大量施工支架和临时设备，不影响桥下通航、通车、施工不受季节、河流水位的影响。该方法具有如下特点：

1）施工预应力混凝土连续梁及悬臂梁桥采用悬臂施工时需进行体系转换，即在悬臂施工时，梁墩采取临时固结，结构为 T 形刚构，合龙前，撤除梁墩临时固结，结构呈悬臂梁受力状态，结构合龙后即形成连续梁体系。设计时应对施工状态进行配束验算。

2）桥跨间不需搭设支架，施工不影响桥下通航或行车。施工过程中，施工机具和人员等重力均全部由已建梁段承受，随着施工的进展，悬臂逐渐延伸，机具设备也逐步移至梁端，需用支架做支撑。所以悬臂法施工可应用于通航河流及跨线立交大跨径桥梁。

3）多孔桥跨结构可同时施工，加快施工进度。

4）悬臂法施工充分利用预应力混凝土承受负弯矩能力强的特点，将跨中正弯矩转移为支点负弯矩，使桥梁跨越能力提高，并适合变截面桥梁的施工。

5）悬臂法施工用的悬拼起重机或挂篮设备可重复使用，施工费用较省，可降低工程造价。

悬臂法施工按悬臂接长的方式不同，一般分为悬臂浇筑法和悬臂拼装法。悬臂浇筑法是在桥墩两侧对称逐段就地浇筑混凝土，待混凝土达到一定强度后，张拉预应力筋，移动机具、模板继续施工。悬臂拼装法则是将预制节段块件，从桥墩两侧依次对称安装节段，张拉预应力筋，悬臂不断接长，直至合龙。

1. 悬臂浇筑法

悬臂浇筑（简称悬浇）采用移动式挂篮作为主要施工设备，以桥墩为中心，对称向两岸利用挂篮浇筑梁段混凝土，待混凝土达到要求强度后，张拉预应力束，再移动挂篮，进行下一节段的施工。悬臂浇筑每个节段长度一般为3～5m，节段过长，将增加混凝土自重及挂篮结构重力，同时还要增加平衡重及挂篮后锚设施；节段过短，影响施工进度。所以施工时应根据设备情况及工期，选择合适的节段长度。悬臂浇筑法是桥梁施工中难度较大的施工工艺，需要一定的施工设备及一支熟悉悬臂浇筑工艺的技术队伍。由于80%左右的大跨径桥梁均采用悬臂浇筑法施工，通过大量实桥施工，使悬臂浇筑施工工艺日趋成熟。下面按悬浇施工程序、0号块施工、梁墩临时固结、施工挂篮、浇筑梁段混凝土、结构体系转换、合龙段施工及施工控制几个方面进行详细介绍。

（1）悬臂浇筑施工程序　悬臂浇筑施工时，梁体一般要分四部分浇筑，如图4-28所示。Ⅰ为墩顶梁段（又称0号块），Ⅱ为由0号块两侧对称分段悬臂浇筑部分，Ⅲ为边孔在支架上浇筑部分，Ⅳ为主梁在跨中合龙段。主梁各部分的长度视主梁形式和跨径、挂篮的形式及施工周期而定。0号块一般为5～10m，悬浇分段一般为3～5m，支架现浇段一般为2～3个悬臂浇筑分段长，合龙段一般为1～2m。

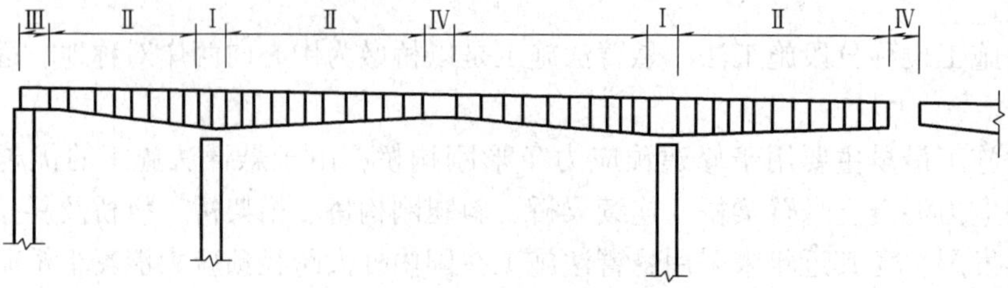

图4-28　悬臂浇筑分段示意图
Ⅰ—墩顶梁段　Ⅱ—0号块两侧对称分段悬臂浇筑　Ⅲ—支架浇筑梁段　Ⅳ—主梁跨中合龙段

施工程序一般如下：

1）在墩顶托架上浇筑0号块并实施墩梁临时固结系统。

2）在0号块上安装悬臂挂篮，向两侧依次对称地分段浇筑主梁至合龙段。

3）在临时支架或梁端与边墩间临时托架上支模板浇筑现浇梁段。当现浇梁段较短时，可利用挂篮浇筑；当与现浇相接的连接桥是采用顶推施工时，可将现浇梁段锚固在顶推梁前端施工，并顶推到位。此法不需要支撑，省料省工。

4）主梁合龙段可在改装的简支挂篮托架上浇筑。多跨合龙段浇筑顺序按设计或施工要求进行。

（2）0号块施工　采用悬臂浇筑法施工时，墩顶0号块梁段采用在托架上立模现浇，并在施工过程中设置临时梁墩锚固，使0号块梁段能承受两侧悬臂施工时产生的不平衡力矩。大跨径预应力混凝土桥梁采用悬臂法施工，如结构采用T形刚构，因墩身与梁本身采用刚性连接，所以不存在梁墩临时固结问题。悬臂梁桥及连续梁桥采用悬臂法施工时，为保证施工过程中结构的稳定可靠，必须采取0号块梁段与桥墩间临时固结或支承措施。临时支座的作用是在施工阶段临时固结墩、梁，承受施工时由墩两侧传来的悬浇梁段荷载，在梁体合龙后便于拆除和体系转换。

临时固结措施或支承措施有下列几种形式：

1）将0号块梁段与桥墩钢筋或预应力筋临时固结，待需要解除固结时切断，其布置如图4-29所示。

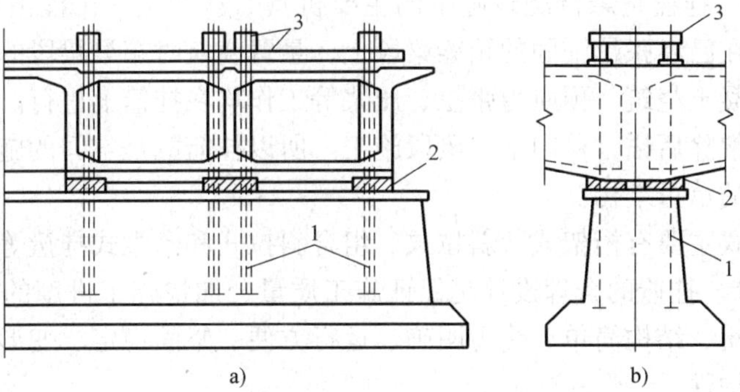

图4-29 0号块梁段与桥墩的临时固结

1—预埋临时锚固用预应力筋 2—支座 3—工字钢

2）在桥墩一侧或两侧加临时支承或支墩，如图4-30所示。

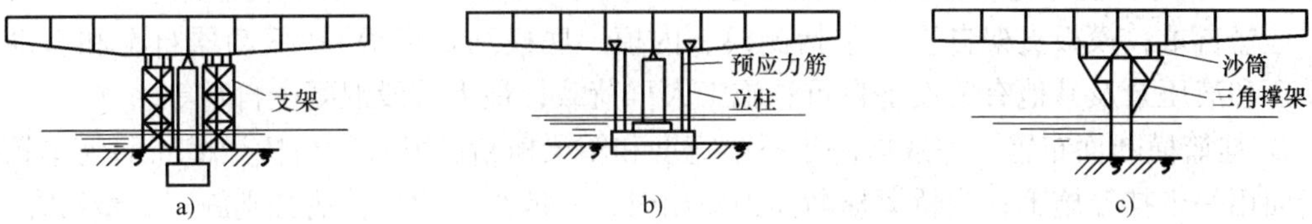

图4-30 临时支承措施

3）将0号块梁段临时支承在扇形或门式托架的两侧。

4）临时支承可用10~20cm厚夹有电阻丝的硫黄砂浆层、砂筒或混凝土块等卸落设备，以使体系转换时，较方便地解除临时支承。

临时固结是悬臂法施工的重要环节，临时固结体系应安全可靠，设计基本要求如下：

1）临时固结采用墩身外支架与预应力结合的固结体系，支架除满足受力的需要强度、刚度外，还要保证在受力作用下的稳定，支架可以考虑和墩柱进行适当的连接，以保证整体的稳定性。

2）计算临时固结时应考虑±2.5%的已浇筑梁段的涨（缩）模系数，取半个节段的不平衡荷载，或挂篮前移差一个节段的不平衡荷载较大者，10年一遇的风速及合龙过程中产生的不平衡力等各种工况及其组合。

3）0号段浇筑时要严格控制浇筑的左右对称性。

4）施工方应全程监测各个梁段的涨（缩）模情况及每节梁段的混凝土用量，并根据监测结果及时进行修正以保证浇筑精度。

5）临时固结预应力及支架的拆除时间应根据施工顺序及合龙要求协调进行。

6）临时固结预应力钢束锚固应满足受力要求及规范要求，张拉端锚下应设置局部承压钢筋网片，利用梁体局部承压，应对梁体采取补强措施。

由于0号梁段混凝土用量较大，且管道、钢筋密集，为减轻支架负载和保证混凝土浇筑质量，竖向可分层浇筑，但必须确保新老混凝土的结合质量，同时加强养护。当采用竖向分层浇筑并考虑底板与支架共同受力时，应验算底板钢筋应力及支架变形，必要时予以加强。

（3）挂篮施工　挂篮是悬臂浇筑施工的主要机具。挂篮是一个能沿着轨道行走的活动脚手架，挂篮悬挂在已经张拉锚固的箱梁梁段上，悬臂浇筑时箱梁梁段的模板安装、钢筋绑扎、管道安装、混凝土浇筑、预应力张拉、压浆等工作均在挂篮上进行。当一个梁段的施工程序完成后，挂篮解除后锚，移向下一梁段施工。所以挂篮既是空间的施工设备，又是预应力筋未张拉前梁段的承重结构。

挂篮结构的形式主要有桁架式、斜拉式、组合斜拉式和牵索式挂篮等。

1）挂篮的设计。挂篮的合理设计是保证施工质量、加快施工进度的重要因素。在设计中要求挂篮的质量小、结构简单、受力明确、运行方便、坚固稳定、变形小、装拆方便，并尽量利用当地现有构件。

① 设计时首先需确定悬浇的分段长度。分段长，节段数量少，挂篮周转次数少，施工速度加快，但结构庞大，需要的施工设备相应增多；分段短，节段多，挂篮周转次数多，施工速度较慢，但结构较轻，相应的施工设备较少。因此悬浇长度应根据施工条件权衡利弊综合考虑确定。

② 设计时，应考虑各项实际可能发生的荷载情况，进行最不利的荷载组合。设计荷载有：挂篮自重；模板支架自重（包括侧模、内模、底模和端模等）；振动器自重和振动力，千斤顶和液压泵及其他有关设备自重；施工人群荷载；最大节段混凝土自重等。

③ 挂篮横断面布置，一般取决于桥梁宽度和箱梁横断面形式，当桥梁横断面为单箱时，全断面用一个挂篮施工；当桥梁横断面为双箱时，一般采用两个挂篮分别施工，最后在桥面板处用现浇混凝土连接；有时为了加速施工，也可全断面采用一个挂篮。

④ 验算挂篮的抗倾覆稳定性能，确定结构整体的图式和尺寸以及后锚点的锚力等。

2）挂篮的选择。选择挂篮形式主要考虑结构简单、自重轻、受力明确、变形较小、行走安全、装拆方便等方面因素。在一般情况下，尽量选择本单位现有设备，保证施工质量，加速施工进度，达到投资较省的目的。

① 满足梁段设计的要求，即满足梁体结构、形体、质量及设计对挂篮质量的要求。

② 满足施工安全、高质量、低成本、短工期和操作简便的要求。

③ 采用万能杆件、贝雷桁架、六四军用桁架组拼的挂篮桁架，一般比型钢加工制作的挂篮成型快、设备利用率高、成本低；而自行加工或专业单位生产的挂篮虽一次性投入成本大，但常有节点少、变形小、质量轻、结构完善、施工灵活和适用性强的优点。

3）挂篮的安装。

① 挂篮组拼后，应全面检查安装质量，并做载重试验，以测定其各部位的变形量，并设法消除其永久变形。

② 在起步长度内梁段浇筑完成并获得要求的强度后，在墩顶拼装挂篮。有条件时，应在地面上先进行试拼装，以便在墩顶熟练有序地开展挂篮拼装工作。拼装时应对称进行。

③ 挂篮的操作平台下应设置安全网，防止物件坠落，以确保施工安全。挂篮应呈全封闭形式，四周设围护，上下应有专用扶梯，方便施工人员上下挂篮。

④ 挂篮行走时，须在挂篮尾部压平衡重，以防倾覆。浇筑混凝土梁段时，必须在挂篮

尾部将挂篮与梁进行锚固。

4）挂篮试压。为了检验挂篮的性能和安全，并消除结构的非弹性变形，应对挂篮试压。试压通常采用试验台加压法、水箱加压法等。

5）浇筑混凝土时消除挂篮变形的措施。每个悬浇段的混凝土一般可两次或三次浇筑完成（混凝土数量少的也可采用一次浇筑完成），为了使后浇混凝土不引起先浇混凝土的开裂，需采取可靠措施消除后浇混凝土引起挂篮的变形。

（4）边跨现浇梁段施工、合龙段施工　边跨现浇段在落地支架上一次连续浇筑完成，落地支架应进行预压以确保安全和消除其非弹性变形，并按实测的弹性变形量和施工控制要求，确定底模标高和预拱度。

边墩现浇段及其支承支架应适应由于温差而产生的主梁滑移的要求，以防止现浇混凝土开裂，支架在近合龙段处应备有千斤顶以备调节标高之用；临时支架的强度、刚度、稳定性必须确保在水流、大风等作用下的安全。

1）边墩现浇段横梁预应力筋、钢筋密集，要注意混凝土振捣密实。

2）边墩现浇段及其他支承支架应适应由于温差而产生的主梁滑移的要求。预留竖向标高调整措施，包括上、下两个方向的调整，同时考虑标高调整对支座转角的影响。

3）合龙段混凝土强度达到 80% 时及时张拉预应力钢束。

4）在悬臂梁端和边跨现浇段之间进行边跨合龙时安装合龙吊架，合龙技术要求同中跨合龙段。

（5）中跨合龙段的施工　中跨合龙段可采用吊架浇筑，中跨合龙段用吊平台，要求轻便、牢靠、安全，满足合龙段施工技术要求和工艺与构造要求。由于箱梁混凝土的收缩、徐变及自然条件的变化（如日照不均匀、昼夜之间的温差）等，在合龙段范围内相应要产生各种变形和内力。当混凝土浇筑完毕，从初凝到混凝土结硬，直到张拉纵向连续束之前，上述变形及由于结构体系的变化在箱梁中引起的内力易使合龙段范围内混凝土开裂，为此，须采取措施予以防止。为了使结构在合龙段处变形协调，内力连续传递，改善上述不利影响，应在合龙段施工前提供箱梁挠度测量报告作为合龙施工的依据，并建议采用下列措施：

1）在合龙段锁定前，需对悬臂断面进行一昼夜分时段连续观测。观测气温与悬臂端的标高变化、气温与梁体温度的关系等，为选择合龙口锁定方式作力学验算，为合龙锁定时间提供依据。

2）合龙段混凝土应采用早强微膨胀混凝土，通过试验掺入适量的微膨胀剂，微膨胀剂必须满足 GB 50119—2003《混凝土外加剂应用技术规范》要求，微膨胀混凝土水中 14d 膨胀率 $\geqslant 2.5\times10^{-4}$，水中 14d，空气中 28d 的干缩率 $\leqslant 3\times10^{-4}$，并严格控制用水量，以减少混凝土的收缩影响。同时做好混凝土配合比试验，使混凝土在较短的时间内达到一定的强度，合龙段混凝土强度达到 85% 时及时张拉部分预应力钢束，其余钢束在合龙段混凝土强度及刚度达到设计要求值的 90% 后张拉。

3）为改善合龙前后结构的受力情况，在浇筑合龙段前，合龙段内设置刚性支撑将两悬臂端利用强大钢梁连接使合龙段范围内变形协调，并可传递内力。

4）选择合理的浇筑时间，应在一天中平均温度较低，变化幅度较小时锁定合龙口并浇筑混凝土，以达到低温合龙的目的。

5）合龙刚性支撑的焊接锁定要求迅速、对称的进行，保证焊缝质量。

6）合龙段混凝土应覆盖密封，保温养护，其他处混凝土也应加强养护，保持箱梁混凝土的潮湿，适当降低合龙段以外箱梁顶面由于日照引起的温度差。

7）要求事先与气象部门取得联系，了解浇筑合龙段期间内的气温变化情况，在合龙段浇筑后的5~7d内应避免气温骤降的寒潮天气，并要求在寒潮到来前张拉一定数量的连续钢束，以保证合龙段两侧结构的整体性。施工单位应将中跨合龙作为专题研究，对混凝土配合比、合龙段内加强措施、合龙段连续束张拉及纵向临时固接释放时机等关键工艺，提出详细实施细则，并经监理等部门同意。

8）合龙段的主要施工步骤：

① 后移和拆除悬臂施工挂篮。

② 在悬臂端加配重（水箱），合龙段两侧水箱的容水重力效应，相当于合龙段所浇混凝土重力的效应，远端还应增加二分之一吊架模板重力。

③ 立模、绑扎钢筋及固定预应力管道，选择最佳合龙温度（设计要求14~18℃）。

④ 随即浇筑合龙段混凝土，同时水箱同步等效应放水，以保持悬臂端的稳定。

⑤ 待混凝土强度及混凝土龄期达到设计要求后，张拉合龙段及底板钢束。

⑥ 合龙段永久钢束张拉前，应采取有效遮阳措施尽量减小箱梁挑臂上、下侧的日照温差。

（6）施工控制　不论悬浇还是悬拼，都是属于自架设方式施工，且已成结构的状态（包括受力、变形）具有不可调整性，所以施工控制主要采用预测控制法。施工控制主要体现在施工控制模拟结构分析、施工监测（包括结构变形与应力监测等）、施工误差分析及后续施工状态预测几个方面。施工成败的关键在于临时锚固的可靠性，施工过程中的应力、变形与标高满足要求以及体系转换的实施。

对于分节段悬臂浇筑施工的桥梁来说，施工控制就是根据施工监测所得的结构参数真实值进行施工阶段计算，确定出每个悬浇节段的立模标高，并在施工过程中根据施工监测的成果对误差进行分析、预测和对下一立模标高进行调整，以此来保证成桥后桥面线形、合龙段两悬臂端标高的相对偏差不大于规定值以及结构内力状态符合设计要求。

悬臂浇筑的施工控制计算除了必须满足与实际施工方法相符合的基本要求外，还要考虑诸多相关的其他因素。

1）施工方案。由于施工桥梁的恒载内力与施工方法和架设程序密切相关，施工控制计算前应首先对施工方法和架设程序作一番较为深入的研究，并对主梁架设期间的施工荷载给出一个较为精确的数值。

2）计算图式。悬臂浇筑一般要经过墩梁固接—悬臂施工—合龙—解除墩梁固接—合龙的过程，在施工过程中结构体系不断地发生变化，因此在各个施工阶段应根据符合实际状况的结构体系和荷载状况选择正确的计算图式进行分析、计算。

3）非线性影响。非线性对中小跨连续梁桥、连续刚构桥的影响可以忽略不计，但对大跨径桥梁则有必要考虑非线性的影响。

4）预加应力影响。预加应力直接影响结构的受力与变形，施工控制中应在设计要求的基础上，充分考虑预应力的实际施加程度。

5）混凝土收缩、徐变的影响。连续梁桥、连续刚构桥必须计入混凝土收缩、徐变对变形的影响。

6）温度。温度对结构的影响是复杂的，通常的做法是对季节性温差在计算中予以考虑，对日照温差则在观测中采取一些措施予以消除，减小其影响。

7）施工进度。施工控制计算需按实际的施工进度以及确切的预计合龙时间分别考虑各个部分的混凝土徐变变形。

在主梁的悬臂浇筑过程中，梁段立模标高的合理确定，是关系到主梁线形是否平顺，设计是否合理的一个重要问题。如果在确定立模标高时考虑因素比较符合设计，而且加以正确的控制，则最终桥面线形较好；如果考虑的因素与实际情况不符合，控制不力，将会导致桥面与设计线形有较大的偏差。

众所周知，立模标高并不等于设计中桥梁建成后的标高，总要有一定的预拱度，以抵消施工中产生的各种变形。其计算公式如下

$$H_{lmi} = H_{sji} + \sum f_{1i} + \sum f_{2i} + f_{3i} + \sum f_{4i} + f_{5i} + f_{gl} \tag{4-2}$$

式中　H_{lmi}——i 节段立模标高（节段上某确定位置）；

H_{sji}——i 节段设计标高；

$\sum f_{1i}$——由各节段自重在 i 节段产生的挠度之和；

$\sum f_{2i}$——由张拉各节段预应力在 i 节段产生的挠度之和；

f_{3i}——混凝土收缩、徐变在 i 节段引起的挠度；

$\sum f_{4i}$——施工临时荷载在 i 节段引起的挠度之和；

f_{5i}——使用荷载在 i 节段引起的挠度；

f_{gl}——挂篮变形值。

其中挂篮变形值是根据挂篮加载试验，综合各测试结果，绘制出挂篮荷载－挠度曲线，进行内插而得。

预计标高的计算公式

$$H_{yji} = H_{lmi} - f_{gi} - f_i \tag{4-3}$$

式中　H_{yji}——i 节段预计标高值；

f_i——块件浇筑完成后，i 节段的下挠值。

悬臂浇筑必须对称进行，并确保轴线和挠度达到设计要求和在允许误差范围内。

2. 悬臂拼装法施工

悬臂拼装法（简称悬拼）是悬臂法施工的一种，是利用移动式悬拼起重机将预制梁段起吊至桥位，采用环氧树脂胶和预应力钢丝束连接成整体。采用逐段拼装，一个节段张拉锚固后，再拼装下一节段。悬臂拼装的分段，主要取决于悬拼起重机的起重能力，一般节段长 2～5m。节段过长则自重大，需要悬拼起重机起重能力大，节段过短则拼装接缝多，工期也延长。一般在悬臂根部，因截面积较大，预制长度比较短，以后逐渐增长。悬拼施工适用于预制场地及运吊条件好，特别是工程量大和工期较短的梁桥工程。

悬拼和悬浇均是利用悬臂原理逐段完成全联梁体的施工，不同的是，悬浇是以挂篮为支承进行主段浇筑，悬拼是以起重机逐段完成梁体拼装。实践表明，悬拼和悬浇、支架施工等施工方法相比除有许多共同优点外，悬拼还有以下特点：

1）进度快。传统的悬浇法浇筑一节段梁周期在天气好时也需要 1 周左右；而采用悬拼法，梁体节段的预制可与桥梁下部构造施工同时进行，平行作业缩短了施工工期，且拼装速

度快。

2）制梁条件好，混凝土质量高。悬拼法将大跨度梁化整为零，在地面施工，预制场或工厂化的梁体节段预制有利于整体施工的质量，操作方便、安全。悬浇的混凝土有时会因达不到强度而造成事故，处理起来较麻烦，延误了工期，损失较大。采用悬拼法，节段梁在地面有足够的时间，可以想办法弥补工程施工中的不足。

3）收缩、徐变变形小。预制梁段的混凝土龄期比悬浇成梁的长，从而减少了悬拼成梁后混凝土的收缩和徐变。

4）线形好。节段预制采用长线法，长线法是在按梁底曲线制作的固定底模上分段浇筑混凝土的方法，能保证梁底线形。

5）适合多跨梁施工。当桥梁跨度越大、桥跨越多，则越能体现悬拼法的优越性，也就越经济。

悬拼施工工序主要包括梁体节段的预制、移位、堆放、运输；梁段起吊拼装；悬拼梁体体系转换；合龙段施工。

（1）梁段预制　悬拼施工是将梁沿纵轴向根据起吊能力分成适当长度的节段，在工厂或桥位附近的预制场进行预制，然后运到桥位处用起重机进行拼装。节段预制的质量直接关系着梁段悬拼施工的质量和速度，因此预制时应严格控制梁段断面和形体的精确度，并充分注意预制场地的选择与布置；台座和模板支架的制作；工艺流程的拟订以及养护和储运的每一环节。梁段预制的方法通常有长线浇筑或短线浇筑的立式预制和卧式预制。

① 长线预制。长线预制是在预制厂或施工现场按桥梁底缘曲线制作固定台座，在台座上安装底模进行节段混凝土预制工作。组成 T 形刚构半悬臂或全悬臂的梁段均在固定台座上的活动模板内浇筑且相邻段的应相互贴合浇筑，缝面浇前涂抹隔离剂，以利脱模。底座的形成有多种方法，可以利用预制场的地形堆筑土胎，经加固夯实后铺砂石层并在其上面做混凝土底板；盛产石料的地区可用石砌圬工筑成所需的梁底缘的形状；在地质情况较差的预制场地，可采用打短桩基础，在桩基础上搭设排架形成梁底缘曲线。排架可用木材或型钢组成。如图 4-31 所示为长线法预制台座的构造。

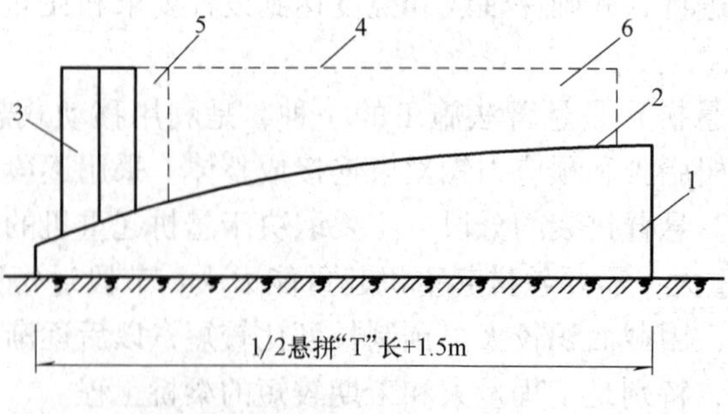

图 4-31　长线法预制台座的构造

1—长线台座　2—梁底线形　3—预制梁段　4—梁顶线形　5—待浇梁段　6—待浇梁段位置

梁体节段的预制一般在底板上进行。模板常采用钢模，每段一块，以便于装拆使用。为加快施工进度，保证节段之间密贴，常采用先浇筑奇数节段，然后利用奇数节段混凝土的端面弥合浇筑偶数节段。也可以采用分阶段的预制方法。当节段混凝土强度达到设计强度的70%以上，可吊出预制场地。

② 短线预制。短线预制是在固定台位且能纵移的模板内浇筑，由可调整内、外部模板的台车与端梁来完成的。当第一节段混凝土浇筑完成后，在其相对位置上安装下一节段模板，并利用第一节段混凝土的端面作为第二节段的端模完成第二节段混凝土的浇筑工作。这种方法适合节段的工厂化生产预制，设备可周转使用，台座仅需3个梁段长，但节段的尺寸和相对位置的调整要复杂一些。短线台座除基础部分外，多采用钢料加工制作。如图4-32所示为短线法预制台座的构造。

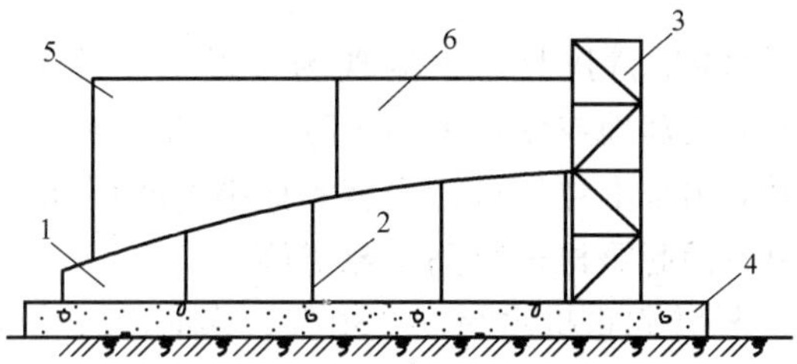

图4-32　短线法预制台座的构造
1—短线台座　2—可调底模　3—封闭式端模　4—基础　5—配筑梁段　6—待浇梁段

③ 卧式预制。桁架梁的预制常采用卧式预制。卧式预制要有一个较大的地坪，地坪的高低要经过测量，并有足够的强度，不致产生不均匀沉陷。对相同尺寸的节段还可以在已预制完成的节段上安装模板进行平卧叠层预制，两层构件间常用塑料布或涂油等方法分隔。桁架梁预制节段的起吊、翻身工作要求操作细致，并注意选择吊点和吊装机具。

无论是立式预制还是卧式预制，都要求相邻节段之间接触紧密，故必须以前面浇筑完成的节段的端面作为后来浇筑节段的端模，同时必须采用隔离剂使节段出坑时相互容易从接缝处脱离。这种构件预制方法，国外一般叫做“配合浇筑”法。

（2）块件运输　梁体节段自预制底座上出坑后，一般先存放在存梁场，拼装时节段由存梁场移至桥位处的运输方式，一般可分为场内运输、装船和浮运三个阶段。

1）场内运输。当存梁场或预制台座布置在岸边，又有大型悬臂浮吊时，可用浮吊直接从存梁场或预制台座将节段吊放到运梁驳船上浮运。当预制底座垂直于河岸时，存梁场往往设在底座轴线的延长线上，此时，节段的出坑和运输一般由预制场上的龙门式起重机担任，节段上船也可用预制场的龙门式起重机。当预制底座平行于河岸时，场内运输应另备运梁平车进行。栈桥上也必须另设起重机，供吊运节段上船。节段的运输，当预制场与栈桥距离较远时，应首先考虑采用平车运输。起运前要将节段安放平稳，底面坡度不同的节段要使用不同厚度的楔形木来调整。节段用带有花篮螺钉的缆索保险。

当采用无转向架的运梁平车时，运输轨道不得设平曲线，纵坡一般应为平坡。当地形条件限制时，最大纵坡也不得大于1%。下坡运行时，平车后部要用钢丝绳牵引保险，不得溜放。节段的起吊应该配有起重扁担。每块箱梁四个吊点，使用两个横扁担用两个吊钩起吊。如用一个主钩以人字千斤绳起吊时，还必须配一根纵向扁担以平衡水平分力。

2）块件装船。梁段装船在专用码头上进行。码头的主要设施是施工栈桥和节段装船起重机。栈桥的长度应保证在最低施工水位时驳船能进港起运，栈桥的高度要考虑在最高施工水位时栈桥主梁不被水淹，栈桥宽度要考虑到运梁驳船两侧与栈桥之间需有不小于0.5m的安全距离。栈桥起重机的起重能力和主要尺寸（净高和跨度）应与预制场上的起重机相同。

3）块件浮运。浮运船只应根据节段重力和高度来选择，可采用铁驳船、坚固的木趸船、水泥驳船或用浮箱装配。为了保证浮运安全，应设法降低浮运重心。开口舱面的船应尽量将节段置于船舱底板。必须置放在甲板面上时，要在舱内压重。

节段的支垫应按底面坡度用碎石子堆成，满铺支垫或加设三角形垫木，以保证节段安放平稳。节段一般较大，还需以缆索将节段系紧固定。

（3）悬臂拼装

1）悬拼方法。预制节段的悬臂拼装可根据现场布置和设备条件采用不同的方法来实现。当靠岸边的桥跨不高且可在陆地或便桥上施工时，可采用自行式起重机、门式起重机来拼装。对于河中桥孔，也可采用水上浮吊进行安装。如果桥墩很高，或水流湍急而不便在陆上、水上施工时，就可利用各种起重机进行高空悬拼施工。

① 悬臂起重机拼装法。悬臂起重机由纵向主桁架、横向起重桁架、锚固装置、平衡重、起重系、行走系和工作吊篮等部分组成，如图4-33所示。

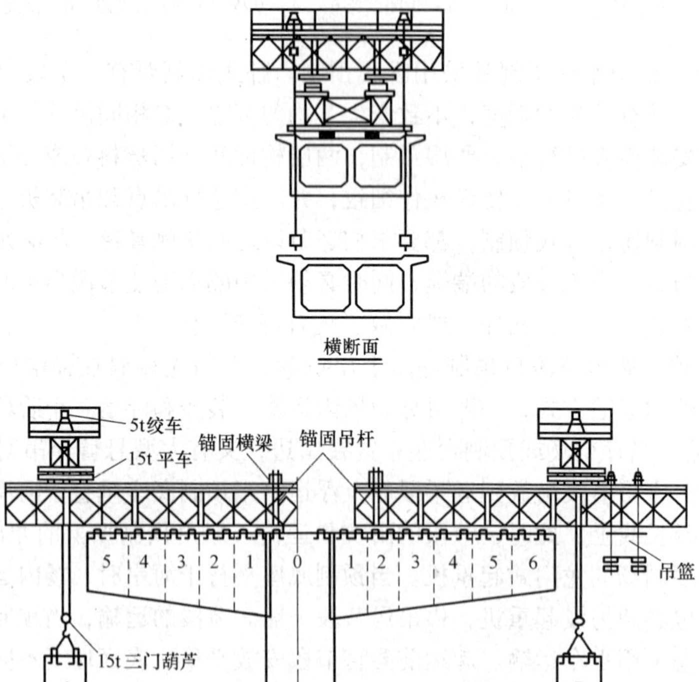

图4-33 悬臂起重机构造图

纵向主桁架为悬臂起重机的主要承重结构，可由贝雷片、万能杆件、大型型钢等拼制。

一般由若干桁片构成两组，用横向联结系联成整体，前后用两根横梁支承。

横向起重桁架是供安装起重卷扬机直接起吊箱梁节段之用的构件，多采用贝雷架、万能杆件及型钢等拼配制作。纵向主桁架的外荷载就是通过横向起重桁架传递给它的。横向起重桁架支承在轨道平车上，轨道平车搁置于铺设在纵向主桁架上弦的轨道上，起重卷扬机安置在横向起重桁架上弦。

设置锚固装置和平衡重的目的是防止主桁架在起吊节段时倾覆翻转，保持其稳定状态。

对于拼装墩柱附近节段的双悬臂起重机，可用锚固横梁及吊杆将起重机锚固在 0 号块上。对称起吊箱梁节段，不需要设置平衡重。单悬臂起重机起吊节段时，也可不设平衡重，而将起重机锚在节段吊环上或竖向预应力筋的螺钉端杆上。

起重系一般是由电动卷扬机、吊梁扁担及滑车组等组成，作用是将由驳船浮运到桥位处的节段提升到拼装高度以备拼装。滑车组要根据起吊节段的重力来选用。

起重机的整体纵移可采用钢管滚筒在木板上滚移，由电动卷扬机牵引。牵引绳通过转向滑车系于纵向主桁前支点的牵引钩上。横向起重桁架的行走采用轨道平车，用倒链滑车牵引。

工作吊篮悬挂在纵向主桁前端的吊篮横梁上，吊篮横梁由轨道平车支承以便工作吊篮的纵向移动。工作吊篮供预应力钢丝穿束、千斤顶张拉、压注灰浆等操作之用，可设上、下两层，上层供顶板钢束施工操作用，下层供肋板钢束施工操作用。也可只设一层，此时，工作吊篮可用倒链滑车调整高度。

这种起重机的结构较简单，使用最普遍。当吊装墩柱两侧附近节段时，往往采用双悬臂起重机，当节段拼装至一定长度后，将双悬臂起重机改装成两个独立的单悬臂起重机。但在桥的跨径不太大，孔数也不多的情况下，有的工地就不拆开墩顶桁架而在起重机两端不断接长进行悬拼，以免每拼装一对节段就将对称的两个单悬臂起重机移动和锚固一次。

当河中水位较低——运输箱梁节段的驳船船底标高低于承台顶面标高，驳船无法靠近墩身时，双悬臂起重机的定位设计往往要受安装一号节段时的受力状态所控制。为了不增大主桁断面以节约用钢量，对这种情况下的双悬臂起重机必须采取特别措施，如斜撑法和对拉法。

②连续桁架（闸式起重机）拼装法。连续桁架悬拼施工可分移动式和固定式两类。移动式连续桁架的长度大于桥的最大跨径，桁架支承在已拼装完成的梁段和待拼墩顶上，由起重机在桁架上移运节段进行悬臂拼装。固定式连续桁架的支点均设在桥墩上，而不增加梁段的施工荷载。

如图 4-34 所示移动式连续桁架，其长度大于两个跨度，有三个支点。这种起重机每移动一次可以同时拼装两孔桥跨结构。

③ 起重机拼装法。缆吊悬拼可采用伸臂起重机、缆索起重机、门式起重机、人字扒杆、汽车式起重机、履带式起重机、浮吊等进行拼装。根据起重机的类型和桥孔处具体条件的不同，起重机可以支承在墩柱上、已拼好的梁段上或处在栈桥上、桥孔下。

不管是利用现有起重设备或专门制作，悬臂起重机需满足如下要求：

a. 起重能力能够满足起吊最大节段的需要。

b. 起重机便于作纵向移动，移动后又能固定在一个拼装位置。

c. 起重机处在一个位置上进行拼装时，能方便地起吊节段作竖向提升和纵、横向移动，

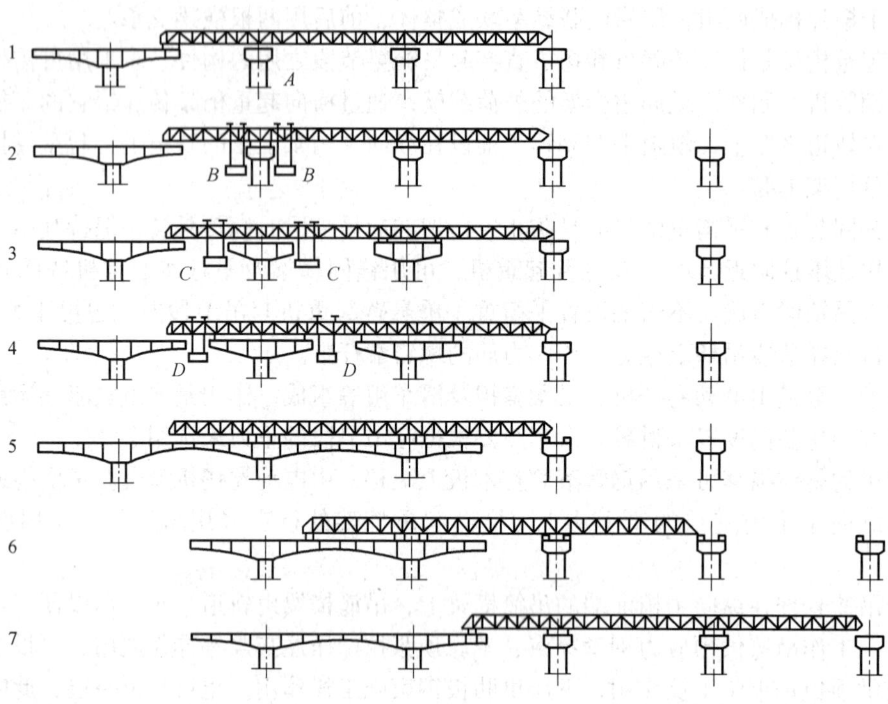

图4-34 移动式连续桁架拼装示意图

以便调整节段拼装位置。

d. 起重机的结构尽量简单，便于装拆。

④ 移动式导梁悬拼。这种施工方法需要设计一套比桥跨略长的可移动式导梁，如图4-35所示。导梁安装在悬拼工作位置，梁段沿已拼梁面运抵导梁旁，由导梁运到拼装位置用预应力拼合在悬臂端上。导梁设有两对固定支架，一对在导梁后面，另一对设在中间，

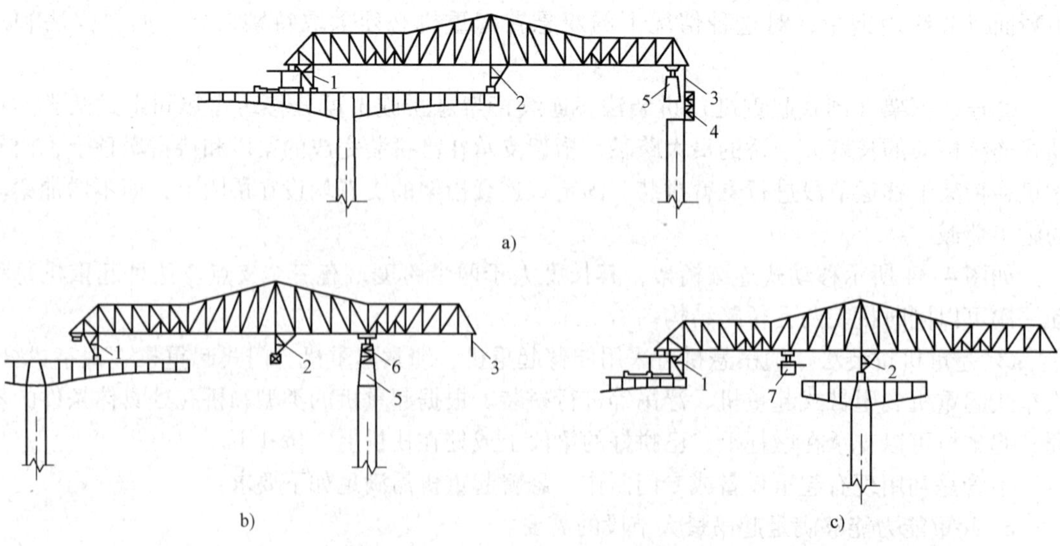

图4-35 移动式导梁悬拼梁段示意图

1—后支架 2—中支架 3—临时前支架 4—支柱 5—墩顶梁段 6—临时支架 7—移梁段小车

梁段可以从支柱中间通过。导梁前端有一个活动支柱，使导梁在下一个桥墩上能形成支点。导梁下弦杆用来铺设轨道以支承运梁平车。平车可使梁段水平和垂直移动，同时还能使其转动90°。施工可分三阶段进行：

a. 装墩顶梁段。导梁放在三个支点上，即后支架上，靠近已悬拼端头的中支架和借助临时支柱而与装在下一桥前方的前支柱相接成第三支点。

b. 梁前移。通过后支架的滚动和前支架的滑轮装置，使导梁向前移动。

c. 吊装其他梁段。拼装其他梁段时，导梁由后支架和中间支架支承。中间支架锚固在墩顶梁段上，后支架锚固在已建成的悬臂梁端。

2）拼装施工及接缝处理。

① 支座临时固结或设置临时支架。为了确保连续梁分段悬拼施工的平衡和稳定，常与悬浇方法相同，将T形刚构支座临时固结。当临时固结支座不能满足悬拼要求时，一般考虑在墩两侧或一侧加临时支架。悬拼完成，T构合龙（合龙要点与悬浇相同），即可恢复原状，拆除支架。梁段拼装过程中的接缝有湿接缝、干接缝和胶接缝等几种。不同的施工阶段和不同的部位常采用不同的接缝形式。

② 接缝处理和拼装程序。1号梁段即墩柱两侧的第一个节段，一般与墩柱上的0号块以湿接缝相接。1号块是T形刚构两侧悬臂箱梁的基准节段，是全跨安装质量的关键。T形刚构悬拼施工时，防止上翘和下挠的关键在于1号块定位准确。因此，必须采用各种定位方法确保1号块定位的精度。定位后的1号块可由起重机悬吊支承，也可用下面的临时托架支承。为便于进行接缝处管道接头拼接、接头钢筋的焊接和混凝土振捣作业，湿接缝一般宽0.1～0.2m。

③ 其他节段用胶接缝或干接缝拼装。其他梁段吊上并基本定位后（此时接缝宽10～15cm），先将临时预应力筋穿入，安好连接器，再开始涂胶及合龙，张拉临时预应力筋，使固化前胶接缝的压应力不低于0.3MPa，这时可解除吊钩。

④ 胶浆成分及调胶程序。节段接缝一般采用环氧树脂胶，厚度为1.0mm左右。环氧树脂胶接缝可使节段连接密贴，可提高结构抗剪能力、整体刚度和不透水性。一般不宜采用干接缝。干接缝节段密贴性差，接缝中水气浸入导致钢筋锈蚀。

环氧树脂胶的配方应通过试验决定，并随化学工业的迅猛发展，产品换代，应做市场调查，采用性能最好的产品。环氧树脂胶由环氧树脂、固化剂、增塑剂、稀释剂、填料等组成。填料一般用高等级水泥、洁净干燥砂。

一般对接缝混凝土面先涂底层环氧树脂底胶（环氧树脂底胶由环氧树脂、固化剂、稀释剂按试验决定比例调配），然后再涂加入填料的环氧树脂胶。环氧树脂胶随用随配。

3）穿束及张拉。

① 穿束。T形刚构桥纵向预应力筋的布置有两个特点：较多集中在顶板部位；钢束布置对称于桥墩。因此拼装每一对对称于桥墩节段用的预应力钢丝束须按锚固这一对节段所需长度下料。

明槽钢丝束通常为等间距排列，锚固在顶板加厚的部分（这种板俗称“锯齿板”）。加厚部分预制时留有管道（见图4-36），穿束时先将钢丝束在明槽内摆放平顺，然后再分别将钢丝束穿入两端管道之内。钢丝束在管道两头伸出长度要相等。

暗管穿束比明槽难度大。经验表明，60m以下的钢丝束穿束一般均可采用人工推送。较长钢丝束穿入端，可点焊成箭头状缠裹黑胶布。60m 以上的长束穿束时可先从孔道中插入一根钢丝与钢丝束引丝连接，然后一端以卷扬机牵引，一端以人工送入。

② 张拉。钢丝束张拉前要首先确定合理的张拉次序，以保证箱梁在张拉过程中每批张拉合力都接近于该断面钢丝束总拉力重心处。

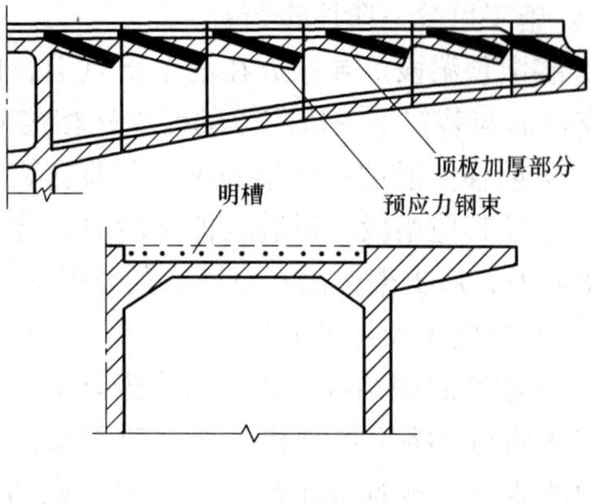

图 4-36 明槽钢丝束布置图

钢丝束张拉次序的确定与箱梁横断面形式、同时工作的千斤顶数量、是否设置临时张拉系统等因素关系很大。在一般情况下，纵向预应力钢丝束的张拉次序按以下原则确定：

a. 对称于箱梁中轴线，钢束两端同时成对张拉。

b. 先张拉肋束，后张拉板束。

c. 肋束的张拉次序是先张拉边肋，后张拉中肋（若横断面为三根肋，仅有两对千斤顶时）。

d. 同一肋上的钢丝束先张拉下边的，后张拉上边的。

e. 板束的次序是先张拉顶板中部的，后张拉边部的。

悬臂拼装的预应力施工除应符合后张法预应力施工的规定外，还应符合下列规定：

a. 对采用胶接缝的节段，在拼装工作结束并经检查符合要求后，应立即施加预应力对接缝进行挤压；对采用湿接缝的节段，应在接缝混凝土强度达到设计强度的 80% 以上时方可对其施加预应力。

b. 临时预应力钢束的布置和张拉控制应力应符合设计规定，并应满足多次重复张拉的作业要求；临时预应力钢束在结构永久预应力施工完成后方可拆除。

c. 节段对称悬臂拼装完成并施加预应力后，方可放松起吊吊钩，并应立即对预应力孔道进行压浆和封锚。

d. 对梁顶面明槽内已张拉的预应力钢束应加以保护，严禁在其上堆放物体或抛物撞击。

（4）预应力悬臂桁架梁的悬拼 预应力悬臂桁架梁和桁架 T 形刚构具有与箱梁 T 形刚构桥基本相同的特点。不同的是因 T 形刚构单元的悬臂由桁架构件组成，结构自重较小，耗钢较少，跨越能力较大，施工时拼装构件划分方案较多，悬拼方法更易适应不同吊装能力和进度的要求。

1）纵向分块和拼装方案。

① 杆件拼装。当跨径较大时，桁架的单根杆件质量就较大，尤其是靠近根部节间的上弦和下弦，故可按杆件分别预制，然后拼装成整体。这时一般采用斜拉杆式桁架，拼装顺序如图 4-37 所示。这种分块和拼装方式，在国外采用时一般先将结点做成临时铰，以便在拼装过程中调整悬臂挠度和消除杆端恒载次应力。完工前将结点铰封死。

② 三角形节段拼装。将每一节间的下弦、斜杆和前竖杆（或前斜杆）预制成三角形构件，上弦杆预制成单独构件，这时一般采用斜压杆式或三角形式桁架，拼装顺序如图 4-38 所示。

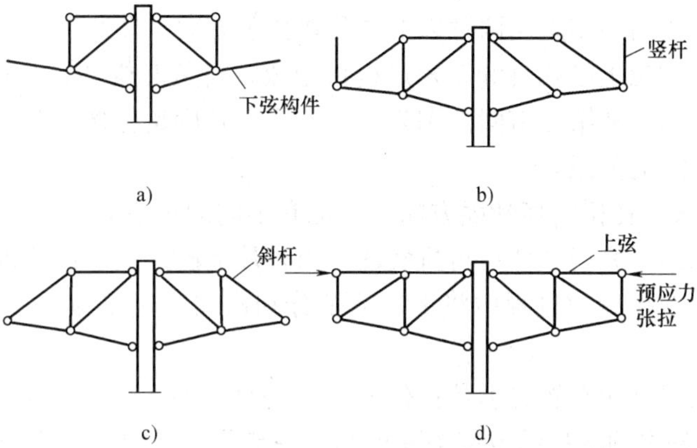

图 4-37　按杆件分块时拼装示意图
a）吊装下弦　b）立竖杆　c）安装斜杆　d）吊装上弦杆施加预应力

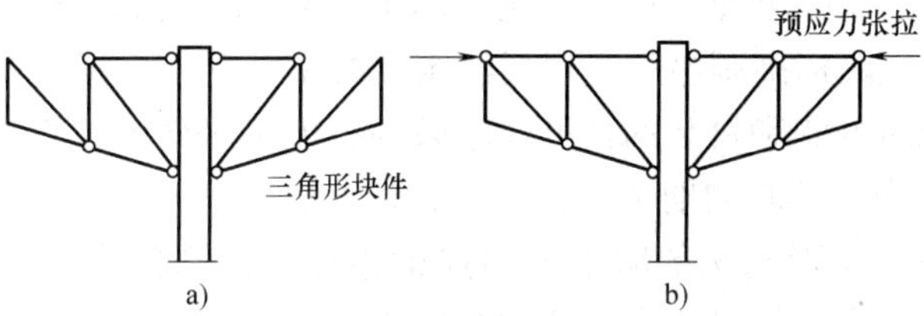

图 4-38　按三角形分块的拼装示意图
a）吊装三角形块体　b）吊装上弦施加预应力

③ 节间节段拼装。将桁架片沿竖杆中线分割，预制构件呈四边形（见图 4-39），这时适宜采用斜压杆式桁架。拼装时将节段沿拼接缝涂胶合龙后即可进行预应力张拉。

④ 桁架节段拼装。将桁架分成若干段，每段包含一个以上的节间，沿竖杆中线分割或沿结点附近杆段上分割，进行节段预制和拼装（见图 4-40）。

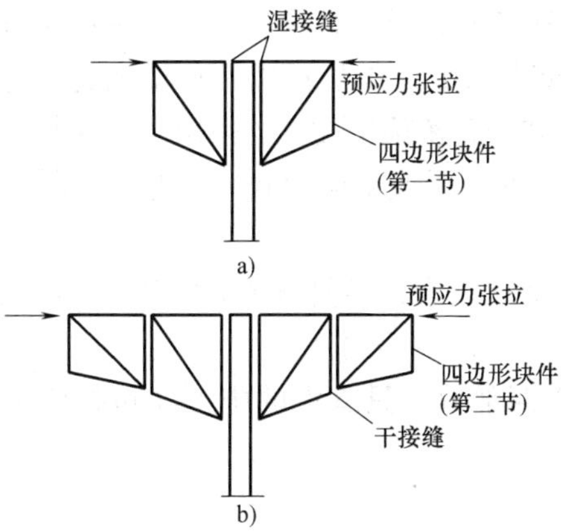

图 4-39　按节间分块的拼装示意图
a）拼装第一节块件　b）拼装第二节块件

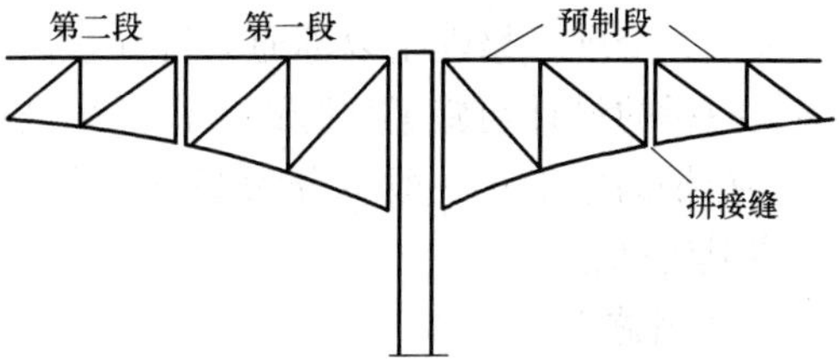

图 4-40　按节段分块的拼装示意图

以上四种方案中，后两种主要在国内建造的桥梁上采用。国外在一座桥上往往仅采用一种分块和拼装方式，国内则多采用两种以上的分块拼装方案。湖北汉阳黄陵矶大桥主孔的两个T形单元的根部节间由上弦构件和三角形构件组成，拼装时构件由悬臂起重机临时支承，定位后处理湿接缝。第二和第三节间分别为一个节段，其后是包含两个节间的节段，最后是包含两个节间和端牛腿的节段。

2）横向组拼方式。在桥的横断面方向上，也有不同的组成方式。如由两片以上平行的桁架片节段用横向联结系联成整体后再拼装的，由各片节段挨次平行地拼装然后用横向联结系构件联成整体的，在拼装的过程中将上、下弦分别横向联成整体的板（腹杆采用较细的构件）。

预应力悬臂桁架梁利用布置在上弦构件的预应力筋（束）悬拼。预应力筋（束）一般为明槽筋（束）。构件之间的接缝或接头除根部第一节间与墩顶间采用湿接缝定位外，其他一般为胶接缝。需调整悬拼挠度时也可设湿接缝。调整挠度处理方法与箱梁T形刚构相同。

预应力桁架T形刚构悬拼用的起重机设备种类也与预应力箱梁T形刚构悬拼时相同。

（5）合龙段施工　用悬臂法施工建造的连续刚构桥、连续梁桥和悬臂桁架拱，则需在跨中将悬臂端刚性连接、整体合龙。这时合龙段的施工常采用现浇和拼装两种方法。现浇合龙段预留1.5～2m，在主梁标高调整后，现场浇筑混凝土合龙，再张拉预应力索筋，将梁连成整体。节段拼装合龙对预制和拼装的精度要求较高，但工序简单，施工速度快。

箱梁T形刚构在跨中合龙时初期常用剪力铰，使悬臂能相对位移和转动，但挠度连续。现在箱梁T形刚构和桁架T形刚构的跨中多用挂梁连接。预制挂梁的吊装方法与装配式简支梁的安装相同。但需注意安装过程中对两边悬臂加荷的均衡性问题，以免墩柱受到过大的不均衡力矩。有两种方法：①采用平衡重；②采用两悬臂端部分批交替架梁，以尽量减少墩柱所受的不平衡力矩。

其余合龙段施工参照悬臂浇筑法合龙段施工。

4.5.4　斜拉桥施工

斜拉桥是一种桥面体系受压，支承体系受拉的桥梁。斜拉桥桥面体系用加劲梁构成，支承体系由钢索组成。

近代第一座斜拉桥是1955年建造的瑞典斯特姆松特桥，是一座稀索辐射式的斜拉桥，中孔跨度185.5752m，边孔74.676m。从20世纪80年代开始，斜拉桥以其独特优美的造型及优越的跨越能力在中国迅速推广，特别在城市桥梁和公路桥梁中被广泛采用。其材料结构多以预应力混凝土即PC结构为主，部分为钢叠合梁、混合梁或钢梁形式。桥型有双塔与独塔、双索面与单索面、固结与漂浮等。

至今，全国已修建了以苏通大桥（主跨1088m）为代表大跨径斜拉桥110多座，标志着我国斜拉桥的设计与施工都跨进了世界先进行列。

斜拉桥的施工，一般可分为基础、墩塔、梁、索四部分。只有索的施工（包括索的制造）有其特殊性。

1. 索塔施工

索塔的材料常用金属、钢筋混凝土或预应力混凝土。索塔的构造远比一般桥墩复杂，塔柱可以是倾斜的，塔柱之间可能有横梁，塔内须设置前后交叉的管道以备斜拉索穿过锚固，塔顶有塔冠，并须设置航空标志灯及避雷器，沿塔壁须设置检修攀登步梯，塔内还可建设观光电梯。因此塔的施工必须根据设计、构造要求统筹兼顾。

（1）主塔施工测量控制　斜拉桥主塔一般由基础、承台塔座、下塔柱、下横梁、中塔柱、上横梁、上塔柱（拉索锚固区）、塔顶建筑八大部分或其中几部分组成。由于主塔建筑造型千姿百态，断面形式各异且高度比较高（均在 100m 以上），故索塔的施工测量最难，也最为关键。在主塔各部位的施工全过程中，除了应保证各部位的几何尺寸正确之外，更重要的是应该进行主塔局部测量系统的控制，并与全桥总体测量系统接轨。

主塔局部测量系统的控制基准点，应建立在相对稳定的基准点上，如选择在主塔的承台基础上，进行主塔各部位的空间三维测量定位控制。测量控制的时间，一般应选择夜晚 22：00 ~ 早上 7：00，以减少日照对主塔造成的变形影响。此外，随着主塔高度不断地升高，也应选择风力较小的时机进行测量，并对日照和风力影响予以修正。

在主塔八大部分的相关转换点上的测量控制极为重要，以便根据实际施工情况及时进行调整，避免误差的累计。随着工程部位的进行，随时与全桥控制网闭合，以便及时修正。

（2）钢主塔施工　钢主塔一般采用现场拼装的施工方法，分为工厂分段加工和现场吊装安装两个阶段。钢主塔应在工厂分段立体试拼装合格后方可出厂。主塔在现场安装，常常采用现场焊接接头、高强度螺栓连接、焊接和螺栓混合连接的方式。

经过工厂加工制造和立体试拼装的钢塔，在正式安装时，应予以测量控制，并及时用填板或对螺栓孔进行扩孔来调整轴线和方位，防止加工误差、受力误差、安装误差、温度误差、测量误差的积累。

钢主塔的防锈措施，可用耐候钢材，或采用喷锌层。但绝大部分钢塔都采用油漆涂料，一般可保持的使用年限为 10 年。油漆涂料常采用两层底漆，两层面漆，其中三层由加工厂涂装，最后一道面漆由施工安装单位最终完成。

（3）混凝土主塔施工　斜拉桥主塔一般由基础、承台塔座、下塔柱、下横梁、中塔柱、上横梁、上塔柱（拉索锚固区）、塔顶建筑等部分组成。一般横梁采用支架就地现浇，但在高空中进行大跨径、大断面、高强度预应力混凝土的施工难度大。混凝土索塔施工大体上可分为支架、预制吊装、滑模及翻模几种方法。

1）搭架现浇。这种方法工艺成熟，无须专用的施工设备，能适应较复杂的断面形式，对锚固区的预留孔道和预埋件的处理也较方便，但其缺点是施工周期较长。跨度 200m 左右的斜拉桥，一般塔高在 40m 上下，搭架现浇比较合适。

2）预制吊装。这种方法要求有较强起重能力的吊装设备，当桥塔不是太高时，可以加速施工进度，减轻高空作业的难度和劳动强度。混凝土结构一般采用卧式预制，由绞车和滑轮配合锚在对岸山壁上的钢丝绳和滑轮进行吊装。

3）滑模和翻模施工。此种方法是斜拉桥索塔最常用的施工方法。这种方法的最大优点是施工速度快，适用于竖直的或是倾斜的高塔施工；困难是对斜拉索锚固区预留孔道和预埋件的处理。

2. 主梁施工

斜拉桥主梁施工方法与梁式桥基本相同，大体上可以分顶推法、平转法、支架法及悬臂法四种：

（1）顶推法　顶推法的特点是施工时需在跨间设置若干临时支墩，顶推过程中主梁反复承受正、负弯矩。该法较适用于桥下净空较低、修建临时支墩造价不大、支墩不影响桥下交通、抗压和抗拉能力相同，能承受反复弯矩的钢斜拉桥主梁的施工。对混凝土斜拉桥主梁而言，由于拉索水平分力能对主梁提供预应力，如在拉索张拉前顶推主梁，临时支墩间距又超过主梁负担自重弯矩能力时，为满足施工需要，需设置临时预应力束，在经济上不合算。

（2）平转法　平转法是将上部构造分别在两岸或一岸顺河流方向的支架上现浇，并在岸上完成所有的落架、张拉、调索等所有安装工作，然后以墩、塔为圆心，整体旋转到桥位合龙。平转法适用于桥址地形平坦、墩身矮和结构系适合整体转动的中小跨径斜拉桥。我国四川马尔康地区金川桥（座跨径为68m + 37m），采用塔、梁、墩固体体系的钢筋混凝土独塔斜拉桥，塔高25m，中跨为空心箱梁，边跨是实心箱梁就是采用平转法施工的。

（3）支架法　当所跨越的河流通航要求不高或岸跨无通航要求，且允许设置临时支墩时，可以直接在脚手架上拼装或浇筑主梁，也可以在临时支墩上设置便梁，在便梁上拼装或浇筑主梁。这种方法的优点是施工简单方便，且能确保主梁结构满足设计形状的要求。

（4）悬臂法　可以在支架上修建边跨，然后中跨采用悬臂拼装法和悬臂施工的单悬臂法；也可以是对称平衡方式的双悬臂法。悬臂施工法分为悬臂拼装法和悬臂浇筑法两种。悬臂拼装法一般是先在塔柱区现浇一段放置起吊设备的起始梁段，然后用各种起吊设备从塔柱两侧依次对称安装节段，使悬臂不断伸长直至合龙。悬臂浇筑法是从塔柱两侧用挂篮对称逐段就地浇筑混凝土。我国大部分混凝土斜拉桥主梁都采用悬臂浇筑法施工。

综上所述，支架法和悬臂法施工是目前混凝土斜拉桥主梁施工的主要方法，前者适用于城市立交或净高较低的岸跨主梁施工；后者适用于净高很大的大跨径斜拉桥主梁的施工。

3. 斜拉索施工

斜拉索是斜拉桥的一个重要组成部分，并显示了斜拉桥的特点。斜拉桥桥跨结构的重力和桥上活荷载，绝大部分或全部通过斜拉索，传递到塔柱上。

配合我国斜拉桥的建设，经过多年开发、研究，已建成了专业的制索工厂，拉索的质量已达到国际水平。

（1）钢索的种类、构造和性能　钢索作为斜拉索的主体，必须用高强度的钢筋、钢丝或钢绞线制作，这已成为现代斜拉桥设计师的共识。钢索的主要形式如图4-41所示。

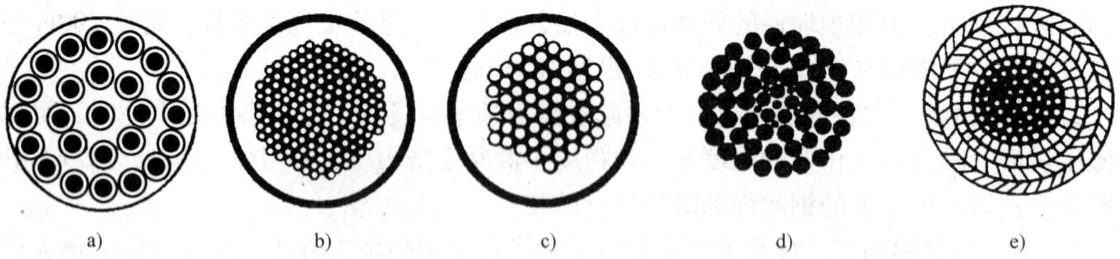

图4-41　钢索的主要形式

a）平行钢筋索　b）钢丝索　c）钢绞线索　d）单股钢绞缆　e）封闭式钢缆

1）平行钢筋索。平行钢筋索由若干根高强钢筋平行组成，钢筋的直径为$\phi10\sim\phi16$mm，其标准抗压强度R_y^b不宜低于1470MPa，索中各根钢筋借孔板彼此分隔，所有钢筋全穿在一根粗大的聚乙烯套管内，索力调整完毕后，在套管中注入水泥浆对钢筋进行防护。这种钢索配用夹片式群锚。平行钢筋索必须在现场架设过程中形成，操作过程繁杂。由于钢筋的出厂长度有限，用于大跨斜拉桥时，索中钢筋存在接头，需要很多套筒，从而疲劳强度受到影响。进入20世纪80年代，钢筋拉索已很少采用。

2）钢丝索。通常采用直径5mm或7mm的高强钢丝，这种钢丝强度高，弹性模量高，可以做成较长的索而无需中间的接头。配用镦头锚或冷铸锚可以有较好的耐疲劳性能，缺点是防锈要求高。随着钢丝束的制作工艺不断改进、发展，钢丝索在斜拉桥中得到了较广泛的应用。

3）钢绞线索。钢绞线的标准强度已达到1860MPa，用钢绞线制作钢索可以进一步减轻索的质量。索中的钢绞线可以平行排列，也可以集中后再加轻度扭绞，形成半平行排列。平行钢绞线索的防护有两种形式：一种是将整束钢绞线，穿入一根粗的聚乙烯套管，然后压注水泥浆；另一种是将每一根钢绞线，涂防锈油脂后挤裹聚乙烯护套，再将若干根带有护套的钢绞线，穿入大的聚乙烯套管中，并压注水泥浆。集束后轻度扭绞的半平行钢绞线索的防护，采用热挤裹聚乙烯护套最为方便。

一般而言，平行钢绞线索多半在现场制作，半平行钢绞线索则在工厂制作好后运至工地。平行钢绞线索通常配用夹片群锚，先逐根张拉，建立初应力，然后整索张拉至规定应力。半平行钢绞线索也可以配用冷铸镦头锚。

4）单股钢绞缆。以一根钢丝为缆心，逐层增加钢丝，同一层内的钢丝直径相同，但逐层钢丝的捻向相反，最后形式一根单股钢绞缆。用作斜拉索时，钢缆采用镀锌钢丝制作，最外层加涂防锈涂料。这种只能在工厂中生产的钢缆柔性好，可以盘绕起来运输。单股钢绞缆配用热铸锚。使用单股钢绞缆作拉索的斜拉桥较少。

5）封闭式钢缆。以一根较细的单股钢绞缆为缆心，逐层绞裹断面为梯形的钢丝，接近外层时，绞裹断面为“Z”形的钢丝，相邻各层的捻向相反，最后得到一根粗大的钢缆。与用圆钢丝制成的单股钢绞缆不同，这种钢缆中的梯形或“Z”形钢丝相互间基本是面接触，各层钢丝的层面上也是面接触。这种钢缆结构紧密，具有最大的面积率，水分不易侵入，因此称为封闭式钢缆。封闭式钢缆使用镀锌钢丝，绞制时还可以在钢丝上涂防锈脂，最外层再涂防锈涂料防护。封闭式钢缆配用热铸锚具。封闭式钢缆只能在工厂中制作，盘绕后运送到施工现场。

（2）拉索制作　为保证拉索质量，斜拉索的制作一般不宜在施工现场制作，最好走工厂化道路，并对拉索进行跟踪检验。斜拉索的防护分为永久防护和临时防护。临时防护为从出厂到开始永久防护的一段时间。永久防护为拉索钢材下料到桥梁营运期间，分为内防护和外防护。内防护是直接防止拉索锈蚀，外防护是保护内防护材料不致流出、老化等。

（3）斜拉索的挂索　挂索作业是将斜拉索引架到桥塔锚固点和主梁锚固点之间的位置上，其作业方法一般有以下四种：

1）在工作索道上引架。这种方法是先在斜拉索的位置安装一条工作索道，斜拉索沿着工作索道引架就位。国外早期的斜拉桥较多采用这种方法，目前这种方法已很少使用。

2）由临时钢索及滑轮吊索引架。这种方法是在待引架的斜拉索之上先安装一根临时钢索，称为导向索。斜拉索挂在沿导向索滑动并与牵引索相连接的滑动吊钩上，用绞车引架就位。

3）利用吊装天线引架。

4）利用卷扬机或起重机直接引架。这种方法最为简捷，也特别适合于密索体系的悬臂施工。在浇筑桥塔时，在桥顶预埋扣件，挂上滑轮组，利用桥面上的卷扬机和牵引绳通过转向滑轮和塔顶滑轮将斜拉索起吊，一端塞进箱梁，一端塞进桥塔。这种方法在吊装过程中可能会损伤索外的防护材料，需小心施工。

（4）拉索的张拉与索力测定　张拉是用千斤顶对拉索的索力进行调整。索力的大小，由设计根据各个不同的工况，经计算后给定。要在施工中准确控制索力，首先掌握测定索力的技术。索力测定方法有压力表测定千斤顶液压，压力传感器直接测定和根据拉索振动频率计算索力。

（5）拉索的减振　安装减振器或黏弹性高阻尼衬套，防止拉索振动过大。

4. 施工控制

斜拉桥是高次超静定结构，为了确保斜拉桥在施工过程中结构的受力状态和变形处在设计值的安全范围内，成桥后的主梁线形符合预期的目标，并使结构处于理想的受力状态，故在施工过程中对其进行施工控制有着十分重要的必要性。

斜拉桥上部结构施工时应对其施工过程进行控制，应保证结构在施工过程中始终处在安全范围内，成桥后的线形、内力和索力应符合设计要求。施工控制的方法宜根据结构特点、施工方案和环境条件等因素综合选择确定。

斜拉桥的施工控制宜遵守以下原则：在主梁悬臂施工阶段以高程控制为主；二期恒载施工阶段以索力控制为主。

施工控制应贯穿在斜拉桥施工的全过程中，除施工应按规定的程序进行外，对各类施工荷载应加强管理，并应对施工过程中的变形、应力和温度等参数进行监控测试，且采集的数据应准确、可靠。监控测试应符合下列规定：

1）宜选择无风或微风的天气进行测试，减小风对测量的不利影响。

2）测试时应停止桥上的机械施工作业，消除机械设备的振动及不平衡荷载等对测试产生的不利影响。

3）各种测试均应在尽可能短的时间内完成，应避免测试条件产生较大的变化。测量宜在夜间气温相对稳定的时段进行。

4.5.5　悬索桥施工

现代大跨度悬索桥的施工方法比较典型，其施工步骤可概括为以下五个部分：

1）施工塔、锚碇的基础，同时加工制造上部结构施工所需的构件，为上部结构施工作准备。

2）施工塔柱及锚体，其中包括鞍座、锚碇钢框架安装等施工。

3）主缆系统安装架设，其中包括牵引系统、猫道的架设、主缆索股预制和架设、紧缆、上索夹、吊索安装等。

4）加劲梁节段的吊装架设，包括整体化焊接等。

5）桥面铺装、主缆缠丝防护、伸缩缝安装、桥面构件安装等。

悬索桥基础、塔和桥面系的施工与斜拉桥相关构件的施工方法相同，而最具典型特征的是主缆及加劲梁的施工。下面简要介绍其上部结构的施工。

1. 猫道的架设

猫道相当于一临时轻型索桥，其作用是在主缆架设期间提供一个空中工作平台。它由猫道承重索、猫道面板系统及横向天桥和抗风索等组成，一般为3～5m宽，每条主缆下设一个。

在整个主缆系统施工过程中，猫道担负着输送索股、调股紧缆、安装索夹及吊杆、钢箱梁吊装及缠丝防护等重要任务。

猫道施工流程为：猫道承重索制作→架设为猫道承重索施工所需的临时设施——托架系统→架设、调整猫道承重索→托架拆除及支承索上移→猫道面层铺设及横向走道安装→调整猫道标高→架设抗风缆（以提供抗风稳定性及结构刚度，调整猫道线形，减少偏载产生的倾斜程度）→猫道门架安装。

2. 主缆架设

悬索桥的钢缆有钢丝绳钢缆和平行线钢缆。前者一般用于中、小跨度的悬索桥，后者主要用于主跨为500m以上的大跨悬索桥。平行线钢缆根据架设方法分为空中送丝法（AS法）及预制索股法（PWS法）。

1）空中送丝法。用空中送丝法架设主缆的方法是在19世纪中叶发明于美国，自1855年用于尼亚瓜拉瀑布桥以来，多数悬索桥都用这种方法来架设主缆。在桥两岸的塔和锚碇等都已安装就绪后，沿主缆设计位置，在两岸锚碇之间布置一无端牵引绳，即将牵引绳的端头连接起来，形成从此岸到彼岸的长绳圈。将送丝轮扣牢在牵引绳上某处，且将缠满钢丝的卷筒放在一岸的锚碇旁，从卷筒中抽出钢丝头，暂时固定在某靴跟（可编号为A）处，称这一钢丝头为“死头”。继续将钢丝向外抽，由死头、送丝轮和卷筒将正在输送的钢丝形成一个钢丝套圈，用动力机驱动牵引绳，于是送丝轮就带着钢丝送向对岸。在钢丝套圈送到对岸时，就用人工将套圈从送丝轮上取下，套到其对应的靴跟（可编号为A′）上。如图4-42所示为送丝工艺意图。随着牵引绳的驱动，送丝轮又被带回，取下套圈套在靴跟A上，然后又送向对岸。这样进行上百次，当其套在两岸对应靴跟（如A及A′）上的丝数达到一丝股钢丝的设计数目时，就将钢丝“活头”剪断，并将该“活头”同上述暂时固定的“死头”用钢丝连接器连起来。这样，一根丝股的空中编制就完成了。

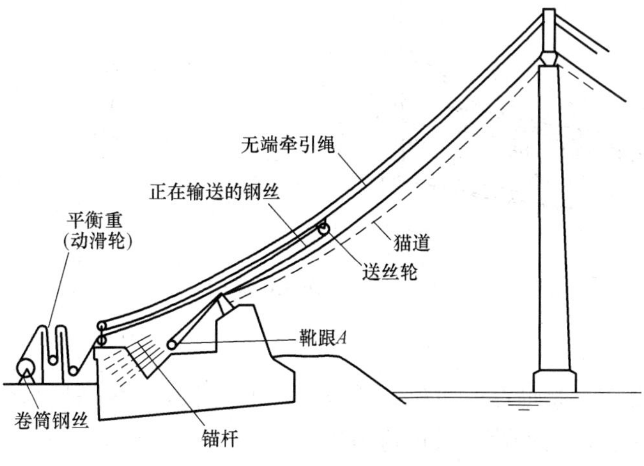

图4-42　送丝工艺示意图

在上述基本原理基础上，可以采取多种提高工效的措施。例如，对岸也有卷筒钢丝，可以利用上述送丝轮在其返程中另带一钢丝套圈，从而在另一对编号为B、B′的靴跟之间进行编股。又如沿无端牵引绳设置两个送丝轮，两轮的间距为：当甲轮从此岸驶向彼岸时，乙轮正好从彼岸驶回，于是可以同时在C、C′和D、D′靴跟之间编制另两丝股。这就是“以四根丝股为一批”法。再者，对于送丝轮扣牢在牵引绳上的两个点而言，每点可以不只设一轮（如美国金门大桥在立缆架设时设置了四轮），而且每个送丝轮上的缠槽路也可以不只一条。

空中送丝法扩缆每一丝股内的钢丝根数为300～600根，将这种丝股配置成六角形或矩形并挤紧而成为圆形。它的施工必须设置脚手架（猫道）、配备送丝设备，还需有稳定送丝的配套措施。为使主缆各钢丝均匀受力，必须对钢丝长度和丝股长度分别进行调整，还应及时进行紧缆和缠缆。

2）预制索股法。用预制索股法架设主缆是1965年间在美国发展起来的，其目的是使空中架线工作简化。自用于1969年建成的纽波特桥以后使用逐渐广泛，我国汕头海湾大桥、虎门大桥、西陵大桥、江阴长江大桥都采用了这种方法。

预制股张束61丝、91丝或127丝，再多就太重了。两端嵌固热铸锚头，在工厂预制，先配置成六角形，然后挤紧成圆形。架设的过程同空中送线法一样，但在猫道之上要设置导向滚轮以支持绳股。

虎门大桥每束127丝，每丝直径5.2mm，每根主缆110束，采用门架式拽拉器牵引索股（见图4-43）。在猫道上设置若干个猫道门架安装门架导轮组，牵引索通过这些导轮组，牵引索上固接有拽拉器，通过主（副）牵引卷扬机的收（放）索或放（收）索，使牵引索带动拽拉器穿过导轮组作往复运动。索股前端与拽拉器相连，使得索股前端约30m长悬在空中运行，而索股后段则支承在导向滚轮上运。此方式也可用于空中送丝法。

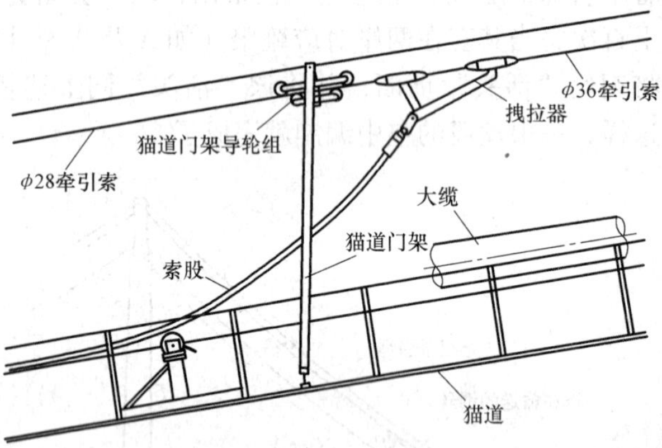

图4-43 门架式拽拉器牵引

3. 加劲梁架设

加劲梁架设的主要工具是缆载起重机。架设顺序可以主跨跨中开始，向桥塔方向逐段吊装；也可以从桥塔开始，向主跨跨中及边跨岸边前进。

以往加劲梁多用钢桁架，其架设方式也像钢桁架桥那样，从桥塔开始向主跨跨中和岸边逐段吊装。在每一梁段拼好以后，立即将其与对应的吊索相连，使其自重由吊索传给主缆。对于三跨悬索桥而言，一般需要四台缆载起重机，分别从两塔各向两个方向前进。边跨和主跨的跨径比各桥不同，为了使塔顶纵向位移尽可能小，对于当主跨拼成多段时，边跨应拼几段，应该进行推算。在历史上，因为推算速度跟不上施工需要，曾使用全桥的结构模型试验（如美国三藩市海湾桥）来决定较为合理的吊装次序。

从桥塔开始吊装的优点是施工比较方便，缺点是桥塔两侧的索夹首先夹紧，此时主缆形状与最终几何线形差别最大，因而主缆中的次应力较大。汕头海湾大桥就是采用这种方式，如图4-44所示。海湾大桥混凝土加劲箱梁主跨有73段，边跨各24段，首先将预制段从预制场纵、横移下海，用铁驳船浮运到主塔主缆下定位，用锚固在主缆索夹上的800kN缆载起重机垂直起吊安装。每安装一梁段之后，起重机向前移6m，锚固到下一对索夹上，为下一梁段的吊装准备。吊装时，采用四点吊装法。

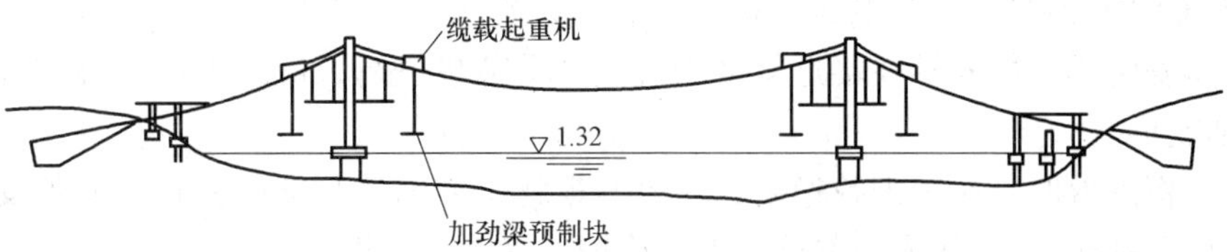

图4-44　汕头海湾大桥吊装示意图

当加劲梁的重力逐渐作用到主缆上，主缆将产生较大的位移，改变原来悬链线的形状，所以在吊装过程中上缘一般都顶紧而下缘张开，直至全部吊装完毕下缘才闭合。如果强制使下缘过早闭合，结构或其连接件有可能因强度不够而破坏。合理的做法应该是：在架设的开始阶段，使各梁段在上缘铰接，而使下缘张开。这些上缘铰接的梁段应具备整体以横向抗弯抵抗横向风荷载的能力。待到一部分梁段业已到位，主缆线形也比较接近最终线形时，再将这一部分梁段下缘强制闭合，当然必须通过施工控制确认此时闭合是结构和其连接件都能够承受的。

英国1966年建成的塞文桥的梁段吊装是从跨中开始，向桥塔方向前进。如果边跨较长，为避免塔顶产生过大的纵向位移，应从两岸向桥塔方向同时吊装边跨梁段。这种吊装次序的优点是：在架设桥塔附近的加劲梁段时，主缆线形已非常接近最终几何形状，此时将桥塔附近的索夹夹紧，主缆的永久性角位最小。虎门大桥（边跨无加劲梁）主跨39个梁段，其吊装次序就是先吊跨中段，再从跨中对称向两桥塔前进，直至全桥合龙。

4.6　桥面及附属工程施工技术

桥面系包括桥面铺装层、伸缩缝装置、桥面连续、泄水管、支座、桥面防水、桥面防护设施（防撞护栏或人行道栏杆、灯柱等）、桥头搭板等，是桥梁服务车辆、行人实现其功能的最直接部分，其施工质量不仅影响桥梁的外形美观而且关系到桥梁的使用寿命、行车安全及舒适性，因而必须引起重视。

4.6.1　支座安设

目前国内桥梁上使用较多的是橡胶支座，有板式橡胶支座、聚四氟乙烯板式橡胶支座和盆式橡胶支座三种。前两种用于反力较小的中小跨径桥梁，后一种用于反力较大的跨径桥梁。

1. 板式橡胶支座的安设

板式橡胶支座在安装前应进行全面检查和力学性能检验，包括支座长、宽、厚、硬度（邵氏）、允许荷载、允许最大温差及外观检查等。检查结果如不符合设计要求，不得使用。如设计未规定，其力学性能可参考下列数值：硬度 HRC = 55° ~ 60°；压缩弹性模量 $E=6\times10^2$MPa，允许压应力 $[\sigma]$ = 10MPa；剪切弹性模量 G = 1.5MPa，允许剪切角 tan$r$ = 0.2 ~ 0.3。支座安装时，支座中心尽可能对准梁的计算支点，必须使整个橡胶支座的承压面上受力均匀。为此，应注意下述几点：

1）安装前应将墩、台支座支垫处和梁底面清洗干净，去除油垢，用水胶比不大于 0.5 的 1∶3 水泥砂浆仔细抹平，使其顶面标高符合设计要求。

2）支座安装尽可能安排在接近年平均气温的季节里进行，以减少由于温差变化过大而引起的剪切变形。

3）梁、板安放时，必须细致稳妥，使梁、板就位准确且与支座密贴，勿使支座产生剪切变形；就位不准时，必须吊起重放，不得用撬杠移动梁、板。

4）当墩台两端标高不同，顺桥向或横桥向有坡度时，支座安装必须严格按设计规定办理。

5）支座周围应设排水坡，防止积水，并注意及时清除支座附近的尘土、油脂与污垢等。

2. 盆式橡胶支座的安设

盆式橡胶支座顶、底面积大，支座下埋设在桥墩顶的钢垫板面积也较大，浇筑墩顶混凝土时，必须采取特殊措施，使垫板下混凝土能浇筑密实。盆式橡胶支座的主要部分是聚四氟乙烯板与不锈钢板的滑动面，以及密封在钢盆内的橡胶垫块，两者都不能有污物和损伤，否则容易降低使用寿命，增大摩擦系数。盆式橡胶支座各部件的组装应满足的要求是：在支座底面和顶面（埋置于墩顶和梁底面）的钢垫板必须埋置密实，垫板与支座间平整密贴，支座四周探测不得有 0.3mm 以上的缝隙；支座中线、水平、位置偏差不大于 2mm；活动支座的聚四氟乙烯板和不锈钢板不得有刮伤、撞伤，氯丁橡胶板块密封在钢盆内，安装时应排除空气、保持密封；支座组拼要保持清洁。施工时应注意下列事项：

1）安装前应将支座的各相对滑移面和其他部分用丙酮或酒精擦拭干净。

2）支座的顶板和底板可用焊接或锚固螺栓连接在梁体底面和墩台顶面的预埋钢板上。采用焊接时，应防止烧坏混凝土，安装锚固螺栓时，其外露螺杆的高度不得大于螺母的厚度；上下支座安装顺序，宜先将上座板固定在大梁上，然后据其位置确定底盆在墩台的位置，最后予以固定。

3）安装支座的标高应符合设计要求，平面纵横两个方向应水平，支座承压 ≤5000kN 时，其四角高差不得大于 1mm；支座承压 >5000kN 时，不得大于 2mm。

4）安装固定支座时，其上下各个部件纵轴线必须对正；安装纵向活动支座时，上下各部件纵轴线必须对正，横轴线应根据安装时的温度与年平均的最高、最低温差，由计算确定其错位的距离。支座上下导向挡块必须平行，最大偏差的交叉角不得大于 5′。

另外，桥梁施工期间，混凝土将由于预应力和温差引起弹性压缩、徐变和伸缩而产生位移量，因此，要在安装活动支座时，对上下板预留偏移量，使桥梁建成后的支座位置能符合设计要求。

3. 其他支座安设

对于跨径较小（10m左右）的钢筋混凝土梁（板）桥，可采用油毡、石棉垫或铅板支座。安设这类支座时，应先检查墩台支承面的平整度和横向坡度是否符合设计要求，否则应修凿平整并以水泥砂浆抹平，再铺垫油毡、石棉垫或铅板。梁（板）就位后梁（板）与支承间不得有空隙和翘动现象，否则将发生局部应力集中，使梁（板）受损，也不利于梁（板）的伸缩与滑动。

4.6.2 伸缩缝装置及其安装

1. 伸缩缝的基本概念及其分类

伸缩缝是桥梁适应温度、混凝土徐变和收缩、荷载作用等使梁端产生变位的装置，应具有使各种车辆顺利通过、不漏水、安装和养护方便等功能。

在我国各地使用的伸缩缝种类繁多，按其材料可分为钢板和橡胶伸缩缝，按其缝的形式可分为有缝式和无缝式。

2. 伸缩缝装置的施工

在《公路工程质量检验评定标准》中，桥面的平整度是一个很重要的指标，而影响桥面平整度的重要部分之一则是桥梁的伸缩装置。如果由于施工程序不合理或施工不慎，在3m长度范围内，其标高与桥面铺装的标高有正负误差，将造成行车的不舒适，严重的则会造成跳车，这种现象在高等级公路上更为严重。在车辆跳跃的反复冲击下，将很快的导致桥梁伸缩装置的破坏。因此，遵照伸缩装置的施工程序并谨慎施工是桥梁伸缩装置成功的重要保证。伸缩缝装置的施工工艺流程如下：

（1）安装前的检查及准备工作

1）检查预留槽的尺寸、预埋锚固钢筋的尺寸和位置是否符合设计要求，否则必须做缺陷处理，特别是预留槽的宽度、深度，预埋筋的数量、规格、牢固程度等。

2）安装160mm及以上伸缩量的伸缩装置时，还应依照伸缩装置位移箱的位置，切断发生干涉的预埋钢筋，但不准齐根切断，以备将来搭焊。

3）伸缩装置上桥安装前，必须按安装时实际气温在工程师指导下调整组装定位空隙值，并由安装施工负责人检查后方可用专用卡具将其固定。

4）伸缩装置吊装就位前，应将预留槽内的混凝土凿毛，并吹扫干净。

（2）伸缩装置的就位

1）用起重机将伸缩装置起吊至预留槽内，吊装时应按照工厂表明的吊点位置起吊，必要时可做适当加强措施，以确保安全可靠。

2）安装时注意伸缩装置的纵中心线应与梁端预留槽伸缩缝预留间隙中心线相重合；其长度与桥宽度对正，然后穿放横向连接的水平钢筋，并将边梁垫起不得悬空。

（3）现场对接　较长的伸缩缝由于运输困难，制造商往往将一条伸缩装置做成两段，运到现场后再行拼接。

（4）伸缩装置的标高与固定

1）采用龙门吊架或横吊梁，沿桥宽横向每隔1.2m放置横吊梁，使伸缩装置上顶面密贴槽钢下面，校正到与已做好的沥青混凝土路面包括横坡、顺桥纵坡相吻合。

2）对伸缩装置的纵向直线度进行调整。

3）伸缩装置的标高与直线度调整符合设计要求后，即可进行临时固定。

4）临时固定后对伸缩装置的标高应再复测一遍，确认在临时固定过程中不出现任何变形、偏差后，将伸缩装置边梁上两侧的锚固板、锚固筋与预埋钢筋一次全部焊牢，如有困难，可先将一次焊牢，待达到已确定的安装气温时再将另一侧的锚固筋全部焊牢，随后再将水平钢筋与锚固钢筋焊牢。

5）伸缩装置焊接牢固后应尽快将出厂时用于先设定的门架或临时固定卡具去掉，使起自由伸缩，此时伸缩装置已产生效用。

（5）安装模板及浇筑混凝土

1）上述工序完成后，安装必要的模板，模板应做得牢固、严密，能经住混凝土捣固时不出现移动，并能防止砂浆流入位移控制箱内或流进梁端的缝隙，影响伸缩缝的功能。

2）按设计图样的要求，在预留槽内浇筑高强度等级混凝土。以往为加强混凝土强度时会再加一层钢筋网或钢纤维，但实践证明效果并不是很好，如今大多在施工缝中采取在混凝土中加入增强纤维，其主要成分为丙烯聚合物或共聚物，可以有效抑制混凝土在塑性期及硬化初期由于施工、养护期间混凝土的离析、泌水、收缩等因素而产生的原生裂缝，从而硬化后的混凝土结构性能得到显著的改善。

3）待伸缩装置两侧预留槽内混凝土强度满足设计要求后，方可开放交通。未达到要求的强度时，伸缩缝不得承受交通负荷，若必须通过车辆时，可做临时搭板。

伸缩缝的安装质量应符合表4-15规定。

表4-15 伸缩缝的安装质量标准

项目		规定值或允许偏差
长度/mm		符合设计要求
缝宽/mm		符合设计要求
与桥面高差/mm		2
纵坡（%）	一般	±0.5
	大型	±0.2
横向平整度/mm		3

注：缝宽应按安装是的气温折算。

4.6.3 桥面铺装层施工

桥面铺装层的作用是实现桥梁的整体化，使各片主梁共同受力，同时为行车提供平整舒适的行车道面。高等级公路及二、三级公路的桥面铺装层一般为两层，上层为4~10cm沥青混凝土，下层8~10cm钢筋混凝土。钢筋混凝土增加桥梁的整体性，沥青混凝土提高行车的舒适性，同时能减轻车辆对桥梁的冲击和振动。四级公路或个别三级公路为减少工程造价，直接采用水泥混凝土桥面，也有三级公路在水泥混凝土桥面上铺设一层沥青碎石或沥青表处，所以其结构形式应根据公路等级、交通量大小和荷载等级设计确定，现就钢筋混凝土和沥青混凝土铺装层分别介绍。

1. 钢筋混凝土桥面铺装层施工

（1）梁顶标高的测定和调整　预应力混凝土空心板或大梁在预制后存梁期间由于预应

力的作用，往往会产生反拱，如果反拱过大就会影响到桥面铺装层的施工，因此设计中对存梁时间、存梁方法都作出了要求。如果架梁前已发现反拱过大，则应采取降低墩顶标高、减少垫石厚度等方法，保证铺装层厚度。架梁后对梁顶标高进行测量，测定各跨中线、边线的跨中和墩顶处的标高，分析评价其是否满足规范要求，若偏差过大，则应采取调整桥面标高、改变引线纵坡等方法，以保证铺装层厚度，使桥梁上部结构形成整体。

（2）梁顶处理　为了使现浇混凝土铺装层与梁、板结合成整体，预制梁板时对其顶面进行拉毛处理，有些设计中要求梁顶每隔 50cm 设一条 1 ~ 1.5cm 深齿槽。浇筑前要用清水冲洗梁顶，不能留有灰尘、油渍、污渍等，并使板顶充分湿润。

（3）绑扎布设桥面钢筋网　按设计文件要求，下料制作钢筋网，用混凝土垫块将钢筋网垫起。满足钢筋设计位置及混凝土净保护层的要求，若为低等级公路桥梁，用铺装层厚度调整桥面横坡，横向分布钢筋要做相应弯折，与桥面横坡相一致。在两跨连接处，若为桥面连续，应同时布设桥面连续的构造钢筋，若为伸缩缝，要注意做好伸缩缝的预埋钢筋。

（4）混凝土浇筑　对板顶处理情况、钢筋网布设进行检查，满足设计和规范要求后，即可浇筑混凝土，若设计为防水混凝土，其配合比应满足规范要求。浇筑时由一端向另一端推进，连续施工，防止产生施工缝，用平板式振捣器振捣，确保振捣密实。施工结束后注意养护，高温季节应采用草帘覆盖，并定时洒水养生，在桥两端设置隔离设施，防止施工或地方车辆通行，影响混凝土强度。待混凝土强度形成后，方能开放交通或铺筑上层沥青混凝土。

2. 沥青混凝土面层施工

桥面沥青混凝土与同等级公路沥青混凝土路面的材料、工艺、施工方法相同，一般与路面同时施工。采用拌和厂集中拌和，现场机械摊铺，沥青材料及混合料的各项指标应符合设计和施工规范要求。沥青混合料每日应做抽提试验（包括马歇尔稳定度试验），严格控制各种矿料和沥青用量及各种材料和沥青混合料的加热温度，用胶轮压路机进行碾压成形，碾压温度要符合要求。摊铺后进行质量检测，强度和压实度要达到合格，厚度允许偏差 +10，-5mm，平整度对于高等级公路桥梁 IRI（m/km）不超过 2.5，均方差不超过 1.5mm，其他公路桥梁 IRI 值不超过 4.2m/km，均方差 σ 不超过 2.5mm，最大偏差值不超过 5mm，横坡不超过 ±0.3%。

注意铺装后桥面的泄水孔的进水口应略低于桥面面层，保证排水顺畅。

4.6.4　其他附属工程施工

桥面其他附属工程包括人行道、桥面防护（栏杆、防撞护栏）、泄水管、灯柱支座、桥面防水、桥头搭板等。高等级公路以及位于二、三级公路上的桥梁通常采用防撞护栏，而城市立交桥，城镇公路桥及低等级公路桥往往要考虑人群通行，设人行道。灯柱一般只在城镇内桥梁上设置。

1. 防撞护栏施工

边板（梁）预制时应在翼板上按设计位置预埋防撞护栏锚固钢筋，支设护栏模板时应先进行测量放样，确保位置准确。特别是位于曲线上的桥梁，应计算出护栏各控制点坐标，用全站仪逐点放样控制，使其满足曲线线形要求。绑扎钢筋时注意预埋防护钢管支撑钢板的固定螺栓，保证其牢固可靠。在有伸缩缝处，防撞护栏应断开，依据选用的伸缩缝形式，安装相应的伸缩装置。混凝土浇筑及养生与其他构件相同。

2. 人行道、栏杆施工

人行道、栏杆通常采用预制块件安装施工方法，有些桥的人行道采用整块预制，分中块和端块两种，若为斜交桥，则其端块还要做特殊设计。块件预制时要严格按照设计尺寸制模成形，保证强度。大部分桥梁人行道采用分构件预制法，一般分为挑梁 *A*、挑梁 *B*、路缘石、支撑梁、人行道板五部分，如图 4-45 所示。挑梁 *A*、*B*，人行道板为预制构件，路缘石和支撑梁采用现浇施工。注意挑梁 *A* 上要留有槽口，保证立柱的安装固定。栏杆的造型多种多样，一般由立柱、扶手、栅栏等几部分组成，均为预制拼装。施工时应注意以下几点：

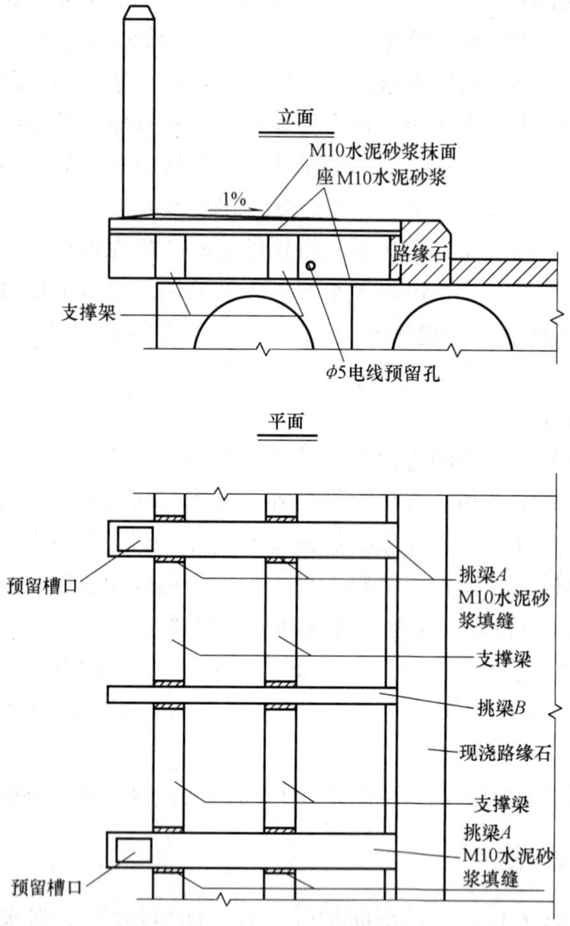

图 4-45　分构件预制人行道构造图

1）悬臂式安全带和悬臂式人行道构件必须与主梁横向连接或拱上建筑完成后才可安装。

2）安全带梁及人行道梁必须安放在未凝固的 M20 稠水泥砂浆上，并以此来形成人行道顶面设计的横向排水坡。

3）人行道板必须在人行道梁锚固后才可铺设，对设计无锚固的人行道梁，人行道板的铺设应按照由里向外的次序。

4）栏杆块件必须在人行道板铺设完毕后才可安装，安装栏杆柱时，必须全桥对直、校平（弯桥、坡桥要求平顺）、竖直后用水泥砂浆填缝固定。

5）在安装有锚固的人行道梁时，应对焊接认真检查，注意施工安全。

6）为减少路缘石与桥面铺装层中渗水，缘石宜采用现浇混凝土，使其与桥面铺装的底层混凝土结为整体。

3. 灯柱安装

灯柱通常只在城镇设有人行道的桥梁上设置，灯柱的设置位置有两种：一种是设在人行道上；另一种是设在栏杆立柱上。

第一种布设较为简单，在人行道下布埋管线，按设计位置预设灯柱基座，在基座上安装灯柱、灯饰，连接好线路即可。这种布设方法大方、美观、灯光效果好，适合于人行道较宽（大于1m）的情况。但灯柱会减小人行道的宽度，影响行人通过，且要求灯柱布置稍高一些，不能影响行车净空。

第二种布设稍麻烦一些，电线在人行道下预埋后，还要在立柱内布设线管通至顶部，因立柱既要承受栏杆上传来的荷载，又要承受灯柱的重力，因此带灯柱的立柱要特殊设计和制作。在立柱顶部还要预设灯柱基座，保证其连接牢固。这种情况一般只适用于安置单火灯柱，灯柱顶部可向桥面内侧弯曲延伸一部分，以保证照明效果。该布置法的优点是灯柱不占人行道空间，桥面开阔，但施工、维修较为困难。

规范要求桥上灯柱应按设计位置安装，必须牢固、线条顺直、整齐美观，灯柱电路必须安全可靠。大型桥梁须配置照明控制配电箱，固定在桥头附近安全场所。

检查验收标准：灯柱顺桥向位置偏差不能超过100mm，横桥方向偏差不能超过20mm，竖直度，顺桥向、横桥向均不能超过10mm。

复习思考题

1. 试述基坑排水有哪些方法？
2. 简述钻孔施工的方法。
3. 简述预应力混凝土梁桥的施工过程。
4. 试述悬臂施工有哪些特点？
5. 简述斜拉桥施工过程。
6. 简述悬索桥施工过程。
7. 试述桥梁附属设施有哪些内容？

第5章 公路沿线设施施工技术

5.1 概述

高等级公路与普通公路比较，除线形好、标准高外，更主要的是具有完善的交通工程设施，根据这些交通工程设施的功能不同，主要分成三种：交通安全设施（如护栏，隔离、防眩、视线诱导设施，道路标志、标线等）、管理设施（监控、收费、通信、配电照明等设施）、服务设施（服务区、加油站、公共汽车停靠站等）。这些交通工程设施是保证专用公路安全、高效运行的必要条件。若交通工程设施与道路不配套，即使道路本身的标准再高，也难以达到安全、快速、舒适、经济的效果。因此，交通工程设施是汽车专用公路建设中的一个主要组成部分。国外修建高等级公路时，该项投资比例一般达到总投资的10%～15%，一些发达国家甚至更高。国内近几年高等级公路修建经验也说明，它为道路使用者提供了快速、舒适、经济的行车环境，提高了服务水平，减少了交通事故，降低了事故的严重度，对发挥高等级公路的作用具有重要意义。

由于交通量大、车速高，高等级公路比普通公路将产生更严重的污染和噪声等问题，甚至还会破坏生态平衡。随着我国高等级公路的迅速发展，公路绿化及环境保护的问题也越来越突出，越来越受到人们的重视。

在各类交通工程设施中，公路交通安全设施对于保障行车安全、减轻潜在事故程度，起着重要作用。公路工程的安全设施包括：护栏、交通标志、标线、防眩设施、隔离栅、轮廓标和活动护栏等。它们为公路使用者提供各种警告、禁令、指示、指路信息和视线诱导；排除干扰；提供路侧保护，减轻潜在事故的严重程度；防止眩光对驾驶员视觉性能的伤害。因此，各国对交通安全设施的开发研究非常重视。

随着我国公路建设的蓬勃发展，汽车保有量的快速增长，对公路沿线设施的要求也进一步提高。新技术、新材料、新工艺的运用和发展，也将使公路沿线设施更加完善。

由于公路沿线设施种类繁多，涉及面广，施工工艺上各具特点，需要多个部门的分工合作。在实施过程中应结合主线工程的施工安排，精心编制施工组织计划，科学安排，统筹兼顾，严格遵守施工规范、规程和制度，采用先进技术，保证施工质量。

5.2 公路护栏施工技术

5.2.1 护栏的分类

1. 按护栏的刚度分类

(1) 刚性护栏　它是一种基本不变形的护栏结构。混凝土护栏是刚性护栏的主要代表形式，它是一种以一定形状的混凝土块相互连接而成的墙式结构。它利用与失控车辆碰撞并使其爬高、转向来吸收碰撞能量。

刚性护栏主要设置在需严格阻止车辆越出路外，以免引起二次事故的路段。刚性护栏在碰撞时不变形，几乎不会被损坏，维修费用低，但当车辆与护栏的碰撞角较大时，对车辆和乘员的伤害大。并且该护栏在寒冷地区使用容易积雪。

（2）半刚性护栏　它是一种连续的梁柱式护栏结构，具有一定的刚性和柔性。波形梁护栏是半刚性护栏的主要代表形式，它是一种以波纹状钢护栏板相互拼接并由立柱支撑而组成的连续结构。它利用土基、立柱、波形栏板的变形来吸收碰撞能量，并迫使失控车辆改变方向。

半刚性护栏主要设置在需要着重保护乘员安全的路段。此类护栏刚柔并济，具有较强的吸收碰撞能量的能力，具有较好的视线诱导功能，外形美观，损坏处易更换。

（3）柔性护栏　它是一种具有较大缓冲能力的柔性护栏结构。缆索护栏是柔性护栏的主要代表形式，它是一种以数根施加初张力的缆索固定在立柱上而组成的结构。它主要依靠缆索的拉应力来抵抗车辆的碰撞，吸收碰撞能量。

缆索护栏属柔性结构，车辆碰撞时缆索在弹性范围内工作，可以重复使用，容易修复。但它的视线诱导性较差，施工较复杂，端部立柱损坏修理困难。一般在风景区公路采用缆索护栏较为美观。

2. 按位置分类

（1）路侧护栏　它是指设置在公路路肩（或边坡）上的护栏，用于防止失控车辆越出路外，碰撞路边障碍物和其他设施。路侧护栏一般设置在有可能发生严重事故的路段。

（2）中央分隔带护栏　它是指设置在公路中央分隔带内的护栏。目的是防止失控车辆穿越中央分隔带闯入对向车道，并保护中央分隔带内的构造物。它包括固定护栏和活动护栏。活动护栏是指设置在中央分隔带开口处的、能够移动的护栏，以便事故处理，车辆、急救抢险车辆紧急通过。

（3）桥梁护栏　它是指设置在桥梁上的护栏，目的是防止失控车辆越出桥外，保护行人和非机动车辆。

（4）过渡段护栏　它是指在不同护栏断面结构形式之间平滑连接并进行刚度过渡的结构段。

（5）端部护栏　它是指在护栏开始端或结束处设置的专门结构。

（6）防撞垫　它是通过吸能系统使正面、侧面碰撞的车辆平稳地停住或改变行驶方向，一般设置在互通立交出口三角区、未保护的桥墩、结构支撑柱和护栏端头。

5.2.2　波形梁护栏

波形梁护栏由波形护栏板、立柱、托架、防阻块、横梁等构件组成。根据护栏不同的防撞等级，波形护栏板可选用二波形护栏板或三波形护栏板；立柱可选用圆形钢管或方形钢管。

1. 构造要求

（1）横断布设

1）路侧波形梁护栏　路侧波形梁护栏的横断布设，不应使护栏面侵入公路建筑限界以内，并不得使护栏立柱外侧的侧向土压力明显减少，护栏面可与土路肩左侧边缘线或路缘石左侧立面重合，立柱外侧土路肩保护层厚度不应小于25cm。路侧波形梁护栏的典型横断布设如图5-1所示。

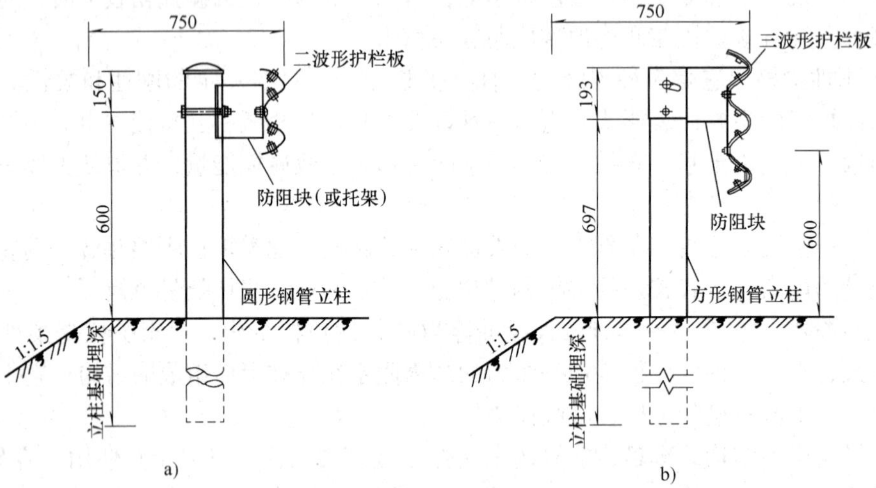

图5-1 路侧波形梁护栏的典型横断面布设
a）二波形护栏（防撞等级较低时） b）三波形护栏（防撞等级较高时）

2）中央分隔带分波形梁护栏 设置在中央分隔带的波形梁护栏宜以公路中心线为轴对称设置，其按构造可分为分设型和组合型两种。分设型护栏适合于中央分隔带宽度大于等于2m，中央分隔带内的构造物较多，并在中央分隔带下埋有管线的路段。组合型护栏适合于中央分隔带宽度小于2m，中央分隔带内构造物不多或埋设管线较少的路段。

中央分隔带按分设型布设时，不宜使护栏面侵入到公路建筑限界以内。若分设型护栏设置在有路缘石的中央分隔带内，波形梁护栏应有防阻块。分设型护栏的典型横断面布设如图5-2所示。

组合型波形梁护栏由立柱、横隔梁、波形梁和紧固件组成，其典型构造如图5-3所示。立柱可采用圆形或槽形等型钢制造，横隔梁由两根槽钢组成，分别安装在立柱两边，两端分别与波形栏板相连。两边波形梁的最大组合宽度为100cm，也可根据中央分隔带的宽度做适当调整。

（2）端头处理

1）路侧波形梁护栏的起讫点应进行端头处理，端头形式可采用圆头式或地锚式。圆头式制造安装方便，在碰撞角度小的情况下有较好的导向功能，其典型构造如图5-4所示。但如果失控车辆与端头正面相碰，有可能发生护栏穿透车厢的事故。地锚式端头通过斜角梁逐渐伸向地面，在端部用混凝土基础锚固。地锚式端头在失控车辆正面碰撞时，车辆会沿斜置波形梁爬上而吸能。侧面碰撞时，同样具有较好的导向功能。地锚式端头典型构造如图5-5所示。

2）中央分隔带分波形梁护栏设置在中央分隔带起讫点及开口处的护栏应进行端头处理，否则受到失控车辆撞击时，有可能导致护栏端梁穿刺车体造成重大伤亡事故。针对分设型和组合型两种不同形式的中央分隔带波形梁护栏，其端头处理也采用不同的两种形式。

分设型波形梁护栏，其端头应与中央分隔带线形相一致。在一定长度范围内，波形梁护

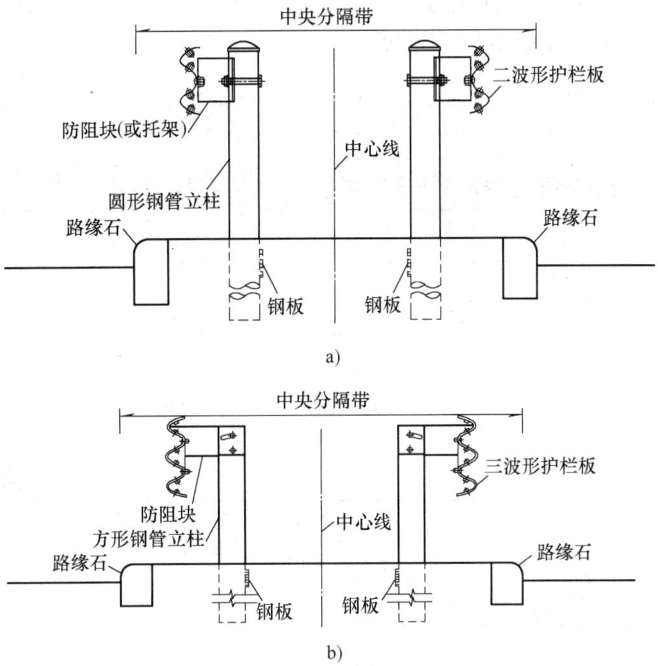

图 5-2　分设型护栏的典型横断面布设图
a）二波形护栏（防撞等级较低时）　b）三波形护栏（防撞等级较高时）

栏从两条平行线逐渐按一定比例往分隔带内缩窄，一般呈抛物线形，立柱间距为 2m，圆端头的半径应与分隔带开口处的线形相一致，一般为 25cm。分设型波形梁护栏的端头典型构造如图 5-6 所示。

标准路段采用组合型波形梁护栏时，可以采用圆形端头开始或结束。组合型护栏的端头典型构造如图 5-7 所示。

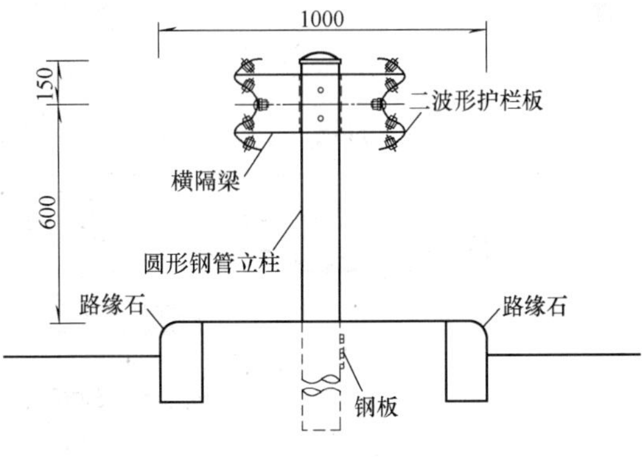

图 5-3　组合型波形梁护栏构造图

3）交通分流处三角地带护栏。高速公路、一级公路互通式立体交叉匝道进出口及服务区、停车区进出口处的三角地带，属危险三角区，应该设置专门设计的护栏。该处的护栏构造应与路侧波形梁护栏相一致，并应根据三角地带的线形和地形进行布设。在布设时，靠高速公路、一级公路主线一侧的 8m 范围内，和靠匝道一侧的 8m 范围内，立柱间距应加密一倍，三角区的顶端用圆形端头把两侧护栏连接起来，其布设如图 5-8 所示。在迎交通流方向的危险三角区范围内应设置缓冲设施，如防撞筒等，这样可有效地吸收碰撞能量，降低正面碰撞车辆速度。侧面碰撞时，能改变车辆碰撞角度，导向正确方向。

4）紧急电话处和隧道出入口处端头处理。路侧设有紧急电话处，为方便事故求救者使用紧急电话，尤其对伤重者，护栏必须留有开口并进行端头处理。但是开口处应位于行车方向下游距紧急电话 1 ~ 2m 处，避免直接对着紧急电话，以保护紧急电话及其使用者避免直接受到行驶车辆的碰撞，降低事故严重度。

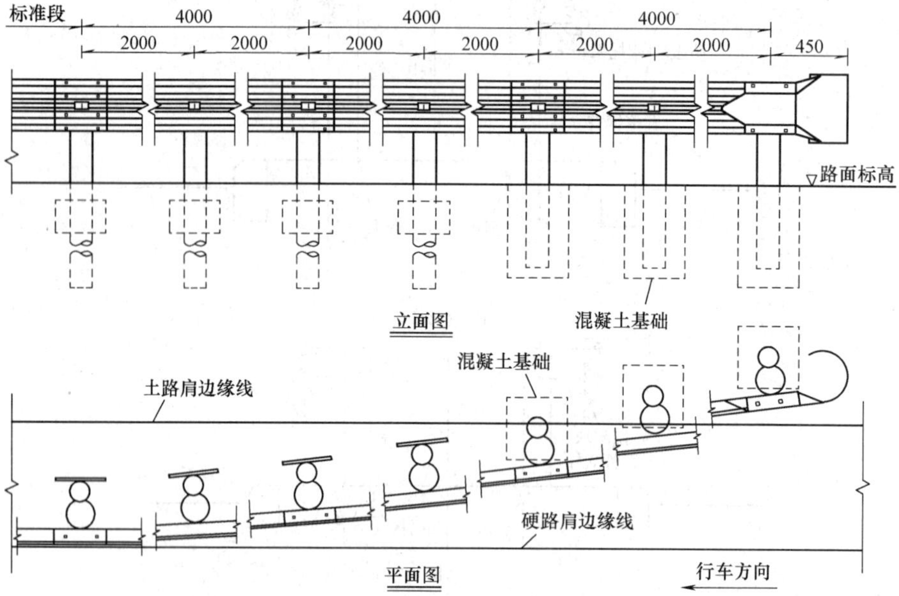

图 5-4 圆头式端头典型构造图

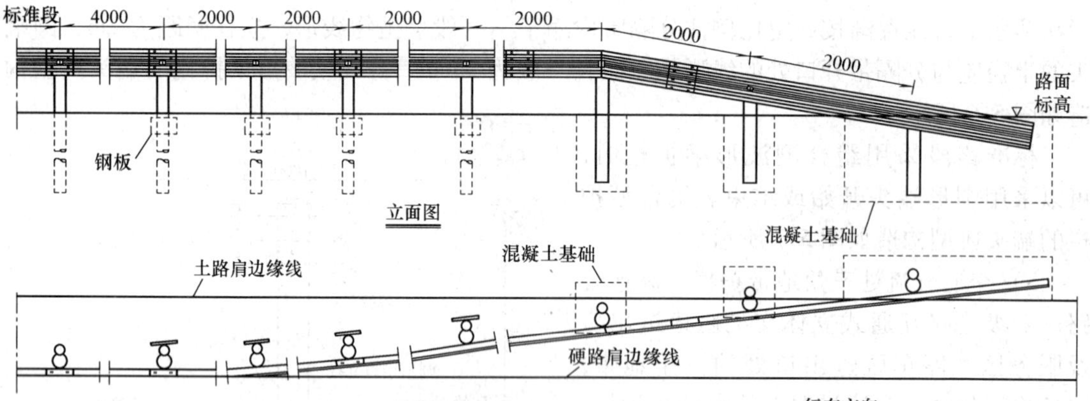

图 5-5 地锚式端头典型构造图

隧道出入口处，由于隧道内、外路面宽度、亮度等差别较大，往往成为事故多发地点，因此对隧道出入口处的护栏进行适当的端部处理十分必要。隧道入口处的路侧波形梁护栏宜以抛物线形向洞口壁延伸，并设置满足隧道建筑限界要求的圆形端头。如条件允许，在隧道入口侧还应设置防撞缓冲设施。隧道出口处的路侧波形梁护栏可采用与隧道壁搭接的方式，端部护栏板应进行斜面焊接处理。

2. 施工

（1）一般要求

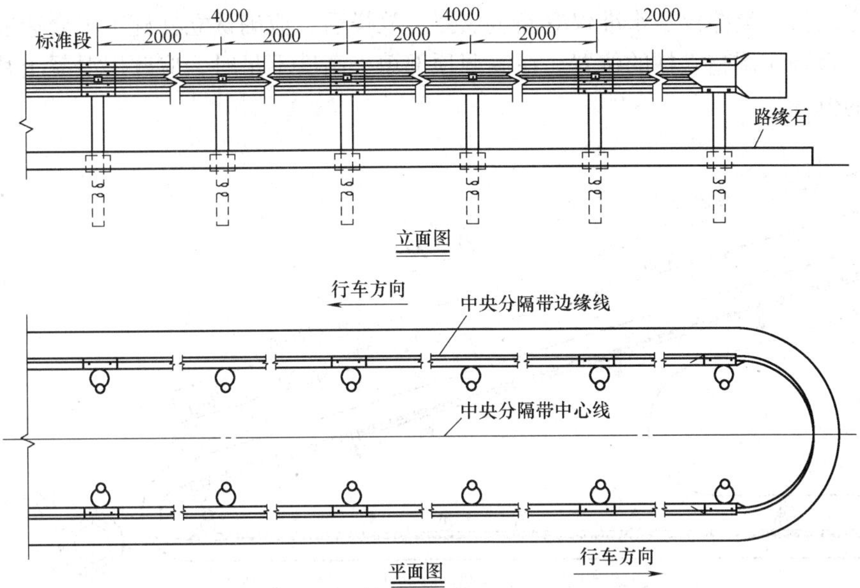

图 5-6　分设型波形梁护栏的端头典型构造图

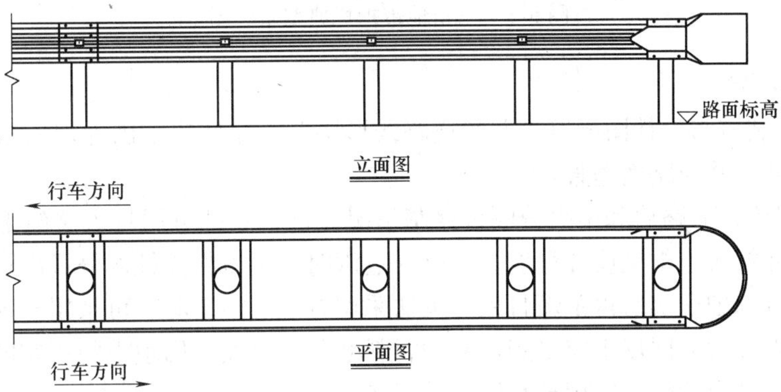

图 5-7　组合型护栏的端头典型构造图

1）护栏施工一般在路面施工完成后进行，但在施工前应预先做好施工组织设计及施工准备。护栏施工常用工具有打桩机、开挖工具、夯实工具、钳子、榔头及全站仪、经纬仪、水准仪、卷尺等测量工具。

2）在立交桥、小桥、通道和涵洞等设施顶部遇有护栏立柱时，应在这些设施施工时准确设置预埋件。

3）护栏施工时，应准确掌握各种设施的资料，特别是埋设在路基中的各种管道、电缆的位置。在施工过程中要谨慎操作，不允许对地下设施造成任何损坏。

（2）立柱放样　立柱放样应以公路固定设施如桥梁、通道、涵洞、隧道、中央分隔带开口、紧急电话开口、互通立交等为主要控制点（即控制立柱的位置）。应在两控制点之间量距，如出现零头数，可通过合适的调整段调整。立柱间距可能有不大于 250mm 的间距零头数，可通过分配法将其调整至多根立柱间距中。准确放样和保证护栏的线形，在条件允许时可使用全站仪、经纬仪、水准仪等测量仪器。放样后，应确认立柱施工不会造成对地下设施的损坏，否则应调整立柱的位置。在涵洞顶部填土高度不足时，应改用混凝土基础，或调整该立柱的位置。

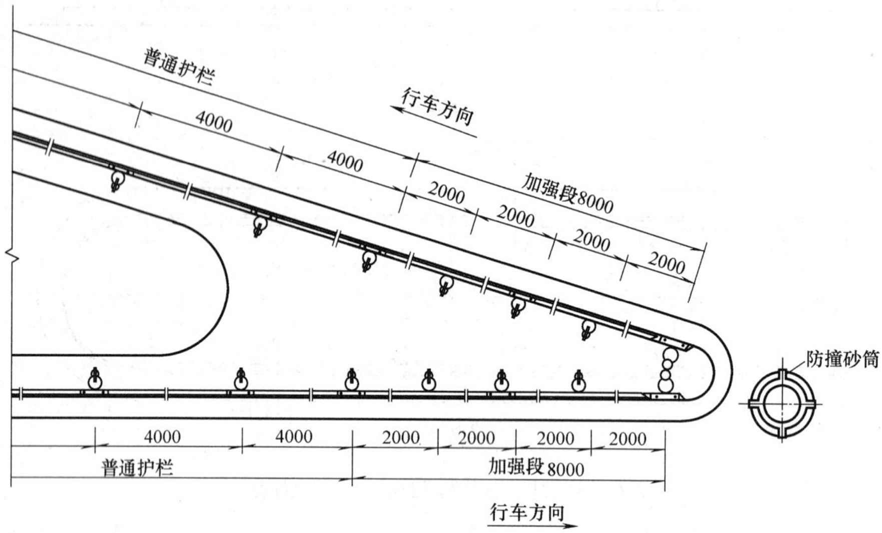

图 5-8　三角地带护栏典型布设图

（3）立柱安装

1）立柱安装应与设计图相符，并与道路线形协调。立柱应牢固地埋入土中，埋入深度应达到设计深度，并与路面垂直。

2）一般路段，如路肩和中央分隔带路基情况允许，立柱可用打入法施工。施工时应精确定位，将立柱打入土中至设计深度。当打入过深时，不得将立柱部分拔出加以矫正，须将其全部拔出，待基础压实后再重新打入。无法采用打入法施工时，可采用开挖法或钻孔法埋设立柱。埋设立柱时，回填土应采用良好的材料并分层夯实，回填土的压实度不应小于设计规定值。填石路基中的柱坑应用粒料回填并夯实。

3）在铺有路面的路段设置立柱时，柱坑从路基至面层下5cm采用与路基相同的材料回填并分层夯实，余下部分采用与路面相同材料回填并夯实。

4）位于石方区的立柱，应根据设计文件的要求设置混凝土基础。

5）护栏立柱设置在小桥、通道、明涵等构造物中时，应在构造物施工时做好混凝土基础。采用预留孔基础时，应先清除孔内杂物，排出孔内积水。将液态沥青在孔底刷涂一遍，放入立柱，控制好高程，即可在立柱周围灌注砂浆或混凝土。在灌注时一定要保持立柱的正确位置和垂直度。灌注完毕并捣实后，可用沥青封口，以防止雨水漏入孔内。采用法兰盘基础时，应把定位法兰盘和地脚螺栓、螺母清理干净，安装立柱时应控制立柱的方向和高程，调整其位置，经检查合格后方可拧紧法兰盘地脚螺栓。如采用可抽换式基础时，承座器应固定在构造物中，安装时把立柱插入其中，调整好高度，即可把迫紧器与承座器的连接螺栓拧紧，立柱即被锁固。

6）考虑到护栏结构对景观及对驾驶员的视线诱导的影响，立柱就位后其水平方向和竖直方向应形成平顺的线形。

7）渐变段及端部是护栏施工中需重点注意的部位。施工中要严格控制其立柱位置，按照设计规定的坐标进行安装。

（4）防阻块、托架、横隔梁安装

1）防阻块能防止立柱阻绊车轮，避免护栏局部受力，减小碰撞时车辆的加速度。托架适用于路肩较窄或护栏设置防阻块受限的情况。在安装时，应保证其准确就位。在调整好立柱后，即可安装防阻块，最后安装波形梁板并进行统一调整。

2）设有横隔梁的护栏，把梁与横隔梁连为一体成为组合型护栏。横隔梁应平行于路面（即垂直于立柱）安装。在安装波形梁板之前不应拧紧横隔梁与立柱的连接螺栓，否则不易进行总体调节。

（5）横梁安装

1）波形梁通过拼接螺栓相互连成纵向横梁，并由连接螺栓固定在立柱或横梁上。波形梁护栏板的搭接方向是安装的关键，搭接方向应与行车方向一致，如图5-9所示。如搭接方向相反，即使是轻微的擦碰，也会造成较大的损失。为保证护栏板通过搭接形成牢固的纵向整体模梁，拼接螺栓必须采用高强度螺栓。

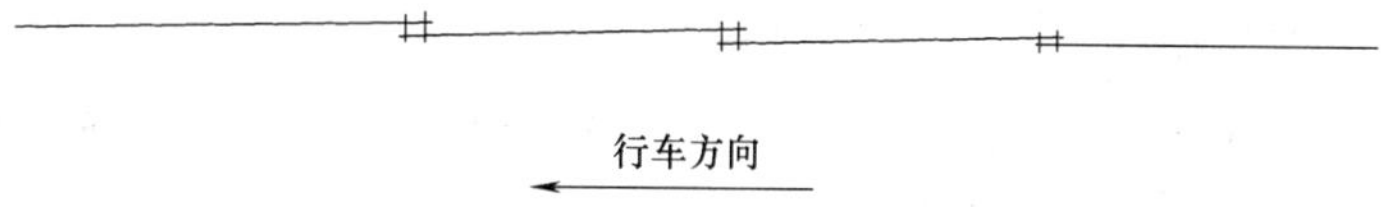

图5-9 波形梁搭接方向示意图

2）如经调节后出现不规则的立柱间距时，可利用设计文件中的调节板加以调节，考虑到强度和防腐的因素，不得采用现场切割护栏板的方法。

3）波形梁护栏板在安装过程中需不断进行调整，因此，不应过早拧紧其连接螺栓和拼接螺栓，否则将无法发挥板上长圆孔的调节作用。待调节完成后，需按规定拧紧力矩拧紧拼接螺栓。调整后的波形梁应形成平顺的线形，避免局部凹凸。

（6）端头安装　中央分隔带护栏的端头梁与两侧梁相连，端头附近的立柱应按设计文件的要求进行加强处理。路侧护栏的端部结构由端柱、端头梁、混凝土基础等组成。在端部基础混凝土达到设计强度70%后，方可安装端部结构。如因土基压实度不足等原因需要对局部结构进一步加强时，经论证，可根据设计文件的要求在端头梁附近设置钢丝绳锚固件。

5.2.3 缆索护栏

缆索护栏是柔性护栏的主要代表形式，一般情况下适用于公路路侧，4.5m以下宽度的中央分隔带不宜设置缆索护栏。路侧缆索护栏的防撞等级分为A级和B级两类。缆索护栏由端部结构、中间端部结构、中间立柱、托架、缆索和索端锚具等组成。缆索护栏的装配如图5-10所示。

1. 构造要求

（1）缆索和索端锚具构造　考虑到车辆碰撞缆索时产生的最大位移应满足规定值（110cm），缆索采用具有较高强度和抗腐性能优良的镀锌钢丝制造，构造为3×7右拧，外径由于强度的需要可采用18mm，如图5-11所示。3×7表示每根缆索有3股，每股由7根单丝组成，缆索的外径指的是横断面的外接圆直径。A 级护栏采用 6 根缆索，B 级护栏采用 5 根缆索。A 级和 B 级缆索的初张力采用 20kN。

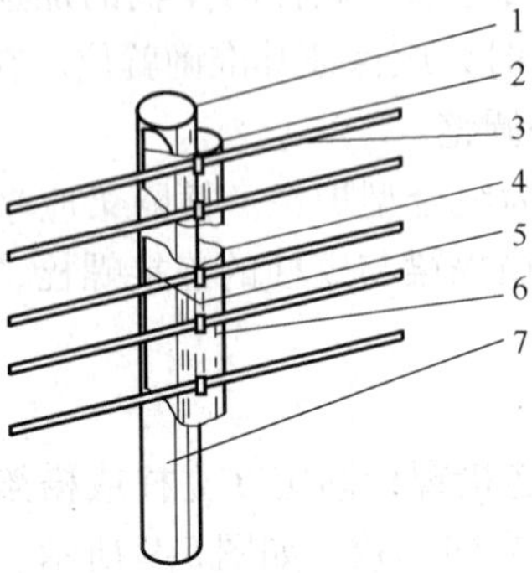

图 5-10 缆索护栏在中间立柱上装配示意图

1—柱帽 2—上支承架 3—缆索 4—下支承架 5—固定支承架位置的螺孔 6—固定缆索部件 7—立柱

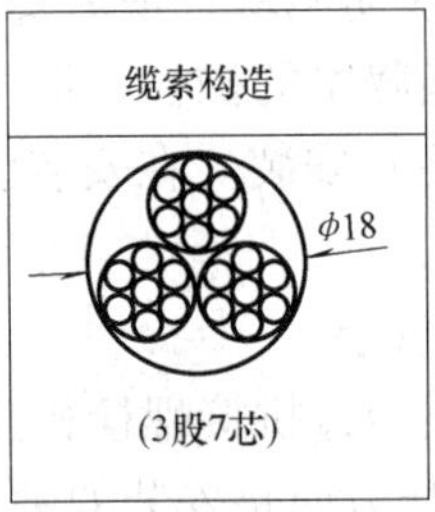

图 5-11 缆索构造示意图

索端锚具是缆索与端部立柱（或中间端部立柱）连接的部件，包括锚头、拉杆、紧固件等。首先应把缆索在锚头中固定，采用的方法有铸入合金法和打入楔子法，可根据施工条件选择采用。然后，可用拉杆螺栓固定在立柱上。

（2）立柱构造

1）端部结构。缆索护栏的端部结构，是承受缆索张拉力和失控车辆碰撞力的主要结构，由三角形支架、底板和混凝土基础组成。缆索护栏的端部结构如图 5-12 所示。

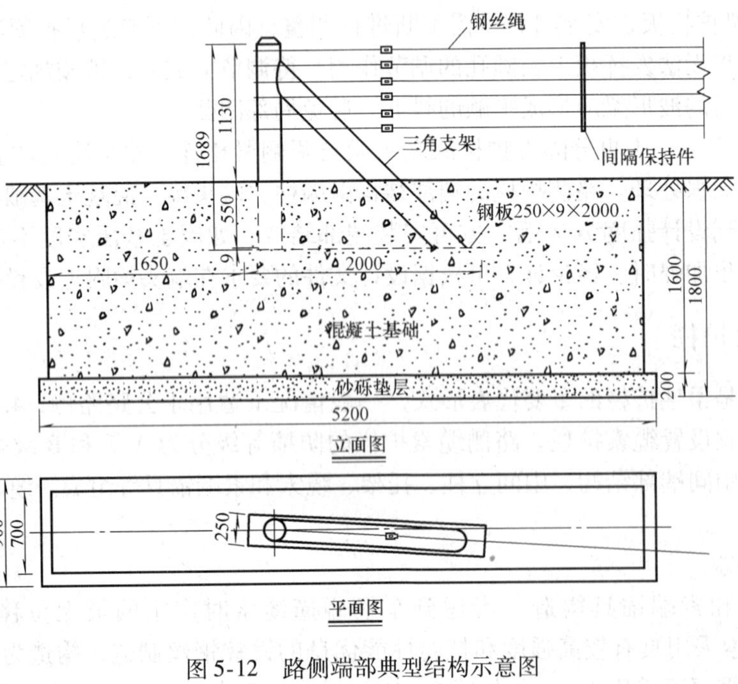

图 5-12 路侧端部典型结构示意图

端部结构可采用埋入式和装配式两类。埋入式端部结构是与混凝土基础连成一体的，端部立柱的埋入深度根据不同的类别为400~500mm不等。三角形支架的斜立柱与地面成45°，底部焊接一块钢板，一方面可以使三角形支架构成稳定的框架，另一方面通过底部的钢板可以大大增加与基础混凝土的黏结力，通过钢板也易于控制各部分的标高。装配式端部结构通过预埋件与混凝土基础连成一体，端部结构的预埋件因不同的结构、不同的类别而有差别。B级三角形支架采用6根ϕ28mm×600mm预埋地脚螺栓，6根地脚螺栓与钢板、角钢焊接成框架，一方面定位地脚螺栓的位置，另一方面可以加强与混凝土的黏结强度。考虑到施工的方便性和实际使用效果，一般推荐使用埋入式端部结构。

端部结构安装在缆索护栏起讫点位置。为了保证缆索的初张力和简化安装施工时的张拉设备，维持一定的缆索水平度，防止挠度的产生，同时也为方便维修养护，一般把缆索安装长度定为300~500m，也就是说每根缆索长度不超过500m。

2）中间端部立柱。缆索护栏的安装长度受缆索搬运、施工、维修等的限制，机械施工时缆索长度可达500m，人工施工时长度则以300m为限，当护栏的安装长度超过此范围时，应采用中间端部结构。

缆索护栏的中间端部结构由一对三角形支架、底板和混凝土基础组成。缆索护栏中间端部典型构造如图5-13所示。

中间端部结构为三角形，需要成对安装。也就是说，从缆索护栏的起点设置端部结构开始，通过中间立柱把缆索一跨一跨地延伸出去，直到缆索长度的另一端设置中间端部结构。由于缆索护栏的长度还要继续延伸出去，作为另一根缆索护栏的起点（即一对中间端部结构中的另一个）则需退12~21m（三跨）再设置。这样，两段缆索护栏通过中间端部结构形成交替，在两个中间端部结构之间设置2根中间立柱。弓形中间端部结构适用于保护非机动车和行人的缆索护栏，不需要成对地安装。也就是说，可以通过一个弓形中间端部结构把两段缆索护栏连接起来。因此，中间端部结构可以作为护栏长度延伸的中间过渡结构，一旦设置后，其作用实际和端部立柱一样要承受缆索初拉力和失控车辆的冲击力，因此，保证其强度和稳定性也是非常重要的。

3）中间立柱。中间立柱一般采用焊接钢管，A级和B级承受的冲击力较大，钢管外径为140mm。埋入土中或埋入混凝土中的立柱，因其埋设条件不同而应有不同的深度。路侧缆索护栏埋入土中的立柱由于与路边缘的距离较近，边坡附近的土压力较小，为保证缆索护栏的强度，应保证达到165cm的埋置深度。在通过小桥、涵洞、通道等无法打入的地点，下面有地下管线的地点或不能达到要求的埋置深度的地点，可以把中间立柱置于混凝土基础中。立柱埋置在混凝土中时，考虑到混凝土结构物对立柱的锁结作用，埋置深度一般为40cm。护栏中间立柱的构造如图5-14所示。

立柱上安装的托架是通过贯通孔用螺栓定位，最上端的孔位须距柱上端50mm。路侧护栏立柱的最大间距为7m，当设置在混凝土中时，其最大间距为4m。中间立柱在曲线部分设置时，为保证缆索的圆滑过渡，确保曲线段护栏发挥正常的功能，必须考虑适当减小立柱间隔。

（3）护栏托架　缆索护栏的托架根据不同的防撞等级而采用不同的组合。B级采用Ⅰ号和Ⅱ号托架，A级采用Ⅲ号和Ⅱ号托架，以保证规定的缆索间隔和缆索护栏的功能要求。路侧缆索护栏托架为圆筒状，用螺栓固定在立柱上。托架的作用首先是固定住缆索的位

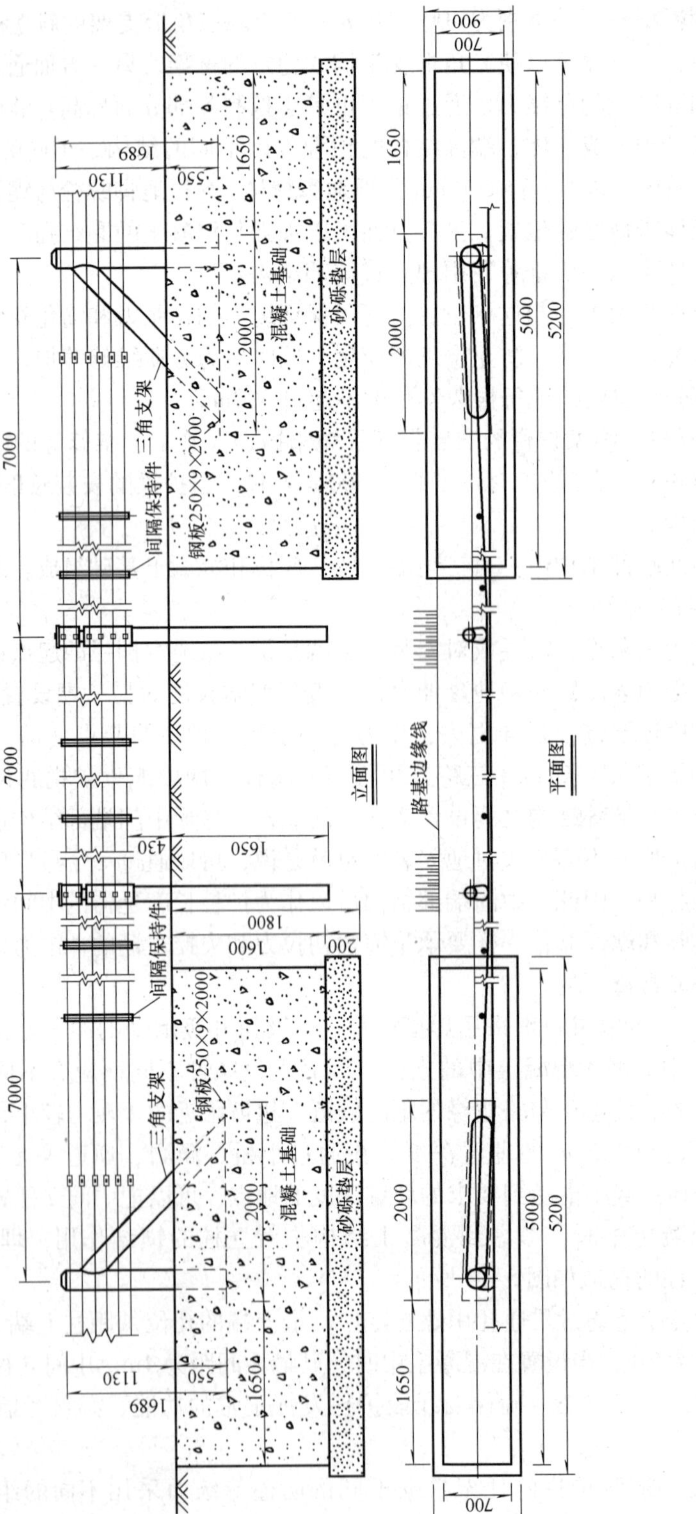

图5-13 缆索护栏中间端部典型构造示意图

置，其次就是能把缆索从立柱面横向悬出一定距离，防止碰撞车辆在立柱处受绊阻，一般立柱至缆索外边的距离为 110mm。缆索护栏托架组成如图 5-15、图 5-16 所示。

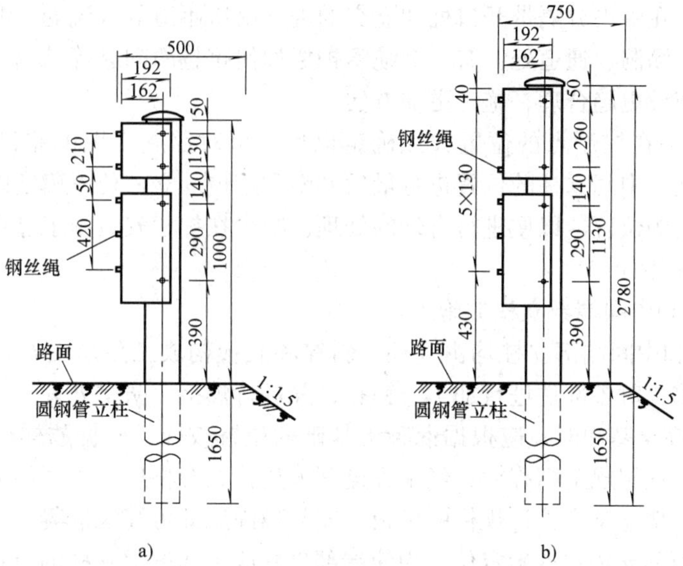

图 5-14　护栏中间立柱构造示意图

a）B 级缆索护栏中间立柱　b）A 级缆索护栏中间立柱

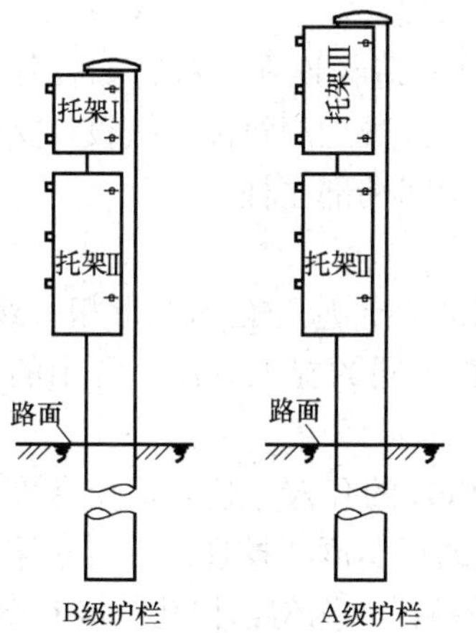

图 5-15　托架组合和编号

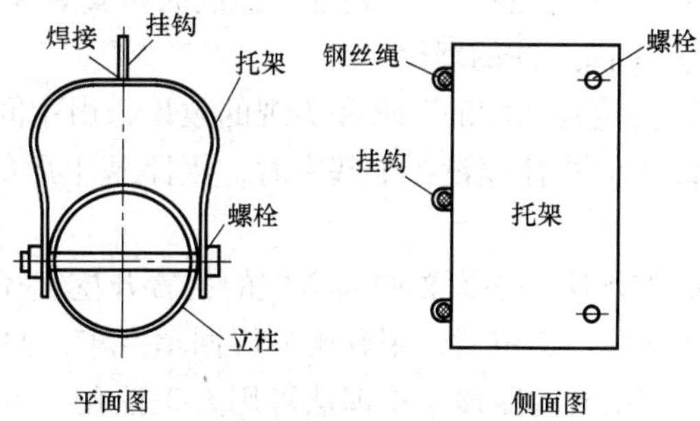

图 5-16　托架平面和侧面图

2. 施工

（1）一般要求　缆索护栏的安装施工，一般应在路面施工完成以后才准许开始，以便控制护栏标高和保证立柱周围土基础的密实度。端部立柱和中间端部立柱的混凝土基础，在不影响路面施工的情况下，也可先行浇筑混凝土。施工前的各项准备工作，除了各种材料（钢丝绳、立柱、托架，索端锚具）的准备，各种施工工具（钢丝绳切断器、张紧设备、锚固工具打桩机、测量用具、钳子、锤子、扳手、铁锹、镐等）的准备外，还应详细研究有关施工图、工程地质、气象资料和地下管线或建筑物竣工图等技术资料。

(2) 施工放样

1) 确定控制点。在放样前确定控制点是非常重要的。缆索护栏是沿道路设置的连接性结构，与道路上的各种构造物应该很好的协调配合。在大中桥的桥头，缆索护栏与桥梁护栏有一个过渡问题；在中央分隔带开口处和立交的进、出口匝道的合流处，缆索护栏有端头处理问题；在小桥、涵洞、通道处，有一个缆索护栏如何跨越的问题等。选择控制点的目的就是为了使护栏的布设更趋合理，施工更加方便。

2) 立柱定位。在控制点的位置大致确定以后，可对照施工图的布设设计，对端部立柱、中间端部立柱、中间立柱的位置进行最后调整和定位。立柱位置确定以后，应详细了解地下管线、构造物的位置，以便进行合理的处理，减少在护栏安装施工过程中的损失。

(3) 立柱的施工

1) 端部立柱和中间端部立柱的施工。

① 端部立柱和中间端部立柱均由立柱、斜撑和底板构成三角形支架。在安装之前，应按设计文件的要求，对各部件进行加工、钻孔，并进行焊接、防腐处理。

② 基础埋设在土基中时，应根据混凝土基础的位置放样，根据放样线开挖基坑，并严格控制基坑尺寸。达到规定高程后，经工程监理人员检查合格后，可开始铺砌基底的片石混凝土，经夯实后，架立符合设计规格的模板，安装稳固后即可浇筑混凝土。混凝土达到规定高程时，安放三角形支架并准确定位。为使端部立柱或中间端部立柱的位置和高程在混凝土振捣过程中不改变，应采用适当的临时支架。基础混凝土浇筑完成后，应注意对基础混凝土进行养护，直到混凝土强度能保证其表面及棱角不因拆除模板而受损坏时方可拆除模板。处理合格后，才能进行基础回填土，分层夯实，直到规定的高程。

③ 端部立柱或中间端部立柱的基础应尽量避免与各种构造物连在一起，如因各种原因端部立柱的基础落在人工构造物中时，则应在构造物的水泥混凝土浇筑前，按设计文件的要求设置预埋件，混凝土达到规定强度时再安装端部立柱或中间端部立柱。

2) 中间立柱的埋设。

① 为达到强度的要求和美观的效果，由中间立柱构成的线形应与公路线形相一致。

② 中间立柱埋设在土基中时，因路基土质的不同而有不同的施工方法，常用的有以下几种：

a. 挖埋法。在设置中间立柱的位置开挖直径不小于20cm的孔穴，达到规定深度后，放入中间立柱。定位后，用砂土分层回填夯实，并达到规定的压实度。挖埋法适合于采用打入法有一定困难的路段。挖埋法可用人工挖孔，主要工具是钢钎和掏勺，柱孔直径在30cm以上。柱孔挖好以后，要检查孔径、深度、垂直度，合格后方准进行立柱的埋设与安装。

b. 钻孔法。在设置中间立柱的位置处用螺旋钻孔机等机械钻孔，达到埋置深度的一半左右时，再将立柱打入到规定深度。钻孔法适合于挖埋、打入均有困难的路段，可用螺旋钻机或冲击钻等钻具进行定位钻孔，柱孔直径在30cm左右。柱孔钻好以后，要检查孔径、深度、垂直度，合格后方准进行立柱的埋设与安装。

c. 打入法。在设置中间立柱的位置直接用打桩机（如气动打桩机、振动打桩机等）把立柱打入土中。打入过程中，立柱不应产生明显的变形、倾斜或扭曲。打入法适合于路基土中含石料很少的路段。采用打桩机打入立柱，可以精确控制立柱的位置和打入的深度。

埋设中间立柱时，为保证立柱纵、横向位置和垂直度的正确，可采取搭设支架的办法进行临时性固定。然后进行逐根立柱的调整，包括立柱埋深（高程控制）、垂直度、纵向线形、横断位置等的调整，检查合格后，即可将立柱固定在临时支架上，再次进行纵、横、高的检查，确认无误后，才允许用路基土分层回填夯实。在用路基土分层夯实有困难时，允许用最低水泥用量不小于255kg/m^3 的素混凝土浇筑。混凝土应按设计强度等级严格控制配合比。浇筑混凝土时，应边填料边用钢钎捣实，一直浇筑到与地面齐平，抹平后应注意养护。

③ 设置在桥梁、通道、明涵、挡土墙等路段的中间立柱，应对预埋件的设置进行检查，确认没有问题时，可根据不同的基础处理方式安装中间立柱。

（4）安装托架

1）安装中间立柱或中间端部立柱上的托架，应确认缆索护栏的类别及相应的托架编号和组合，在核对无误后即可开始安装托架。

2）缆索护栏的托架应朝向车行道，上托架和下托架在安装前应分清楚。

3）托架应按设计文件的要求用螺栓固定在立柱上。

（5）缆索的架设

1）架设缆索前，应检查端部立柱、中间端部立柱和中间立柱的位置是否正确，立柱与基础连接的牢固程度，以及立柱的垂直度、高程等是否满足设计要求。在基础混凝土强度达设计强度80%以上时，才能架设缆索。

2）把缆索支放在立柱的内侧（即车行道一侧），可以用专门的滚盘或人工放缆索。在滚放缆索的过程中，应避免把整盘钢丝绳弄乱，不应使钢丝绳打结、扭曲受伤，应避免在路面上长距离拖拽。直到把缆索从端部立柱的一端滚放到另一端的端部立柱或中间端部立柱为止。

3）在安装缆索前，应把缆索固定在索端锚具上。固定的方法有楔子固定法和灌注合金法。

a. 楔子固定法。先把缆索插入索端锚头中，最后把缆索按股解开，解开的长度按索端锚头的尺寸来确定，最后用小锤子把铝制楔子紧紧地打入插座中，缆索即被楔子锚住，如图5-17所示。

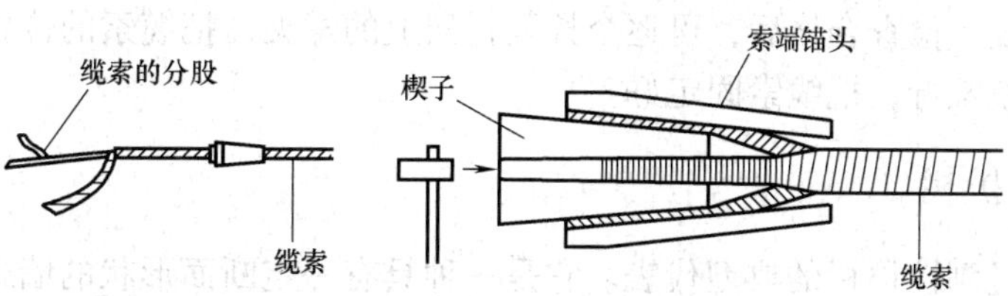

图5-17　缆索分股和楔子锚固示意图

b. 灌注合金法。先把缆索插入索端锚头中，然后把缆索先按股解开，接着把每股钢丝绳按单丝分开，并把每根钢丝绳都调直，经除油处理后，即可往索端锚头中灌注合金，冷却后缆索即被锚住。

可根据具体施工条件选用其中一种。把缆索固定在锚具上以后，装上拉杆调节螺栓，并把索端锚具安装到端部立柱上。

4）将索端锚具装到端部立柱上后，把拉杆螺栓调节好，就可顺着中间立柱把缆索临时夹持在托架的规定孔槽中，一直把缆索连接到另一端部立柱或中间墙部立柱上，这时的缆索完全处于松弛状态，此时应利用缆索张紧设备临时拉紧，如图5-18所示。张紧设备可采用倒链滑车、杠杆式倒链张紧器或其他张紧设备，将钢丝绳与张紧器通过钢丝绳夹固定，逐渐把钢丝绳拉紧。根据规定，缆索护栏的初拉力为20kN。在临时张拉的过程中要不断检查托架上的索夹是否保持放松状态，并在各中间立柱之间不断向上挑动缆索。缆索拉至规定初拉力后，持荷3min。

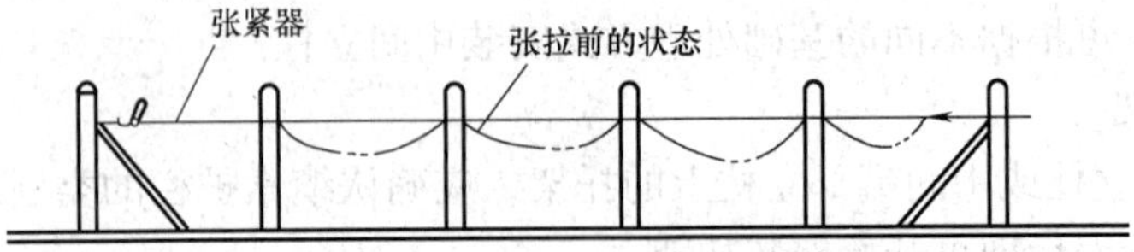

图5-18 临时张拉缆索示意图

5）在临时张紧状态下，即可根据索端锚具的尺寸将多余缆索切断，切断位置如图5-19所示。切断缆索的断面要垂直整齐，为防止钢丝松散，可在切断处两端用钢丝绑扎后再进行切割。缆索的切割可用高速无齿锯，以避免引起钢缆端部退火。缆索切断后采用楔子固定法或灌注合金法将其锚固在索端锚头上。

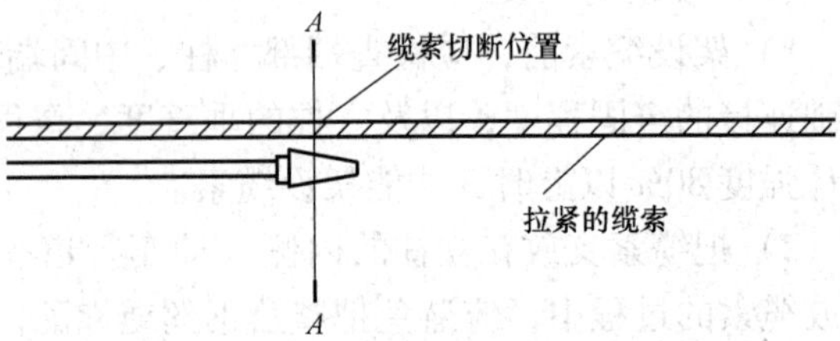

图5-19 缆索切断的位置

6）缆索与索端锚具固定后，即可与拉杆螺栓连接，并安装到端部立柱上，这时可以卸除临时张拉力，缆索就被紧紧地架设在护栏立柱上。

7）护栏的缆索应从上至下依次一根一根地安装，每根缆索的安装次序都按上述步骤进行。

8）每段护栏的所有缆索应自上而下连续完成。每段护栏的缆索架设完毕后，应全面检查缆索的张紧程度。检查合格后，可逐个拧紧托架上的索夹，把缆索的位置固定。同时拧紧拉杆螺栓上的调整螺母，把缆索固定好。

5.2.4 混凝土护栏

混凝土护栏是刚性护栏的典型代表。它是一种具有一定断面形状的墙式护栏结构。当汽车与护栏碰撞时，在瞬间移动荷载的作用下，护栏基本上不移动不变形（完全刚性状态），碰撞过程中的能量主要是依靠汽车与护栏面接触并沿着护栏面爬高和转向来吸收，同时碰撞汽车也恢复到正常行驶方向。

混凝土护栏一般设置在中央分隔带较窄的路段和路侧十分危险必须防止车辆越出的路段。

1. 构造要求

（1）断面形式　混凝土护栏根据设置地点可分为路侧和中央分隔带两类的分类。

1）路侧混凝土护栏断面。路侧混凝土护栏按构造可分为F型、单坡型、加强型三种，其构造基本形式如图5-20～图5-22所示。

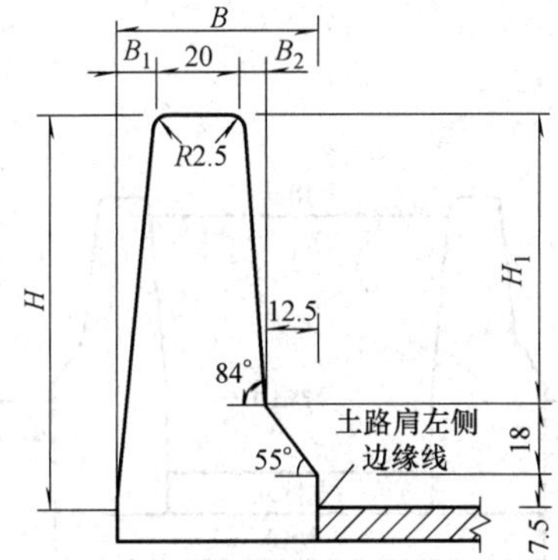

图 5-20　F 型混凝土护栏（单位：cm）

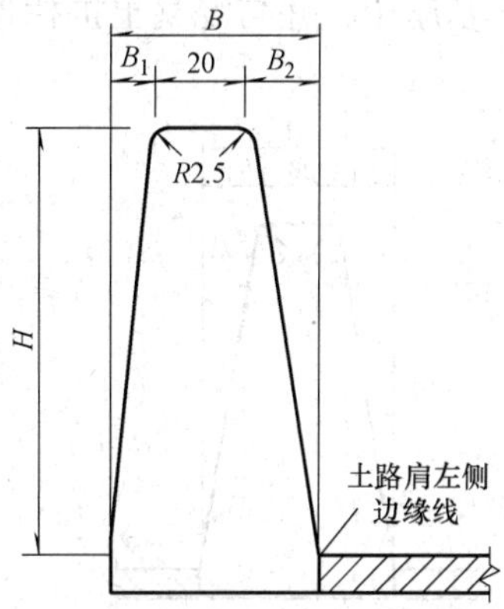

图 5-21　单坡型混凝土护栏（单位：cm）

2）中央分隔带混凝土护栏断面。中央分隔带混凝土护栏从构造上可分为整体式和分离式两种。中央分隔带宽度较窄或中央分隔带内通信、电力管线较少的路段可采用整体式混凝土护栏。当中央分隔带较宽且需要设置监控、通信、电力管线等设施时，可采用分离式混凝土护栏。

整体式混凝土护栏按构造可分为 F 型和单坡型两种，其构造基本形式如图 5-23、图 5-24所示。分离式混凝土护栏按构造可分为 F 型和单坡型两种，其断面形状应与对应的路侧混凝土护栏相同。混凝土护栏背部应设置支撑块，中间可填充种植土进行绿化。分离式混凝土护栏顶部间距不应小于 40cm，其构造基本形式如图 5-25 所示。

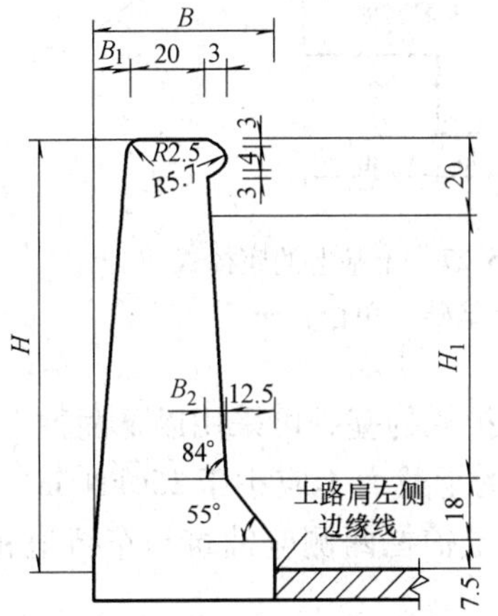

图 5-22　加强型混凝土护栏（单位：cm）

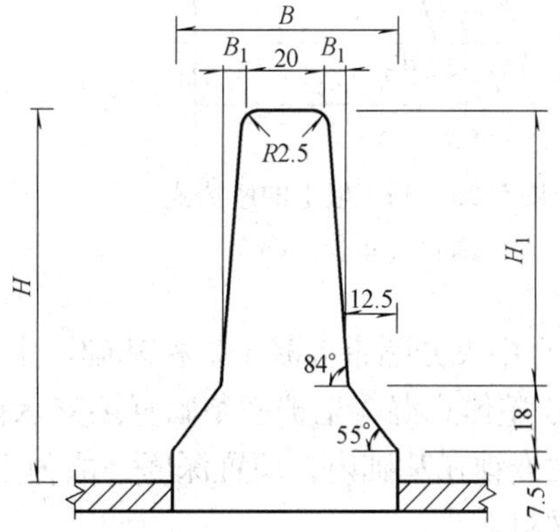

图 5-23　F 型中央分隔带混凝土护栏（单位：cm）

（2）护栏与基础连接

1）路侧混凝土护栏基础。路侧混凝土护栏的基础可采用以下两种方式：

① 座椅方式。将护栏基础嵌锁在路面结构中，借助路面结构对基础位移的抵抗力来提高护栏的抗倾覆稳定性，如图 5-26、图 5-27 所示。

② 桩基基础方式。在现浇路侧混凝土护栏前先打入钢管桩，如图 5-28 所示。钢管桩必

须牢固埋入基座中，并与混凝土护栏连成整体。

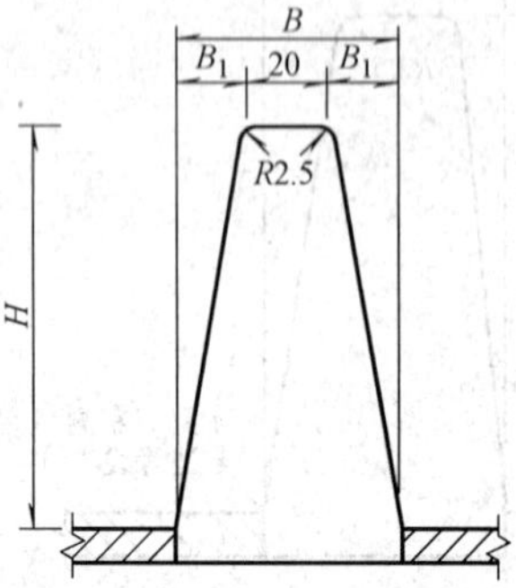

图 5-24 单坡型中央分隔带混凝土护栏（单位：cm）

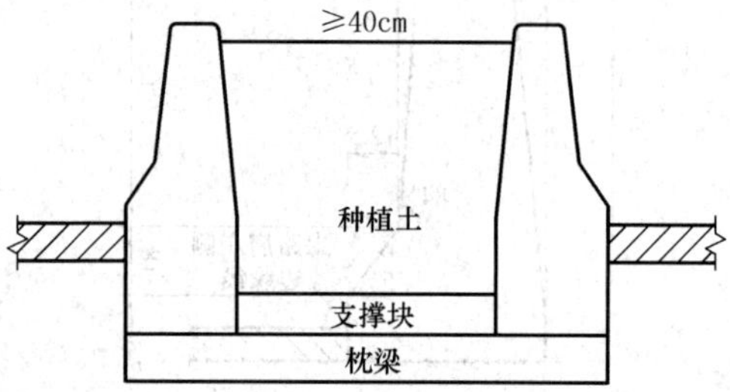

图 5-25 中央分隔带分离式混凝土护栏构造图

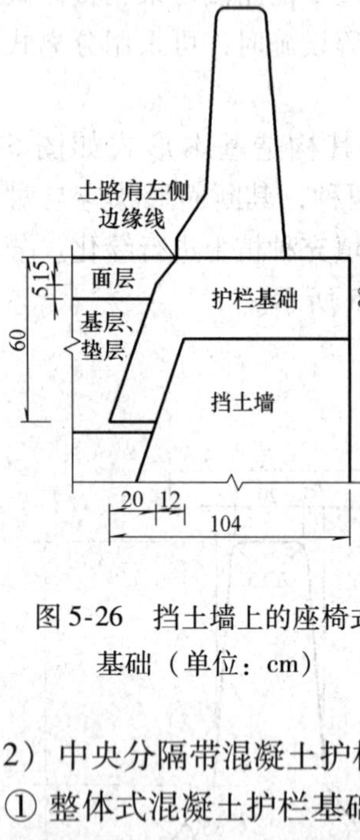

图 5-26 挡土墙上的座椅式基础（单位：cm）

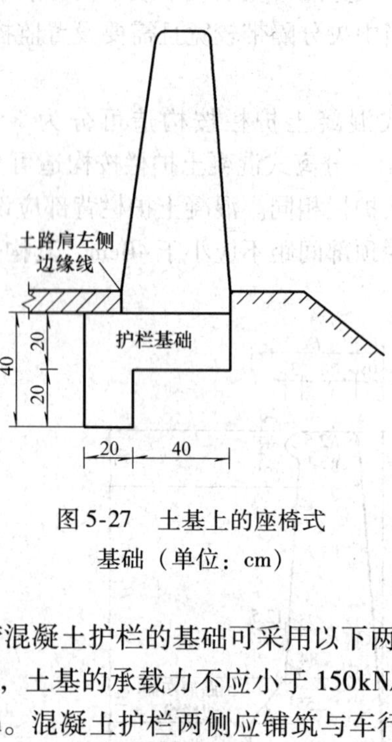

图 5-27 土基上的座椅式基础（单位：cm）

2）中央分隔带混凝土护栏基础。中央分隔带混凝土护栏的基础可采用以下两种方式：

① 整体式混凝土护栏基础直接支承在土基上，土基的承载力不应小于 150kN/m^2，混凝土护栏嵌锁在基础内，埋置深度一般为 10～20cm。混凝土护栏两侧应铺筑与车行道相同的路面材料。

② 分离式混凝土护栏下设置枕梁，护栏之间应设置支撑块，如图 5-28 所示。

（3）护栏块纵向长度与连接 每节混凝土护栏的纵向长度，在浇筑、吊装条件允许时，应采用较长的尺寸。预制混凝土护栏长度宜为 4～6m；现浇混凝土护栏的纵向长度应按横向伸缩缝的要求确定，一般为 15～30m。现浇混凝土护栏每 3～4m 应设置一道假缝。假缝构造如图 5-29 所示。

为防止混凝土护栏在汽车碰撞力作用下，出现护栏块脱开、错位等现象，混凝土护栏块之间必须采取可靠的纵向连接措施。现浇混凝土护栏块之间的纵向连接，可按平接头加传力钢筋处理。预制混凝土护栏块之间可采用纵向企口连接和纵向连接栓连接。纵向企口连接构造如图 5-30 所示，纵向连接栓连接是在混凝土护栏端头上半部竖向预埋连接栓挡块，两块混凝土护栏对齐就位后，插入工字形连接栓，将混凝土护栏连成整体，如图 5-31 所示。

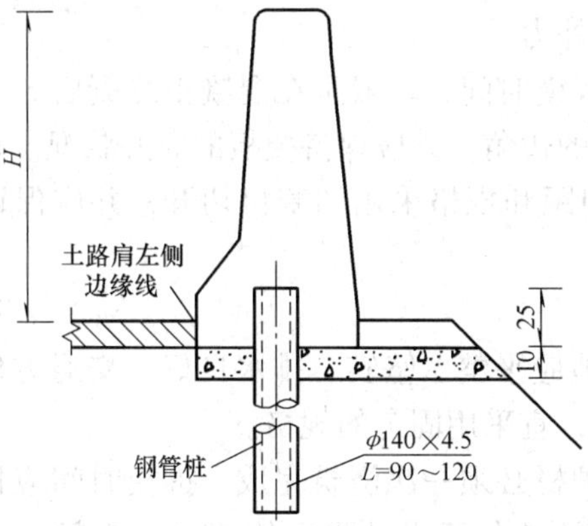

图 5-28　桩基基础方式（单位：cm）

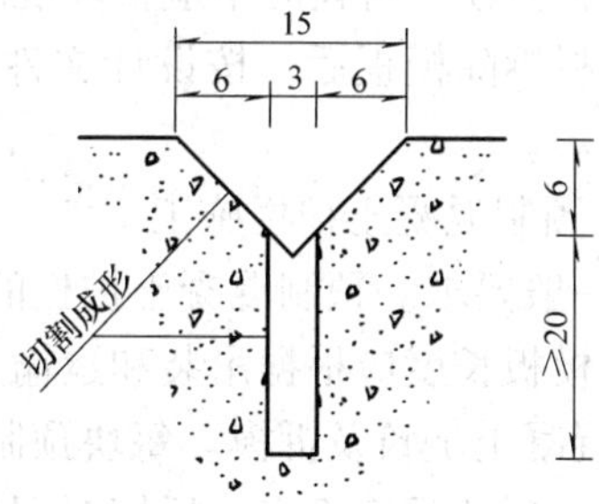

图 5-29　假缝构造

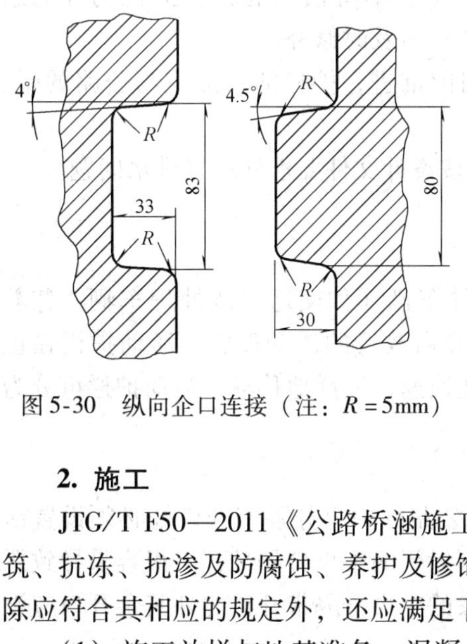

图 5-30　纵向企口连接（注：$R=5$mm）

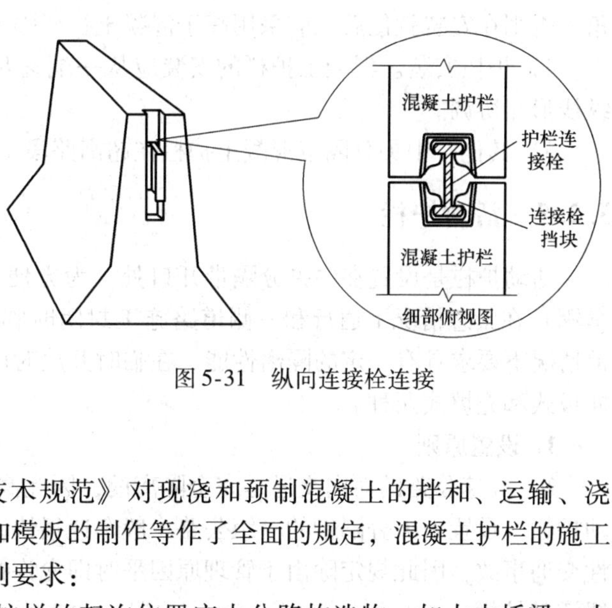

图 5-31　纵向连接栓连接

2. 施工

JTG/T F50—2011《公路桥涵施工技术规范》对现浇和预制混凝土的拌和、运输、浇筑、抗冻、抗渗及防腐蚀、养护及修饰和模板的制作等作了全面的规定，混凝土护栏的施工除应符合其相应的规定外，还应满足下列要求：

（1）施工放样与地基准备　混凝土护栏的起讫位置应由公路构造物，如大中桥梁、中央分隔带开口、隧道等作为控制点，定好长度并应精确测量。施工放样时，应根据现场条件确定混凝土护栏的中心位置及设计标高。浇筑混凝土护栏基础前，应检测基础承载力是否达到 150kPa 或设计规定值。

（2）现场浇筑混凝土护栏施工

1）一般要求及准备工作。浇筑混凝土前，应按设计文件的要求绑扎钢筋及预埋件。钢模板涂脱模剂后，可浇筑混凝土。混凝土浇筑前的温度应为 10～32℃。采用固定模板法施工时，模板宜采用钢模板，钢模板的厚度不应小于 4mm。

2）混凝土浇筑。采用滑动模板法施工时，滑模机的施工速度应根据旋转搅拌车、混凝土卸载速度及成形断面的大小决定，可采用0.5～0.7m/min。混凝土振捣由设置在滑模机上的液压振动器完成，振动器应能根据混凝土的坍落度无级调速，一边振动一边前进。振动器的数量可根据混凝土护栏断面形状，配置5根左右。两处伸缩缝之间的混凝土护栏必须一次浇筑完成，伸缩缝应与水平面垂直，宽度应符合设计文件的规定，伸缩缝内不得连浆。混凝土初凝后，严禁振动模板，预埋钢筋不得承受外力。

3）拆模。应根据气温和混凝土强度确定拆模时间，一般可在混凝土终凝后3～5d拆除混凝土护栏侧模。拆模时不应损坏混凝土护栏的边角，并应保持模板的完好状况。假缝可在混凝土护栏拆除模板后，按设计文件要求的间距和规格采用切割机切开，并应保证断面光滑、平整。

（3）预制混凝土护栏施工

1）一般要求。预制混凝土护栏的施工场地应平整、坚实、排水良好、交通方便。采用钢模板，模板长度应根据吊装和运输条件确定，宜采用固定的规格。

2）混凝土浇筑及拆模。每块预制混凝土护栏必须一次浇筑完成。拆模时间应根据气温和混凝土达到的强度而定，拆模时混凝土强度不应低于设计强度的70%。拆模时不得损坏混凝土护栏的边角，并应保持模板完好。

3）起吊、运输和堆放。在起吊、运输和堆放过程中，不得损坏混凝土护栏构件的边角，否则在安装就位后，应采用高于混凝土护栏强度的材料及时修补。

4）护栏安装。混凝土护栏的安装应从一端逐步向前推进，护栏的线形应与公路的平、纵线形相协调。

5）其他。中央分隔带混凝土护栏在超高路段，应按设计文件要求处理好排水问题。

5.2.5 活动护栏

活动护栏是设置在中央分隔带开口处，为方便特种车辆（如交通事故处理车辆、急救车辆）在紧急情况下通行和一侧道路施工封闭时临时开启放行的活动设施。活动护栏在正常情况下要求具有一定的隔离性能，在临时开放时应能快速、灵活地移动。活动护栏可分为插拔式和充填式两种。

1. 设置原则

1）高速公路的对向交通是完全隔离的，因此高速公路的中央分隔带开口处必须设置活动护栏。设置中央分隔带的一级公路一般车速很快，不封闭的中央分隔带开口很容易导致恶性交通事故，因此规定除由于管理原因平时即允许掉头的中央分隔带开口之外其余开口应设置活动护栏。

2）活动护栏应设置在中央分隔带开口处的公路中心线位置，设置的长度应能有效封闭中央分隔带开口，只有这样才能起到分隔对向交通的目的。

3）为保证中央分隔带护栏的视线诱导功能的连续、顺畅，要求活动护栏的高度应该与中央分隔带护栏的高度保持协调。

4）活动护栏上部应设置轮廓标或反射体。设置反射体时，规格为4cm×18cm，可由反光片或反光膜制作，反光等级应为二级以上，颜色和设置高度应与中央分隔带轮廓标保持一致。

5）当中央分隔带开口所处的路段有防眩要求时，宜在活动护栏上设置防眩设施。防眩设施的形式选择、设置间距、设置高度、遮光角等技术条件应符合 JTG D81—2006《公路交通安全设施设计规范》防眩设施相关条文的规定。

2. 构造要求

1）插拔式活动护栏由护栏片、反射体、预埋基础等组成，其中护栏片由直管、弯管、立柱等钢管构件焊接而成，如图 5-32 所示。插拔式活动护栏的每片长度应为 2～2.5m。基础可采用预埋套管或抽换式立柱基础，基础混凝土的强度等级不得低于 C20。

插拔式活动护栏的基础套管顶面高程应高出路面 20mm 左右，在套管周边可设置混凝土斜坡，如图 5-33 所示。

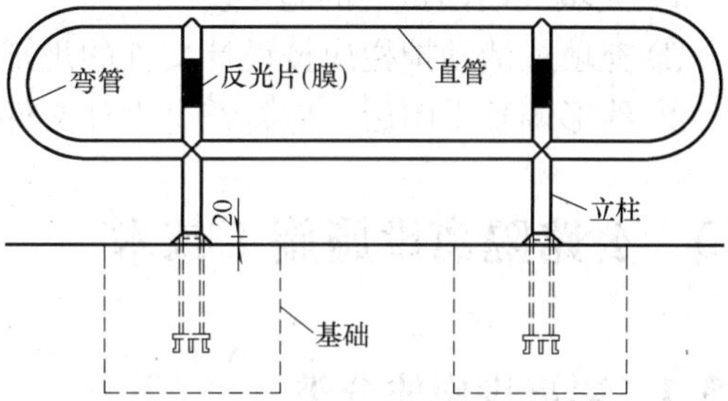

图 5-32　插拔式活动护栏的构造

2）充填式活动护栏由多块护栏预制块连接而成。护栏预制块可采用塑料或玻璃钢制作，断面形式可采用 F 型或单坡型混凝土护栏的断面形式，预制块中空，可以充填水或细砂，如图 5-34 所示。充填式活动护栏预制块的每块长度不应小于 2m，在两端应设置便于护栏块连接的企口。

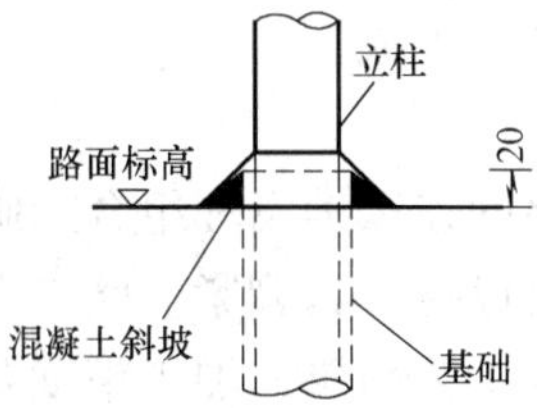

图 5-33　插拔式活动护栏的基础套管构造

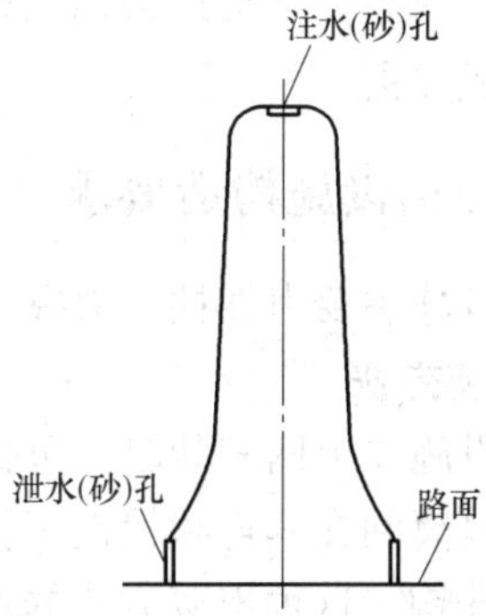

图 5-34　充填式活动护栏的构造

3. 施工

（1）一般规定　插拔式活动护栏的预埋基础应在面层施工前完成，其余部分应在路面施工后安装。插拔式活动护栏应在工厂加工制作，以保证施工精度。充填式活动护栏的拼装应在路面施工完成后进行。

（2）安装施工

1）插拔式活动护栏的施工。

① 插拔式护栏基础在路面基层完成后，才开始放样定位。活动护栏的基础应根据设计文件的要求确定位置，并与中央分隔带护栏端头位置相协调。应调查基础与中央分隔带内的地下管线是否冲突，必要时应对基础的埋设位置或标高进行调整。

② 混凝土基础可采用现浇法施工，并应符合现行《公路桥涵施工技术规范》的规定，混凝土浇筑时应按设计文件的规定预埋连接件。混凝土基础施工完成后应采取保护措施，如

在套管上加木塞子等，以防止杂物落入预埋套管内。

③ 基础混凝土强度达设计强度的70%以上，可将焊接成整体的插拔式活动护栏片插入预埋套管内。

④ 对有防眩和视线诱导要求的路段，应按设计文件要求安装防眩设施和轮廓标。

2）充填式活动护栏的施工。

① 充填式活动护栏应按设计文件的规定放样定位和拼装。

② 线形调整平顺后，应将符合设计文件要求的材料按规定数量充填活动护栏。

5.3 公路隔离设施施工技术

5.3.1 隔离设施的分类

隔离设施是为了对汽车专用公路进行隔离封闭的人工构造物的统称，其作用是阻止无关人员及牲畜进入，穿越高速公路及汽车专用一级公路，防止非法侵占公路用地现象的发生。隔离设施可有效地排除横向干扰，避免由此产生的交通延误或交通事故，从而保障车辆快速、舒适、安全地运行。

隔离设施可选用焊接网、编织网、钢板网、带刺钢丝网等。在靠近城镇的路段宜采用焊接网、编织网等。当采用带刺钢丝网作为隔离设施时，宜结合当地情况配合常青灌木或荆棘植物以构成绿篱。

5.3.2 隔离设施构造要求

隔离设施主要由立柱、斜撑、隔离网、连接件和基础等组成。

1. 安装方法

隔离设施在上网安装时，可按以下两种方法安装：整网连续铺设和组合式施工安装。

整张隔离网在其连续铺设工作完成后，需用专用张紧设备将其绷紧。网与立柱的传统连接方式为挂钩。这种连接方式的主要优点是：上网、下网工艺简单，加工精度要求不高，成本低。图5-35所示为通用的槽钢立柱挂钩部位加工大样图。

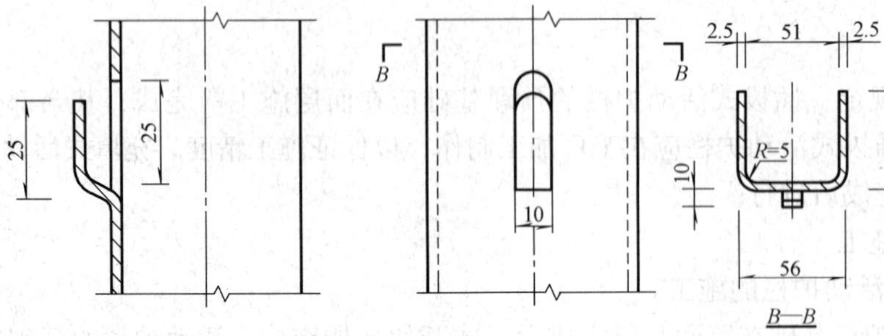

图5-35 槽钢立柱挂钩的构造

组合式安装，是指隔离网在工厂按尺寸剪裁好，并镶嵌在外框中，可分散运输，零散安装。该种安装工艺的优点为：造型美观，形式多样；隔离设施整体性结构强度高；可散装运输，灵活装配。当然无论是从加工、运输，还是施工安装，其总的工程造价相对于传统结构的工程造价都将大幅度上升。所以结构式样选择应在充分考虑工程造价，结合本地区道路环境条件，依据设计要求正确选择，以求所选用隔离设施的性能价格比达到最优。

网片镶框的加工方法是根据不同的丝网结构决定的，一般多采用焊、压、挂等不同的工艺加工。由于网框结构的隔离网上装施工是一种装配式施工安装，上装后的网框无需专用设备对其网格进行绷紧、校正等二次施工，所以要求网框无论是下厂加工，还是施工现场加工，一体化后的网框网片与框架的连接必须十分牢固，并且要绝对保证网格绷紧、平整。只有按照设计图样要求加工，保证精度和质量，这样才能确保施工时的顺利安装以及完工后的施工质量。

图 5-36 ~ 图 5-38 所示列出了主要的隔离设施构造图。可根据新材料、新工艺以及当地的具体条件选用。

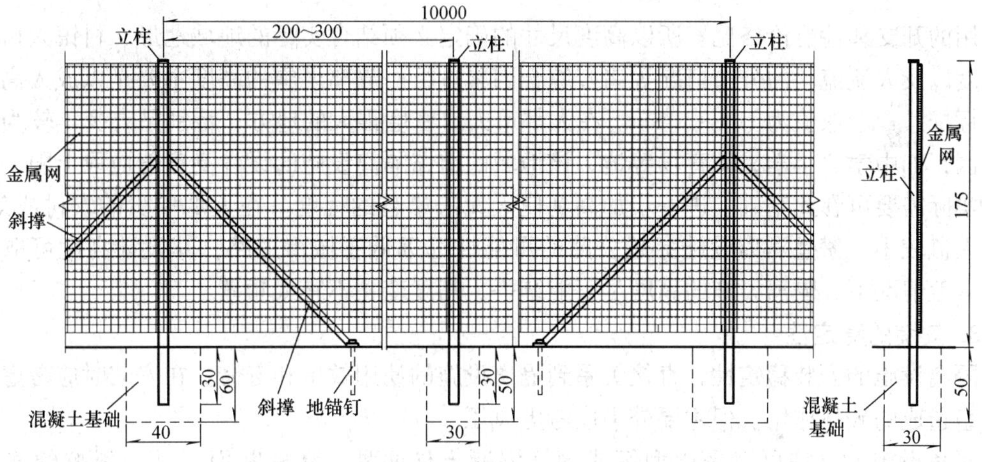

图 5-36　金属网连续铺设的构造（尺寸单位：cm）

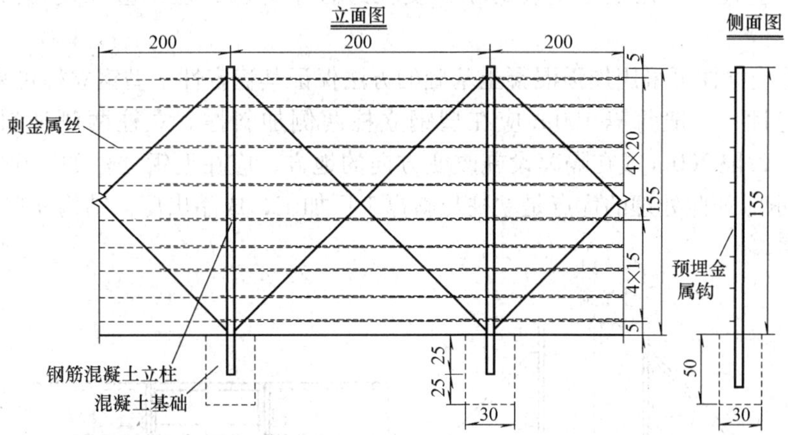

图 5-37　钢筋混凝土立柱刺铁丝网的构造（尺寸单位：cm）

2. 安装高度

隔离设施的安装高度是隔离设施设计施工中的一个重要指标。该指标直接影响着工程材

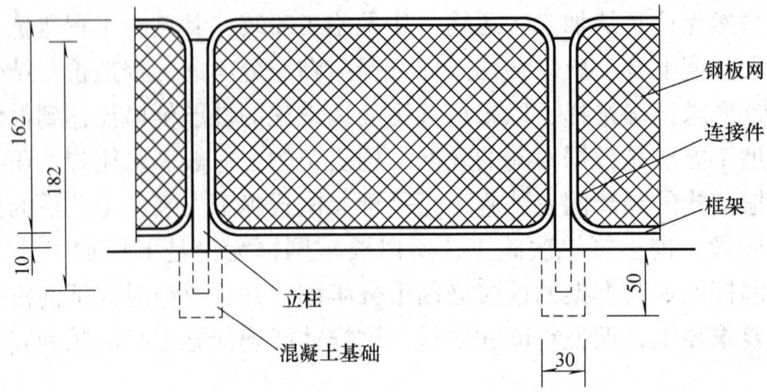

图 5-38　框架式钢板网的构造（尺寸单位：cm）

料费用的开支和性能价格比。所以高度尺寸的确定必须结合实际的地域地形、村镇人口的稠密程度以及人流流动的分布情况等诸多综合因素进行。隔离设施的高度主要是以成人高度为参考标准，一般取值为1.5～1.8m。在大都市人口密度很大的地方，特别是青少年较为集中的地区，如中学、小学、体育场等地，该地域的道路隔离设施的设计高度值应取上限，并且根据实际需要可在此基础上进一步加高到使人无法攀越的程度。在人烟稀少的农村或郊外，由于人流较小，攀登隔离设施穿越公路的可能性远远低于城市道路，其设计高度可取下限值。一般情况下，隔离设施的高度尽可能统一，高度变化不宜太频繁。

3. 安装的稳定性

隔离设施的安装稳定性，直接关系到隔离设施的使用效果和寿命。在安装时应考虑风力和人畜造成的破坏作用。但主要外力应考虑风压。

隔离设施的立柱可以采用型钢或钢筋混凝土柱两种。立柱断面尺寸、斜撑的连接方法及基础埋置深度应根据不同情况由计算确定，以求在最小断面尺寸下获得最佳的稳定效果。同时，立柱不应在施工安装的张紧受拉过程中弯斜，也不应在使用过程中倾倒或偏离中心线。

钢筋混凝土立柱可采用加强混凝土基础的方法保证其稳定性；型钢立柱可采用加斜撑的办法保证其稳性，一般每隔100m应在型钢立柱两侧加斜撑。立柱两侧加斜撑的构造如图5-39所示，每隔200m或在隔离设施改变方向的地方，应在型钢立柱的三个方向加斜撑，如图5-40所示。如此处理的优点是立柱与斜撑工厂加工，成品出厂，结构简单，一次上装，连接牢固可靠。

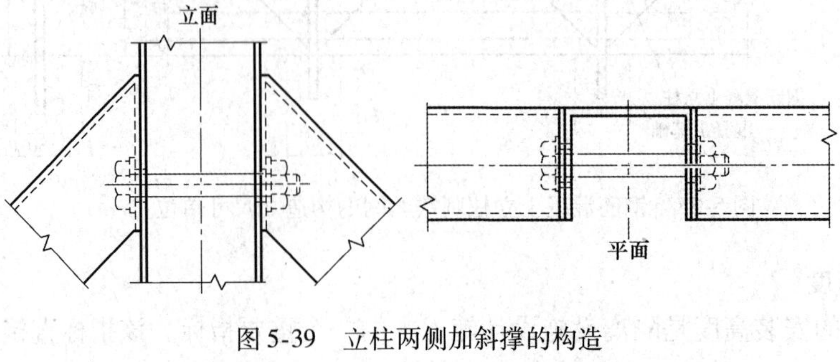

图 5-39　立柱两侧加斜撑的构造

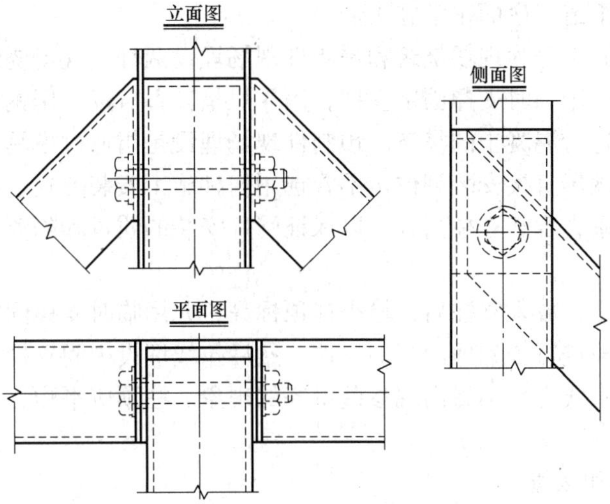

图 5-40　立柱的三个方向加斜撑的构造

5.3.3　隔离设施施工

1. 一般规定

(1) 安装施工时间　隔离设施的安装应在路面施工及其他配套工程施工完成以后开始。隔离设施的施工是在公路用地范围，如果过早施工、封闭会影响主线工程的进行，另外，隔离设施的材料、构件主要也得依赖主线来运输。在有条件的路段，如可利用辅道来运送材料、构件时，在不影响主线工程施工的情况下，可以提前实施封闭。

(2) 场地平整清理　隔离栅是纵向设置的连续构造物，是沿地物平缓过渡、不宜有大起大落的隔离建筑。因此，沿隔离栅的安装位置应进行场地清理，特别是对一些小土丘、坑洞进行挖掘、填平补齐的处理，使隔离栅能沿地形起伏前进。这样连接比较容易，看起来也比较美观。

2. 施工前的准备工作

(1) 施工组织设计　施工组织设计是工程全面质量管理的关键。在开始施工安装以前必须做好施工组织设计，协调好各部门的关系，确保施工安装有条不紊地、高质量地进行。

(2) 施工放样　放样精度是隔离栅施工质量的保证。根据设计文件中确定的隔离栅横断面位置及实际地形、地物条件确定出控制立柱的位置后，应进行必要的清场、定出立柱中心线。然后测量立柱的准确位置，做出标记。

(3) 测量高程　每个柱位均应按设计文件的要求确定高程，但允许按实际地形进行调整。隔离栅在地形起伏的路段设置时，可将地面整修成一定的纵坡，也可顺坡设置。测量高程的目的在于控制各立柱基础标高，保证安装后隔离栅顶面的平顺和美观。

3. 立柱基础施工

在放样和定位工作完成的基础上，根据设计图的要求挖坑或钻孔，挖、钻孔的深度要符合设计要求。在特殊的地理环境条件下，如坚硬的岩石等，在保证不改变地界的法律地位和设施布设整体美观的情况下，允许对基础位置作适当调整。挖钻好的基底应清理干净，以便验收合格后，不影响下道工序的正常施工。

立柱基础混凝土施工分为现场浇筑和预制件现场埋设两种。现场浇筑施工要求立柱模板放入坑内，正确就位，用临时支撑固定立柱，用靠尺量其垂直度，用钢卷尺量其高度，在确认符合设计要求后，进行混凝土的浇筑。预制件现场埋设是指通过模具预先把立柱和混凝土基础制成整体结构，现场直接安装到位。不管选用何种施工安装方式，在施工过程中都应严格检查立柱就位后的垂直度和立柱高程，以保证网片安装的质量和隔离设施安装完毕后的整体美观效果。

基坑底可垫混凝土，放入立柱后，检查柱顶标高，并用临时支撑固定立柱，检查其垂直度。立柱的埋设应分段进行：先埋两端的立柱，然后拉线埋设中间立柱。控制立柱与中间立柱的平面投影在一条直线上，不得出现参差不齐的现象。柱顶应平顺，不得出现忽高忽低的情况。

4. 隔离网的预制和运输

整体式框架隔离网的制造加工一般要求在工厂集中制作完成，因为工厂机械设备较为齐全、生产效率高、成本低、工艺完善，批量流水生产能保证加工制作的质量。半框架式结构隔离网的性能效果主要取决于施工装配工艺，可根据需要在现场加工或工厂加工。

5. 立柱的预制和运输

钢筋混凝土立柱可在施工现场制作，也可在工厂事先预制，其几何尺寸和强度都应符合设计要求。经抽检合格后，方能成批使用。

运输和装卸是施工组织程序中的一个重要环节，也是产品质量保证的关键。钢筋混凝土立柱的运输及装卸应避免立柱折断或摔坏棱角，装车时码高不宜超过 5 层。金属构件和网片在装运、堆放中应避免损坏。

6. 隔离网安装

为了保证上网安装立柱的强度，要求现场浇筑的基础混凝土强度达设计强度 70% 以后，方可安装网片。

金属编织网安装可分为无框架整网安装和有框架安装两种。无框架整网安装要求从端头立柱开始，先将金属网挂在立柱挂钩上扣牢，然后沿纵向展开，边铺设边拉紧。展网要求自如，挂钩时保证网不变形。有框架的网片安装，要求框架与立柱连接牢固，框架整体平整性良好。

有框架的片网安装后要求网面平整、无明显的凹凸现象，立柱间距正确，框架与立柱连接牢固，框架整体平顺、美观。

带刺钢丝网安装时要求从端头立柱开始。带刺钢丝之间要求平行、平直；绷紧后用 12 号钢丝与混凝土立柱或钢结构立柱上的钢钩绑扎固定，横向与斜向刺钢丝相交处用 12 号钢丝绑扎。

7. 基础压实处理

隔离栅网片安装完毕后，立柱基础周围均应进行最后压实处理。

5.4 公路防眩设施施工技术

夜间在道路上行驶的车辆会车时，其前照灯（大灯）的强光会引起驾驶员眩目，使驾驶员获得视觉信息的质量显著降低，造成视觉机能的伤害和心理的不适，使驾驶员产生紧张和疲劳感，是诱发交通事故的潜在因素。要解决高等级公路汽车前照灯眩目问题，经济可行的方法就是设置防眩设施。

防眩设施就是防止夜间行车受对向车辆前照灯眩目的人工构造物，有板条式的防眩板、扇面状的防眩大板、防眩网、防眩棚等构造形式。中央分隔带植树原则上不属于防眩设施，但植树除具有美化路容的功能外，同时也起着防眩的作用，故植树也可作为防眩设施的一种类型。

随着我国各地高速公路的大量建成开通，防眩设施在高速公路上得到了广泛的应用。事实证明，设置防眩设施可有效地消除对向车前照灯的眩光影响，保护驾驶员的视觉健康，增强道路景观，对改善夜间行车环境，吸引夜间交通量，提高道路通行能力发挥了积极的作用。

5.4.1　防眩设施分类

道路上使用的防眩设施的按构造形式可分为三种类型，如图 5-41 所示。

Ⅰ型：是指连续封闭型的防眩设施，基本上阻止了对向车道从水平面上所有角度射来的光线，如足够宽度的中央分隔带上的树墙等。

Ⅱ型：是由连续网状结构组成的防眩设施，能阻挡水平面上 0 ~ β_1 角度射来的光线，在 β_1 角以外可横向通视。金属（或塑料）防眩网为其代表形式。

Ⅲ型：是以一定的间距连续设置板状结构而组成的防眩设施，能阻挡水平面上 0 ~ β_1 角度射来的光线，在 β_1 角以外可横向通视。金属（或塑料）防眩板为其代表形式。防眩扇板、百叶窗式防眩栅、一定间距植树等从遮光原理来讲均是Ⅲ型防眩设施。

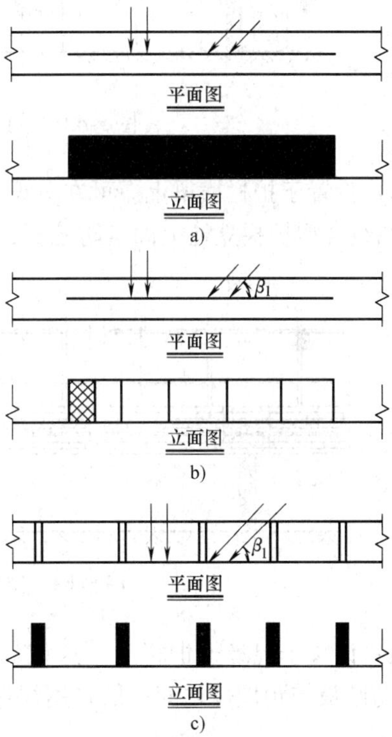

图 5-41　防眩设施类型
a）Ⅰ型　b）Ⅱ型　c）Ⅲ型

目前在公路上广泛使用的防眩设施是防眩板，其次为植树、防眩网。防眩板是一种经济美观，对风阻挡小，积雪少，对驾驶员心理影响较小的比较理想的防眩结构形式。

防眩设施应设置在道路的中央分隔带上，且最好与护栏、隔离封闭设施配合使用。防眩设施可设置在道路的中央分隔带中心线上，也可靠中央分隔带一侧设置。

5.4.2　构造要求

1. 防眩板基本结构

防眩板的基本结构是把方型钢作为纵向骨架，把一定厚度、宽度的板条按一定间隔固定在方型钢上。

防眩板应以一定长度的独立结构段为制造和安装单元。防眩板设置在道路的中央分隔带上，免不了要遭受失控车辆的冲撞而损坏。为减轻损坏的严重程度，方便更换维修，设计时应每隔一定距离使前后相互分离，使各段互不相接。这样做既有利于加工制作和运输安装，也有利于防止温度应力的破坏。防眩板每一独立段的长度应与护栏的设置间距相协调，可选择4m、6m、8m、12m等。

2. 防眩板的设置方式

防眩板与中央分隔带护栏常配合设置，其设置方式主要有以下三种：

1）单独设置于护栏中央，如图5-42所示。

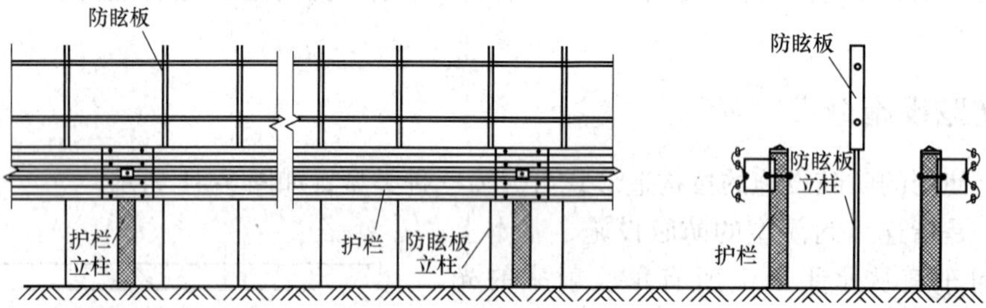

图5-42　单独设置于护栏中央的防眩板构造

2）设置于护栏横梁上。可在分设型护栏立柱上加横梁（槽钢），防眩板固定在槽钢上，也可在组合型护栏立柱上固定防眩板，如图5-43所示。

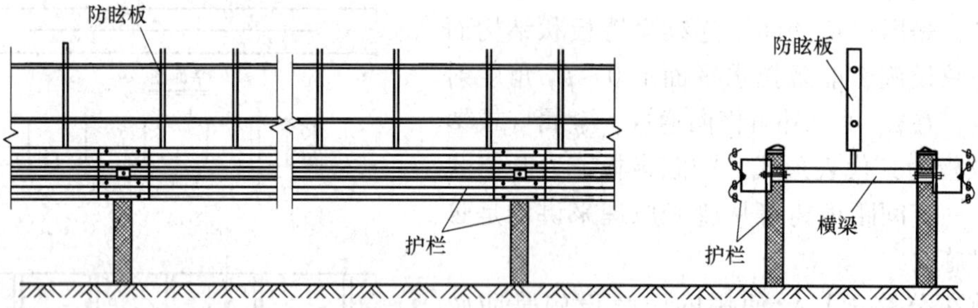

图5-43　设置于护栏横梁上的防眩板构造

3）设置于混凝土护栏上。这依赖混凝土顶上的预埋件来实现，预埋件的间距一般为2m，防眩板与预埋件之间一般采用焊接连接，如图5-44所示。

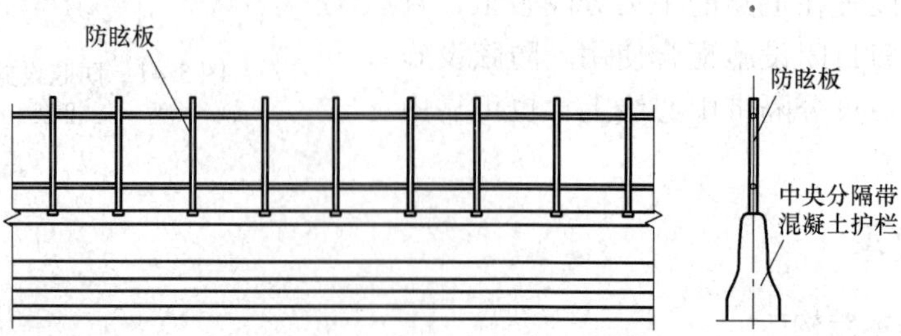

图5-44　设置于混凝土护栏上的防眩板构造

5.4.3 防眩设施施工

防眩设施的施工应根据其设置方法在路面工程或护栏工程施工完成后进行，或者与护栏工程同步进行。

1. 设置在混凝土护栏上的防眩板或防眩网的安装

1）预埋件的设置位置、结构尺寸等不符合设计要求，或未按要求设置预埋件时，应与建设单位联系，不得随意处理，以免破坏混凝土护栏的使用功能。

2）混凝土护栏是支撑防眩板、防眩网的结构物，防眩板、防眩网安装完成后，各连接件就要受力，混凝土强度达到设计强度的 70% 以上时，方可在混凝土护栏顶部安装防眩设施。

3）防眩板、防眩网安装后，其下缘与混凝土护栏顶部的间距应符合设计文件的规定。安装过程中，不得随意抬高防眩板、防眩网来调整高度及垂直度，以免下缘漏光过量影响防眩效果。

4）防眩板、防眩网安装后，与混凝土护栏成为整体结构，一般不会削弱混凝土护栏的原有功能，但应注意检查。

2. 设置在波形梁护栏上的防眩板或防眩网的安装

1）防眩板或防眩网可通过连接件安装在波形梁护栏上。

2）为了简化防眩板或防眩网结构，有时把防眩板或防眩网安装在单侧波形梁护栏上。一般情况下，这种做法不会削弱波形梁护栏原有的功能，但一旦发生碰撞事故，护栏和防眩设施均会遭受破坏，应经常注意检查。

3）防眩板或防眩网下缘与波形梁护栏顶面之间的间距应符合设计文件的规定，以免漏光过量影响防眩效果。

4）防眩板或防眩网通过连接件与波形梁护栏连接，施工过程中不应损伤波形梁护栏的金属涂层。任何形式涂层的损伤，均应在 24h 之内给予修补。

3. 独立设置立柱的防眩板或防眩网的安装

1）防眩板或防眩网单独设置时，立柱一般直接落地埋在中央分隔带内，因此，施工前，应注意清理中央分隔带内的杂物、坑洞，了解管线埋深及位置，处理好与其他中央分隔带内构造物的关系。立柱埋设在其他位置时，也应进行场地清理。

2）防眩板或防眩网单独设置时，可根据所在位置选择将立柱埋入土中、设置混凝土基础或固定在构造物上等方式加以处理。

3）防眩板或防眩网立柱的施工，采用开挖法埋设混凝土基础时，不得破坏地下的通信管线或电缆管线。混凝土基础开挖达到规定深度后，应夯实基底，调整好垂直度和高程，夯实回填土。施工中不得损害中央分隔带地下排水系统。

5.4.4 植树防眩

在中央分隔带上植树是最先试验采用的防眩措施，具有防眩、美化路容、降低噪声和诱导交通等多重功能。植树防眩特别适用于较宽的中央分隔带，作为道路总体景观的一部分，和自然环境相协调，给驾驶员提供了绿茵连绵、幽美舒适的行车环境。道路绿化是视野所及范围内行车的重要参照物。

以一定间距植树防眩的形式应注意路线的走向。当路线走向与太阳运行方向接近垂直时，不宜采用植树防眩，因在这种情况下，树木遮挡太阳光在路面上形成阴影，树木间透过的太阳光洒在路面上，会给行驶中的驾驶员造成一晃一晃明暗相间的眩目感觉，对驾驶员视觉功能的损害比夜间前照灯的眩目更为严重。

另外，以一定间距植树防眩的形式，夜间在前照灯照射距离之外，树丛隐约像一个个人站立在中央分隔带上，由于心理定势作用的影响，驾驶员很难迅速区别是树还是人，高速行驶时会感到极度的紧张。

因而，从某种程度上来说，密集植树防眩比间隔植树防眩应用更广一些。但密集植树防眩也有不利的一面，即阻碍了驾驶员的横向通视，使其不能很好地观赏车道左侧的景观，视野变窄，且有压迫感和单调感，容易疲倦打瞌睡。故密集植树防眩的高度不宜超过 1.40m，一般以 1.20 ~1.40m 为宜。

综上所述，密集植树和以某一间距植树防眩都有一定的缺陷，因而近年来国外比较推崇一种所谓的自由栽植方式。其基本依据和做法是：由于交通量一定时，在道路上行驶车辆的车头时距是连续型随机变量，并符合正态分布，故由此联想到树木的栽植间距也可有大有小，但控制其平均间距在 5 ~6m，且使每一栽植的间距作为随机变量，使其符合正态分布。

由此虽说是自由栽植，但疏密有序，从数理分析上也是有规律的。这种栽植方式比较接近于自然的随意栽植，符合人的心理和视觉特性的要求，因而在日本和欧洲许多国家的高速公路上已流行开来。

5.5 公路标志、标线和轮廓标施工技术

汽车专用公路上的交通标志、标线，是为道路使用者提供信息而设置的，应确保所传递的信息能最大限度地为道路使用者接受和理解，从而减少不幸事故的发生和避免在道路上迷失方向，是交通安全管理上必不可少的设施，对交通安全起着重要的作用。

交通标志、标线的有效性取决于目标显示度、易读性、公认度三方面。原则上要求标志、标线在夜间能具有和白天一样的可见性。标志、标线施工质量的好坏，不仅影响道路环境的美观，而且对其是否能充分发挥出使用功能起着决定性的作用。

轮廓标是设置在道路两侧边缘，用于显示道路边界轮廓、指引车辆正常行驶、具有逆反射性能的一种交通安全设施，从功能上说，轮廓标是一种视线诱导设施。

5.5.1 交通标志

1. 交通标志分类

交通标志是指明道路情况和对交通要求的设施。其目的是为了避免行驶在道路上的车辆和行人发生危险。

交通标志按功能可分为主标志和辅助标志两种。主标志包括警告标志、禁令标志、指示标志和指路标志四种，辅助标志一般附设在主标志下面，起辅助说明作用。

交通标志按设置形式可分为柱式（单、双柱）、悬臂式、门架式、附着式，各种形式的设置图式如图 5-45 所示。

1）柱式又可分为单柱式和双柱式。单柱式是指将标志牌安装在单独的支柱上，设置在

分隔带、路边等处，单柱式标志牌的宽度尺寸一般小于 100cm。双柱式是用两根支柱支撑标志牌的方法，一般宽度大于 100cm 或虽小于 100cm 但标志牌面积大，用单柱式在构造上不稳定时使用。

2）悬臂式是在锥形柱或钢筋混凝土柱或直钢管上安装托架，把标志牌固结在托架上，而从路边伸向车行道上，一般设在宽幅道路、住宅密集地区，要伸出道路上空设置，便于驾驶员看清。

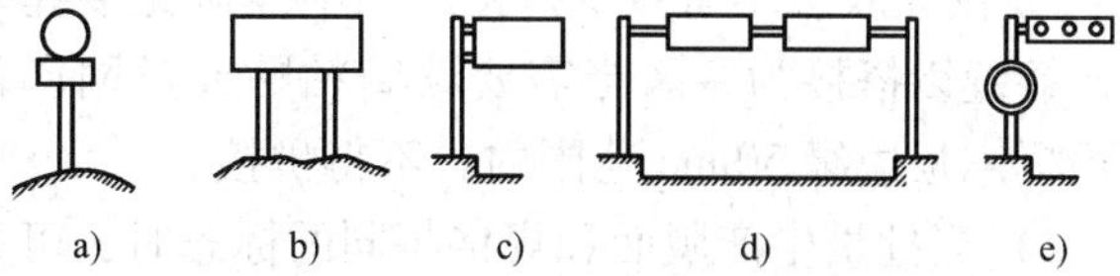

图 5-45　交通标志设置形式

a）单柱式　b）双柱式　c）悬臂式　d）门架式　e）附着式

3）门架式是用钢筋混凝土柱、钢管或钢桁架等，在车行道上架成门形横梁上安装标志牌，是一种车行道正上方表示的方式。特别是对于禁令标志的“车辆分道行驶”和指示标志的“中央车道”，原则上用这个方法。

4）附着式是在应设置标志的地点，在电线杆、路灯柱、信号机、桥梁等标志上附着标志，在有适当设施的情况下，也可利用这种方式。

2. 交通标志施工

（1）加工标志底板

1）标志底板的制作是一项专业性很强的工作，应根据设计尺寸在工厂进行加工成形。铝合金板的加工应根据板面设计尺寸的要求进行剪裁、切割、焊接、铆接等。板面要求平整，不能有刻痕，并按设计要求对标志板进行拼接和加固，进行冲孔、卷边及其他的加工工序。挤压成形的铝合金型材应根据标志尺寸拼装，使搭接紧密、板面平整。

2）标志底板按要求制作完成以后，应进行彻底的清洗、除污、干燥。清洗完毕后，应检查铝合金板表面是否残留有污迹，不干净的铝板须重洗。清洗处理完成后直到贴反光膜前，不得用手直接接触摸该铝合金板，也不应再与油脂或其他污物接触。

（2）制作标志面

1）标志面采用反光膜材料时，应符合下列规定：

① 标志板加工过程中，贴反光膜是最关键的工序。反光膜与标志底板通过化学胶来粘贴。为保证粘贴效果，标志底板一定要干净。标志反光膜应在干净、无尘土，温度不低于 18℃、相对湿度为 20% ~50% 的车间内进行粘贴。温度过低，对胶的粘贴性能有不利影响。

② 交通标志的形状、图案和颜色等应严格执行现行 GB 5768—2009《道路交通标志和标线》的规定。驾驶员对指路标志中汉字的辨认取决于很多因素，最主要的是汉字的大小和字体。驾驶员对指路标志的认读是在快速行驶中进行的，标志应确保驾驶人员有足够时间去发现、判断、认读、理解和采取行动。最佳的指路标志尺寸应该满足在规定速度下对信息获取的要求。根据交通部公路科学研究院的研究成果，采用的汉字、汉语拼音字母、英文字母、阿拉伯数字应严格按照《道路交通标志和标线》及设计文件的规定执行，不得采用其他字体，这样才能获得最佳效果。

③ 标志反光膜的逆反射性能应符合设计要求，应能为车辆驾驶人员在黎明、黄昏及夜晚提供有效的认读距离，以便及早发现前方路况、采取行动，避免交通事故的发生。

④ 由于标志版面内容主要由文字和图案构成，而且文字和图案都有规定的字体和尺寸，手工操作已不能胜任。反光文字符号应采用刻绘机完成。指路标志面积大，底膜的粘贴应在贴膜机上进行。标志底膜一般根据胶的性质选择在专用的真空热敏（热敏胶）压贴机或连

续电动滚压（压敏胶）贴膜机上完成贴膜。文字符号一般采用（手工贴膜）转移膜法粘贴。

⑤ 反光膜应尽量减少拼接。当不能避免接缝时，应使用反光膜产品的最大宽度进行拼接，接缝以搭接为主。当需要滚筒粘贴或丝网印刷时，可以平接，其间隙不应超过1mm。在距标志板边缘50mm范围内，不得拼接。

2）当批量生产版面和规格相同的标志时，可采用丝网印刷的方法。丝网印刷就是在贴好反光膜的标志板上印刷图案，曝光正确且保养良好的丝网可用3万次以上，因此在批量生产时比较经济。限于丝网印刷设备的制约，目前可采用丝网印刷技术的交通标志版面仅限于较小规格的。

3）包装、储存及运输标志面时，应符合下列规定：

① 丝网印刷的标志一般采用先风干、再烘干的方法。包装前反光膜上丝网印刷的油墨一定要干透。

② 标志应存放在室内干燥的地方。贴上反光膜的标志板需用保护纸保护分隔。标志可以分层储存，但需用发泡胶把两块标志分隔。把标志竖起来储存可以减少压力，一些小标志可以挂起来储存。

③ 标志面应有软衬垫材料加以保护，以免搬运中受到损伤。

4）采用其他标志面材料时，应符合设计文件的规定。

（3）钢构件的加工

1）所有钢构件的钻孔、冲孔、焊接均应按《公路桥涵施工技术规范》和设计文件的要求在防腐处理之前完成。

2）所有钢构件在运输过程中不应损伤防腐层。

（4）标志定位与基础设置

1）标志应按设计桩号定位。设置标志的目的是维护公路交通安全和畅通，为公路使用者提供明确的交通信息服务，所以标志桩号不能随便更改。如果在规定位置设置有困难时，在不影响标志视认性的情况下，位置可以作适当调整。

2）标志应按设计文件的规格在指定桩号开挖基础，基础的地基承载力应符合设计文件的要求。设计文件中未规定时，地基承载力不得小于150kPa。浇筑混凝土时，应注意正确设置地脚螺栓和底座法兰盘。

（5）安装标志

1）立柱必须在基础混凝土强度达到设计强度的80%以上时才能安装。考虑到风力的影响，地脚螺栓等连接件应根据设计文件的要求设置双螺母。

2）路侧柱式标志板可通过抱箍固定在立柱上。

3）悬臂、门架式标志吊装横梁时，应使预拱度达到设计文件的要求。

4）标志板安装到位后，为增强视认效果，标志板的板面平整度和安装角度应根据有关标准、规范和设计文件的规定进行适当调整。

5.5.2 路面标线

标线与道路标志共同对驾驶员指示行驶位置、前进方向及有关限制，具有引导并指示有秩序地安全行驶的重要作用。通常见到的有车道线、停车线、人行横道线（或斑马人行过街线）、导向箭头、分车线、路面边缘线、停车道范围、渠化（导流）线等。所有组织交通的线条、箭头、文字或图案的颜色，原则上以白色为主；禁止超车超过左侧车道、禁止停放车辆等禁令标志主要用黄色。

标线分为油漆标线和热塑标线两种。一般油漆标线用在车行道边缘及收费广场标线；热塑标线用在永久性的车道分界线、横向标线、人字、斑马纹导流标线、出入口标线和车道导向箭头。

1. 标线分类

（1）按位置分类

1）纵向标线：沿道路行车方向设置的标线。

2）横向标线：与道路行车方向成角度设置的标线。

3）其他标线：字符标记或其他形式标线。

（2）按功能分类

1）指示标线：指示车行道、行车方向、路面边缘、人行道等设施的标线。

2）禁止标线：告示道路交通的遵行、禁止、限制等特殊规定，车辆驾驶人及行人需严格遵守的标线。

3）警告标线：促使车辆驾驶员及行人了解道路上的特殊情况，提高警觉，准备防范应变措施的标线。

（3）按形式分类

1）线条：标划在路面、缘石或立面上的实线或虚线。

2）字符标记：标划在路面上的文字、数字及各种图形符号。

3）突起路标：安装在路面上用于标示车道分界、边缘、分合流、弯道、危险路段、路宽变化、路面障碍物的反光或不反光体。

2. 标线施工

（1）一般规定

1）新铺沥青混凝土路面的交通标线施工，可在路面施工完成一周后开始；新建水泥混凝土路面的交通标线施工，应在混凝土养护膜老化起皮并清除后开始。

2）雨、雪等恶劣天气会影响路面与涂料之间的黏结，沙尘暴、强风会影响标线施工的作业。当热熔标线的施工所处气温低于 10℃时；当常温及加热型标线的施工所处气温低于 0℃时，这两种情况都会严重影响涂料的黏度，应暂停施工。

3）突起路标宜在路面标线施工完成后安装，且不得影响标线质量。在大多数情况下，突起路标作为交通标线的补充，与涂料标线同时使用。标线大多采用机械施工，行进速度较快，而突起路标要逐个粘贴，速度慢。因此，突起路标施工时不得影响标线施工，最好在标线施工完成后再粘贴突起路标。这样可免除标线施工对突起路标的污染，标线施工完成后，突起路标的施工放样才可顺利进行。涂料或突起路标与路面结合牢固的重要条件是保持与路面接触面的干净、干燥。路面上的灰尘、泥沙、水分是妨碍涂料或突起路标黏结的主要因素，可根据不同情况采用扫帚、板刷和燃气燃烧器等工具彻底清除。

4）路面标线、突起路标施工过程中，应加强安全管理，维护标线涂料和突起路标的正常养护周期。

（2）路面标线的施工

1）清扫路面是一道非常重要的工序。施画标线的路面不能有灰尘、松散颗粒、沥青渣、油污、砂土、积水等有害材料，否则会影响涂料与路面的黏结。旧路面重画标线时，一定要把旧标线清除干净。

2）应根据公路横断面尺寸和设计文件的要求确定标线位置、标线宽度、实线段长度，在路面上画出线形、文字、图案，如高速公路进出口标线、导流标线、减速标线、路面文字和箭头的线形等。标线应与线形一致，流畅美观。

3）正式施画前应进行试画，以检验画线车的行驶速度、线宽、标线厚度、玻璃珠撒布量等能否满足要求。调试合格后才能开始正式施工。由于材料的不同，各种标线的施画方法也存在很大差异。

① 常温溶剂型标线的施工。常温溶剂型标线的涂敷可以用气动喷涂机或高压无气喷涂机等设备来完成。气动喷涂机使用压缩空气将涂料微粒化，并把涂料喷涂在路面上。通常使用空气压缩机的压力罐或柱塞泵将涂料送至喷枪，由于雾化涂料而形成很大的喷涂直径，其中混入了大量的空气，这对加快涂膜干燥是有利的，但在控制喷涂直径上却需要较高技能。气动喷涂施工时需要加入较多的稀释剂才能达到流动性要求，漆膜厚度相对较薄，溶剂用量较多，因此，传统的气动喷涂已开始向高压无气喷涂转变。高压无气喷涂技术将涂料施加高压，能将黏度大的涂料送到喷枪，通过小口径喷嘴喷射出去，继而形成大喷射直径的雾锥。这样可减少溶剂的浪费，获得较厚的和均匀的涂层，使标线标准、美观。

常温溶剂型涂料的主要成分是合成树脂，次要成分是体质材和添加剂。常温溶剂型涂料的干燥时间为 5 ~ 10min。因此，需注意保护标线不让车辆碾压。标线干燥后，即可开放交通。

② 加热溶剂型标线的施工。与常温溶剂型涂料相比，加热溶剂型涂料因形成涂膜的要素多，溶剂含量较低，所以它具有更好的速干性。由于涂膜较厚，对玻璃珠的固着性也比常温型涂料好。对于高黏度涂料，由于不能原封不动地用于喷涂，因此，必须通过加热器将其加温至 50 ~ 80℃，使涂料黏度降低才可以喷涂。为此，加热溶剂型涂料施工机具需要附加加温的装置。加热溶剂型施工系统由涂料容器、加热器、热交换器、保温装置、泵喷涂装置等组成。现在车载加热型画线车的普及使用，确立了画中心线、边缘线等公路纵向标线的合理施工方法。加热溶剂型涂料采用大型机械化施工，溶剂少，涂膜厚，干燥时间短，耐久性好。如在喷涂的同时撒玻璃珠，则能与涂膜很好固着，具有良好反光效果。

加热溶剂型涂料的主要成分是合成树脂，次要成分是体质材和添加剂、着色材料。溶剂含量占 20% ~ 30%。溶剂的作用是稀释涂料，使涂料具有一定的流动性，改善涂料的操作性能。加热型涂料约 10min 后不黏附轮胎，可以开放交通。

③ 热熔型标线的施工。热熔型涂料施工实际上是一种熔结作业，因此，材料性能及施工方法和技术都直接影响着涂膜性能。施工条件和路面状态是多种多样的，影响路面标线性能的因素也千变万化，因此，每次施工应尽量控制各种因素，争取好的施工质量。热熔型涂料是由颜料、体质材、反光材料与具有热可塑性的树脂混合而成。热熔型涂料与常温溶剂型、加热溶剂型不同，它不含溶剂或稀释剂，呈粉末状供应。将热熔型涂料加热到 180 ~ 220℃（根据热熔型涂料采用的树脂类型和配方选择合适的温度），涂料即可成为熔融状态，用画线机涂敷在路面，并紧接着撒布玻璃珠，在常温下固化。当涂敷在沥青路面时，涂料与路面熔合；当涂敷在水泥混凝土路面时，涂料与路面是物理黏结，是机械啮合。将粉末状的涂料在热熔釜内熔融，达规定温度后将熔融的涂料装入涂敷机，到需要画标线的路段将其涂

敷在路面上。涂敷作业是标线施工最关键的一步，应按规定操作规程严把质量关。为防止画线车的储料罐和流出口等处涂料黏度变大，可装保温装置，按涂敷量和气候等因素妥善地控制温度。为保证夜间的标线识别性，在标线涂敷的同时要撒布玻璃珠。经验表明，玻璃珠直径有一半埋入涂膜中时，反光效果最好。但要做到这一点不太容易。涂料温度高，玻璃珠撒布快，珠子易沉入涂层中；涂料温度低，玻璃珠撒布慢，涂层已接近固化，玻璃珠不能在涂层上很好固着，容易脱落，反光效果差。因此，玻璃珠撒布受到涂料温度、涂层厚度、气候条件等的影响，施工时要严格控制撒布时间。

涂膜干燥时间因室外气温的变化而不同。对于热熔型涂料，涂膜干燥时间约为3min，涂料不会黏结在车辆轮胎上，即可以开放交通。

④ 双组分型标线和水性标线也应采用专用设备施工。

4）路面标线尽管厚度较薄，但仍有一定的阻水作用，尤其是在南方雨水较多的地区，处理不当容易导致交通事故，因此应按设计文件的要求留出排水孔。位于禁止超车线上的突起路标，在施画禁止超车线时，应采取措施预留突起路标的位置，以免影响后期突起路标的施工。

5）修整标线局部缺陷。对于标线被污染、变色、玻璃珠撒布有堆积、涂料的喷射形状不好、飞溅及其他缺陷，应及时进行修整。

6）成形标线带和防滑彩色路面标线的施工应符合产品使用说明书的规定。

（3）突起路标的施工

1）突起路标的施工放样工作，一般应沿着标线来定位，根据设计文件的要求确定突起路标的设置位置，反射体应面向行车方向。

2）由于突起路标种类较多，材料各异，施工方法有所不同。突起路标位置确定后，最常用的方法是把突起路标用胶直接粘在路面上，底胶可采用耐候性专用沥青胶或环氧树脂。在黏结前，应用扫帚、刷子、高压喷嘴吹风等办法清理路面。用刮刀把黏结剂涂抹在路面上和突起路标底部，突起路标就位，在突起路标顶部施加压力，排除空气，再一次调整就位。若采用强化玻璃突起路标，则应在路面上钻孔，取出岩芯，清理孔穴后涂胶，突起路标就位，在突起路标顶部施加压力，排除空气，再一次调整就位。若采用带脚的突起路标，则应在路面上钻小孔，把突起路标的脚伸入到孔内（深度应足够，钻孔不能太大），清理孔穴后涂胶，突起路标就位，在突起路标顶部施加压力，排除空气，再一次调整就位。待胶凝固后即可开放交通。

突起路标在黏结剂固化以前不能受力，因此在突起路标施工过程中，一定要做好养护管理和交通诱导工作，在黏结剂固化以前一定要避免车辆冲压突起路标，待黏结剂固化以后，才可开放交通。

5.5.3 轮廓标

汽车专用公路上车辆行驶速度很高，为提高行车的安全性和舒适性，指示道路前方线形非常重要。轮廓标就是沿道路两侧边缘设置、用于显示道路边界轮廓、指引车辆正常行驶、具有逆反射性能的一种交通安全设施。从功能上说，轮廓标是一种视线诱导设施。根据其设置条件不同可分为独立式轮廓标和附着式轮廓标两类。当路边无构造物时，轮廓标为柱式，由柱体、逆反射体组成，独立设置在路边土路肩中，其主体结构为三角形断面立柱；当路边有构造物时，轮廓标为附着式，由逆反射体、支架和连接件组成。根据构造物的不同，轮廓标可分别附着在波形梁护栏、混凝土护栏、隧道侧墙和缆索护栏之上。

一般按行车方向，配置白色反射体的轮廓标应安装在公路右侧，配置黄色反射体的轮廓标应安装在公路左侧。轮廓标不得侵入公路建筑限界以内。

1. 轮廓标构造要求

1）设置在土中的柱式轮廓标，由柱体、逆反射体组成。柱体为白色，逆反射体规格为4cm×18cm，可由反光片、反光膜制作，反光等级应为二级以上。柱体为三角形。顶面斜向车行道，主体部分为白色，在距路面55cm以上部分为25cm的黑色标记，在黑色标记的中间有一块18cm×4cm的反射器，反射器为定向反光材料。设置在土中的柱式轮廓标构造如图5-46所示。

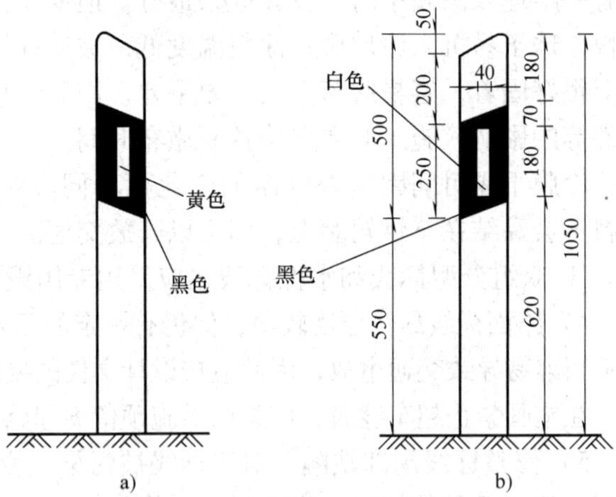

图5-46 柱式轮廓标的构造
a）车行道左侧 b）车行道右侧

2）附着在各类建筑物上的轮廓标，由逆反射体、支架和连接件组成，逆反射体可由反光片、反光膜制作，反光等级应为二级以上。可根据建筑物的种类及埋置的部位采用不同形状的轮廓标和不同的连接方式。

① 轮廓标附着在波形梁护栏中间的槽内时（见图5-47），反射器为梯形，与后底板铆接在一起，后底板固定在护栏与立柱的连接螺栓上。后底板应做成一定的角度，角度的大小以保证汽车前照灯光能大致与其保持垂直为原则。在经常有雾、风沙、阴雨、雪、暴雨等地区，可采用较大的反射器（如ϕ100的圆形），并将轮廓标安装在波形梁护栏的立柱上（见图5-48）。也可将圆形反射器装在波形梁护栏板的上缘（见图5-49）。这种轮廓标，通过专门加上的支架把轮廓标固定在波形梁上。

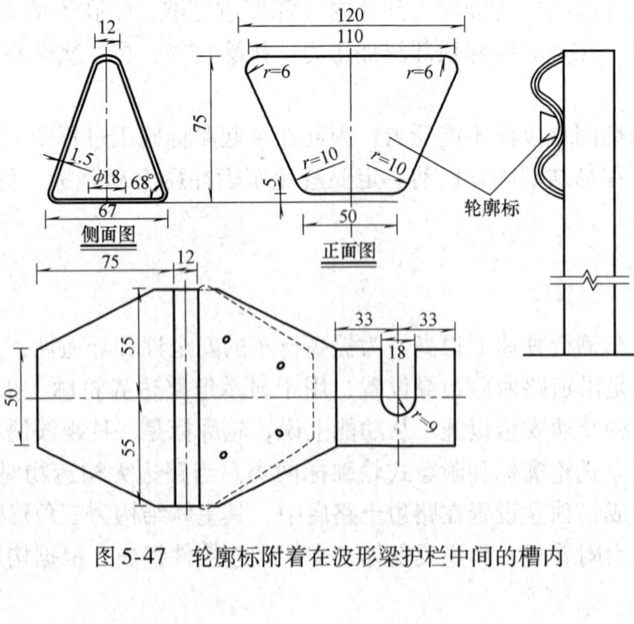

图5-47 轮廓标附着在波形梁护栏中间的槽内

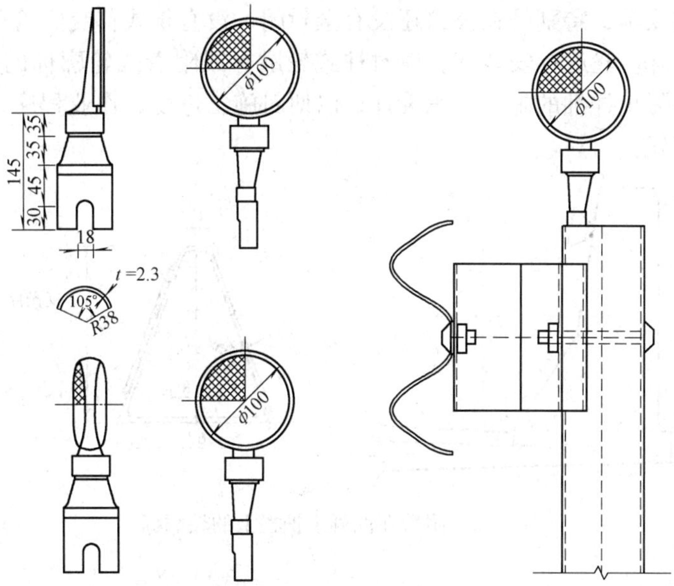

图 5-48　轮廓标安装在波形梁护栏立柱上

② 附着在缆索护栏的轮廓标，是通过夹具将轮廓标固定在缆索上（见图 5-50），这种护栏上的轮廓标一般应为圆形或者梯形。在中央分隔带可采用两面反射的结构。

图5-49　附着在波形梁护栏板的上缘

图 5-50　附着在缆索护栏的轮廓标

③ 附着在侧墙上的轮廓标，包括在隧道壁、挡墙、桥墩侧墙、桥台侧墙、混凝土护栏等处设置的轮廓标，其形状可用圆形、长方形或者梯形。附着在侧墙上的轮廓标的构造如图 5-51所示。附着在混凝土护栏上的轮廓标如图 5-52 所示。

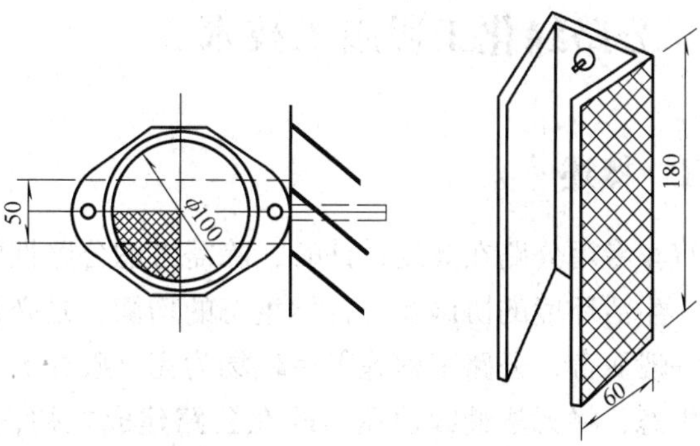

图 5-51　附着在侧墙上的轮廓标

2. 轮廓标施工

（1）一般要求　轮廓标属于视线诱导设施。附着在护栏或其他构造物上的轮廓标，一般是在整个工程的最后阶段安装。安装太早，特别是在公路还没有全封闭、没有正式移交给管理部门以前，这种设施很容易遭到破坏。轮廓标安装前，应对柱式轮廓标或附着式轮廓标的埋设条件、位置、数量进行核对，并做出详细的施工组织设计，以便对施工进度、作业程序、材料供应、人员安排等进行合理组织。

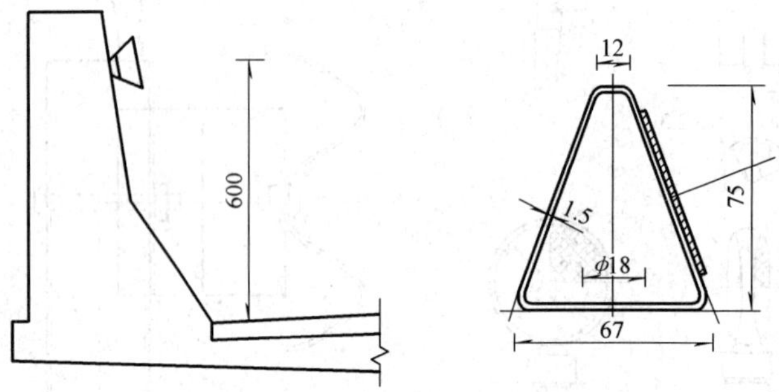

图 5-52　附着在混凝土护栏上的轮廓标

（2）安装施工

1）柱式轮廓标的施工。柱式轮廓标安装施工前应按设计图要求定位。柱式轮廓标施工时，应设置混凝土基础。基础开挖达到规定的尺寸和深度后，先浇筑一层片石混凝土，厚度不应小于 20cm。接着在片石混凝土上支模板，测定模板顶部的标高。当立柱与混凝土基础浇在一起时，则可将立柱放入模板中，固定就位后，即可浇筑混凝土。混凝土浇筑完成后应采取正常的养护措施，直到混凝土达到规定的强度；当轮廓标柱体或立柱为装配式结构时，则应预留柱体插入的空穴，或采用法兰盘连接。柱式轮廓标，可在混凝土基础的预留空穴中安装。安装时轮廓标柱体垂直于地平面，三角形柱体的顶角平分线应垂直于公路中心线，柱体与混凝土基础之间用螺栓连接。

2）附着式轮廓标的施工。附着在各类构造物上的轮廓标应按照放样确定的位置进行安装。附着在护栏槽内的轮廓标，反射器为梯形，把反射器后底板固定在护栏与立柱的连接螺栓上。附着在缆索护栏上的轮廓标，通过夹具把轮廓标固定在缆索上。附着在隧道壁、挡墙、桥墩、桥台侧墙、混凝土护栏等处的轮廓标，通过预埋件或用胶固定在侧墙上。反射器的安装角度应符合设计文件的规定。安装高度宜尽量统一，并应连接牢固。

5.6　公路绿化工程施工技术

5.6.1　概述

汽车专用公路在规划设计时，除需考虑公路性能与交通流量需要外，公路本身与附近建筑物、生活环境的协调及与自然生态的均衡，是必须予以考虑的重要课题。

一般而言，公路工程施工后现场为完全破坏的工程环境，对工地原有及附近生活环境与自然生态，将无法继续协调。故在公路建成之初，应采取妥善的补救措施，以调节周围环境，达到美化之目的。由于植物的树冠及草皮可防雨水的冲蚀，浓密的枝叶可以遮阳，叶面绒毛或气孔可以帮助净化空气，植物的各部分可将声音吸收、折射，所以可以用植栽（绿化）的方法控制公路建设对环境的质量影响，而且采用植栽方式还能增进环境调和，恢复自然生态，有时甚至比工程方法更为持久。所以，公路工程建设中，公路的绿化已成为公路工程的重要组成部分。

1. 公路绿化的功能

公路植被绿化有三个方面的功能：一是公路绿化具有视线诱导、防止眩光、阻隔人车随意进出快车道等保证交通安全方面的功能；二是具有调整和美化景观方面的功能，减少公路使用者长途跋涉所产生的疲劳和单调；三是具有防止水土流失、净化空气、吸纳噪声等环境保护方面的功能。

2. 绿化栽植的基本原则

1）绿化栽植前，应对公路沿线的水文、气象、土壤有所了解，选择适合气候条件和公路环境特点的树种。我国幅员辽阔，南方多雨高温，北方干旱寒冷。不同的树种，对气候、水文条件的要求不一样。公路的边坡和中央分隔带的填土，多是贫瘠土壤，缺少肥力。土壤还有酸碱度，多数树木适应中性土壤，只有少量树木适应酸碱度的范围较大，如苦楝、乌柏、刺槐等。公路边坡和中央分隔带上栽植的苗木，由于养护作业路段较长，加上行车的影响，浇水和修剪不够方便，所以应选择耐贫瘠、耐旱、抗污染、适于粗放管理的树种。

2）根据栽植苗木不同功能的要求，选择不同的树木。中央分隔带上的苗木不仅有绿化作用，还可遮挡对面行驶车辆的灯光，起到防眩作用，宜选用柏树类或多叶常绿的灌木球。边坡上的树木，可选择不同树形、不同颜色的树种，或栽一些开花的苗木，以改善沿线景观。服务区内可选择一些观赏性强、四季开花的一些苗木，适当布置一些大树，景观效果会更突出一些。

3）绿化用苗木宜多选用一些乡土树种。乡土树种比较适应当地的自然环境。公路绿化路线长，用苗量大、管理粗放，宜选用大众化、价格不高、养护费用低的树种，同时注意品种不宜单一。

4）绿化工程实施前，应对全线（包括互通立交区、管理区、服务区）进行绿化设计，根据不同部位、不同地段对景观和绿化功能的要求，布置不同的苗木。

5）施工季节，应选择苗木宜于栽植成活的季节。我国南北方气温差异甚大。一般来说，北方地区以春季栽植为好，冬季气候寒冷，土层封冻，苗木如在秋冬栽植，起挖时根系受损不利于成活。南方地区则以秋末、冬初栽植为好，这个季节树木逐渐进入休眠期，苗木对水分、养分的消耗较少。南方冬季的气温一般不致对新植苗木造成冻害，待到春季来临，苗木根部已经过了较长适应期，会很好生长。我国中部地区，气温介于南、北之间，可以因树种不同，分别在秋末冬初和初春两个时期种植。一般常绿针叶树耐寒性强，适合秋末冬初栽植。一些落叶树耐寒性差，适合春初栽植。

5.6.2　绿化工程施工

1. 施工准备

（1）栽植前的准备

1）熟悉施工图，了解设计意图、工程范围和工程量，明确施工期限和工程施工放线的依据，如水准点、导线点。了解苗木的供应来源，了解施工现场的行车道路、交通状况。

2）熟悉施工现场，摸清现场的地下管线，地下水位等情况，采取相应的技术措施。

3）解决接通施工用水、用电，选定设备材料的堆放场地，修筑施工便道，搭设临时设施。

4）及时与当地政府、派出所、村民委员会协调好关系，为顺利施工创造好的外部环境。

（2）编制施工组织计划　在前项准备工作的基础上，根据了解情况和资料编制施工组织计划，其主要内容有：

1）施工组织机构。

2）施工程序和进度。

3）制订劳动定额。

4）制订工程所需的材料、工具及提供材料工具的进度表。

5）制订机械和运输车辆使用计划和进度表。

6）制订栽植工程的技术措施和安全、质量要求。

7）绘出平面图，在图上应标有苗木种植位置、运输路线和灌溉设备等的位置。

8）制订施工预算。

（3）施工现场清理及平整　清除施工现场的建筑垃圾、不适宜栽植的土层和杂草。按照施工图进行地形整理，主要使其与四周道路、广场的标高合理衔接，使绿地排水通畅。

2. 树木栽植与养护

（1）定点放线　定点放线是在现场测出苗木栽植位置和株行距。由于树木栽植方式各不相同，定点放线的方法也有多种，常用的有以下三种：

1）自然式配置乔、灌木放线法。

a. 坐标定点法。根据植物栽植的疏密度先按一定的比例在设计图及现场分别打好方格，在图上用尺量出树木在某方格的纵横坐标尺寸，再按此位置用尺量在现场相应的方格内。

b. 仪器测放。用经纬仪根据地上原有基点或以建筑物、道路作为基点将树群或孤植树依照设计图上的位置定出每株的位置。

c. 目测法。对于设计图上无固定点的绿化种植，如灌木丛、树群等可用上述两种方法划出其栽植范围，其中每株树木的位置和排列可根据设计要求在所定范围内用目测法定点。定点时应注意植株的生态要求并注意自然美观。定好点后，多采用白灰打点或打桩，标明树种，栽植数量、坑径。

2）行列式放线法。对于成片整齐式种植或行道树的放线法，也可用仪器和皮尺定点放线，将绿地的边界、园路广场和小建筑物等的平面位置作为依据，量出每株树的位置。

一般行道树的定点是以路牙或道路的中心为依据，可用皮尺或测绳等，按设计的株距，每隔 10 株钉一木桩，作为定位和栽植的依据。定点时如遇电杆、管道、涵洞等障碍物应避开，应遵照与障碍物相距的有关规定来定位。

3）等距弧线的放线。若树木栽植在一条弧线上（如匝道或公路出入口旁），放线时可沿着弧展开的方向以路牙或路中心线为准，每隔一定距离分别画出与路牙垂直的直线。在此直线上，按设计要求将树与路牙的距离定点，把这些点连接起来就成为近似道路弧度的弧线，在此线上再按株距要求定出各点来。

（2）起苗

1）选苗。应选用生长健壮、无病虫害、无机械损伤、树形端正和根系发达的苗木。

2）起苗方法。起苗时，应尽可能保全较多的根系，不过于损伤植株的吸收组织。起苗的方法有裸根起苗和带土球起苗。

① 裸根起苗。一般落叶树入冬后进入明显的休眠期，植株根部的吸收降到最低量，根部暂脱离泥土不致死亡，移植这类树木可采取裸根起苗。起挖时应尽量把根盘挖大，保全较完整的根系，过长的根可截去，在起挖过程中断折或撕裂的根应剪去，并注意保持截口的平整。挖出的苗要及时运走栽植，不宜耽搁。

② 带土球起苗。常绿树冬季虽停止生长，但光合作用仍持续，根部吸收并不间歇，因此根部不宜脱离泥土，移植时必须带土球。为保证栽植成活，并及早恢复长势，移植珍贵的落叶树，也可采取带土球起苗。移植常绿树不仅要带土球，树冠部分还必须修剪，以减少叶面积，降低蒸发量。起出的土球要削光滑，包装要严，草绳要打紧。若土质十分松散，包扎前须先在土球外垫一层草包，然后再用绕线球的方式进行包扎。

（3）运输和假植

1）树苗起挖完毕，应及时运往栽植地点。在搬移运输途中注意做到不折损树枝，不碰伤树皮，不散失土球。大型树木上下车，须用机械起吊，注意保持完整土球和树形。

2）远距离运输裸根苗木，应在起苗之后随即将苗木根部浸一下事先调制的泥浆，装上车排列整齐，根部盖上湿草袋，以减少树体水分的散失。

3）苗木运抵栽植点后，应随即栽植。如一时无法栽植，或因数量较大需分批栽植，则必须予以假植。可在附近阴凉背风处挖宽1.5～2.0m，深0.4m的假植沟，将苗木码放整齐，逐层覆土，将根部埋严。如假植时间过长，则应适量浇水，保持土壤湿润。带土球苗木一时栽植不完，应尽量集中，将土球垫稳、码严。如时间较长，同样应适量喷水。

（4）挖种植穴　栽植地点的地形平整好以后，可按照设计图在地面栽植点打上石灰点。有时在一段范围内栽植多个树种，树木规格也不尽相同，此时须用石灰粉划出树穴的大小范围，然后开始挖穴。挖穴的大小与树木的规格、土质状况有关，一般裸根苗树穴直径应比根群直径稍大些，以保证根系充分舒展。带土球的苗木树穴，应大于土球直径20cm左右。穴深为穴径的3/4左右，或深于土球厚度20cm。一株胸径为5cm的苗木，挖掘树穴直径应不小于80cm，穴深约60cm。土层板结，石砾较多的地方，应放大穴径和深度，以利于根系的生长。树穴以口面圆整，穴壁竖直，穴底平坦为标准。切忌挖成锅底形或无规律形状，致使树根无法自然舒展。挖穴时发现砖石块、石灰或粉煤灰团、废弃混凝土块应随时剔除。

（5）栽植　树穴挖好后即可进行栽植。在有条件的情况下，穴底先施一层基肥。肥料用农家肥或肥沃的塘泥。

1）掌握栽植适宜的深度是树木成活生长的一个重要环节。一般树木栽后应与原圃地深浅一致，根茎部分刚好埋在土内。为防止初栽的树木遇风倒伏，也可略微栽得深一些。树木栽得过深会抑制正常生长，甚至导致根部因水湿而腐烂。带土球的树穴应预先测算妥当，以免土球上下搬动致使散球。一些不耐水湿的树种（如雪松、泡桐、梧桐等）栽植在平坦地上，应略高出四周地面。

2）植树应避开雨天。雨天土壤潮湿黏着，不仅不便于操作，而且有碍于填实根周空隙，也将导致土壤板结，所以一般以阴天植树最好。

3）栽植时，首先应剪去树木在运输中不慎造成的断枝、断根，剪口要光滑。同时，为了减少新栽苗木水分的散发，需要对苗木的枝叶进行疏剪。一般对常绿针叶树及用于植篱的灌木不多剪，只剪去枯病枝。对于较大的落叶乔木，尤其是生长势较强，容易抽出新枝的树木如杨、柳、槐等可进行较大修剪，树冠可剪去1/2以上，这样可减轻根系负担，维持树木体内水分平衡，也使得树木栽后稳定，减少风吹摇动。

4）栽植裸根苗木的方法是一人用手将树干扶直，放入坑中，另一人将土填入。在泥土填入一半时，用手将苗木向上提起，使根茎交接处与地面相平，这样树根不易弯曲，然后将土踏实，继续填土，直到与地平或略高于地面为止，并随即将浇水的土堰做好。栽植带土球树木时，填土前要将包扎物去除，以利根系生长，填土时应充分压实，但不要损坏土球。

5）填土完毕，应对苗木充分浇水。对于较大的乔木，栽后应设支柱支撑，以防大风刮倒。

（6）树木的养护　树木栽植后养护工作非常重要，如果养护工作没有做好，会影响树木的成活，即使成活，生长也难以兴旺茂盛。俗话说“三分栽，七分管”，可见养护的重要性。

1）树木在栽植时若土层未填实，经浇水或下透雨后会出现土层沉陷，树干倾斜。发现后应及时扶正树干，根部应加土填平踩实。

2）保持土壤湿润是树木成活的主要条件，栽后的苗木应视天气情况及时浇水。在枝叶普遍萌动，生长趋向兴旺的季节，更需保证充足的水分，但以土层基本上润湿为度。若发现低洼处经常积水，应及时开沟排水，以免土壤通气不良，造成苗木烂根。

常绿树栽植后遇高温天旱时，除在根部浇水外，对树木的枝叶也应经常喷水，以减少水分的蒸发。一般浇水以傍晚最好，既节约水量又便于树木的吸收，夏季烈日暴晒下切忌浇水。

树木成活进入正常生长状况后，可以酌量追施一些肥料，以促进生长。

定期检查苗木是否出现病虫害，一旦发现有病虫害发生，应采取积极措施，及早控制发展，做好防治工作。

3. 草皮栽植与养护

（1）草皮的栽植　栽植草皮是防止水土流失、表现绿化效果的重要手段。在公路边坡、互通立交区、服务区以及管理区都在广泛使用。草种分暖季型和冷季型两种。暖季型草春夏秋生长旺盛，秋末和冬季叶片发黄枯死，第二年春再长出新叶。这类草有马尼拉、结缕草、爬根草等。冷季型草在秋末冬初以及春天生长旺盛。到了夏季高温便生长缓慢。冷季型草有早熟禾、高羊茅、黑麦草等。在栽植草皮前应根据养护管理条件及绿化效果要求，仔细了解草种的生长习性而选择合适的草种。在有条件的地方（如服务区、管理区）可选择需精细管理的草种，而在环境较差的地区应选用粗放管理的草种。

1）场地平整。栽植草皮的场地，首先应根据设计要求处理好地形，然后深翻20~30cm的土层。大面积平坦的草坪，应敷设与下水道相通的泄水管道，保障草坪不积水。在深翻土层时，应清除砖头、石块，否则会影响草皮的生长、草面平整和今后的修剪工作。为了促进草皮的生长，在平整土地时可以施一些基肥，按每百平方米施入40~50kg农家肥或0.15kg的过磷酸钙，与表层土壤拌和均匀，再用细耙耙平。

2）栽植方法。草皮的栽植时间在全年的生长季均可进行，但种植时间过晚，当年不能覆满地面。最佳时间是在春季。栽植的方法分条栽、穴栽、间栽和铺栽。条栽是将草块切成5~10cm宽的长条，栽植时各条之间保留20~30cm的间隔。穴栽是将草块撕成5~10cm间方，栽植时各块前后左右均保留20～30cm的间隔。间栽是将草块切成15cm×30cm的长方形，栽时纵横成行。当草源充足，又想快速造成新草坪时，可以采用铺栽。铺草皮时不留缝隙，草皮的用量和草场的面积相同。以上各种栽植方法，栽植时须注意相邻草块的高度要一致，遇有厚薄不均现象，要相应地把栽植处的土壤除去少许或略添碎土垫高。栽植完毕，须用滚筒滚压，使草块与土壤紧密相接，然后充分浇水，一般经半个月便可生根。

3）播种草籽。采用播种方法可以大面积种植草坪。采购草种要注意种子的质量，一般要求纯度在90%以上，发芽率在50%以上。播前如经过浸种处理发芽会比较齐。播种时间，暖季型草种为春播，可在春末夏初播种；冷季型草种为秋播。

播种方法一般采用撒播，草种量一般为10～20g/m^2。为使撒播均匀，可选用细沙或细土与种子拌和均匀然后再撒播。播种场地如果比较干燥，前两天须先润水，保持表层10cm以上的泥土润湿，播种后轻轻耙土镇压。此后经常保持土壤润湿，经三四个月可形成葱绿的草坪。

使用机械喷播可以快速大面积种植草坪，即将种子、肥料、农药、保水剂和黏结剂按一定比例加水后喷洒在地面或斜坡上。这种混合物有一定的稳定性，干后比较牢固，达到防止冲刷的目的，同时又能满足种子萌发所需要的水分、养分。

（2）草坪的养护

1）除杂草。要保持草坪的整齐美观，去除杂草是一项重要的工作。杂草的生命力较强，生长较快，如不及时去除，没几年就会使草坪毁掉，失去观赏价值。除杂草的方法是用小铲挖除整个植株，这是一项经常性的工作，消耗劳力较多。此外，使用化学除草剂也可去除杂草，且效率高。但使用起来较为复杂，需搞清药剂的种类、使用浓度、天气要求、去除杂草的种类等。

2）修剪。修剪是草坪养护的重点，而且是费工最多的工作。修剪能控制草坪高度，促进分蘖，增加叶片密度，抑制杂草生长，使草坪平整美观。公路沿线的绿化距离长、范围大，通常只考虑服务区、管理区内草坪进行修剪。一般草坪每年修剪5～10次，根据草坪的种类和观赏需求而定。

3）施肥。适量施肥，可促使草皮生长茂密，叶色嫩绿。由于农家肥会影响草皮的美观，且肥料中常带有杂草种子，故通常使用化学肥料，可用硫酸铵0.5%、过磷酸钙0.4%、硝酸钾0.3%的比例配合施用，每百平方米用量为3～5kg。

4）浇水。夏季气温高，草皮蒸发量大，应及时补充水分。每次应浇透，以渗入土层超过10cm为度，这样可以维持较长的时间。

复习思考题

1. 简述常见公路护栏类型及特点。
2. 简述公路隔离设施类型及构造要求。
3. 简述公路防眩晕措施及施工要点。
4. 简述公路绿化功能及主要绿化措施。

参考文献

[1] 王景峰. 路基路面施工与养护技术［M］. 北京：人民交通出版社，2005.
[2] 李扬海. 公路桥梁伸缩装置［M］. 北京：人民交通出版社，1998.
[3] 孙震. 建筑施工技术［M］. 北京：中国建材工业出版社，1996.
[4] 杨嗣信. 建筑工程模板施工手册［M］. 北京：中国建筑工业出版社，1997.
[5] 雷俊卿. 桥梁悬臂施工与设计［M］. 北京：人民交通出版社，2000.
[6] 交通部第一公路工程总公司. 公路施工手册——桥涵［M］. 北京：人民交通出版社，2000.
[7] 岑敏仪. 桥梁控制网的精度估算［M］. 测绘学报，1995（5）.
[8] 栗振锋，李素梅，文德云. 路基路面工程［M］. 北京：人民交通出版社，2005.
[9] 刘吉士，阎洪河. 公路路基施工技术［M］. 北京：人民交通出版社，2003.
[10] 李维勋. 路基路面工程［M］. 北京：机械工业出版社，2006.
[11] 廖正环. 公路施工与管理［M］. 北京：人民交通出版社，1999.
[12] 赵新庄，祁贵珍. 公路施工机械［M］. 北京：人民交通出版社，2004.
[13] 王文涛. 斜拉桥换索工程［M］. 北京：人民交通出版社，1999.
[14] 李新梅. 桥涵施工与养护技术［M］. 北京：人民交通出版社，2005.
[15] 苏建林. 公路工程施工技术［M］. 北京：人民交通出版社，2002.
[16] 郭小宏，朱战良，鞠萍. 高等级公路机械化施工技术［M］. 北京：人民交通出版社，2001.
[17] 傅智，金志强. 水泥混凝土路面施工与养护技术［M］. 北京：人民交通出版社，2003.
[18] 吴初航，等. 水泥混凝土路面施工及新技术［M］. 北京：人民交通出版社，2000.
[19] 傅智. 水泥混凝土路面滑模施工技术［M］. 北京：人民交通出版社，2001.
[20] 黄晓明，吴少鹏，赵永利. 沥青与沥青混合料［M］. 南京：东南大学出版社，2002.
[21] 王明怀. 高等级公路施工技术与管理［M］. 北京：人民交通出版社，2000.
[22] 李殿建. 沥青路面施工机械与机械化施工［M］. 北京：人民交通出版社，1999.
[23] 周永兴. 路桥施工计算手册［M］. 北京：人民交通出版社，2001.
[24] 王丽荣. 桥隧施工技术［M］. 哈尔滨：哈尔滨地图出版社，2004.
[25] 刘吉士，张俊义. 桥梁施工百问［M］. 北京：人民交通出版社，2003.
[26] 刘宗仁. 土木工程施工［M］. 北京：高等教育出版社，2003.
[27] 李辅元. 桥梁工程［M］. 北京：人民交通出版社，2005.
[28] 刘绍云. 四方台大桥建设与管理［M］. 北京：中国计划出版社，2004.
[29] 张辉. 桥梁工程技术［M］. 沈阳：东北大学出版社，2006.
[30] 魏红. 桥梁施工技术［M］. 北京：高等教育出版社，2001.
[31] 邵旭东. 桥梁工程［M］. 北京：人民交通出版社，2004.
[32] 黄绳武. 桥梁施工及组织管理［M］. 北京：人民交通出版社，1999.
[33] 范立础. 桥梁工程［M］. 北京：人民交通出版社，2001.
[34] 刘吉士. 公路桥涵施工技术规范实施手册［M］. 北京：高等教育出版社，2002.
[35] 谢新宇. 高速公路沿线设施施工［M］. 北京：人民交通出版社，2003.
[36] 李峻利. 交通工程设施设计［M］. 北京：人民交通出版社，2004.
[37] 高速公路从书编委会. 高速公路环境保护与绿化［M］. 北京：人民交通出版社，2001.